GW00703488

ANNE MARIE

*1914. — Naissance de Lucien Bodard à Tchong King, Chine.
Enfance à Tcheng Tu, tout près de l'Himalaya.
1925. — Mis en France, comme interne à l'Ecole des Roches,
parmi les enfants des deux cents familles.
Est retiré des Roches pour poursuivre ses études au lycée Pasteur
de Neuilly. Baccalauréat.
1930. — Divorce des parents. Se destine à la carrière diplomatique comme son père, consul de France.
1938. — Mariage avec Marguerite Perrato.
1939. — Mobilisé à la 1467e compagnie du Train des Equipages
de la 4e D.L.M. Démobilisé à Riom.
1940. — Retour à Paris où il continue à l'Ecole des Sciences politiques de préparer le concours des Affaires étrangères... Décide de
rejoindre les Alliés. Evasion par l'Espagne. Séjour au camp de
Miranda.
Mobilisé en Algérie, il est envoyé en Angleterre où il fait partie de
la mission militaire de liaison administrative. Débarquement en
France. Est envoyé à l'Agence France-Presse où Lucien Bodard
prend goût au métier et décide de rester dans le journalisme.
Premiers grands reportages en Afrique du Nord, dans la Grèce
déchirée par la guerre civile, en Bulgarie et en Indochine.
Accords avec France-Soir qui le nomme envoyé spécial permanent pour suivre la guerre des Français en Extrême-Orient.
1955. — L'aventure indochinoise se termine à Dien Bien Phu et
Lucien Bodard est expulsé du Viêt-nam.
1955-1960. — Hong Kong, l'Asie et la Chine.
1960. — Malade, revient en France. Six mois consacrés à rétablir
sa santé. Entre-temps a publié de nombreux ouvrages sur la
Chine, l'Indochine, l'Amazonie.
1961. — S'est remarié, a eu un fils, a divorcé de nouveau et continue de poursuivre de front le journalisme et la littérature.*

L'enfant Lucien Bonnard, le fils de « Monsieur le Consul », abandonne la Chine pour découvrir la France. Le roman débute le
jour où Lucien, seul avec sa mère, Anne Marie, débarque sur le
sol de la métropole tant glorifiée par Monsieur le Consul, resté
au loin.
Alors l'enfant Lucien va vivre trois mois de folie, trois mois de
passion, trois mois de jalousie, trois mois de désespoir. Car il

(Suite au verso.)

croit qu'il va avoir sa mère pour lui tout seul. Et il va sentir qu'Anne Marie lui échappe, qu'elle n'est pas là pour filer le parfait amour avec son fils mais pour mener la vie mondaine dont elle rêve. Elle n'a qu'un but : entrer dans l'intimité d'un couple célèbre qui a fait la carrière de son mari, celui d'André et d'Edmée. Elle se débarrasse d'un fils encombrant, en le faisant admettre dans la pension la plus chic de France... Lulu Bonnard « le Chinois » atteint le fond de l'humiliation et du désespoir... Anne Marie ne vient pas le voir une seule fois.

Enfin arrivent les vacances. Le fils retrouve sa mère, toujours semblable et pourtant différente : elle est devenue parisienne, elle éblouit le monde de 1925, elle fascine et bouleverse son fils. Lucien Bodard brosse un superbe portrait de femme. Anne Marie... La mère, l'ambitieuse, la mondaine, Anne Marie l'incertaine, l'angoissée. Et il a écrit le plus beau et le plus douloureux roman d'amour, celui de l'amour filial.

Anne Marie a obtenu le Prix Goncourt 1981.

ŒUVRES DE LUCIEN BODARD

Dans Le Livre de Poche :

MONSIEUR LE CONSUL.

LE FILS DU CONSUL.

LA VALLÉE DES ROSES.

LA DUCHESSE.

LA MÉSAVENTURE ESPAGNOLE.

LUCIEN BODARD

Anne Marie

GRASSET

I

J'APPRÉHENDE la France maintenant que je vais l'aborder, la connaître, poser mon pied sur elle. France tant aimée, tant exaltée par mon père et les messieurs blancs, même les missionnaires à grandes barbes, France inconnue dont on m'a empli le cœur, patrie douce, magnifique, merveille jusqu'alors trop lointaine, mère du monde, berceau des Arts et des Lettres, beauté de la grandeur guerrière, songe d'orgueil.

Terra incognita...

La France, je l'aime, je vais m'en repaître. Mais comment est-elle cette terre où sont nés mes parents, qu'ils ont servie sur les confins du monde, là où les dragons se battent ?

Le sourire de mon père, sirupeux et circonspect, devenait beau quand il parlait d'elle avec gourmandise. Sa poitrine de coq consulaire s'élargissait, flamboyait, des mots nobles coulaient de sa bouche, large fleuve. Il proclamait que la France était là générosité et la perfection, la première nation du monde. Quand il célébrait la patrie, il n'était plus cet homme ordinaire, pérorateur, vaniteux, douloureux de ses cors aux pieds, toujours bardé d'un pince-nez, d'airs de roquet plaintif ou triomphant, de sourires avantageux ou habilement humbles, de mines de componction ou de gaillardises. La splendeur de la colonisation, le drapeau tricolore, *La Marseillaise*, les vaillants petits poilus, le maréchal Joffre, la Victoire, sainte Jeanne d'Arc. Il officiait, monsieur le consul Albert Bonnard, il était la France.

Anne Marie et moi, nous avons quitté Albert, à Shanghaï. La traversée a duré longtemps, tout un mois. Enfin je vois s'approcher la côte métropolitaine, elle va nous enserrer, nous prendre... Je suis entre le désir et l'effroi, je ne sais pas. L'effroi augmente au fur et à mesure que je distingue mieux le rivage. Je suis dans l'inconnu, je ne comprends pas, je ne reconnais rien, pas les mêmes odeurs, pas les mêmes couleurs, une sorte de grossièreté. Lentement m'apparaît la ville : un hérissement, un chaos pisseux, une lèpre autour de bateaux échoués, des collines écorchées, des bas-fonds de terre, une friperie de maisons. La statue d'une Vierge laide vole au-dessus de la cité, elle domine des ferrailles, d'étranges engins, des quartiers pêle-mêle, que je pressens hostiles, sales, mauvais.

Longues secondes. Enfin notre bâtiment accoste un quai géant, rugueux, après s'être ébroué en beuglements et en secousses décroissantes, brassant l'eau comme sous l'effet de nageoires géantes qui se paralysent peu à peu. Tout est répugnant. La mer est de l'encre, la terre est une énigme.

Albert, où est-il ? S'il était là, il pourrait nous porter secours. Comment Anne Marie, seule, si seule, juste avec moi, va-t-elle affronter le vulgaire, les tracas de la vie métropolitaine ? Je la tiens par la main, je m'accroche à elle, mais je suis anxieux pour elle. Elle, ma dame, ma fleur odoriférante, ne va-t-elle pas perdre ses pétales dans ces cohues ? Ne va-t-elle pas s'effondrer ?

Je découvre ce matin-là que je la connais mal. Plus qu'Albert, elle est de fer, sous son apparence délicate, et ses jolies robes. Ma mère a sa figure résolue, heureuse. Et aussi son demi-sourire, pas celui de l'ironie qui repousse, mais un pli satisfait, dominateur, qui barre ses joues. Une fixité imprègne sa chair quand elle est prête à la bataille. Elle se comporte, dans sa patrie retrouvée, comme si elle avait un plan, comme si elle avait un but. Lequel ? Je pressens un dessein qu'elle poursuivra, certaine de l'imposer. Sa volonté. Elle veut. Mais, quoi ?

La lumière bleue du ciel est grise, plutôt elle est crue, à l'étal ; y tournoient des fumées, des crasses, des suées. La France est une caverne... Mais rien ne déconcerte Anne Marie. A peine expédiés les pompeux adieux aux messieurs et aux dames tropicaux, ces vers de palme, ces flacons de whisky, à peine quittés ces grands de notre monde colonial, qu'Anne Marie descend vers l'aventure, moi la suivant, par l'échelle de coupée qui bringuebale.

Sol de la patrie, sol sacré... Où sont *La Marseillaise*, la musique des séraphins, l'odeur des lis ? Nous voilà dans un hangar posé sur une odeur de flots pourrissants et de déchets marins. A l'intérieur, c'est sombre et pourtant ça s'agite ; dans l'empois de l'air, un remue-ménage anonyme. Des cris rudes, la remontée de la vase d'en dessous, des claquements de treuils, des douaniers souffreteux qui font faire clic à leurs tampons, des policiers qui se dévissent l'œil à nous regarder soupçonneusement, des dockers qui déchargent, un chef planté là, avec une casquette à ancres, ne voyant rien, ne faisant rien. Et dans ce toho-bohu, une couche de paresse, le poids des heures. Mon indignation est extrême. Premier souvenir : une grosse larve ventrue en maillot de corps, hissée au sommet d'un wagonnet de marchandises, ricane en bousculant Anne Marie : « Attention à vos abattis, ma p'tite dame ! » Elle a sauté vivement d'un pas en arrière, sans paraître s'offusquer. Où est l'univers du respect ?

Enfin dehors. Rien n'a de sens, ni la ville braillarde, ni les rues utilitaires, ni la foule qui n'est composée que de Blancs. Même les coolies sont français. Il me semble que ces êtres pâles, y compris ceux qui sont convenables, ont mauvaise odeur, comme du reste les Chinois l'affirment de toute chair blanche. Où sont mes beaux idéogrammes, mes couleurs de soleil et de nuit, les fragrances de l'encens, mes tuiles vernissées, mes remparts crénelés, les politesses rituelles, l'univers que je parcourais, jeune cavalier, escortant Anne Marie, la déesse en palanquin ?

Quelle agitation dérisoire ! Ce n'est pas la vraie vie, ici, mais un semblant. Les gens sont pris par une hâte, une avidité obstinées — leurs visages ont mille expressions, leurs désirs se manifestent par tous leurs trous, toutes les grimaces de leurs corps. Ils ne connaissent pas la décence, ils ignorent que jamais il ne faut exhiber ses sentiments et ses émotions, seulement une affabilité dissimulatrice. Là-bas, en Chine, les pauvres sont gentils, ils ont une âme débonnaire. Rien de cela à Marseille. De quelque condition qu'ils soient, hommes et femmes affichent sur leurs faces la même stupidité dans la rigolade et le sarcasme, et toujours l'aigre prétention à l'esprit, à l'intelligence. Le gras des rires, le maigre des réflexions acides. L'indigence, même dans la richesse. Où sont la joie et la douleur de l'existence dans ce monde de petites bestioles et de petites machines qu'est la France des Français ? Elle me semble aller à vau-l'eau de ses humeurs, sans règles.

Anne Marie, cependant, loin de s'offenser, comme l'aurait fait mon père, ne s'étonne pas de disparaître avec moi dans cette promiscuité banale et agressive. Au contraire, elle se hâte, sachant tout, sortant de l'apathie vigilante qui est sa force habituelle, elle s'active, glacée ou chaude, on ne sait. C'est donc la ronde des agences, des bureaux, des hôtels, des gares. Elle est sûre d'elle. Elle ouvre les visages les plus revêches. Sa main donne des pourboires, acceptés par des doigts blancs aux ongles sales, qui la saluent. Elle, dont l'efficacité est généralement une avarice d'elle-même, là elle se dépense. Elle pose des questions de sa voix douce, elle répond aux questions posées, elle écrit sur des registres, elle s'affaire devant des guichets, elle paie comme si elle faisait cadeau... Pour moi, cette France mesquine est inextricable, pas pour elle qui convertit tout en sourires, en courbettes. Elle accomplit mille petites corvées inconcevables, alors que chez nous, dans notre royaume abandonné, la vie était réglée sans même qu'elle s'en aperçoive. Là-bas, les magnificences et les abominations étaient superbes, dignes de nous, et nous planions glorieusement au-dessus d'elles. En France, je ne perçois que des rats aux dents aiguës, de l'égoïsme fouinard, de beaux monuments, des personnages distingués, tristes, souvent de la morgue ou du gâtisme. Et nous, nous sommes désormais comme les autres, pas au-dessus de ces prétentieux bornés de tous rangs. Anne Marie n'a pas l'air de sentir cette disgrâce d'être assimilée aux Français — il est vrai qu'elle est Française, par le terroir et le limon. Moi le petit Chinois, j'ai peur d'être dévoré par ces gens même s'ils sont bien honnêtes, s'ils ressemblent à des messieurs et à des dames. Ils me dévisagent, moi, l'enfant de l'immense ailleurs. Anne Marie est supé-

12

rieure à tout ça, et pure, froide, sereine, inaccessible, elle poursuit sa vie. Vers où, vers quelle grandeur ?

La nuit est venue, et un train nous avale, lancé dans les ténèbres, pauvrement pavoisé de ses flammèches. Plus de monde, plus de France, mais le roulis terrestre, l'envolée dans les pénombres, des bruits cahotants, violents aux arrêts, grêles, étranges, venus de nulle part. J'éprouve un enivrement à être ainsi emporté par une vitesse mystérieuse, miraculeuse, tout ce qui reste des forces de l'univers s'exprimant seulement par le balancement des essieux, rythme puissant et apaisant, où se perdent les notions de douleur et de conscience.

Je m'engourdis dans une merveilleuse prison volante, l'alcôve magique d'un compartiment de wagon-lit. Les rideaux sont tirés, une électricité nous éclaire crûment, Anne Marie et moi, seuls, comme si rien n'existait que nous. Nous ensemble, au sein du temps et de l'espace en fuite qui, pourtant, me semblent s'immobiliser pour une durée éternelle. Nous sommes tous deux allongés sur nos couchettes, silencieux. Je me sens protégé. Que le train roule toujours, à jamais, vers un but qu'il n'atteindra pas. Néant plein de jouissance, volupté. Je regarde ma mère. Elle est restée longtemps étendue, habillée, tenue éveillée par ses pensées, moi la regardant penser, me disant qu'elle veut arriver à un endroit, à une chose, peut-être à un être. Nous ne prononçons toujours pas un mot. Ce mutisme la sculpte, me la rend proche, mais très lointaine aussi. Où est-elle, dans quel désir ? Me gardera-t-elle avec elle ? Une inquiétude me fouaille, en même temps que le tangage des roues me berce. Anne Marie ouvre ses yeux, revient à la vie présente, à son petit Lulu. Nous nous mettons en tenue de nuit. Elle procède d'abord et je me détourne, je me cache pour ne pas la voir, ne pas apercevoir la moindre parcelle de sa chair. J'entends un robinet couler, des vêtements qui glissent. J'ai honte. Je ferme mes paupières encore plus fort.

Elle rit : « J'ai fini. A toi. Ne sois pas nigaud. » J'obéis. Ma mère est en chemise de nuit blanche, brodée, retenue par des rubans sur les épaules, et je suis gêné par cette intimité. Elle, pas. Tout juste évite-t-elle de me regarder pendant que j'enlève mon pantalon de flanelle. Je suis maladroit, je m'empêtre dans les boutons, c'était mon amah Li qui me déculottait, me caressait et j'y prenais plaisir. Mais être vu par Anne Marie : impossible. Et pourtant, elle vient à mon aide, elle se moque de moi : « Tu es une vraie niguedouille. »

Enfin je suis sauvé, dans l'armure de mon pyjama ! Anne Marie éteint la lumière, elle s'endort aussitôt. Moi, crispé, j'écoute son souffle régulier, tranquille, celui de la certitude, battement d'ailes de papillon. Sur quelle proie digne d'elle, va-t-elle se poser ? Elle ne rêve même pas, elle n'a pas besoin de songes prometteurs, son sourire est heureux, son bonheur lui suffit. Mon cœur est une éponge de chagrin, que je presse à petits coups, pour mieux en sentir le goût. A la longue, je suis moins endolori, je me dis qu'elle ne me trahira pas. Je m'embrume, je sombre dans un état de somnolence, avec, quand même, la pensée fulgurante, par instants, que je veille Anne Marie infidèle. Mais elle dort, sa poitrine soulève son drap sagement, trop sagement, à intervalles constants, vaguelettes battant son rivage en un flux et un reflux permanent. Puis c'est ma chute dans le cauchemar.

Des fourmis me mangent les yeux. Armées de fourmis qui sont des Français, des trognons de Français à mandibules, tous se régalent de moi : des vieux, des femmes, des enfants acharnés. De cette multitude, se détache un monsieur très beau, dont je sais le nom. Lui... Il se borne à contempler, sans me défendre, me laissant à la curée. Alors, je hurle un long hurlement de chien éventré. Anne Marie réveillée se redresse et, calmement, me jauge, regarde mon délire. Enfin elle s'approche de moi pour m'embrasser sur le front, me retirer de l'horreur : « Sois raisonnable, Lucien, tu seras un garçon très aimé, très gâté. » Et un peu plus sévèrement : « Ne sois pas une femmelette. » Là-dessus, sa main se détache de moi, je me retrouve avec mes doutes, je repars dans un sommeil malaisé, fiévreux, aux images brouillées et pénibles. Ma mère s'est assoupie, pure, encore plus pure.

Au matin, le soleil, profitant d'un interstice entre les rideaux, m'a réveillé tout à fait. Je les tire sur un ciel d'un bleu pâle, un peu falot — pas le bleu glorieux des aurores orientales —, un petit soleil blanc y est accroché comme un ballon fragile. Il envoie des rayons dont l'un s'est posé sur le visage de ma mère, serpent ou filament. Elle essaie de l'enlever, y renonce, s'étire, ouvre ses yeux qui sont mon lac où je me baigne. Je m'ébats dans Anne Marie qui continue à se reposer, dolente. Une légère ride plisse son front, montrant qu'elle pense. Elle pense toujours. Enfin elle me dit : « Bonjour, mon petit Lucien », se rappelant que j'existe. Je vais à elle, je l'embrasse, elle se laisse faire, elle me sourit. Ses longs cheveux noirs sont défaits autour d'elle, nappe sombre où est posée sa tête... Anne Marie, tu n'es pas avec moi.

Je regarde par la fenêtre. Tout d'abord, je compte les poteaux télégraphiques et les bornes kilométriques au fur et à mesure qu'ils défilent. Et puis je me mets, par désœuvrement, avec ennui, à contempler cette France que je découvre pour la première fois. J'aperçois une rivière méandreuse, de doux coteaux, des champs entourés de haies, de futures moissons, des fleurs, une harmonie délicate, un gâteau de sucre vert. Et il y a d'autres rivières, d'autres champs, des prairies, des forêts. Mais cette mignardise est vide, sans personne... Le train ralentit, s'arrête presque en traversant de petites gares, une auto attend à un passage à niveau, un paysan, sur un chemin de terre, tire par la bride un cheval dont les grelots font une musique cristalline. Sons faibles. Le train, parfois, mystérieusement siffle dans ces escales, un carillon tombe de la cloche d'une église. Toute cette grâce est petite. Petitesse. Ma patrie propre et charmante est fade à côté de ma Chine, de ses paysages immenses, des brutalités de sa nature, des gorges qui entaillent sa terre, des montagnes qui montent au ciel, ces roches écarlates, ces végétations luxuriantes, bizarres, ces immensités de peuple en guenilles qui, à cette époque, au printemps, sont courbées à repiquer dans la gadoue les pousses de riz. Et quelle puissance dans les œuvres humaines : murailles énormes, cités gigantesques, temples enchevêtrés, tout ça grouillant des horreurs et des grandeurs de la vie. Ici, tout est parfait. Le néant. L'hypocrisie... Il y a quand même les traces d'une population, à en juger par les coquilles où elle niche. Les jolies boîtes des maisons campagnardes, les jolies bourgades, la joliesse comme une maladie de la peau. La mélancolie et la civilisation. Ma France n'a pas de sang, pas de têtes coupées et, dans sa fadeur anémiée, je crains qu'elle ne soit mortelle pour moi. Je ne connais rien, je ne comprends rien, je suis perdu.

Et puis cela devient misérable. Des pavillons, des bicoques, des cahutes se multiplient dans un entremêlement rapiécé. On approche de Paris. Des murs de briques dont le rouge est noirci de suie, des cheminées d'usine qui montent en rondelles et crachotent, des arbres bourgeonnant sont les repères de cette misère, le sordide échafaudé en ajustements de planches, tuyaux tordus, baquets, jardinets geusards, tessons de bouteilles, cailloux chaulés bordant des parterres, effets minables de beauté — amphores cassées, pots de géranium, rideaux délavés. Un peu partout des herbes foisonnent, presque indécentes, n'arrivant pas à triompher des immondices, s'alliant à elles. Dans ce décor, des vies, des appétits. Une circulation, mais vers où ? Rues défoncées, impasses. Des gosses destinés à grandir, à s'étioler. Des femmes brassant le dénuement. La résignation. Peut-être la révolte dans les latrines et le vin. Le train s'arrête, repart, s'arrête encore. Des boutiquiers, des enseignes, des objets... des commerçants gras comme des loches. Des sergents de ville, avec leurs capes et leurs bâtons. La loi... Une mairie portant sur son fronton : Liberté, Égalité, Fraternité. Des églises prouvent que Dieu est là, un dieu désespérant.

Pauvreté chiche, éloignée des pustulences éclatantes de la Chine. Cette Chine qui me revient toujours plus. Je découvre la France insipide. Anne Marie ne daigne pas regarder, elle est supérieure à la disgrâce des choses et des êtres.

Longuement elle s'est vêtue, parée, fouillant des valises, en retirant une robe d'inspiration chinoise, aux manches évasées et vertes comme de l'eau profonde. Elle a mis ses bijoux. Elle procède soigneusement, rapidement cependant, avec sûreté, de ses doigts habiles, pas vulgairement habiles, doigts de bienséance. Rien de voyant, de clinquant sur elle, même dans ses inventions audacieuses. Finalement elle s'est ajustée pour une neutralité du meilleur ton, avec sa marque à elle accordée à son visage aux aguets, fait à la fois pour attirer et repousser, fait surtout pour surmonter. Derrière ses traits bien contrôlés, dans son exquis presque puritain, elle est secrètement joyeuse et victorieuse. Elle se prépare... Elle est prête.

Ultimes tressautements de notre convoi qui, enfin, dans un râle, rend ses derniers souffles de vapeur et se paralyse.

Anne Marie et moi descendons de notre wagon. Encore une fois, amplifiés démesurément dans le cul-de-sac qu'est la gare, s'étirent des quais gris où processionnent des gens. Halètements de locomotives, hangars sonores et hostiles. Là-dedans, comme à Marseille, une agitation harassée et tracassière. Il me semble, dans cette bouche de la capitale, être seulement dans une cage plus grande.

Alors que des familles s'accolent et s'embrassent dans des effusions, il n'y a personne pour nous accueillir. C'est pour moi inconcevable, presque effrayant. Je suis habitué à l'Asie où il y avait tant de personnages, de tous sexes et couleurs, à faire des salutations, des hommages autour de nous, une garde d'honneur des politesses, un rituel du respect, à chacune de nos arrivées et à chacun de nos départs. Là, personne qui nous attende, qui nous complimente, la solitude.

A nouveau, j'ai peur. Anne Marie, elle, n'est ni surprise ni affectée, elle a son allure de résolution, rien de crispé, de tranchant, d'abrupt, juste une douceur invincible. Elle marche à grands pas vers la sortie. Elle trace sa voie, moi trottinant à ses côtés, maladroit, trébuchant. Nous sommes suivis par un gros porteur rougeaud qui ne porte que nos bagages, un rustaud bien nourri à tête de chou, qui ne se charge ni du bonheur ni du malheur du monde alors qu'en Chine même le plus misérable coolie traîne un coin de philosophie. Qu'importe à Anne Marie l'épaisseur du bonhomme ; ce n'est qu'un mulet, un âne ! Au bas des marches, elle lui tend un billet qu'il broute. Anne Marie est prête à affronter la capitale.

Paris ! Comment ne tressaillirais-je pas devant la cité qui s'offre à nous, la perle de toutes les civilisations, selon une expression favorite d'Albert, qui, d'ailleurs, pour en assumer un reflet lointain, porte une petite perle à sa cravate. De tous mes yeux et de toute ma

bouche, je veux aspirer, boire la ville merveilleuse à travers les vitres de notre taxi déglingué, qui paraît n'avancer que par les bouffées
de mégot du chauffeur.

Anne Marie est exaltée. Elle fait faire le
grand tour au taxi, me montre la capitale.

Paris où brûle la flamme de l'Arc de Triomphe, où bat le cœur de la France — tant de
gloire et de magnificence, ces siècles d'histoire
— et, surtout, le Quai d'Orsay, l'arche sainte
d'Albert...

Mais encore une fois, j'éprouve de la mélancolie. La beauté de Paris est froide, sans cœur,
sans élans, une majestueuse sévérité bien
ordonnancée. Les rues aux noms connus, les
monuments célèbres, la somptuosité des pierres polies par les siècles, les ferronneries qui
scellent la vie, les statues esseulées dans des
jardins marquetés de parterres mathématiques, défilent devant moi, mais je ne vois
qu'une grisaille. Aucun pont ne bondit vers le
ciel, aucun encens ne prie les dieux, pas de
flamboyances rouges ni de formes étranges ; il
n'y a pas d'odeurs, à peine de bruits.

Ma mère a beau s'exclamer pour moi : « Regarde les marronniers en fleur, c'est merveilleux », je ne découvre que des arbres en livrée
de verdure, lourds, à qui on a mis des pompons roses. Anne Marie s'anime encore, elle
me récite le chapelet des noms que je croyais
souverains : la tour Eiffel, les Champs-Élysées,
la rue de la Paix, l'Étoile, je me sens dans un
désert minéral, planté de végétations fausses,

et parcouru par des personnages dans la livrée de leurs habits, de leurs rides, de leurs moustaches, de leurs voilettes, de leurs gestes étriqués. Malgré tout ça, la ville me paraît morte, malgré ses sonorités, malgré ses passants, qui s'entrecroisent, malgré ses coagulations d'engins sur les chaussées. Je suis oppressé, l'impression me pénètre que les lieux les plus vivants — les cafés, leurs terrasses, les grands magasins, les théâtres, les parcs —, tout en étant peuplés, sont inhabités. Paris ne serait-ce pas un cimetière, une de ces nécropoles où les gens font semblant de survivre ? J'ai déjà le pressentiment du malheur, mais ma mère rayonne, elle a son imperceptible sourire de béatitude, ses yeux flambent de limpidité. D'une voix presque extatique, elle murmure : « Notre-Dame » et nous fait arrêter devant la cathédrale pour que je l'admire. Je lui obéis. Ces vitraux me semblent être les reflets d'un trépas ancien, et ces tours carrées des moignons. Pourvu qu'Anne Marie ne me traîne pas à l'intérieur. Mais elle se borne à faire un signe de croix. Que peut-elle avoir demandé à Dieu ? Je le devine : que le Paris des élégances devienne son royaume.

Moi, je redoute cette ville où je perdrai ma mère. Tcheng-Tu, je te préfère avec tes marchands de merde et de beignets, parce que là Anne Marie était mienne. Personne ne me l'aurait arrachée, pas même Albert. Ici, sur son visage, flotte le danger. Elle est prête à l'aventure, à se donner... Elle va trahir.

Maintenant elle est pressée. Elle répète au chauffeur : « Dépêchez-vous. »

Nous aboutissons, au fond d'une petite rue calme de Montparnasse, à un hôtel, encastré entre des immeubles bourgeois, qui étale ses ornementations à prétentions internationales, ses flatulences de balcons en fer forgé, toute une passementerie architecturale, un « chic » un peu déglingué, vieillot, mais assez noble. C'est diadémé, sur sa façade à rotondités, à une dizaine de mètres au-dessus du sol, d'une enseigne composée de grandes lettres distinctes, à moitié dédorées, un cortège alphabétique qui signifie « Regina Palace ». Ça sent le voyage arrêté.

En bas, sur le trottoir, un peu d'agitation. Anne Marie paie le taxi, et des chasseurs, des gamins vicieux bien moulés dans leurs tenues, insolemment serviables et les yeux à l'affût, nous ayant estimés, s'emparent de nos valises. Ma mère les suit en s'engageant dans une porte-tambour, un monument solennel et grinçant, reflets de cuivre, qui nous emballe avec son tourbillon, nous projetant, moi collé à Anne Marie, dans un hall rococo et vétuste, grandiloquent, langoureux, et d'un désordre actif : des affiches de spectacles, des fauteuils de cuir avachi, des consoles encombrées de cendriers pleins, des patères où s'accrochent manteaux et imperméables, sur le sol des entassements de bagages, avec des étiquettes pleines de noms exotiques. Là, dans une odeur de tabac refroidi, des gens facticement excités arrivent, partent, avec leurs impedimenta. D'autres, assis, attendant on ne sait quoi, échangent les mots des inconnus qui s'abordent un peu. Presque tous ont des têtes pas belles, usées, déjà âgées, des hommes pour la plupart, sagement rondouillards, certaines femmes sont excentriques, fardées, avec de curieux décharnements nerveux au cou. Tous, quelle que soit leur nationalité, constituent une babel aux langues, aux accents, aux types les plus divers, mais tous appartiennent à une catégorie spécifique. Pas les gros riches, pas les rastas, des gens bien, trop rodés peut-être, se trimbalant à travers le monde avec des regards qui repèrent les trucs et les maniganges, une roublardise cachée sous leurs paupières lourdes. Au fond, ce sont des poissons froids, des couleuvres internationales, attifés pour les pérégrinations, animés de motifs mystérieux et médiocres. Parfois, parmi eux, quelqu'un d'égaré, mais habitué à vivre avec ses égarements. Une dame blonde de la cinquantaine lit un télégramme, angoissée défaite, se reprenant. Ce n'est pas un endroit pour dramas, le règlement de la maison les proscrit, et les regards perspicaces du personnel excluent pareille éventualité...

Albert, qui appréciait l'établissement, l'avait imposé à Anne Marie en disant : « Vous y serez très bien. Beaucoup de diplomates descendent là. Et les prix ne sont pas exagérés. » Cette fois, cette petite déchéance due à l'avarice du consul, Anne Marie l'a acceptée avec une étrange facilité, elle a obéi sans discuter.

Ma mère reste radieuse. Peu lui importe ce caravansérail, sa liberté ne fait que commencer. Bientôt, elle sera là où elle voudra, elle fera ce qui lui plaira... Et puis, pour le moment, je le présume — je n'en sais rien — cette modestie lui sied, convient à ses desseins.

Tout de suite Anne Marie est au-dessus du lot. Elle est reconnue comme « grande dame » par les professionnels du respect, si souvent irrespectueux, impitoyables jaugeurs. Dieu sait s'ils sont capables, par de minuscules mimiques, d'exprimer leur réprobation et leur dédain à ceux de leurs clients qui n'ont pas le « standing ». Mais pour elle, l'orchestre de l'accueil se déchaîne superbement en une fanfare discrète, le pianissimo étant la note la plus forte. Salutations empressées. Dès qu'Anne Marie s'approche du saint des saints, de la cage où opèrent les « grands » de la réception, au lieu d'indifférences, de lèvres pincées, d'yeux perdus dans un songe lointain, réservés aux impétrants ordinaires — avant qu'ils ne soient appréciés et classés au rang qui leur convient —, au lieu de ces simagrées, c'est aussitôt pour elle le triomphe. Inflations de voix de miel, coulissements de paroles douces, battements de paupières des plus appréciatifs, et même clins d'yeux de la plus humble connivence. « Madame Bonnard et son fils... Mais certainement, madame, nous vous attendions. Nous vous avons réservé notre plus belle suite, deux chambres communicantes avec une entrée, une salle de bain et un cabinet de toilette. J'espère qu'elle vous plaira... » Ainsi sommes-nous accueillis par un personnage gros et chauve, onctueux, en tenue noire, deux clefs entrecroisées brodées sur les revers de sa jaquette, qui se tient devant un rayonnage où sont suspendues quantité d'autres clefs. L'empereur des clefs nous remet la nôtre comme si c'était le saint ciboire. Cet officiant est le grand concierge, l'augure qui sait tout, qui connaît et reconnaît notre qualité, et qui, à sa façon discrètement ostentatoire, la proclame à ses barons et douairières ancillaires, à son peuple servile. « Madame Bonnard est une princesse », clame aussitôt le chœur des valets et des femmes de chambre, en un hymne muet, fait de tics d'hommage, avec des sourires, des rides, des tapotements de doigts, des pétillements d'yeux, des complicités dans le regard, des courbettes d'épaules. Mais, pour une pareille déférence, la prestance d'Anne Marie ne suffit pas. Nous avons dû être recommandés par des instances supérieures — ce ne peut être que le Quai d'Orsay ; pas Albert, mais quelqu'un de beaucoup plus haut. Anne Marie, évidemment, en est consciente, et aussitôt elle est aux nues. Qu' « on » se soit ainsi occupé d'elle ! Et, tandis qu'elle se rengorge dans sa modestie, je me demande qui est ce « on ».

Une procession nous conduit à notre appartement — le concierge en tête. Puis viennent des larbins en gilets rayés, des soubrettes menées par une vieille dame digne, enfin des garçons boutonneux qui portent nos malles. Le concierge, ayant ouvert la porte de notre « suite », nous en fait les honneurs en hôte orgueilleusement soumis. Anne Marie, cependant, n'oublie pas de glisser une grosse pièce dans la paume de ce chevalier qui est, presque invisiblement, ouverte. Et tandis que le menu fretin dépose les bagages, s'attarde à peaufiner nos pièces pour les amener à la perfection, défroissant un drap ou enlevant une poussière, Anne Marie procède à une distribution générale dans toutes les mains cachées qui, au moment voulu, se tendent comme des sébiles. Rumeur de louanges, cette fois beaucoup plus sincères. Car Anne Marie est généreuse — ce que déplore Albert. Aujourd'hui elle est contente, alors elle prodigue les largesses. « Vous nous ruinez », lui aurait soufflé mon père à l'oreille. Dans ces cas-là, il ne plaisante pas du tout ; cependant, il a trop peur d'elle pour ne pas déguiser sa sévérité. Mais il n'est pas ici. Au moins sommes-nous libérés de la gamme de ses observations, les badines, les feutrées, les douloureuses, les circonspectes, les boudeuses, les vraiment fâchées ; ces remarques qu'il ne peut s'empêcher d'exprimer malgré sa frousse et leur peu de succès, recourant pour amadouer et impressionner ma mère à toutes ses têtes possibles : celle du clown, celle du consul, bien d'autres, souvent mêlées pour lui faire un groin. Cette pluie de recommandations ne tombe plus sur Anne Marie, ne tombera pas avant longtemps. Pour la première fois depuis son mariage, Anne Marie est maîtresse d'elle-même...

Enfin elle et moi sommes seuls. Quel geste de

délassement quand elle enlève son chapeau cloche — d'un mouvement brusque elle retire l'épingle qui le fixait à son chignon. Je retrouve sa tête ovale un peu penchée sous la masse de ses cheveux noirs, pelotes tressées. Elle regarde, elle explore notre « suite ». Sa chambre d'abord. Elle est surannée, elle sent le temps, les années, l'usage, l'usure. Tant d'êtres sont passés par là, ont dormi là, fait l'amour là, se sont haïs, aimés, disputés, se sont fait beaux et belles pour sortir, rendre visite, aller à leurs affaires, tant d'affaires, millions d'affaires, les galantes, les autres, l'argent, le chantage, pourquoi pas l'espionnage ! Peut-être y a-t-il eu des passions, des drames, des morts violentes, d'autres morts — malgré la discrétion de l'hôtel qui interdit toute espèce de décès, provoqué ou pas. Peut-être que des gens, des vieux surtout, ont péri là simplement étouffés par la lourdeur, le poids de cette pièce. Mon imagination d'enfant s'enflamme, les meubles me semblent des guillotines, les étoffes pourraient se déchirer en bandelettes pour enserrer des momies. En fait, il n'y a aucune trace de tout cela, rien que l'odeur de poussière, un enfouissement pelucheux. Anne Marie n'est pas impressionnée, elle inspecte les lieux, d'un œil de ménagère au marché.

Antique chambre aux proportions grandes, au plafond très haut, avec des ciselures, des couronnes d'angelots qui se poursuivent. Il en sort un lustre, lames de cuivre et larmes de cristal, mais rouillé, terni, sans brillance, araignée artificielle d'une fausse forêt jamais nettoyée. Je suis piégé dans ce capharnaüm, dans cet entassement de meubles tombeaux, dans ces vieux suaires apparemment innocents, dangereux pourtant, fantômes peut-être. Fauteuils, consoles, guéridons, paravents, divans, bahuts, tables, tous anciens, pieds torses, dos courbés, mais démantelés, dépenaillés, des carcasses brinquebalantes, cacochymes, pansées de housses. Ils sont recouverts de dentelles jaunies, de cretonnes à fleurs fanées, de chintz qui se froisse, s'effiloche, se déchire... En guise d'ornementation, des coussins, des nœuds de velours, des glands, des pompons : affalement de tissus, sables mouvants qui enlisent. Capitonnages partout, une poisseur rance de poussière, de naphtaline, un arrière-goût de tilleul aussi. Ces vieux bois, ces amas de textiles poussent leurs racines dans des tapis râpés, aux motifs vaguement orientaux qui se défont... Il fait sombre. Les fenêtres sont tendues de rideaux de damas, plus solides, frondaisons impénétrables, grilles contre le jour et sa lumière. Alors, pour éclairer — sans compter le lustre qui est une comète aveugle — il y a une quantité de lampes aux ampoules mortes, en verre, en bronze, en matière argentée, en opaline, en porcelaine, étirées, tordues, artistiques, avec, gravées ou peintes, incisées dans la matière, des théories de femmes qui se poursuivent, des nymphes, qui parfois tiennent des flambeaux. Un tas de formes : vases ronds, étroits goulots, et toujours, au-dessus, des abat-jour cassés, voiles d'embarcations périssantes. Lampadaires chauves-souris, torchères glorieusement brandies, mais concassées. En plus, un réverbère, colossal. Épaves. Étoiles éteintes. On voit quand même assez pour distinguer un lit-conque, aux flancs de boiseries sculptées. Cela me semble une immense vasque, soutenue par des jambes arquées et des pieds fourchus de satyres. Aucune onde, aucune vie ne s'écoule de là. Ce n'est que l'antre des draps, des couvertures, des édredons, caverne molle. Quand ma mère s'allongera là-dedans, ne disparaîtra-t-elle pas, ne sera-t-elle pas engloutie, ensevelie, morte, diaphane, une Anne Marie expirée ?

Mais Anne Marie a sur les lèvres un sourire de courage, elle n'éprouve aucune crainte, elle tâte le monument de ses doigts : « C'est un bon lit où je dormirai bien. » Oui, elle aura les sommeils les plus profonds et les plus ravissants, puisqu'elle est joyeuse, même dans ce lugubre Regina Palace. Sur une tablette, près de l'oreiller, il y a une grosse poire qu'il suffit de presser pour appeler la domesticité. Ma mère rit : « Cet hôtel en décombres, c'est grotesque, bien digne d'Albert qui croit que c'est chic. Ah ! ses prétentions de quatre sous. Le faraud ! Mais, au fond, l'endroit est amusant, et puis nous n'y resterons pas longtemps. »

Je suis hypnotisé par une corbeille en osier, à la base étroite, qui s'élargit sur une surabondance végétale. Une caravelle de trésors... L'esquif s'ouvre sur des flots de rubans, sur des fils d'or, sur des échelles de soie. C'est la flore dans toute sa gloire, la pavane des azalées, des orchidées, des iris, des roses, des lilas aux grappes lourdes. L'arche des fleurs rares et luxuriantes, la senteur du paradis, offusquante, grisante, les couleurs douces et violentes mêlées en arc-en-ciel, chatoiements, immensité, richesses, sensualité. Dans ce foisonnement, est épinglée une enveloppe au nom de « Madame Albert Bonnard ».

Longtemps, Anne Marie a évité ce bouquet, comme si elle ne le voyait pas. Mais son visage se crispe, ses yeux se durcissent, sa mâchoire tremble comme lorsqu'elle est en proie à une émotion, ses dents se serrent, elle ne peut plus se contenir. Elle va vers le somptueux cadeau, y enfouit son visage, le respire, s'en enivre et, d'un ongle, déchire l'enveloppe. Tandis qu'Anne Marie lit le carton glacé qu'elle contient, une rougeur — rosée du plaisir — s'empare de ses pommettes. Pas d'autre signe de sa joie qu'elle veut me cacher. Elle me tourne le dos pour se réjouir du message galamment adressé à elle. Je n'entrevois que quelques lignes, des mots caracolant noblement au-dessus d'une signature. Je suis sûr que ce sont les signes qu'elle espérait, qu'elle attendait, ceux de sa destinée.

Je fais le sournois, l'idiot. Du ton bêta que je sais prendre, je m'enquiers :

« C'est de mon père ? »

Anne Marie éclate de rire, ses lèvres, comme si elles étaient en caoutchouc, dénudent ses gencives. Lèvres-lamelles à l'extraordinaire pouvoir de distorsion. Je n'aime pas cette grimace nerveuse qui, en général, ne présage rien de bon. Elle me répond par un sarcasme dissimulé, dont la saveur est pour elle seule :

« Oui, d'une certaine façon, cela vient de ton papa. »

Je ne suis pas dupe. Elle se moque d'Albert. D'ailleurs, Anne Marie n'appelle mon père « papa » que lorsqu'elle s'amuse à me le rendre ridicule.

Je reste silencieux, avec mon air niais. Brusquement, comme frappée d'une idée, Anne Marie se dirige vers une coiffeuse en bois de rose, surmontée d'une grande glace ovale. Elle se tient là à se scruter, prenant des poses, les bras ployés derrière son cou comme les anses d'une amphore. Elle fait toute une gymnastique avec les épaules et la tête, pour se juger dans ses attitudes habituelles. Elle s'examine méticuleusement, sévèrement, elle passe en revue chacun de ses traits, chaque grain de peau. Elle semble inquiète, elle, généralement si sûre de sa séduction, de son pouvoir d'envoûtement. C'est qu'après un pareil voyage, son visage est fatigué, pâlot, tiré, avec de petites taches, des irritations, des soupçons de rides, des pattes d'oie aux commissures des yeux. Mais ces dégâts, elle va les réparer, elle sera belle, plus belle que jamais. Elle sera prête.

Son examen terminé, elle dit : « Viens. » Elle m'attire à elle sans tendresse, et se met à m'inspecter comme un maquignon. Suis-je digne d'elle, moi, son fils de dix ans ? Hélas ! aussi le fils d'Albert, ce personnage grossier, aurais-je les stigmates de sa vulgarité ? Elle m'englobe dans son regard, elle me soupèse morceau par morceau. Anne Marie m'épluche en entier : mes yeux un peu bridés, mon teint mat, presque jaune, ma bouche trop fendue, mes oreilles trop grandes, mes bras dégingandés. Oui, j'ai une ressemblance avec Albert, mais, heureusement, épurée, anoblie, sans rien de sa lourdeur lippue, de ses médiocres grâces, de sa bave d'escargot. Son côté à elle l'emporte... et puis il y a eu cette éducation de prince, de gentleman, en Chine, grâce à elle, qui m'a façonné. Malgré quelques petits défauts physiques, des disparités, je suis le jeune seigneur de Tcheng Tu, son joli petit garçon orgueilleux, au solide corps bien pris, le visage aussi ovale que le sien, le minois gentil, parfois secret. Rien de bas. Ayant fini son examen, Anne Marie me sourit, elle est satisfaite de moi, je ne la gênerai pas dans ses projets, au contraire. Même en France, je serai un rejeton tout à fait acceptable pour constituer avec elle le couple touchant de la mère et de l'enfant.

Cependant, elle me chasse, elle veut être débarrassée de moi pour parfaire sa beauté, l'adorner, la cultiver. Besoin irrépressible. Elle m'entraîne par l'entrée carrelée de porcelaine, ouvre la porte de l'autre chambre, la mienne, et lance : « Tu seras très bien là. Repose-toi. N'en bouge pas. Je ne veux ni te voir ni t'entendre. » Comme si elle me mettait au coin, dans un placard, dans un trou, dans une cave. Et puis elle se retire, fermant la porte, la claquant même.

L'abandon. Je grelotte. Et quand même j'observe. Ma chambre est aussi belle que la sienne, aussi grande, remplie également de choses étranges, biscornues, boiteuses, de meubles qui menacent, d'étoffes qui emprisonnent. Récifs, algues. Il y a également des abat-jour cassés qui semblent des oiseaux empaillés. Sur le mur, un tableau couleur de nuit, où des soldats en grand arroi s'affrontent dans une bataille ordonnée, superbe. Les uniformes, les panaches, les chevaux, ça a l'air d'une fête.

Une porte. Une poignée. Je la tourne lentement, sans bruit. Je repousse un tout petit peu le battant et, par l'entrouverture, tapi contre le mur de ma chambre, je regarde. Je vois une salle de bain, faïences entartrées, robinets dépareillés, une immense baignoire et un bassinet dont je ne sais pas que c'est un bidet. Anne Marie est dans cet endroit pompeux et lézardeux. Elle a apporté avec elle quantité d'onguents, de pots, et surtout ses flacons chinois en cristal ciselé, aux garnitures d'argent, qui sont sa fierté. Elle s'est mise au travail sur elle-même, je l'aperçois à ses apprêts.

Je me tiens figé, évitant le moindre geste, respirant à peine, pour ne pas attirer son attention. Je suis en proie à un dégoût, à un écœurement d'elle, de moi, je me dis qu'il faut quitter mon poste d'observation, mais je suis trop fasciné... Surprendre ma mère dans son intimité, cette tenue de femme de ménage de sa beauté, où elle se dégrade afin d'apparaître encore plus inaccessible et envoûtante.

Anne Marie est en robe de chambre, elle a caché sa chevelure dans une serviette-éponge nouée autour de sa nuque, si bien qu'elle a l'air d'un balai emmailloté. Je la vois de dos, mais la glace qui domine le lavabo me renvoie son image. Elle y passe une crème lourde, blanchâtre, gélatineuse, répugnante, qui lui fait un masque dégoulinant qu'elle masse. Sous son massage, sa chair s'étire, devient molle, quelque chose de malléable, d'extensible, d'élastique, d'une laideur pauvre. Elle se triture longtemps, enfonçant des couches de matière grasse dans sa peau qu'elle soulève, décolle — boudins blancs qu'elle fait avancer avec ses doigts. Sa face est une méduse opaque, vaguement translucide, avec de visqueux ailerons. Macérations, malaxations. Sous le front, dur d'attention, ses traits sont disloqués, pendochards, lisses et grumeleux comme du porridge. Ravaudages, rapiècements, ça semble en cire, en mastic.

Anne Marie est consciencieuse. Elle accompagne sa besogne de beaucoup de crissements, de roucoulements, surtout des raclements de gorge et des expectorations qui atteignent leur paroxysme quand elle se lave les dents. Elle grimace avec une expression acharnée, butée. Une poudre rose bave dans sa bouche distendue, ses gencives semblent à vif, elle fait bégayer silencieusement ses lèvres comminatoires, la brosse racle longuement, interminablement, ses incisives et ses molaires, rocs coupants, rocs mordants, rangées de perles. Tout cet hygiénique devient sale... Elle boit une eau désinfectante, rougeâtre, la faisant glouglouter en un ronron aqueux, avec un air d'échassier borné qui aurait tendu le bec pour ingurgiter un poisson. Enfin, tout le liquide qu'elle a brassé, elle l'expulse d'un jet, avec précision, comme s'il sortait d'un tuyau. Après, elle crache encore quelques gouttes retardataires.

Anne Marie reprend un aspect plus humain, mais toujours ridicule. Elle remplace, pelletée après pelletée, les onguents qui commençaient à se diluer en stalactites par d'autres plus secs, sentant l'amande. Son air inspiré et circonspect pour ce badigeonnage. Et encore d'autres opérations sur sa figure désormais reconnaissable, mais souillée. Plâtrage avec une sorte de farine, se collant en grandes plaques lépreuses. Lotionnage par petites touches, avec des cotons imbibés. Je reconnais sa tête, même si elle reste enturbannée de son torchon spongieux — ainsi accoutrée, elle reste la servante de son propre corps, la lavandière de sa beauté, prête pour des tâches plus importantes.

En effet retentissent des éructations : Anne Marie a ouvert les robinets de la baignoire, qui se remplit par gargouillements, par dégorgements surabondants et étranglés, et aussi par des suffocations, des râles de sécheresse. Tintamarre...

Je sais qu'Anne Marie s'apprête à se déshabiller pour se couler dans l'eau. Je l'imagine y flottant, se reposant et s'humectant, comme une feuille tombée sur un étang. Je sais... jamais je ne l'ai vue mais je l'ai entendue dans son bain, à Tcheng Tu, quand elle était dans ce qu'elle appelait son « tub », baquet ouvragé spécialement amené pour elle de Shanghaï. Les parois du yamen étaient minces, des lattes de bambou, et, de ma chambre d'enfant, j'écoutais. Je sais donc... Après une période de douce langueur, l'énergie lui reviendra en un flux nerveux et, le visage complètement pétrifié, couronné toujours de sa serpillière, elle se récurera à fond, battant son corps savonné, sans plaisir, par discipline, avec des à-coups réguliers et durs. Oui, je me représente ce que cela va être, sans bien distinguer entre les souvenirs sonores de ma mémoire chinoise et ce que je suis en train d'inventer à l'avance, mais avec le sentiment de la certitude. Ce sera ainsi. Je vais contempler Anne Marie complètement dépouillée, punissant, pour son bien, le corps dont je suis sorti. Est-ce possible ?

A ma surprise, elle s'attarde. Avec une pince, elle procède à l'épilation de ses sourcils arqués. En faisant cela, elle écarte un peu le haut de son peignoir, et je distingue des étendues douces, des surfaces blanches, des courbes, des formes arrondies : ses seins. Ma mère n'est pas plantureuse mais frêle, sa poitrine me semble faite de coquilles blêmes, chairs épanchées qui balancent, chairs de poulet déplumé. Devant cette Anne Marie, je me sens sacrilège. Je voudrais m'enfuir, j'ai pitié, j'ai honte, j'ai mal, je souffre, je ne peux pas... mes yeux me commandent, ils veulent se repaître

d'Anne Marie nue. C'est la tentation irrésistible, c'est l'horreur.

Anne Marie, là-bas, en Chine, dans les clubs,
les salons et tous les endroits sélects, quand
elle apparaissait, c'était dans la couronne des
égards. Et ces égards, elle savait les recevoir,
les rendant à la fois importants et sans importance. Son sourire, sa voix, sa façon de donner
sa main à baiser comme si cela ne la concer-
nait pas. Ces hommages, elle les acceptait, elle
les recevait, elle les magnifiait en gracieuse
souveraine. Parfois un audacieux se risquait à
murmurer à voix basse à quelque autre gentleman : « Albert a de la chance de l'avoir pour
femme. Quelle consulesse, quelle maîtresse de
maison, son goût, son tact... » Certains ajou-
taient : « Elle a fait sa carrière, car enfin, lui... »
Là, il y avait une moquerie. On ne faisait pas
attention à moi, j'entendais ces chuchotis. Parfois, quand les messieurs étaient ensemble au
bar, séparés des dames qui prenaient le thé,
un quidam félicitait gaillardement Albert :
« Ah çà, Albert, vous avez été pêcher une
perle... » Mon père grognassait : « Mon épouse
est épatante. Je l'ai bien formée... » Mais il
n'était pas trop content, le consul, de ces
louanges excessives qui le diminuaient un peu.
Anne Marie... Là où elle surgissait, sa beauté
était aussitôt présente, planante, douce, enva-
hissante, mais elle avait le don étrange d'être
en même temps immatérielle, on aurait dit
qu'elle ne possédait pas de corps. Pourtant,
elle en avait un, tous le sentaient, qui existait,

pesait, captivait. Et maintenant, moi, son fils, je veux souiller de mon regard cette étrange pureté où elle est intouchable.

D'où vient la supériorité de ma mère ? Elle n'est qu'une femme, semblable aux autres femmes. Mais elles sont en dessous d'elle, pas immaculées comme elle, elles sont, d'une certaine façon, de la marchandise, de la chair... Albert papillonnait autour d'elles, et elles jubilaient. Leurs petits cris ravis... Je soupçonnais qu'à l'intérieur de toutes nichait une bête dégoûtante, répugnante ; selon les missionnaires, la honte émanait d'elles. Le ventre d'Ève... Alors, je regardais Anne Marie, je me disais qu'elle participait aussi à l'abjection féminine, même si elle semblait en être épargnée. Pourquoi l'aurait-elle été ?

Maintenant, dans son cabinet de toilette, elle n'est qu'une femelle. Je devine son mystère affreux, je le pressens. Elle aussi a des organes qui m'ont fabriqué. Ma naissance... je veux savoir, c'est interdit, ce serait terrible, une profanation.

Je ne suis pas tout à fait innocent, car, en Chine, j'ai vu... D'abord des mendiantes, des pauvresses hideuses, affamées, proches de la mort, presque des animaux, aux haillons déchirés sur leurs mamelles et leurs fentes, mêlées en grappes à des trognons d'hommes, à des squelettes d'hommes aussi misérables qu'elles. Ces magmas s'agitaient, et je distinguais, dans les infects entassements, des morceaux de viande, des bâtons, s'enfonçant dans des chairs creuses, des trous. A eux, étaient accrochés des marmots-fœtus. Une fois, devant moi, une de ces créatures a poussé, entre ses jambes, une tête épouvantable, toute petite, rouge, chiffonnée. Un accouchement. Ces gueux étaient ignobles. A les voir, jamais la pensée d'Anne Marie ne me venait.

Li, ma Li chérie, ma Li vicieuse, m'emmenait dans des maisons de thé où elle faisait l'importante, bavardant avec la patronne pendant que moi, j'entendais d'étranges gémissements, des souffles, des ululements provenant de derrière des cloisons de bambou... J'ai même vu des coolies et des filles collés sur des bat-flanc : les filles en dessous, écrasées, empalées, nues. J'imaginais des grenouilles qu'on écorchait mais ensuite, quand c'était fini, elles riaient. Leurs sillons rouges avec de la colle blanchâtre. J'ai vu ça. Et le dégoût me prenait. Toi... Anne Marie, peut-être toi, toi aussi. Est-ce que tu as été collée ainsi, nue, avec ensuite entre les jambes, dans un sillon, de l'empois ? Est-ce que je suis venu au monde parce qu'Albert s'est joint à toi de cette façon, couché sur toi, te perforant, ahanant, t'arrosant de ce qui serait moi ? Non. Ce serait trop épouvantable...

Je veux voir, connaître le secret du corps d'Anne Marie, ce jardin saccagé à cause de moi. Ma tête sortant d'entre ses cuisses... Non, c'est impossible, je tomberais malade, je mourrais peut-être. Je devrais appeler au secours, mais, elle, la pudique sans pudeur, en voyant mon angoisse, elle, l'incompréhensible, se moquerait peut-être de moi, elle aurait son sourire de raillerie. Pas ça, elle me ferait trop mal. Ne pas hurler donc, mais cacher mon désir et ma dégoûtation ; je dois être — comme elle me le recommande si souvent — un petit homme bien élevé qui contrôle ses émotions. Il faut que ce ne me soit rien de regarder ma mère nue, « just a trifle », un de ces mots anglais distingués qu'elle aime tant. Prendre pour une bagatelle, un « trifle », ce qui est l'essentiel : le danger et le drame. La belle désinvolture... Anne Marie exècre la faute de goût mesquine, ce qui est ordinaire, commun, sali de veulerie, de peur. Je suis sûr que, pour elle, le fait que je la regarde dans son intimité ne la choque pas ; à condition que ce soit un défi insolent de jeune aristocrate, un défi élégant. Hélas ! j'en suis incapable, je suis lâche, j'ai un cœur ramolli, tout un salmigondis vulgaire de basses tentations et d'effrois pitoyables. Je ne veux pas que ma mère s'aperçoive de mes faiblesses.

Pourtant, ça ne peut pas durer. Mon cœur est barbouillé, je vais vomir. Il faut savoir me tirer de mon envoûtement en « smart boy », en petit dur bien racé. Trouver le geste... Du pied, je heurte une chaise, je la fais tomber. Le fracas est énorme, se répercutant à travers l'appartement et tous ses fatras. Je tremble, je crois que les âmes errantes qui gisent dans les tentures et les coffres, surprises et furieuses, vont jaillir. Mais surtout je redoute Anne

Marie... Cependant, elle sursaute à peine et, encore avec ses serviettes partout, autour de la tête et du corps, encombrée et presque laide, elle se retourne et me devine. Un tic de mécontentement sur la figure, une crispation brève que je lui connais bien. Et cette voix lisse, incolore du reproche :

« Maladroit, seras-tu toujours aussi maladroit ? Tu casses tout. D'où ça te vient, puisque même Albert est soigneux ? Tu m'as dérangée. Je t'avais dit de rester tranquille chez toi, de ne pas me gêner. »

Et puis, avec un sourire amusé, presque indulgent :

« Alors, tu es curieux, mon garçon. Tu voulais me surprendre à ma toilette ? Déguerpis et ne recommence pas. J'espère que tu n'es pas un petit vicieux, comme ton père est un gros vicieux. Dis-toi que j'ai horreur de la saleté, de tout ce qui est gras. »

Je suis recroquevillé contre le mur de ma chambre, près de la porte entrouverte par où j'observais. Nous avons parlé sans que je bouge de mon coin. Elle, restée dans la salle de bain, continue ses soins pendant qu'elle me gronde. Soudain, j'entends ses pas s'approcher. Elle est devant moi, dure, dans ses falbalas hygiéniques sifflant :

« Laisse-moi me reposer. Sois sage, ne fais pas de bruit, surtout ne viens pas chez moi. »

Et puis elle a une idée. Elle rebrousse chemin, va tirer des objets d'une valise et revient les bras chargés de mes jouets — ceux que l'on m'a fait emporter de Chine pour que je m'occupe sur le paquebot sans ennuyer les grandes personnes. Des décalcomanies, des crayons de couleur, des livres, des dominos, des cartes, des soldats de plomb. Ils sont cabossés, avachis, et pourtant je ne m'en suis pas beaucoup servi, car j'aimais mieux être auprès d'Anne Marie, son chevalier, au cours de ses mondanités à bord. Elle me gardait volontiers près d'elle, c'est vrai... Maintenant, tous ces rogatons, elle me les lance, en disant :

« Amuse-toi. Sois sage. Je vais dormir, ne me réveille pas. »

Là-dessus, elle me fait une caresse que j'aime : elle m'effleure les cheveux de ses longs doigts. A peine une caresse du reste, mais si tendre, si douce. Ses yeux sont froids. Je suis pris d'un soupçon : n'est-ce pas seulement une manière de me calmer, de m'apaiser, un « truc » pour que je ne l'embête pas ? Elle s'en va aussitôt. Et elle ferme la porte, pour se débarrasser de moi.

Les jouets, je n'y touche pas. Je les déteste. Je pense à ma mère — je crois la connaître, la comprendre, je crois savoir tout de ses gestes, de ses intonations, et elle m'échappe. Elle est contradictoire. Tout à l'heure ne me disait-elle pas que ce que j'avais fait — la regarder — c'était presque bien, puis aussitôt après, que c'était mal ? Sa soudaine fureur... Anne Marie me fait souffrir...

Je m'allonge sur un lit immense, des dentelles m'enserrent, je suis enseveli, j'y vois très peu. Qu'est-ce qui vient à moi, qu'est-ce qui rampe vers moi ? Je veux courir auprès de ma mère, mais c'est interdit, je suis laissé à mon péché, j'ai offensé Dieu, il faut que je sois puni de mon crime. Qui peut me sauver ? Je me redresse, je me mets à genoux, et je récite le *Credo*. Je supplie le Seigneur : qu'il chasse les démons en moi, tous les démons qui m'entourent, m'assaillent, me menacent, et aussi les démons d'Anne Marie.

Puis, dans la peur de ce qui rôde dans la chambre, je me blottis sous les couvertures. Peu après, je tombe dans une sorte d'inconscience. Je suis à Tcheng Tu. Albert, debout dans son bureau, pose ses grosses lèvres sur celles d'Anne Marie, il est énorme, bestial, effrayant. Il tient puissamment dans ses bras ma mère qui se courbe en arrière pour l'éviter, qui rejette vainement son cou et sa tête pour échapper à son désir. Elle est vaincue, sa bouche est rejointe par celle d'Albert, sangsue avide qui boit. Albert, les yeux fixes, mou d'émotion forcenée, se détache d'elle pour geindre, comme un petit enfant, un plus petit enfant que moi qui contemple. Moi, alors de marbre, moi refusant, moi laissant faire. Albert pleurniche : « Je vous aime, Anne Marie. Ne savez-vous pas que je vous aime ? Ne m'aimez-vous pas un peu ? »

Dans ma chambre de Paris, est-ce que je dors ? Je suis hypnotisé par les images qui continuent à défiler très vite. Ma mère s'est dégagée, s'est redressée, le corps comme une couleuvre, sa tête dardant, tête triangulaire qui balance pour frapper. Elle rit par quintes sèches, racleuses, osseuses, elle crie : « Je vous hais. Vous me répugnez... vos appétits devant notre fils... » Albert lève les bras vers le ciel, le prenant à témoin de son désespoir, puis il semble se casser en morceaux, tout en lui s'écroule, il pleure.

Un temps incolore glisse, lanière de temps où j'ai la sensation d'être revenu dans la chambre dangereuse. Je me tourne, je me retourne dans mon lit, en proie à un malaise, à un sentiment vague et oppressant. A l'entour, la pénombre fait des tourbillons d'où vont sortir, je le sais, des apparitions que je redoute. Qu'elles arrivent vite pour me détruire. Elles viennent, mais elles sont gaies, joyeuses, ce sont les apparitions de mes bonheurs. Je suis à nouveau à Tcheng Tu, je n'ai que quatre ou cinq ans, mon amah Li me porte dans ses bras en chantant une comptine populaire : « Mon petit maître, la nuit mauvaise arrive, mais le Seigneur Bouddha veillera sur toi, ta beauté a touché son cœur. Dors paisible, dans son royaume des songes merveilleux... » Mais je suis bien éveillé, les yeux ouverts, et j'attends mon plaisir, celui que, bien plus que Bouddha, Li va me procurer comme chaque soir...

J'aime la face de Li, ronde comme la lune, adorante. Elle sent le lait, Li, et le riz et la saumure, elle est ma terre nourricière, je lui appartiens en entier, sans honte, sans aucune honte. Elle me gorge de sourires, elle me déshabille, elle enlève ma culotte, et elle bée de jouissance quand elle découvre mon petit robinet bien niché sur lui-même, en paix. Elle se met à le louer : « C'est mon oiseau à moi, ma mignonne tortue, mon bourgeon printanier, qui deviendra un tronc grand et gros comme celui de monsieur le consul, et qui, alors, régnera sur toutes les femmes. » Li glousse de fierté. Elle me couche et aussitôt, j'écarte les jambes, je m'offre. Je suis en pleine félicité. Ses doigts viennent sur moi, ses doigts épais de paysanne, mais câlins, habiles à triturer. Elle joue avec la radicelle sortie de mon humus, plantée à la fourche de mon corps, qui se met à s'allonger, comme si ma bien-aimée lui avait donné vie. La face camuse de Li s'approche de moi, plate, disque énorme, je n'ai aucune peur... Je suis happé, avalé dans un gouffre de chaleur humide, gardé par les sentinelles des dents. Des choses molles et roses me tirent, me broient, me sucent délicieusement, je suis l'empereur, je grandis sans cesse, toujours dans cet abîme-bouche, une douleur est mêlée à une attente impatiente, à une extase, je vais éclater, je suis l'orage qui s'éloigne, le ciel est pur. Li triomphe et je m'endors du sommeil le plus profond et le plus ravi.

Mais un jour que la douce Li m'envoyait au paradis des rêves, Anne Marie a surgi. Elle a tout vu : Li m'absorbant, moi disparaissant dans la bouche de Li. Aussitôt ma mère est devenue blême, son cou s'est crispé en tendons nerveux, ses lèvres ont tremblé, ses yeux se sont assombris. Quelques instants a pesé sur moi un regard dont je me souviens toujours, même si je n'étais alors qu'un petit enfant. Il a semblé qu'elle allait parler, foudroyer, mais elle a fait demi-tour, est partie sans un mot de reproche à Li déconfite, qui n'a plus jamais recommencé.

Depuis, la honte ne m'a pas quitté et, à mesure que je grandis, je me pose des questions. Pourquoi, Anne Marie, ce jour maudit, n'a-t-elle rien fait, rien dit ? Est-ce par indifférence, par sagesse, sachant qu'il s'agissait de la méthode sûre et éprouvée des amahs chinoises pour endormir les petits garçons, et qu'il convenait donc de la respecter ? Si c'était ça, alors c'est qu'elle ne m'aimait pas, qu'elle n'était plus capable de m'aimer, que, déjà, elle me rejetait. Elle a reculé par dégoût, me laissant dans le baquet des immondices. Après je n'ai plus jamais eu complètement la paix, je me sentais sali, je suis devenu faible et lâche. Et surtout j'ai pris l'horreur de ma chose — elle est infâme, pitoyable, écœurante —, l'horreur de mon corps. Ma mère ne verra plus cette marque de mon infamie. Elle ne saura plus qu'elle existe. Ni elle, ni personne... Pourquoi cette hantise ?

C'est la faute d'Albert. Il est bon pour moi, mais je le déteste. Avec son tuyau, il a gonflé Anne Marie, d'une enflure qui a crevé, dont les eaux m'ont lâché, comme un détritus. Je suis l'ordure d'Albert, son appendice m'a conçu. Et j'en porte un aussi pour faire des saletés, le même que le sien, encore minuscule, mais qui deviendra abominable, qui dégoûtera ma mère. Je suis de la même espèce goinfre qu'Albert, lui au sérieux pince-nez, lui le goguenard lacrymatoire, lui le galant avec son cœur en breloque, lui toujours avec son robinet tout prêt. Je ne veux pas être comme lui, attaché à la matière, à ses jouissances répugnantes. Ne reviens jamais, disparais à jamais, laisse Anne Marie, laisse-moi...

La tête d'Albert, qui remplissait mon songe, s'efface. Pouf! décapité... Et, de nouveau, je suis dans une grisaille neutre, celle du temps, celle de l'espace. Longtemps, je vogue loin, vite, et puis tout mouvement s'arrête. Je ne dors plus tout à fait, je reconnais ma chambre mystérieuse, pleine d'ombres et d'émanations, hantée d'objets-animaux. Soudain, d'immenses yeux me regardent, iris dorés, yeux phosphorescents de chats, yeux globuleux de poissons. Ces yeux dominent le monde, ils sont les vigies d'un salon paisible et très beau. Là, Anne Marie pénètre avec moi, et elle regarde un homme que je ne connais pas, mais dont je sais le nom, André. Il est royal, au-delà des choses ordinaires, dans l'orgueil pur des sentiments et des pensées. Anne Marie, en le contemplant, a une expression que je ne lui ai jamais vue : le bonheur, pas proclamé, pas affiché, une aura sereine. Tout à coup, apparaît une femme blondasse et enragée, c'est Edmée, l'épouse d'André ; elle se jette sur Anne Marie et la transperce d'un coup de couteau. Ma mère tombe doucement, toujours souriante, ses paupières se referment comme des corolles fanées. Moi aussi je me sens entaillé, mon sang s'écoule, tout s'obscurcit, je tombe dans un vide glauque et sombre, une éternité sans étoiles où je me dissous, où je meurs. Au moment où j'expire, je m'éveille en sueur, dans l'angoisse de l'innommable, dans mon lit de Paris, au Regina Palace. Je vis donc. Mais où est Anne Marie ? Vit-elle ? Je suis fou d'une nouvelle terreur, je crains qu'elle ait été vraiment tuée, tout près de moi. Je veux me précipiter chez elle.

Une surprise me retient dans mes draps : j'entends la voix d'Anne Marie, sa plus douce, un peu chantante, une vibration continue, un flot égal, l'écoulement ininterrompu de sa Loire dont elle m'a tant parlé, eau lisse, jamais s'arrêtant, aux tourbillons invisibles, profonde, parfois perfide, complimenteuse et tueuse. Coteaux embaumés, lèvres d'Anne Marie... Je tends l'oreille. Ce n'est qu'un murmure, où parfois je surprends un mot. Cependant, c'est un hymne, une cantate où ma mère, sans jamais élever le ton, sans ces gloussements et criailleries de la femme du monde qui s'extasie, déverse les sonorités nues et riches de l'émerveillement. Suavité d'Anne Marie, pampres, dieux païens. Comme j'aime l'écouter dans son idylle, car c'en est une ! Mais à quel amour se livre-t-elle ainsi ? Soudain je sursaute, stupéfaction et presque anéantissement, je découvre que la créature qu'avec tant de délectation elle adore, c'est son « assassine ». Cette fois, j'ai bien distingué, dans un soupir, le nom « Edmée ». Et cet « Edmée » sort de sa bouche comme une brassée de fleurs, c'est l'iris et la jonquille, la couronne champêtre et somptuaire. Edmée, c'est donc bien d'elle que vient le bouquet superbe qu'Anne Marie a trouvé dans sa chambre.

Le cœur me bat. Plutôt, je n'ai plus de cœur, tellement il est étouffé par l'émotion. Mais je dois savoir... une envie dévorante, une combustion en moi, des flammes et un gel. Que m'importent les interdits d'Anne Marie. Je veux entendre. Alors je me lève et, à travers les meubles et les obstacles, tous ces dangers, je me faufile, souple, agile, et, quoique apeuré, sans crainte. Tout en moi est silence, le corps muet, les pieds muets sur le plancher, le souffle muet. Aucun craquement, aucun frôlement, aucun frémissement, je suis le pur esprit qui se glisse, une buée. Je vais vers la porte de sa chambre, je désire l'épier encore, cette fois je reconnaîtrai, non pas le corps, mais le projet d'Anne Marie. Près du but je suis paralysé... Quelques instants pour me redonner du courage, je m'immobilise, bloc de peur salée. Le timbre de ma mère est net, mais encore indistinct. Il faut que j'aille plus loin, contre sa porte. Triomphant de moi-même, je reprends mon avance, chaque pas étant une douleur, un siècle. Enfin, j'y suis et, m'accroupissant, je colle mon oreille au battant... J'écoute comme si l'énigme du monde, au moins celle de mon existence, allait m'être révélée.

Il n'y a que la porte qui me sépare d'Anne Marie. J'entends sa respiration. Pour le moment, elle ne parle pas, elle absorbe des paroles. En effet, du téléphone sortent, en une sourdine étouffée, un peu métallique, des gargouillis, qui sont des gentillesses que je comprends presque, que je devine, moins empruntées, plus voraces et folâtres que celles proférées auparavant par Anne Marie. Rocailles d'effusions, parfois graves, presque maternelles. Ces bourdonnements, ce serait donc Edmée qui s'étrangle, se pâme, rit, caresse, ondoie, s'amuse ? Edmée... C'est bien elle. Car les grésillements s'arrêtent et, coulée cristalline, plain-chant, vent de printemps, s'élève à nouveau la voix d'Anne Marie. Tout d'abord elle gémit : « Edmée », puis avec une dignité modeste et charmante, elle tresse compliments et louanges, qui semblent naître, purs et vrais, de la source de son cœur. Elle se fait la servante d'Edmée. Onde coulante, fontaine. Pourquoi ?

« Edmée, votre bouquet ! C'est trop beau pour moi, c'est me gâter, c'est une folie. Il ne fallait pas, Edmée, je suis honteuse. »

Anne Marie continue longtemps, elle se vautre, elle s'aplatit. J'ai honte pour elle. Je me bouche les oreilles. Enfin je suis délivré par sa péroraison : « Je craignais la solitude à Paris, mais grâce à vous et à André... Qu'Albert sera content d'apprendre votre sollicitude à mon égard... Encore une fois merci. A demain. »

Un déclic. Anne Marie a raccroché le récepteur. Je suis éberlué. Je reste, bêta, dans ma position ridicule, accroupi, l'oreille tendue. Quand je me dis enfin qu'il faut me carapater vers mon lit et m'y étendre comme si je ne l'avais pas quitté, en garçon sage et innocent, il est trop tard. Sous mes yeux, je vois la poignée tourner, et je reçois la porte sur la figure. Anne Marie est là, en gorgone à bigoudis et à serviettes, droite, immense de maigreur, flamboyante de froideur, bouillante d'une fureur glacée. Sa figure est spectrale, elle a les yeux de ma punition, m'en transperçant pendant que je me ramasse gauchement. Quelques instants, elle reste silencieuse, à peine un pli sur le bas d'une joue, un petit pli lisse et incrusté, dur, qui ne bouge pas. Ses traits sont amincis, les arêtes de son visage sont tirées et pâles. Quand elle est marquée comme ça, je me dis qu'elle se trahit, que cette fixité luisante qui clignote est proche de la déraison.

Cela lui arrive rarement, mais alors j'ai peur qu'elle me batte, qu'elle me tue. Aussi, devant son apparition effrayante, j'abrite ma tête dans mes bras, dérisoire protection. Mon pauvre geste arrive jusqu'à elle, elle le voit, elle se calme. Certes, elle est toujours en colère, mais d'une colère dominée, calculatrice, qui se borne, par ses lèvres encore pâles, à émettre une vapeur cinglante, composée d'imprécations raisonnables :

« Espion. Toujours après moi, à me surveiller, à me guetter, à vouloir tout voir et tout deviner, même ma pensée, et ça avec ton air de gourde. Tout à l'heure, quand j'étais à ma toilette... Et maintenant, maintenant... Tu es encore bien plus jaloux que ton père. C'est ignoble la jalousie...

— Je venais d'arriver, je n'ai rien entendu. Je suis venu parce qu'il y avait des bruits, j'avais peur pour toi... »

Les derniers tisons de fureur s'éteignent dans Anne Marie. A leur place, du dédain, et de la ruse qui pointille dans ses yeux. Je le sens, on va marchander pour atteindre une vérité qui nous conviendra à tous les deux. Anne Marie fait sa première enchère :

« Tu mens.

— Maman, je te jure que...

— Tu mens. Fais attention, tu vas fâcher le Bon Dieu...

— Maman, je ne veux pas aller en enfer. Crois-moi quand je te jure que...

— Assez. Ne mets pas le Bon Dieu dans l'histoire. Peux-tu m'assurer que tu n'étais pas à m'espionner ?

— Oui, maman.

— Je préfère te croire. Mais ne triomphe pas trop, ne fais pas trop ton hypocrite, car je pourrais changer d'avis et te flanquer une gifle... »

C'est que, en voyant l'arrangement se faire, j'ai exagéré mon expression camuse, un peu idiote, un peu ricanante de sottise, celle qui, en Chine, marque la politesse extrême, l'ignorance affichée, alors qu'on n'est pas ignorant du tout. Anne Marie connaît le sens de cette grimace respectable, de cette stupidité intelligente. Elle agite ses mains aux doigts longs comme des baguettes, comme des lanières, menace amusée. En somme, le marché est conclu. Je suis pardonné, puisque je ne « sais » rien. « Mutual agreement. » Je file dans ma chambre, tandis qu'elle regagne la sienne tout en me jetant :

« Et cette fois, ne viens pas traîner dans mes jupes, espion Lulu. »

Je m'enfonce dans la couette de mon lit pour réfléchir. Anne Marie, Anne Marie, de quoi n'est-elle pas capable ? Quelle est son âme, quel est son cœur ? Comment elle, si fière et qui déteste Edmée, a-t-elle pu minauder avec elle, faire auprès d'elle sa petite fille ? Avec quelle aisance elle s'est abaissée à ça, à toutes ces simagrées. Elle a un plan. Elle a des plans que je devine... Elle sait que je l'ai écoutée, que je la soupçonne, mais pour la « face » — car elle aussi, mon angevine, est chinoise — elle a fait semblant de croire à mon impossible innocence. Elle joue avec moi et je joue avec elle, mais m'aime-t-elle ? Que suis-je pour elle ? Presque rien. Et ce jeu avec moi est si petit à côté de celui qu'elle entreprend avec Edmée, André, Albert, un chassé-croisé où elle mise sa vie.

Comment est-ce que je flaire tout ça, moi l'enfant ? Depuis mon plus jeune âge, j'ai eu les oreilles rebattues au sujet d'André, le directeur général des Affaires étrangères, et d'Edmée, sa femme. Ça ne cessait jamais. C'était Albert qui, chaque jour, dix fois par jour, en avait la bouche pleine. Il se gargarisait d'eux ! A tous et à toutes, aux messieurs français, confits de décorations et d'importance, à leurs épouses, à n'importe quels visiteurs possibles, même les minus, les « petits Blancs », les aventuriers de crotte, les pères missionnaires, au gratin et à la fange, au Tout-Tcheng Tu, il se vantait, lui, le modeste Albert Bonnard, d'être l'ami de ces illustrissimes personnages, André et Edmée, l'éminence grise et la dame de beauté de la France. Il les offrait sur un plateau d'argent, marchandise sublime, au consul d'Angleterre qui souriait poliment, aux Seigneurs de la guerre chinois complètement ignares. A tous, Albert clamait les extraordinaires qualités d'André, son intelligence, son charme, sa bonté, et les séductions d'Edmée. Il en bavait, mon père, pérorant avec des tiraillements de moustache, avec des pluies de postillons, avec solennité, avec une nuance de familiarité, avec sa voix émue, sa voix tonitruante, sa voix gloussante, sa voix étranglée, sa voix bien cirée, sa voix à soupirs, sa voix à demi-mots, sa voix à confidence, bien d'autres voix, toutes ces voix également empreintes d'un respect infini... Petits rires, yeux entendus, bouche en cul de poule, lèvres de gravité, les expressions d'hommages y passaient dans leur totalité.

Albert a un problème : faire bien comprendre à quel point lui, au bas de l'échelle diplomatique, est intime avec André et Edmée, certes à leur dévotion, mais pouvant tout leur demander. Ses maîtres révérés, eh bien, il est presque avec eux de pair à compagnon. Et de ça, il donne des preuves, débitant mille souvenirs où sa servilité est chauffée au soleil de leur magnanimité.

La grande démonstration de ses relations avec André et Edmée est apportée par des photos qui, dans des cadres d'argent, se dressent sur son bureau comme des ex-voto. Elles sont immenses. Il y a une dizaine de ces monuments pieux, où André et Edmée, tout à la fois, s'offrent à l'admiration d'Albert et le consacrent leur serviteur bien-aimé. Sur certaines de ces images, André est en grand uniforme d'ambassadeur, brodé de pied en cap, il les a paraphées de son écriture altière, accolade donnée à Albert Bonnard le méritant. D'autres fois, il est plus simple, en costume à rayures, chez lui, dans son salon ou son jardin — sur l'une d'elles il mange du fromage, d'où découle, probablement, cette inscription : « A mon dévoué Albert Bonnard. » Sur d'autres, il est avec Edmée, couple sublime : double signature. Enfin Edmée seule, en toilette vaporeuse, a tracé sur son portrait des pattes de mouches qui s'enlacent pour signifier sa tendresse au brave Albert. Mais la gloire d'Albert, ce sont les photos où il est lui-même avec eux, dans leur salon ou leur jardin, traité presque en compère. Alors viennent les anecdotes édifiantes et les grandes béatitudes.

A Tcheng Tu, chaque matin, Albert commence sa journée en adorant ses trésors. S'il aperçoit sur l'un d'eux une poussière, il pique une colère. Ma mère participe à ce culte, et moi aussi. Si bien que, depuis toujours, sans avoir jamais vu ni André ni Edmée, je les fais apparaître dans mon sommeil presque chaque nuit. Pendant ma petite enfance, ils ne me quitteront guère, ils seront ma légende dorée.

J'observais. Je constatais qu'un des rôles d'Anne Marie était d'écouter les rapports interminables et incessants qu'Albert rédigeait pour André. C'était simple, mon père était toujours en train de rédiger un rapport, et avec quelle maniaquerie.

Il est assis à son bureau, grave, tendu, crachant lentement mots et phrases, gémissant, passant sa main sur son front, se lisant, se relisant. Quel mal il se donne, Albert ! Après beaucoup de souffrance, il est radieux. A Anne Marie, qui est arrivée silencieusement — juste au moment où la constipation plumitive de son époux a enfin accouché d'une belle prose — et qui se tient à ses côtés, debout, humble, fière, le dominant de sa taille et de son chignon, il détaille longuement son chef-d'œuvre d'une voix filée. Lecture gravissime qui remplit la pièce de ses intonations savantes. Il requiert enfin l'approbation de ma mère : « N'est-ce pas que c'est tapé ? Je suis particulièrement content de cette tournure. » Anne Marie hoche la tête et, après avoir donné une approbation générale très laudative, formule des observations de détail d'un timbre doux et destructeur : « C'est tapé, mais ce n'est pas adroit, vous vous découvrez trop, mon ami. Et puis c'est très fleuri, c'est emphatique... Pourquoi ne vous exprimez-vous pas simplement ? Vous n'y arrivez pas, mon pauvre Albert... Moi, à la place de ces ciselures, de ces tarabiscotages, je mettrais... » Et de la bouche de ma mère vient l'élégance. Alors Albert prend sa tête entre ses deux mains, il est accablé, écroulé, il est livide. Souvent, il réfute avec obstination, ayant enlevé sa veste, en bras de chemise, le pince-nez douloureux. « Non, je vous dis que non... Comment, vous me donnez des leçons, et vous savez à peine écrire... » Anne Marie, angéliquement, lui répond à voix basse : « Comme vous voudrez, mon ami. Vous avez raison, vous qui avez fait de si brillantes études. Mais alors pourquoi me demandez-vous mon avis, moi une simple paysanne française que vous avez eu la bonté d'épouser ? » Il se récrie, proteste de ses bonnes intentions, reconnaît à ma mère du « doigté » et enfin constate, avec un rien de satisfaction : « C'est évident. D'ailleurs ce que vous dites, j'y avais déjà pensé, j'allais le faire. Quand même, vous êtes une fine mouche. » Et, content de lui, un sourire sur la figure, il recommence selon les indications données par Anne Marie, en croyant mordicus que c'est son œuvre. J'en suis gavé, de ces séances rédactionnelles, j'en connais toutes les finesses...

Pour ce qui est des documents très officiels, appelés à suivre toute la voie hiérarchique avant d'atteindre André au Quai d'Orsay, Anne Marie s'en désintéresse, elle laisse Albert à son pathos. C'est le vice-consul terrorisé et au garde-à-vous, qui l'aide, essayant de se faire valoir en proposant des enjolivements dans le redondant et l'ampoulé ; enjolivements qui, évidemment, ne plaisent jamais à Albert. Il écrase son subordonné de son mépris : « Vous voulez me faire écrire comme un garçon coiffeur... » Là, Anne Marie permet à Albert de s'en donner à cœur joie, tout seul, dévoré par ses nobles penchants pour le beau style. Il fait de la littérature, il brille par les métaphores poétiques, il y met tout l'Orient des lotus, il cite des poètes célestes et des sentences de Confucius. Il exulte. Pour ce genre de texte elle ne recommande qu'une seule chose : « Ne faites pas l'imprudent. Faites donc l'homme de lettres, faites le sang oriental, mais ne faites pas l'intelligent. Laissez-vous aller aux platitudes ronflantes. » Albert n'est pas vraiment vexé par ce conseil : elle le comprend. S'il a un tour de main, un don pour les fioritures artistiques, pourquoi n'en profiterait-il pas afin d'épater la galerie et de tromper son monde ? L'important, c'est qu'Albert, orfèvre des mots, s'en tienne au vide parfumé, au florilège chinois. Avant tout, qu'il ne se compromette pas. Albert est d'accord, il est malin, il est prudent, il ne va pas révéler ses « secrets ». De pareils documents passeront, au Quai, entre beaucoup de mains et devant beaucoup d'yeux ennemis, avant d'atteindre André. Il paierait cher la moindre gaffe. Par ce néant sublime, Albert laisse croire à ses adversaires qu'il a de la plume et rien d'autre... lui, l'homme de toutes les « astuces » ! Il les roule, Albert. Anne Marie est contente.

Accord, harmonie, et enfin la cérémonie de l'emballage. J'y assiste avec enthousiasme. Mon père opère lui-même. Le rapport rutilant, sur papier glacé, à en-tête protocolaire, avec les emblèmes gravés du Consulat, de la République, de la France, et de tout le Saint-Frusquin est mis dans une enveloppe magnifique, sur laquelle il fait fondre un bâton de cire rouge. Dans la pâte molle ainsi obtenue, il plante en plein son sceau. Cela durcit, et son chef-d'œuvre est cacheté à ses armes, prêt à être envoyé par la prochaine valise.

Ça, c'est pour la parade, pour les rapports officiels et semi-officiels. Mais pour l'exceptionnel, pour les complots noirs, les idées tordues, les sales combines, les machiavélismes à la chinoise, le sang et l'opium, les taels et les armes, quand ce n'est pas légal du tout — mais que voulez-vous, pour bien servir la France, il faut savoir se salir les mains —, quand Albert veut un passe-droit, une faveur exorbitante, une injustice à son profit, des crédits auxquels il n'a pas droit, somme toute quand il demande abusivement pour lui-même, alors il est malade de la maladie du secret. Il se cache, il rédige de nuit, surtout pas dans son bureau, dans quelque petit recoin obscur du yamen. Il fait attention à tout, même à ne pas tousser. Anne Marie, jouant le jeu, le rejoint. Entre lui et elle, c'est le même protocole que d'habitude, mais avec des mines mystérieuses, des voix chuchotées. Ma mère étudie avidement la façon dont mon père expose sur le papier ses stratagèmes et ses requêtes, et enfin lui glisse : « Ce serait mieux si... » Ce qu'elle suggère est vraiment infernal. Albert s'exclame : « Vous m'avez compris... Vos petites retouches ne sont pas inutiles... » Elle est modeste, Albert se pavane. Il se frappe le front : « Ça épatera André... il aimera... — Oui, répond Anne Marie un peu énigmatique, il aimera... » Ces missives, elles, sont expédiées par la poste ordinaire, à l'adresse privée d'André.

Moi, dans ce cas, je n'ai pas le droit d'approcher l'endroit du complot. Ce qui ne m'empêche pas d'être aux abords. J'épie, j'entends, et je suis jaloux du « il aimera » d'Anne Marie. J'ai mes soupçons... déjà, à Tcheng Tu, depuis Tcheng Tu.

Mon père se croit le maître d'œuvre de ces machinations, mais c'est ma mère qui est son génie, son ange noir, ce que sans doute a reconnu André. Il y a sûrement entre Anne Marie et André une compréhension inavouée, inavouable par-dessus la tête de ce bon artisan d'Albert.

Au Regina Palace, seul dans ma chambre, je me tourne et me retourne dans mon lit, en proie à la pensée, au déluge de la pensée, à toutes ses insinuations, ses griffes, ses découvertes, ses explorations. Je revis, centuplé par la mémoire, tout ce que j'ai vécu là-bas, cette paperasserie incessante, son décorum et ses comédies, ces fleuves d'écriture où, par-delà les mots, au-delà de mes parents, se profilaient les silhouettes d'André et d'Edmée. A Tcheng Tu, je ne pénétrais pas vraiment le sens des choses, mais maintenant qu'Anne Marie est là, à Paris, sur le pied de guerre — car elle l'est, je le sais —, il faut que je devine davantage, pour me préparer à ce qui va se passer.

La lumière du crépuscule, traversant les cretonnes des fenêtres, est devenue ombreuse dans la pièce, faisant lever des fantômes blancs, longues formes enroulées, coulantes, qui parfois s'agitent sans têtes ou sans bras, créatures imparfaites, inachevées, mannequins de tissus. Elles dansent, ces émanations de je ne sais quoi, sans que leurs mutilations les gênent, au contraire elles sont sûres d'elles-mêmes, se croyant entières, parachevées, elles ne sont pas menaçantes, elles sont les prémices un peu angoissantes du destin. Je trouve que ce ballet, où rien n'est certain, qui est illusions et qui pourtant tournoie avec certitude, ressemble à vous, ces noms qui me hantent, André... Edmée... Albert... Anne Marie.

Quels sont vos désirs, vos sentiments, vos passions ? Comme vous vous déployez, comme vous êtes grands, faits de pans raides et de coulissements de toiles ! Je ne vous redoute pas, mais vous êtes inquiétants, car vous êtes des mensonges, labyrinthe du vrai et du faux, tour à tour se dilatant, se rétractant, avec tant d'apparences, de semblants. Épouvantails, vous n'avez pas de corps, ou vous cachez vos corps. Et pourtant, vous êtes, j'en suis sûr, André, Edmée, Albert, Anne Marie, un carnaval.

Ce que je bâtis avec vous tous vient de Tcheng Tu, de trouées dans ma mémoire d'où émergent souvenirs et impressions, un impalpable dont je colle les morceaux, que je tiens comme des fragments émergeant de la mer grise de l'oubli. Je revois Albert, presque angoissé : il envoyait un mot à Edmée, il la prenait pour confidente, il se confessait à elle. Il en faisait aussi son « commis voyageur » auprès d'André. C'est Anne Marie qui disait ça, je me le rappelle. Elle commentait : « Ne vous gênez pas tous les deux... Ça m'est bien égal... Vous vous plaignez à elle de moi... Si vous saviez ce que je m'en moque... »

Mémoire. Mer grise, nudité, néant, et soudain certitudes, impressions fulgurantes, renaissance des moments, des personnages... Comment suis-je certain d'une entente entre ma mère et André ? Là, tout est flou. Il n'y a pas de rocs dans le temps pour amarrer mes souvenirs. D'ailleurs, je n'ai pas de souvenirs.

Nuages qui s'en vont, écoulement de la rivière de Tcheng Tu, la ville dans ses murailles, mais rien, à travers les jours et les distances, entre Anne Marie et André. Jamais elle ne lui écrivait, jamais il ne lui écrivait, comme si cela ne se faisait pas, n'était pas convenable. Certes, André, dans chacune de ses lettres à Albert, mettait à la fin un mot aimable, délicieux même, pour ma mère, mais banal. Rien de plus. Albert en jubilait et disait : « André se rappelle à vous et dépose ses hommages à vos pieds. Vous savez, un compliment, même une attention, de sa part, c'est rare. Il méprise tant les gens... Je suis heureux, très heureux, qu'il vous apprécie. C'est important, très important. » Ce bon roué, ce brave homme d'Albert. Sourire d'Anne Marie. Et pourtant, je ne sais comment, dans ces phrases de politesses d'André, il y avait un signe, un sens...

C'était surtout l'attitude de ma mère qui me renseignait. Quand elle prononçait le nom d'André, elle le faisait avec son indifférence polie, mais j'avais l'impression qu'elle suçait un bonbon. Pour moi, elle se trahissait davantage quand, avec une sorte d'inertie, elle laissait traîner ses yeux sur les photos d'André. Son apathie alors, comme ma stupidité, était une arme — ma stupidité pour la guetter, son apathie pour dissimuler tout émoi. Dans son œil, je distinguais, brièvement, une graine de lumière, une pointe dorée sur le fond sombre de son iris. Parfois, ce qui prouvait l'intensité de son émotion, elle devenait maladroite quand mon père dissertait sur André : « Vous l'aimez, cet homme. Vous en parlez trop, vous m'en rebattez les oreilles... » Plus tard, je me suis rendu compte qu'elle protestait ainsi lorsque Albert, emporté par sa passion adulatoire, en arrivait à dire des insanités sur André, des choses trop grosses, vulgaires, gênantes...

Mais la plupart du temps, quand mon père parlait d'André s'il n'employait pas un trop gros cordage de louanges, s'il ne manquait pas à la délicatesse, il me semblait qu'elle se détachait du monde, s'envolait dans son silence vers le ciel. Rien de particulier dans son maintien, juste une sorte de gravité, elle était ailleurs. Elle avait sa tête un peu penchée, une ombre de sourire, elle échappait au vulgaire et pensait à je ne sais quoi d'agréable, peut-être à son Ancenis qu'elle aimait tant, ou même peut-être ne pensait-elle pas. Quand elle était dans cet état-là, il ne fallait pas, et je m'en gardais bien, la déranger, sinon elle sursautait et revenait de très loin, pour tomber dans des lassitudes. Mais, généralement, ses méditations étaient respectées et, après avoir battu légèrement des paupières, elle redescendait d'elle-même sur terre, au sein de l'agréable société présente, en plein milieu d'une conversation plaisante, auprès d'Albert, et elle se montrait vive, presque accorte, presque aguicheuse ; quoique ces derniers qualificatifs ne lui convinssent pas du tout.

Un moment vint où je soupçonnais qu'Anne Marie s'envolait immobile dans ses nuées pour se consacrer uniquement à André. A la vérité, ma conviction de l'attrait exercé par André sur Anne Marie fut confirmée par une dispute inopinée entre mes parents. Cela se passait quelques mois avant qu'Anne Marie ne me conduise en France.

Un jour, donc, ma mère me tenant par la main, nous pénétrons gaiement, vers midi, dans le bureau d'Albert. Dès qu'elle l'aperçoit, elle se fige, écœurée : Albert est effondré. Certes, il a diverses espèces d'effondrements, depuis l'héroïque jusqu'au plus veule. Mais ce matin-là, il a un comportement assez particulier, celui d'un croque-mort douloureux, désolé, qui compatirait de tout son cœur au sort d'un défunt. Les lèvres tremblantes, il bêle, sans bien arriver à prononcer ses mots, en en faisant un hachis :

« J'ai reçu une dépêche ce matin. La catastrophe est arrivée, celle que je craignais... »

Anne Marie, je le sens, est tous nerfs tendus, très sèche, regardant mon père comme un pauvre homme. En effet, Albert, ce matin... L'émotion a gonflé ses chairs, rendant humides et bavasseux ses pores, ses yeux, ses lèvres, les poils sur ses joues, faisant de sa figure une sorte de pot-au-feu, presque de poule au pot. En tout cas, de la viande mouillée. Ses lunettes retirées, ses fines moustaches agglutinées suintent par les bouts, comme des gouttières. Sans cesse, il s'essuie les yeux, les rendant protubérants et rouges. Par grands à-coups, il renifle pour refouler la morve qui lui coule du nez, il a des saccades qui sont pleurs et gémissements mêlés. Il sort de sa poche un mouchoir — pas la fine batiste qui lui sert de pochette pour les temps heureux de l'élégance, mais un immense ramasse-humeurs qu'il tient toujours en réserve ; il est facilement en proie à des flux de toutes espèces. Avec ce torchon blanc, il tamponne sa figure naufragée. Vains efforts... Il finit par s'abattre dans un fauteuil, les épaules basses et à hoquets. Sa tête encore plus écroulée se pose enfin sur ses deux bras croisés comme sur le radeau de la détresse. Il s'abandonne au paroxysme du désespoir.

Anne Marie le regarde, ainsi décomposé, avec suspicion, avec irritation. Elle le trouve abject, plus répugnant que jamais. Cependant, elle prend sur elle pour s'enquérir d'une voix compatissante :

« Quel malheur ?

— Vous vous en doutez bien. André est chassé des Affaires étrangères, et évidemment cassé comme directeur général. Des policiers ont perquisitionné dans son bureau. Il n'a plus le droit de remettre les pieds au Quai d'Orsay et, sans doute, il va être jugé. »

Mon père, curieusement, se redresse, de moins en moins épave détrempée, avec une allure fiérote :

« J'avais senti depuis longtemps que ça finirait mal... Dès que j'ai reçu d'André les ordres officiels et officieux de tout faire pour sauver la Banque française de Shanghaï, en pleine déconfiture, que dirigeait son propre frère.

Oui, j'avais trouvé que ça sentait mauvais, et j'ai du flair, vous le savez. Mais, reconnaissez-le, malgré mes craintes et mes pressentiments, je m'étais engagé à fond pour André, sans hésiter une seconde. J'avais réussi à persuader les Seigneurs de la guerre de la province de déposer leurs trésors, les millions de taels de leurs rapines, dans cet établissement en détresse... Maintenant que c'est la faillite, quand ces reîtres sauront qu'ils ont perdu leur argent à cause de moi, ils vont devenir fous, ils sont capables de me tuer... »

Il soupire :

« Sans compter qu'aux Affaires étrangères, que vont penser de moi et de mon rôle douteux les successeurs d'André qui sont tous ses ennemis ? Je suis un homme compromis, ma carrière est finie... »

Là-dessus, mon père reprend sa figure d'Albert Bonnard, encore un peu chiffonnée, mais à nouveau digne, noble, résolue, où même le pince-nez a retrouvé sa place, balance de la justice ; en effet, il va passer au verdict :

« Je l'avais déjà remarqué : André est souvent léger, très léger... de plus, il ne pense qu'à lui, jamais au pétrin où il peut me mettre ».

Anne Marie est un éclair blanc. Il lui vient un cri des entrailles, un hurlement — c'était la première fois que je la voyais ainsi.

Elle se jette sur mon père, complètement égarée, claquant des dents, les yeux chavirés dans leurs orbites, faisant tournoyer ses bras comme des faux, elle essaie de le griffer, de lui crever les yeux. Et puis, elle s'immobilise, épuisée, ayant cessé ses gestes incohérents. D'un souffle de voix, elle couine à Albert, qui a ses gros yeux effarés :

« Lâche. Pauvre lâche. Cet homme, cet André à qui vous devez tout, vous ne pensez qu'à le trahir, à vous vendre à ses successeurs. Lâche, je ne vous pardonnerai jamais... »

Brusquement, le corps d'Anne Marie a ployé, sa tête a plongé et, tout entière, elle s'est effondrée sur le sol — sur le beau tapis du Turkestan qui est l'orgueil d'Albert. Là, elle gît sur le dos, ses cheveux défaits, l'écume aux lèvres, livide. Il me semble qu'elle murmure : « André. »

Mon père est affolé. Il est tombé à genoux devant Anne Marie qui est enfermée en elle-même, inerte, aveugle, dans quelle nuit ? Il est comme une grosse limace sur une fleur coupée — ma mère est une plante brisée, sa tête un calice qui se défait. Elle s'étiole et pourtant — impression étrange et contraire — elle est intacte encore, seulement dans une intégrité menaçante, dangereuse, pouvant mener à l'horreur. Dans ce repos périlleux, elle est belle, pure, plus pure que jamais, son profil est apaisé, consolé, il est la frange de quelque nuage transparent, serein, doux, le nuage des âmes. Son corps est bienheureux, dégagé tout à fait de la matière, un fuseau angélique. Albert, lui, est en proie au vertige, accroché maladroitement à elle, laid. Dans son émotion pathétique, il essaie avec ses mains, ses lèvres avec tout son être, de la ranimer, peut-être de la ressusciter. Il tapote le front d'Anne Marie, il lui souffle son haleine, affalé sur elle, sur ses traits, sa chevelure, coassant frénétiquement : « Je vous en supplie, réveillez-vous, Anne Marie, ma petite Mimi. Réveillez-vous, Anne Marie, je suis Albert, je vous aime, je vous aime. J'ai des torts envers vous, j'en suis désolé, je ferai tout ce que vous voulez... » Elle n'obéit pas à cette voix implorante, elle reste un motif, une ligne de chair, parmi les motifs géométriques du fameux tapis du Turkestan, rougeâtre et sombre.

Mon père se redresse un peu, il est vert... il ne sait que faire. Soudain un soupçon d'autorité lui revient, il se met à crier à la cantonade en furieux : « Mais que faites-vous tous là, comme des imbéciles. Aucune initiative ! Appelez donc le médecin français, qu'il vienne tout de suite. Dites-lui que ma femme se trouve mal, très mal... Dépêchez-vous ! » Une agitation parcourt la petite troupe qui s'était assemblée, faisant cercle autour de ma mère inconsciente et du consul se débattant vainement. Tous ont des visages de circonstance, graves, solennels, circonspects, mangeant ma mère de leur curiosité dissimulée sous leurs peaux lisses. A les voir ainsi figés, l'idée me vient qu'elle ne sortira peut-être jamais de sa torpeur, qu'elle s'y enfoncera, que ce sera sa... Je n'ose pas formuler le mot terrible. Cependant, je reste insensible, avec un cœur de froidure, un cœur de dureté, sans cœur... Les ordres d'Albert continuent de déferler sur l'assistance composée d'un Blanc, le vice-consul, et de dizaines de Jaunes, les secrétaires, les interprètes, les domestiques, de tous les âges et de tous les habillements, en costumes européens, en robes de soie, en longues tenues blanches. Devant les aboiements d'Albert, la plupart s'écartent, disparaissent prudemment. En bons Chinois, ils craignent des ennuis, des courroux, les tempêtes d'Albert, et encore bien plus les esprits funèbres d'Anne Marie.

Le petit témoin que je suis entend hennir — cela signifie que le vice-consul est monté à cheval pour chercher le docteur. Je pense à ce toubib. C'est un bon compagnon qui baise la main de ma mère, joue au poker avec mon père et me traite de petit singe. Il ne cesse de m'ausculter et de me vacciner, me répétant de ne pas manger dans la rue les sales nourritures célestes qui sont le meilleur chemin du paradis, pour un petit garçon de mon âge. J'écoute la galopade sur les dalles — le vice-consul est parti à sa quête.

Albert désespéré, défait, est revenu à Anne Marie. Il se met à la secouer avec une panique coléreuse, pour la forcer à revenir à elle, donc à lui. Il la secoue avec une si grande violence qu'elle paraît se démanteler, qu'elle ouvre enfin la bouche — comme si elle voulait protester. Aucun son. Elle retombe des bras d'Albert. Chute molle ; elle est encore plus livide sur le tapis. Tremblant, mon père reprend ses sollicitations :

« Écoutez-moi, Anne Marie. Je vous aime, Anne Marie. Je suis votre petit mari. Vous me faites peur. Je mourrai si vous mourez... »

Mourir. Enfin le mot effrayant. Et pourtant je suis en paix, même quand je regarde ma mère... On m'a oublié. Alors je demande de ma voix la plus terne :

« Maman va mourir ? Maman est morte ? »

Je n'aime plus Anne Marie. Elle n'est plus rien pour moi. J'ai juste un creux dans la poitrine depuis que, tout à l'heure, j'ai vu, j'ai cru voir ses lèvres s'entrouvrir pour soupirer : « André. » Maintenant, avec une résolution insensible et dure, je souhaite qu'elle s'éteigne à jamais, que son cœur ne soit plus plein de la présence d'André, ses yeux de son image, sa bouche de son nom... Et c'est avec une sorte de jouissance que j'ai posé ma question à Albert.

En l'entendant, mon père est saisi d'un haut-le-cœur, d'une révulsion. Il me regarde avec haine, comme si j'étais un petit monstre. Un gros sanglot le prend. Et puis, tout à coup, il s'attendrit, il me serre contre lui, il m'embrasse — il lui est apparu soudain que ce n'est pas par insensibilité, perversité, ou cruauté que j'ai posé la question. Ce ne peut être que par l'effet d'une peine trop grande pour mon corps d'enfant, si grande qu'elle m'a anéanti, laissé à cet abrutissement, à cette apathie, à cette attitude méchante, sans que je m'aperçoive de ma méchanceté. Il entreprend de me consoler, moi qui ne montre rien, moi qui cache certainement une immensité d'angoisse. Il marmonne donc, sur le ton d'une nourrice, une grosse nourrice mâle, à moustache :

« Mon petit Lucien, n'aie pas peur. Ce n'est rien. Ta mère est juste évanouie... un malaise de femme. Va, mon enfant, ne te contiens pas, pleure, cela te fera du bien. »

Les larmes ne me viennent pas. Mes yeux enregistrent mon père repris par ses sanglotages et ma mère dans son éloignement : elle est un bâtonnet d'ivoire, un jonchet sur le sol. Je continue à la détester, je suis plein de rancune contre elle, d'autant plus, qu'au fond, je ne crois pas au péril. Je peux me permettre impunément de désirer sa mort, puisque je sais qu'elle ne mourra pas du tout. C'est encore un de ses tours.

D'ailleurs, pour me donner raison, Anne Marie se redresse. Intacte, comme s'il ne s'était rien passé. Avec une force et une agilité incroyables, elle est debout. Elle a son visage narquois :

« Vous en faites une tête, mon bon Albert... encore une fois vous êtes dans vos transes, comme un veau. Quoi, je ne peux pas avoir un accès de fièvre sans que vous en fassiez une affaire d'État, que vous dérangiez tout le monde, que vous effrayiez mon fils. Vous devriez savoir que cette syncope est la manifestation d'une de ces maladies coloniales que vous m'avez communiquées, vous qui en êtes infesté. »

Anne Marie se porte très bien. Cette algarade témoigne de sa guérison complète. Albert, revenu de ses alarmes, arborant même courageusement un sourire viril et galant, entreprend de se défendre :

« Anne Marie, je vous aime. Il est normal que je me sois inquiété pour vous. Je n'avais pas reconnu les symptômes du paludisme — la fièvre, les grelottements, le chaud et le froid. Vous étiez plutôt comme si votre vie s'en allait, comme si votre cœur allait s'arrêter.

— Souvent, vous me répétez que je n'ai pas de cœur. Vous vous contredisez, mon ami. »

Devant ce début de discussion conjugale, ce qui restait de gens dans la pièce s'est esquivé. Mes parents sont seuls, face à face, pour une de leurs coutumières disputes. Moi, sans bruit, je me suis assis dans un recoin de la salle. Mais il n'y a pas d'éclats de voix, au contraire.

Anne Marie a même donné à ses traits une grâce insinuante, une douceur communicante et allègre. Sa face est celle de la bienveillance gaie, d'un amour câlineur.

« Excusez-moi. Ce n'est pas contre vous que j'étais irritée, mais contre moi-même. Je n'aime pas donner des signes de faiblesse et cette stupide défaillance... »

Albert fond en tendresse, en bonheur, avec un sourire béat de propriétaire. Et, pour marquer sa possession, il ose déposer un baiser sur le front d'Anne Marie — sur le front seulement, il ne lui faut pas être trop hardi, risquer d'être repoussé en allant trop loin,

comme cela lui arrive souvent dans ses entreprises amoureuses. Ce baiser, elle le reçoit
sans dégoût, sans reculer sa tête, sans s'enve-
lopper d'ennui. Albert toussote de contentement. Pauvre homme. Je sais qu'elle s'apprête
à le duper. Elle n'est gentille avec lui que par
calcul. Toujours, avec une miette de faveur,
elle le mène par le bout du nez, lui arrachant
ce qu'elle veut. Mais cette fois que veut-elle ?
Comment s'y prendra-t-elle ? Par quel noble
désintéressement hypocrite, elle qui est si intéressée ? Quelle manigance, quelles simagrées ?

D'abord, il lui faut « pêcher » Albert, le fer-
rer, en faire un gros poisson à sa merci...
L'hameçon de la suavité. Pour cela, Anne
Marie est madone, elle est mère.

« Mon pauvre Albert... comme vous êtes
maladroit... Que d'émotion pour rien... Calmez-
vous... Occupons-nous plutôt de vos problèmes... Ce que vous avez dit d'André... Vous
risquez une bévue, une erreur fatale. Tout le
monde va le lâcher, ne le lâchez pas... »

Mon père ne s'attendait pas à celle-là ; il
proteste aussitôt, la main sur le cœur et les
lèvres émues :

« Vous m'avez mal compris, Anne Marie. Je
suis honnête homme. Jamais je n'abandonne
mes amis, surtout un ami comme lui, dans le
malheur.

— Vous savez, ce que je vous en dis, c'est
avant tout pour vous. André est victime d'un
complot politique, il en triomphera un jour ou

l'autre, c'est certain... Et quand il sera de nouveau au pouvoir, il vaudra mieux pour vous que vous ayez été fidèle.

— Vous n'aviez pas besoin de me faire la leçon. Pour André et pour Edmée, je me ferais tuer, s'il le fallait...

— Il ne vous demanderait pas pareil sacrifice. Mais comment se fait-il que vous, toujours à écrire, vous ne soyez pas déjà à rédiger un mot coulant de votre cœur, cet organe dont vous seriez si bien pourvu, au contraire de moi ?

— J'allais le faire, vous n'aviez pas besoin de me le dire. »

Albert se met à sa tâche. Il gribouille, il réfléchit, il choisit ses mots, enfin il ne s'engage pas trop. Ma mère, quand elle a parcouru la missive, crache :

« Vous n'êtes qu'un goujat. C'est ça, votre cœur... Si André et Edmée lisaient votre épître, loin d'en prendre plaisir, ils penseraient que vous êtes un tiède, un pauvre sire jouant sur tous les tableaux, enfin ce que vous appelez un mufle... »

Albert est sentencieux :

« Mais, dans la situation présente, mon devoir est de réfléchir, ne serait-ce que pour vous et Lucien. Si ma carrière était cassée, comment vous ferais-je vivre ? Vous avez pris des goûts de luxe. »

Anne Marie ne se fâche pas. Elle est placide, elle propose posément :

« Écoutez, Albert, puisque vous ne sentez

rien, ne comprenez rien, moi, la femme dénaturée, moi qui, de plus, ne dois rien à André ni à Edmée, je vais vous dicter ce que vous leur enverrez. N'ayez pas peur, ce sera très court, très simple, et ne vous compromettra pas. »

Quand elle est dans cet état, ainsi résolue, il vaut mieux se soumettre. Avec un soupir, Albert se soumet donc, il reprend sa plume... Des lèvres de ma mère sortent des mots purs, dépouillés, presque naïfs, fleurs des champs du sentiment, bouquet modeste de l'amour. Un cri d'amour, tout petit et immense, des primevères dans l'étendue d'un printemps. Albert écrit avec satisfaction — il trouve ça gentil, poétique, et sans termes dangereux, sans engagements... politiques. En somme, le sens profond, le parfum des mots, lui échappent... Il signe, il est content :

« Oui, elle est bien, ma lettre. Rien de flambard, mais de l'émotion, la pointe qu'il faut. En fait, tout à fait à ma manière. Tenez, cette fois, Anne Marie, je pense que vous pouvez ajouter, sous ma signature, une phrase de vous. »

Elle rit. Cet Albert, c'est un tapir... On croit l'avoir attrapé, et il retombe dans la bauge de ses prudences et finasseries, d'où il sort en faisant la paon. Enfin, comme toujours, elle a ce qu'elle veut sans qu'Albert s'aperçoive qu'il a été roulé.

A ce moment, un hennissement, des piaffements, des sabots de chevaux dans la cour, des hommes qui se pressent. Le vice-consul a trouvé le médecin et l'amène ventre à terre...

lequel médecin, apercevant Anne Marie rayonnante, s'écrie avec un soulagement balourd :

« Ah ! je craignais d'arriver trop tard... Monsieur le vice-consul m'a flanqué les foies... Mais, chère madame, qu'avez-vous eu ? »

Elle, rieuse, dit sans prétendre se faire croire :

« Un peu de paludisme.

— Oui, oui... Ne pensez-vous pas plutôt, excusez mon indiscrétion, mais elle est professionnelle, que vous attendez un enfant ?

— Ah ! ça, non. Mon fils me suffit largement...

— Vous en êtes sûre ?

— Oui. Ce n'est pas possible. »

Le docteur sent qu'il s'est mis dans un pétrin. Le vice-consul est tout rouge. Mon père regarde ses pieds bien chaussés. Anne Marie a des yeux et un bec de chouette... Le docteur décampe et le vice-consul se volatilise.

Mais, étonnante femme, à nouveau, elle couve son époux, elle le contemple avec tendresse, les pupilles pailletées de bonté. De sa voix grave, celle des engagements trompeurs, elle dit à Albert :

« Pour l'instant, il faut beaucoup s'occuper de Lucien. Il m'inquiète... »

Lui enchaîne aussitôt avec vivacité, mordant à l'appât que je suis :

« Moi aussi. Tenez, pendant votre indisposition, Lucien s'est comporté étrangement, de façon malsaine, presque odieuse, oserais-je dire. Il paraissait indifférent à votre état.

— Ce que vous me révélez, Albert, me persuade qu'il faut agir vite. Lucien est tout enchinoisé, un malade de l'Orient. Il est urgent que je le ramène en France pour le guérir de l'Asie en lui faisant donner une bonne éducation européenne, dans le meilleur collège. Il y a longtemps que j'y pense. Je sais que cela nous sera pénible, mais cette séparation s'avère indispensable, c'est notre devoir envers notre fils. »

Drôle d'habitude qu'ont les grandes personnes de parler devant les enfants comme s'ils ne comprenaient rien !

En tout cas, voilà pourquoi j'habite avec Anne Marie, au Regina Palace, dans notre appartement. Mais est-ce vraiment pour moi, pour mon bien, pas pour André ? Je veux le savoir. Je ne vais pas le demander, comme ça, à Anne Marie, mais j'essaierai mes petites ruses sur elle, la grande rusée, la clairvoyante.

Ai-je dormi ? Ai-je rêvé ? Cette résolution que je viens de prendre, je ne l'ai pas prise consciemment. Elle est sortie de mon sommeil, cette torpeur éveillée, où tournoyaient les images de mon existence. Je me trouve sur mon lit où j'oublie ce que j'ai revu. Il me reste la volonté de surprendre ma mère pour deviner ce qu'elle complote : moi ou André ?

Le lent crépuscule de France s'est attiédi dans ma chambre en un jour uni, une barque de lumière grise. Je ne vois plus d'apparitions, les fauteuils, les tapis, les tableaux, les tentures ne sont que des choses sans mystère. C'est en moi qu'est le spectre — je veux hanter Anne Marie.

Je sors de ma couette, je marche fermement, j'arrive dans l'entrée. Je suis un enfant bien propre, bien sage, habillé en petit homme, avec un complet bleu, qui me laisse les genoux nus. Je me fais pimpant, je tire mes chaussettes, j'ajuste mon nœud de cravate, je vérifie mes boutons, me donnant beaucoup de mal pour ces petites besognes, où d'habitude je suis empoté, les doigts gourds, en bois. Cependant, à force d'application et d'acharnement, j'arrive, me semble-t-il, à me faire présentable : un beau petit garçon modèle. Je me regarde dans une glace, pour me rassurer tout à fait sur mes apparences... Je suis content de moi, j'ose aller plus loin, jusqu'à la lointaine porte, celle d'Anne Marie. Là, le cœur battant, je frappe un coup, un tout petit coup. J'ai peur. Si elle allait encore me gronder... elle m'a tellement répété d'attendre, surtout de ne pas la déranger. Un silence, peut-être un bâillement, et, de sa chambre, sa voix me parvient, douce, aimante, charmante, les mots en accroche-cœur :

« C'est toi, Lucien. Eh bien, viens, mon garçon chéri. »

J'entre sur la pointe des pieds. Elle est couchée, mais à moitié redressée, appuyée sur un monceau de coussins, éveillée, fumant une cigarette égyptienne à bout doré par flocons légers, chassant la cendre consumée dans un bol d'argent, à petits coups secs de ses doigts. Plus de ces falbalas de toilette, ces échafaudages de serviettes, ces dégoulinades de crèmes. Aucune trace de ces travaux... Au contraire, arc-boutée délicieusement, elle est dans une parure de repos, tout à sa splendeur intime, belle pour elle-même, dans l'écoulement de la durée prometteuse. Elle est vêtue d'un déshabillé chinois, une robe de soie à grandes manches, brodée de pivoines propitiatoires. Elle est langoureuse, d'une vivacité aux aguets, pleinement satisfaite de vivre, pleine d'appétit. Elle est gourmande, pas seulement des jouissances qui l'attendent dans les jours prochains, mais déjà des heures présentes, pause ineffable. Pour le moment, elle déguste le temps en train de s'écouler, comme s'il était délectable. Plaisir profond et serein. Elle a même, dans sa voracité alanguie, envie de me manger aussi, à petites bouchées savoureuses. Sa tête nerveusement indolente, cette coulée oblongue de traits d'une clarté mate, se détachant avec acuité sur le fond de ses cheveux noirs, elle la tourne vers moi, avec une gloutonnerie maternelle. Paix heureuse, sobre, noble.

« Viens, mon Lucien. Approche-toi de moi. Est-ce que tu m'aimes ?

— Oui, maman.

— Eh bien, tu n'es pas bavard... Sache-le, tu es mon garçon à moi, ce que j'ai de plus précieux au monde. Viens... »

Elle attire mon front, le prend entre ses mains, comme si c'était son trésor. Elle le serre entre ses paumes, le bichonne, le palpe, épouse de ses doigts ma figure, et enfin, elle rit, me tirant par les cheveux en un jeu naïf :

« Tu es à moi, à moi seule... mon joli garçon.

— Oui, maman.

— Et moi, que suis-je pour toi ?

— Je ne sais pas... tout. »

Elle s'esclaffe. Elle continue à ébattre ses mains sur mes cheveux, mon front, mon cou, mais ses effleurements ne vont pas plus bas, elle ne frôle pas mon corps, comme s'il ne venait pas d'elle, comme s'il lui était étranger. Avec elle, on reste toujours en deçà... D'ailleurs, j'aurais eu honte si elle m'avait caressé autrement.

Anne Marie est tout à sa joie — sa chambre, son lit, elle, se sentant belle dans ce crépuscule, dans cette lumière qui s'éteint, dans Paris qui s'illumine. Au-dehors, mille lueurs, papillons de feu, Paris où André est proche. Moi aussi, je fais partie de son bonheur. Mais ne me trompe-t-elle pas, en suis-je le roi ? Je me méfie, je ne dis mot.

« Lucien, as-tu faim ?

— Oui, maman.

— Je vais faire monter le dîner ici, un très bon dîner. Ce sera notre fête à tous les deux. Ce sera meilleur que les infectes soupes chinoises que tu mangeais dans les ruelles de

Tcheng Tu avec ton amah Li. Est-ce que tu regrettes Li ?

— Un peu, maman.

— Tu as bon cœur, mais il ne faut pas... Oublie-la. Pense seulement à moi.

— Oui, maman.

— Viens plus près de moi, embrasse-moi... »

Je dépose sur sa joue un baiser léger, tendre, à peine un baiser, pour que mes lèvres soient seulement une ombre de chaleur, un souffle aérien, un zéphyr. Autrement, si cela avait été goulu, elle m'aurait repoussé, en disant :

« Pouah, tu es comme ton père. »

Pour le moment, ma mère joue avec moi, avec ma fraîcheur inoffensive et pure... Je suis son petit amoureux, son fiancé, son comparse, son fils, son page, son chevalier servant. Plus que ma mère, elle veut être ma dame. Il faut que je lui fasse une cour galante, mignonne.

Anne Marie, en ces moments exquis, je ne suis pas pleinement satisfait. Je voudrais me jeter sur toi, m'enfouir en toi, te mordre et que tu me mordes, et, en même temps, j'aurais un tel dégoût, une telle peur de cette bestialité, de ce que tu m'as appris être la bestialité. Comme tu m'as dressé... Pouvoir rire à gorge déployée avec toi, fondre en larmes avec toi, avoir d'immenses plaisirs et d'immenses chagrins avec toi, même être l'insouciance avec toi. Je le désire encore, obscurément, très loin, au fond de moi. Ce serait le bonheur parfait, la source de vie. Mais tu détestes les cris turbulents, les émois ivres, comme tu détestes les larmes, même de joie... Je suis toujours arrêté par toi, envahi par la honte. La honte ne me lâche pas. Et puis il y a aussi autre chose. Je me méfie de toi et c'est pour cela que je suis sournois, dissimulé... Je me méfierai toujours de toi, même si je sens que je suis toi, à toi, pour l'éternité.

Pour le moment, plus que son enfant, je suis son jouet. Elle s'amuse... En effet, animée par la partie, elle recommence à rire.

« Ah ! oui, je t'avais promis un dîner succulent. Que veux-tu ? Du foie gras, des langoustes grillées, et même du champagne. Tu en boiras un doigt. Ce sont nos noces, mon petit garçon. Toi et moi ensemble...

— Maman, je voudrais de gros éclairs au chocolat, comme en faisait le cuisinier chinois à Tcheng Tu.

— Oh ! là ! là ! tu en auras, et de bien plus gros, bien plus délicieux. Tu te régaleras. Tu vas bien te salir... tu es content ?

— Oui, maman. J'aime ça, les éclairs au chocolat. »

Hilarité d'Anne Marie, friselis de ses yeux. Elle se lève et appuie sur une sonnette. Peu après, apparaît un garçon, en fait un monsieur de cinquante ans déguisé en garçon, avec son drôle de tablier blanc, ridiculement serré au-dessus du ventre, très haut, par des cordonnets. Il est rond, plein d'entrailles, la figure graisseuse et bourgeonnante. La courbe de son bedon et celle de son nez sont les lignes

parallèles de sa servilité. Le sourire du bonhomme... nos « boys » à Tcheng Tu, dans leurs
longues tuniques, étaient plus dignes.

Ma mère passe la commande, avec sa façon
réservée d'être pétulante... en grande dame.
Toujours grande dame... Après avoir donné ses
ordres, il lui paraît séant de montrer sa bonté
envers le peuple, enfin ce représentant du
peuple qu'est le larbin, en descendant jusqu'à
lui pour un bavardage. Elle s'inquiète de sa
santé, de sa famille. « Oh ! — répond l'individu
obséquieusement, étonné, peu habitué à ces
prévenances coloniales — tout va bien pour
moi, je gagne ma vie, et le Regina Palace est un
hôtel excellent, où Madame sera tout à fait
satisfaite, ainsi que son jeune monsieur. »
Réponse diplomatique... Elle est certaine
d'avoir été parfaite, de très bon ton, délicate,
généreuse, raffinée...

Quelques minutes après, arrive sur des
roulettes un grand plateau, un charriot bos-
selé d'argenterie. D'énormes cloches luisantes
couvrent les mets. Dans un seau glacé, une
serviette sert de col à la bouteille de champagne.

Nous commençons à manger. Anne Marie,
pour la nourriture, est très terrestre — elle a
de l'appétit, distingué évidemment, mais avec
une façon de trop déguster qui me gêne. Elle a
une extraordinaire application à mâcher longuement, lentement, comme pour profiter
davantage de chaque bouchée. Cependant sa
bouche est maigre, son cou est maigre. Elle est

une sauterelle qui avale beaucoup, indéfiniment, cartilagineusement, ses lèvres s'étirent, occupées à manger... C'est aux repas que j'aime le moins ma mère, même si elle est impeccable dans son escrime alimentaire. Cette légère répulsion est étrange de ma part, moi qui ne fais que du gâchis, sais à peine me servir des cuillers et fourchettes, salis et renverse tout à la façon d'un Seigneur de la guerre qui s'épanouit, hilare, s'écroule béatement dans ses vomissures, faisant de la mangeaille un carnage arrosé des bruits délicieux des pets et des rots. Hélas ! je ne suis plus le petit seigneur qui, sous la protection de son amah, s'adonnait à des déglutitions exquises, mains et baguettes plongeant dans les bols de succulentes matières visqueuses. Maintenant, je dois être un gentleman junior, ordonné au sévère protocole de la chère européenne, que je n'apprécie pas beaucoup, même si Anne Marie a choisi les mets les plus nobles. Quelle gymnastique pour porter à destination les morceaux qu'il m'a fallu découper, embrocher, diriger jusqu'à l'accès de la bouche, petite usine d'équarrissage aussi invisible et silencieuse que possible. Tout cela élégamment... Malgré mes efforts acharnés, mon application, tout va de travers. Après quelques premières maladresses, que ma mère prend de façon enjouée, patatras, il se trouve que la langouste que je dois dépecer convenablement — avec des instruments de torture civilisés, tout à fait recherchés, même si leur aspect est redoutable, s'ils sont constitués de tenailles et de pinces aussi cruelles que les outils chinois destinés à la chair des hommes — il se trouve donc que ma langouste m'échappe, à moi et à mon attirail smart. Elle saute à terre, s'immobilisant sur le tapis en deux grosses flaques, non pas dans son sang, mais dans sa mayonnaise. La bonne humeur d'Anne Marie n'est pas entamée par cette catastrophe. Elle est même d'une indulgence facétieuse.

« Mon pauvre enfant, comme tu es dégoûtant. Enfin, tu apprendras, tu apprendras... Heureusement que ton père n'est pas là. Il t'aurait dit le prix de la langouste et t'aurait reproché l'argent gâché... »

Les morceaux de crustacé restent comme deux fientes dégoulinantes sur le sol. Ma mère ne sonne pas le garçon pour nettoyer. Jamais je ne l'ai vue aussi animée. Est-ce à cause du champagne ? Car, tenant la bouteille d'une main, constamment, en un jeu précis elle la penche pour remplir sa flûte. Cascatelles entre le goulot et le verre... Alors, les joues roses, elle boit à petites gorgées, à petites lampées. Glougloutements délicats, écume de ruisseaux dorés. Elle fait tinter le cristal, elle fait dégorger la bouteille, qui est presque tarie... Elle sourit en elle-même, à elle-même, à son plaisir solitaire, pleine de projets merveilleux. Méditation badine, accorte, un peu grave aussi. Enfin, elle se souvient de moi, elle me tend une flûte pétillante de bulles, colonne de bulles, insectes liquides mordorés... joie. Et Anne Marie sourit mais cette fois à moi, gentille, se donnant tout entière.

« Bois. C'est bon. »

Je suis transporté. La grande félicité. Dans mon élan vers elle, j'ai envie de lui porter le kampé de l'amour éternel. Mais ne prendrait-elle pas mal cette déclaration vulgaire ? Je renonce. Je bois sans mot dire. Ça pique. Après, je prononce juste :

« C'est très bon, maman. »

Elle a envie de batifoler avec moi, de bavarder. Elle dodeline de la tête, ses yeux séducteurs flirtaillent.

« Tu es heureux d'être avec moi ici ? Très heureux ? Paris, c'est beau, mon enfant, la France est belle. Nous aurons ensemble une existence agréable, nous vivrons dans un cadre exquis, nous aurons les amis les plus prévenants, les plus délicieux, les plus célèbres. Nous serons accueillis dans la société la plus huppée, le nec plus ultra... »

« Nec plus ultra », je ne sais pas ce que cela signifie. Elle doit avoir emprunté ces termes avant à Albert, qui, lorsqu'elle était emportée par un jaillissement lyrique imprévu, au point de se servir d'une pareille expression — pourtant prise dans son répertoire — disait : « Anne Marie est un peu pompette. » Mais pourquoi ce retour à mon père ? Elle ne pense pas à lui. Je ne pense pas à lui. Il est mort, Albert... Paix à son cadavre.

Je suis avec ma mère en France, sa France. Sa France dont elle me couronne. La France qui m'avait semblé peu attirante dans ses mesquineries et ses petitesses, petits paysages et petites gens, maintenant m'enchante. Ses joliesses, qui m'avaient paru fades, je les adore. Les fleuves que j'avais aperçus du train ne sont plus des coulées trop paisibles qui étranglent avec leurs lacis. Ils sont l'eau de la vie. Les champs et les bois, la nature entière ne sentent plus la mort, les villes ne sont plus des prisons. Cette France tant célébrée, c'est vrai qu'elle est poésie, séduction, civilisation, qu'elle est luxe. Je l'aime puisque Anne Marie l'aime.

Mais quelle est donc cette société huppée dont elle fait déjà ses délices ? N'est-ce pas celle dont André est le souverain ? L'inquiétude me prend. D'ailleurs, Anne Marie a un sourire un peu grivois, un peu paillard, comme si elle voulait jouir âprement, mais seule et sans embarras, sans partager, comme si elle jouissait déjà. Est-elle emportée loin de moi par son désir féroce du plaisir, cette férocité qui est sa vraie nature ? Sans qu'elle s'en aperçoive, son sourire est diabolique, anthropophage. Je suis de trop... Elle est ogresse, Anne Marie. Mon anxiété croît. Quels sont ces amis merveilleux dont elle m'a parlé, qui emplissent déjà ses yeux — si ce n'est André et son monde « nec plus ultra » ? Oui, pour moi, le moment est venu de savoir, d'oser, d'interroger :

« Dis, maman, est-ce que tu vas me donner un nouveau papa ? »

Elle est abasourdie. Elle cligne des paupières, elle rougit, elle tend au bout de son cou
une tête sur le qui-vive.

« Que veux-tu dire, Lucien ?

— Veux-tu prendre un autre monsieur, un
monsieur nouveau et très bien ? »

Elle éclate de son rire que je n'aime pas,
celui qui est cassé, ébréché, celui qui est grinçant, à vif, un couteau sur une meule. Rire
écorché et qui écorche. Elle arrive pourtant à
reprendre une voix juste un peu grondeuse :

« Mais tu es fou, mon petit Lucien. D'où te
viennent des idées aussi... insensées ?

— Je pensais... que tu n'aimais plus papa. »

Elle est furieuse, peut-être d'avoir été devinée. Elle a ses tics d'exaspération, le nez effilé,
les joues pâles et un réseau de plis tremblants
à chaque coin des lèvres. Mais en quelques
secondes, ces signes s'effacent, et elle se met à
parler d'une façon ouatée, cotonneuse, la bonhomie du mensonge :

« Albert, ton père, mon mari, mais c'est le
meilleur des hommes. Je me plains parfois de
lui, il a des faiblesses comme tout le monde, il
a parfois de mauvaises manières, enfin... des
manières qui ne sont pas très bonnes. C'est
peu de chose. Lucien, tu es étrange. On dirait
que tu n'aimes pas ton père. C'est très mal. »

Je me rencogne, les paupières closes, savou-
rant ma faillite. Mon cœur est tombé dans un
puits. Je pleure les yeux secs, sans larmes qui
seraient ma risée. Qu'au moins, Anne Marie ne
s'aperçoive pas de mon malheur. Ses ruses

sont plus fortes que les miennes. Elle rit de moi, elle me nargue. Toute la situation est renversée, pour sa gloire, pour ma misère. Elle qui m'a appris si soigneusement à mépriser mon père... et maintenant, c'est moi le petit garçon méchant, accusé du crime de détester Albert et elle, son excellente, merveilleuse, heureuse épouse. Je suis pris dans le filet de ses mensonges. Heureusement que je n'ai pas prononcé le nom d'André...

Échec. De plus, elle est irritée, elle a son expression dure et ses lèvres se ferment l'une contre l'autre, pour me décocher des mots qui me feront mal. Elle veut me punir, me blesser. Elle est subtile quand, dans cette humeur, elle est résolue à saccager. J'attends. Elle me parle de sa voix que je crains le plus, celle qui n'est pas coupante, celle de la condamnation morne.

« J'imaginais que, peut-être, je te garderais avec moi à Paris. Maintenant, je crois que je te mettrai au collège en Normandie, pour te corriger. Car je commence à penser, comme ton père, que tu es pervers, un petit Chinois fourbe... Ne me réponds pas. Je ne veux pas me mettre vraiment en colère. Mange ton éclair au chocolat et va te coucher... »

J'essaie d'enfourner le gâteau tout entier dans ma bouche pour aller plus vite, mais c'est un naufrage. Il s'ouvre béant, et toute la crème, par énormes grumeaux, par coulées, gicle sur moi, sur la table, sur la nappe, sur les couverts, sur le tapis. C'est dégoûtant ces taches, ces amas baveux, cette couleur foncée, infecte.

Anne Marie, au lieu de s'amuser comme pour mes précédents dégâts, siffle :

« Petit cochon... Cette fois, tu vas prendre une serviette et essuyer toi-même ces saletés... Ah ! non, je ne vais pas le faire à ta place, je ne suis pas ta bonne, je ne suis pas ton amah Li qui t'a fait prendre de si mauvaises habitudes, qui t'a donné ce cœur sournois et cruel, cette face menteuse. Nettoie... »

Ses yeux me percent. Et moi, dans l'humiliation et la honte, avec une serviette, je me mets à patauger dans les excréments du gâteau, ces traînées boursouflées, pâteuses, à l'aspect de diarrhée.

C'est vrai, Li, tu respectais ma merde, quand, étant tout petit, mes intestins s'oubliaient. Avec quel rire de joie tu me déculottais, mettant mes fesses souillées à l'air, jouant avec elles, enlevant les ordures. Li, tu étais une paysanne céleste, et ma merde était comme toutes les merdes qui font pousser les moissons, assurant le bonheur et la vie. Li, tu faisais tout pour moi, et, quand j'étais beau, tu m'emmenais sur la grand-place de Tcheng Tu pour jouir des supplices que je regardais d'un œil approbateur, connaisseur, le visage taciturne. C'est vrai, Li, tu m'as enseigné la dissimulation, la fausseté, l'impassibilité et l'orgueil. Ne rien montrer, même si j'avais le sang allumé par les fumées de la colère, des désirs effrénés, surtout ne pas montrer mes peines et mes tristesses. Li, tu m'as fait chinois... Et maintenant, comme un chien qui lape ses immondices, je ramasse les épaves de mon gâteau. Quelle déchéance !

Une fulgurance de douleur me traverse. Comment l'ai-je oublié ? Sans doute, je ne l'ai pas compris tellement c'était impossible, affreux. Je me rappelle... Ma mère vient de dire qu'elle me mettrait dans un collège, loin d'elle, pour me « corriger ». Ce serait monstrueux. Tout est de sa faute, à elle. Elle m'a délaissé dès que je suis né. Elle m'a remis à Li qui m'a donné Tcheng Tu, qui m'a donné la Chine. Elle me délaissait, elle ne s'inquiétait pas de moi, elle ne s'occupait pas de moi. Alors, j'ai rôdé avec Li parmi les armées s'affrontant et au milieu des agonisants des grandes épidémies. Quand Anne Marie m'appelait et que j'accourais, c'était pour la parade, celle de la mère et de son joli enfant, devant les messieurs et les dames blancs. Elle me caressait les doigts, elle me disait de gentils mots, et c'était tout.

Si je suis devenu ce garçon bizarre, ce métis oriental, ce petit seigneur céleste qui, maintenant, ronge le cœur de sa mère de soucis et de craintes — à moins qu'elle ne fasse semblant d'avoir le cœur rongé — c'est qu'elle m'a abandonné à la Chine qui m'a recueilli et que j'ai aimée. C'est elle qui est coupable. Pour mon bien, dit-elle, elle veut m'expédier en prison ! La vérité est qu'elle veut me rejeter loin d'elle. Je l'aime tant, Anne Marie, ce n'est pas possible qu'elle me repousse, je veux res-

ter avec elle, je ferai ce qu'elle voudra, j'accepterai André, j'accepterai tout, je ne la gênerai
pas, je ne l'encombrerai pas...

Ma douleur, ces pensées, je voudrais les lui
crier. Je voudrais pleurer contre elle, qu'elle
me rassure, me console. Mais je ne dois pas le
faire, je ne le ferai pas : elle ne s'attendrirait
pas, au contraire. Elle se moquerait de moi et
elle dirait encore ce que je ne veux plus
entendre : « Lucien, le collège... » Elle est
comme ça, elle ne supporte pas qu'on lui
demande. Tout doit venir d'elle, même la
bonté, quand il lui arrive d'être bonne. Je me
tais donc, et, en effet, elle se remet à me
regarder avec des yeux gentils.

« Mon pauvre Lucien, arrête de nettoyer. Tu
fais encore plus de dégâts.. Bon, le garçon
arrangera ça. Ne fais plus ta mauvaise tête,
souris, sois gai. Viens m'embrasser. C'est ça, un
bon, un chaud baiser. Et puis, va te coucher et
dors tranquille. »

Ayant effleuré la joue d'Anne Marie, je m'en
vais, triste. Je marche vers la porte. J'espère.
Mais elle ne prononce pas le mot qui me
jetterait dans ses bras, me rassurerait pour la
nuit, serait ma joie. Je sens seulement ses yeux
peser silencieusement sur ma nuque. Plus d'espoir. Je tourne la poignée. Alors vient à moi
cette recommandation :

« Si tu vas faire pipi dans la salle de bain,
vise juste... »

Dérision. Ainsi se termine ce soir de fête... Je
mets mon pyjama, je me réfugie dans mon lit,

et aussitôt j'ai peur de la nuit, des abominations qu'elle m'apportera, engendrées par mon sommeil. Toujours j'ai les mêmes cauchemars — être traqué par des choses monstrueuses de l'Asie, les bêtes et les formes du Mal absolu. Mais cette nuit, ces horreurs-là ne viennent pas, ne me hantent pas. Je ne sais si je dors. Je suis en proie à une idée qui vrille, me troue la tête, la fait éclater. Une voix cisaille : « Tu es au collège et tu meurs. » Il me semble être dans un cachot attaché par des sangles à une planche, on m'asphyxie... En même temps, j'ai le sentiment que tout ça n'est pas vrai, que la voix me ment, m'abandonne. En moi subsiste une conscience qui m'ordonne : « Réveille-toi, chasse la démone qui profite des nuées obscures de ton âme pour te perdre. » Alors, je me débats, je sursaute, je fais des efforts effrayants pour ouvrir les yeux, échapper au sommeil où l'idée cogne, scie, me rend fou. Je ne veux pas... Enfin, tendant toutes mes forces, j'arrive à écarter les paupières, et je vois l'aurore.

Combien de temps a duré le combat ? Des secondes, des minutes, des heures ? Je ne sais pas. Mais mon cœur s'emballe de joie, je vis, je vis merveilleusement, tout est bonheur, je n'irai pas là-bas, je resterai auprès d'Anne Marie. J'en suis sûr.

Aussitôt, comme un petit animal gambadant, je me précipite chez ma mère, qui vient de se lever. Son premier geste est de se regarder dans la glace de la coiffeuse. Elle n'est plus inquiète, elle ne se contemple plus pour se rassurer comme la veille, elle jouit d'elle-même, elle se voit belle, très belle, elle se sourit. Dans sa chambre les malles défaites ont dégorgé des tissus, des robes, des bijoux destinés à la parer. Dans ce champ de bataille des coquetteries, Anne Marie m'accueille avec une fossette gentille.

« Lucien, tu as une jolie maman ?

— La plus jolie de toutes. »

Marivaudage. La cérémonie du thé. Des rayons de soleil nous font à tous deux une auréole... Et puis Anne Marie me renvoie avec douceur.

« Laisse-moi m'habiller. Que je sois vraiment ta jolie maman, la plus jolie des mamans. »

Dans ma chambre, j'attends avec impatience, longtemps, très longtemps. Je suis surpris car, d'habitude, elle se vêt avec une aisance étonnamment prompte pour parvenir à cette élégance discrète et parfaite qui était reconnue par tout le gratin de l'Asie des civilisateurs... J'écoute encore. Je l'entends essayer des toilettes, en changer, choisir parmi les tuniques, les étoffes, les chapeaux. Bruissements légers de papiers de soie, sa respiration... Et soudain je me dis que si elle se prépare avec tant de soin, en hésitant, en essayant, en réessayant, en changeant, en modifiant, c'est pour André... Enfin elle a terminé et me crie d'entrer.

Anne Marie me fait face, elle se livre à mes yeux, elle attend mon jugement, elle est droite, les bras collés à ses hanches. Je suis émerveillé. Elle est une coulée de soie grège, four-

reau moelleux de son corps caché et indiqué.
Si décente... Sur sa poitrine, une plaque de
jade ouvragé, aux veines vertes, est son emblè-
me : la grandeur dans la modestie. Son visage
long et triangulaire, impassible sans être figé,
aux yeux étirés, calmes, et contenant cependant quelque feu intérieur, elle l'a fardé très
légèrement de quelques touches de carmin qui
la nimbent, lui font un masque de beauté
céleste. A ses oreilles, elle a accroché des
pendentifs en plumes de martin-pêcheur, lisses, d'un bleu immaculé, intense, des flèches
d'eau profonde. Ainsi parée, elle est presque
immatérielle et pourtant sa présence est grave
et énigmatique, une présence supérieure plutôt qu'une chair. Ce qu'elle a de plus sensuel,
ses cheveux, nœuds et tresses qui semblent
des écoulements vivants, presque dangereux,
un tas de reptiles noirs amassés en chignon,
elle les a fait disparaître sous une toque. Elle
est prête. Et elle me demande encore :

« Ta maman te plaît ?

— Oui, oui... »

Je ne sais que bredouiller.

Elle entreprend de me vêtir avec recherche.
Bientôt, je suis un bosquet de velours sombre,
fleuri de dentelles blanches. Je me sens
déguisé dans ces afféteries et j'ose murmurer :

« Est-ce que je ne ressemble pas trop à une
petite fille ? »

Anne Marie rit légèrement de ce frissonne-
ment qui est sa gaieté.

« Non, tu es mon fils. Mais je veux que tu sois un très joli petit garçon. Surtout ne te salis pas... »

Et elle qui ne fait jamais de recommandations sentencieuses — rôle réservé à Albert — se met à me sermonner un peu durement :

« Nous allons rendre une visite importante. Nous sommes attendus chez un monsieur et une dame qui ont beaucoup aidé ton père dans sa carrière. Lui, est un personnage remarquable. Comme directeur général des Affaires étrangères il a fait obscurément — il n'aime pas s'exhiber — le traité de Versailles. Tu en as entendu parler. C'est un homme délicieux, pour qui sait lui plaire. Il connaît la qualité des êtres. Alors, devant lui, Lucien, ne boude pas comme tu le fais trop souvent, sois charmant comme lorsque tu sais vaincre ta timidité et que tu es gai. »

Anne Marie s'interrompt, on dirait qu'elle a buté sur un obstacle. Puis elle se reprend après un effort :

« Sa femme est exquise. »

Anne Marie ignore-t-elle vraiment que, depuis des années, je suis au courant de tout ce qui concerne ce monsieur qu'elle aime et cette dame qu'elle n'aime pas ? Je recours comme d'habitude à mon air hébété pour assener :

« Mais tu parles d'André et d'Edmée... »

Elle est tellement interloquée qu'elle en ouvre une bouche immense, ce qui fait qu'elle semble bayer aux corneilles. Puis elle la ferme. Elle m'attrape le poignet, et le serre très fort.

Elle me tient prisonnier, elle me secoue :

« Comment as-tu appris ? Comment ? Dis-le-moi.

— Mais, maman, à Tcheng Tu, papa et toi, vous n'aviez que leurs noms à la bouche. J'ai entendu...

— Petit espion. Que connais-tu d'eux ? »

Anne Marie m'a lâché. Elle me regarde comme un oiseau des marécages, perché sur une patte, avec des yeux qui guettent la proie. Mais je n'ai pas peur d'elle. Au contraire, face à son regard, je me sens un désir de méchanceté contre elle. Et pour l'assouvir, je fais l'étourdi, l'innocent.

« Maman, André, c'est le monsieur qui a été chassé de son poste pour une sale histoire... Tu t'es même évanouie... Je me souviens. »

J'étais jaloux d'André, je me vengeais...

Anne Marie est un spectre aux yeux et aux mains de colère.

« Tais-toi. Tu ne sais pas ce que tu dis. Autrement, tu mériterais une fessée. André est un homme juste et merveilleux, au-dessus des autres. Il a été victime des intrigues des médiocres, d'une affreuse injustice. Je t'interdis de répéter ce que tu viens de dire. Je te l'interdis. »

Elle s'est dressée. Lorsqu'elle est à bout de nerfs, une étrange proéminence, cap de son âme angoissée ou irritée, surgit dans son cou mince, et le martèle, cœur à fleur de peau qui se contracte à grands coups, s'effaçant pour se contracter encore.

Quand Anne Marie présente ces stigmates, elle est pitoyable, elle a mal, elle souffre. Si c'est moi qui ai causé cette crise, je ne suis plus que honte et repentir. C'est que j'ai déplu à ma mère au point qu'en elle émerge un soupçon de folie. Je sens dans mon corps un creux où battent les flots de l'angoisse. Moi qui ne pleure jamais, des larmes me viennent. Devant ma détresse ses yeux restent secs. Elle me menace, elle a envie de taper sur moi. Je m'offre à elle pour qu'elle me gifle, se satisfasse, mais elle reste impuissante, haletante, blême, son cou hoquetant.

Comment pourrais-je la faire sortir de sa crise ? Du fond de mon amour, viennent les mots du repentir :

« Maman, pardon. Jamais plus je ne te parlerai comme ça de ce monsieur. Puisque tu l'aimes, je l'aimerai aussi. »

Ma mère sort de sa transe. Les voiles de sa fureur tombent. Un frisson la parcourt ; et puis dans sa paix presque retrouvée elle laisse venir des phrases sans timbre, sans passion :

« Je ne l'aime pas. Cet homme, André, je ne l'ai vu qu'une seule fois, il y a longtemps. J'étais une petite provinciale, ton père venait de m'épouser et il allait m'emmener au fond de ta Chine. Avant de partir, il a tenu à me mener chez son protecteur, pour me présenter. André avait été bon. Il a félicité ton père et il m'a souri. Rien de plus. Mais c'était parfait. Je lui ai toujours été reconnaissante de sa courtoisie. Depuis lors, j'ai appris à le connaître de loin, je l'admire et, tu sais, l'admiration, c'est le plus beau des sentiments, le seul vrai. »

Elle parle pour elle-même, pour le dedans de ses yeux et de son corps. Elle ne s'adresse pas à moi... Mais l'entendant, je suis atteint par sa ferveur :

« Moi aussi j'admirerai André. »

Anne Marie retrouve ses esprits. Alors comme je l'attendais, elle me caresse le front, de son geste tant aimé, répété à travers les jours et les ans, qui signifie tout, qui, hélas ! peut-être ne signifie rien. Et puis, prosaïquement, elle me dit :

« Nous ne partirons pas tout de suite. Allons déjeuner au restaurant de l'hôtel. »

Je me souviens vaguement de ce repas. Anne Marie assise bien droite en face de moi, pensive. Autour de nous qui sommes isolés en nous-mêmes, la promiscuité du monde, le monde des lourdeurs n'existe pas. Nous, au milieu de la mangeaille, des trognes et des ventres, à part, l'un à l'autre, et pourtant séparés, chacun en soi, à s'écouter.

Il est trop tôt, dans son impatience elle s'est préparée trop vite. Nous sommes de retour dans notre appartement. Attente. Ma mère tricote, ses doigts sont prolongés par des aiguilles qui ont leur propre vie active, précise, diligente. Ses yeux sont vides, mais sa tête est une coupe pleine de vins fermentants. Moi, j'ai sorti mes jouets, je fais semblant de m'occuper d'eux, ils ne sont rien, je suis excité... Longueur du temps, colonnes de grains de soleil et de poussière, battements d'une horloge. Chaque fois, je compte impatiemment les coups... Quatre heures enfin. Alors Anne Marie se lève et dit brutalement :

« Partons. Il est temps. »

Derniers apprêts. Ses gants à enfiler, mon manteau à boutonner. L'ascenseur nous descend, avec ses cuivres et ses grillages. Tous deux, elle avec son ombrelle sous le bras, nous faisons tourner la porte-tambour de l'hôtel comme une armée quitte, par un pont-levis, son château fort, pour une noble expédition.

Le goulet de la ruelle, la tiédeur, et puis la rue de Rennes, l'éblouissement de la lumière sur le tohu-bohu de la ville, lumière chaude, lumière impure, jeu des ombres et des clartés, recoins obscurs, humides, où fermentent des saletés sèches, grottes d'obscurités poreuses, crayeuses, et les nappes éblouissantes où le soleil tape, frappe, se décompose en rais et en vibrions.

C'est la première fois de ma vie que je marche dans Paris. Impression de solitude, l'écho amplifié des bruits accroît l'inanité de tout, et pourtant ça grouille d'animalcules agités, luminosité accablante, grisante, qui, dans sa féconde cruauté, fait ressortir les usures, les délabrements, la pauvreté des êtres aguichés par la gloire du printemps, emportés par les petits plaisirs, quêteurs d'amusements. Ils se donnent un mal, les gens, à gigoter ! Mais tout à la fois se fane et germe, dépérit et se gonfle, feuilles des arbres, ventres des femmes, muscles des garçons. Il y a des pépères, des gras, des maigres, à maillots et à canotiers, leurs vantardises et leurs blagues, des fistons à grimaces sous l'œil des mémères, et aussi quelques personnes bien habillées, certaines sévères, d'autres humant à petites narines l'air odorant, l'air malodorant. Aller chez les Masselot me gâche les plaisirs de la promenade, me fait voir l'humanité en gris.

Le monde vient, va, se faufile, s'agite, s'affaire, se rue sur les trottoirs de la belle saison, sur le macadam fondant, entre les réverbères éteints, devant les étalages de nougat. Fête foraine près de la gare Montparnasse. Tourlourous et filles folles, putes enviandées. En toile de fond, le raclement des pas, les boutiques sans mystères, les terrasses des cafés où hommes et femmes, belettes excitées, jetés par la marée du beau temps sur des chaises-épaves, boivent des boissons crues et troubles, des jaunes pisseux, des verts violents, des rouges accrocheurs. Et le ferraillement des trams, et les klaxons des autos, et les bâtons blancs et les capes des sergents de ville. La lumière, en se répandant, noircit les goudrons, mordore les rouilles et avive les couleurs des palissades où sont collées des affiches. Anne Marie et moi, nous avançons dans ce peuple, dans ce quartier populaire.

Ma mère flotte au-dessus des bousculades

avec son regard qui ne semble pas voir. Elle n'est pas souveraine, pas grande dame, pas non plus bourgeoise huppée ou élégante coquette, elle est une fée terrienne, elle ne donne pas prise. Elle glisse sans s'attirer ni sarcasmes ni compliments. Avec ça, vive, preste, souple, elle passe entre des caillots de gens, indéfinissable, intouchable, ne condescendant pas, ne méprisant pas, et me tenant par la main. Moi, avec mes fanfreluches, je participe d'elle, de son don d'être respectée. Je suis protégé.

Jusqu'au boulevard du Montparnasse, jusqu'aux beaux immeubles polis par le temps, aux nobles portes cochères, aux passants rares et silencieux. Nous voilà dans le fief de la bonne société cloîtrée derrière ses enceintes épaisses et scellées. Alors ma mère progresse plus vite, à grands pas. Ses jambes sont des fuseaux, son corps dressé est un signe, sa face rythme sa marche en un balancement invisible. Autour de nous, par-ci par-là des dames jeunes, des messieurs à monocle, des vieillards tannés en cuir de Russie, secs et droits, des élégantes encastrées dans les sacs de leurs robes bien coupées, leurs têtes dures ou langoureuses. Têtes à bandeaux, têtes à la houppe, têtes à frisottis, têtes à blondeur, têtes aux grands yeux noirs, têtes sortant de boas en plumes ou d'accouplements de renards argentés, garçonnes, fanfrelucheuses, gymnastes, les mousseuses aussi, les nez en trompette, certaines avec des traits à la Junon, imposantes, quelques boulottes primesautières, des pédantes également, livres de chair reliés par les bandelettes du savoir prétentieux, douairières ratatinées dans leurs folies passées, douairières à missel qui vont aux vêpres. En somme les corps féminins de la volonté, des sous, avec leurs accompagnateurs mâles : maris, amants, fils, pères, séducteurs, des attitrés officiels, des vieux beaux. Saluts furtifs ou prolongés entre les couples, entre les groupes, codes pour le beau monde, pour des gens qui se connaissent et s'ignorent. Bouts de conversations, petits rires de gorge, cancans, effusions, les « ma chère » et les commentaires rapides, bruits stylisés sortant des gorges, silences corrects ; les comédies de la « haute ». Parfums et légions d'honneur ; caquetages en traversant les trottoirs larges pour atteindre les belles voitures qui attendent, avec leurs chauffeurs en tenue. Ronronnement des puissants moteurs...

Mais ce gratin, ma mère l'ignore et même le méprise — ce n'est que du tout-venant de la richesse, sans grandeur, ordinaire en somme. Rien qui compte par rapport à ceux chez qui elle va. D'ailleurs, dans sa remontée du boulevard elle ne connaît personne. L'étrangère. Elle ne me parle pas, elle semble indifférente d'être là ou ailleurs — et cependant je la sens aimantée, aspirée vers ces mystérieux André et Edmée. Jamais je ne l'ai vue dans cet état : entière, foudroyée, décidée, craintive, séduite, timide, résolue, et d'une volonté absolue.

Chère Anne Marie qui va jouer sa vie... Moi, à côté d'elle, je me suis dédoublé. Une moitié de moi est collée à elle, est elle, l'autre est, non pas vraiment détachée, mais en quelque sorte séparée d'elle, vide d'elle, n'étant plus qu'yeux et oreilles. Spectateur.

Elle s'arrête devant un grand porche sévère, panneau d'ombre, clôture contre l'univers. Interdiction formidable. Au-delà, je le devine, c'est le sanctuaire, c'est l'autel, c'est l'arche d'alliance pour les élus. Stupidement, je me demande si nous allons être admis. Cependant je me tiens coi. Anne Marie, intensément muette, sans vérifier sa tenue, me fouille du regard. Elle me trouve bien. Après quelques secondes d'immobilité figée, elle tire sur une poignée de cuivre, faisant retentir un grelot qui éclate dans ma tête. Un vieil homme, petit, rapetassé, rétréci par les ans, en gilet rayé, un bout d'homme racorni de peur et d'acrimonie, entrouvre un battant. Des yeux soupçonneux clignent dans sa figure semblable à un tablier de cuir rapiécé. Son regard chassieux nous inspecte, à la fois servile et insolent. D'une voix asthmatique, il demande à ma mère, dame inconnue mais apparemment décente :

« Où allez-vous, madame ?

— Chez M. et Mme Masselot.

— Vous êtes attendue ?

— Oui. »

Anne Marie me chuchote :

« C'est le concierge, c'est comme ça en France. »

Le trognon d'homme rentre dans sa loge sans vérifier davantage. Il est déjà au seuil de sa tanière, remplie par une grosse créature blanchâtre, énorme ventre englobant la tête — son épouse sans doute — qui surveille la scène de ses bajoues. Le gnome ayant reçu l'approbation incertaine de la larve impérieuse se retourne vers nous pour énoncer son verdict :

« En face, par la grande entrée, au fond du rez-de-chaussée. »

Voyage. Où allons-nous ? Je suis pris par la trouille. La figure d'Anne Marie n'est que certitude. Une pénombre nous enveloppe. J'arrive à distinguer un peu... Nous sommes dans un vestibule lambrissé de vieux bois solennels. Un grand escalier rougeoie de son antique tapis. Les marches s'élancent en un large tournoiement paisible, dangereux de paix, avec, pour défendre les visiteurs contre cet abîme de quiétude ombreuse, une rampe qui aboutit, là, à une grosse boule de cuivre ouvragé, une sorte de globe avec ses continents. Tout est mort. Pas un bruit, pas une présence... La solitude.

Anne Marie ne s'engage pas sur les marches. Elle m'entraîne jusqu'au fond de la grotte, au-delà de l'escalier. Un jour floconneux, épais, verdâtre, s'écoule d'une fenêtre qui ressemble à un vitrail. Plus loin, je discerne, hallucination sans doute, une main luisante qui sort d'une paroi. Ma mère la saisit. Alors, du néant, naissent quelques sons, clairs, limpides, volatils, qui se prolongent indéfiniment, comme la retombée d'un jet d'eau. Les vibrations se dégradent lentement. Est-ce un exorcisme ? Silence. Je devine une porte presque invisible aux rainures de nuit, elle est scellée d'une ferronnerie qui doit être un talisman, on dirait un caractère chinois repoussant et acceptant. Mon anxiété me revient : moi qui craignais tout à l'heure d'aller chez ces gens, je crains maintenant que nous soyons chassés par eux, sphinx hantant leur repaire somptueux et caché, protégés par la magie, par ces accès d'une étrangeté vieillotte. La peur me cerne les yeux, j'ai le foie blanc, l'envie de m'enfuir vers la banalité des hommes... Je tourne la tête vers l'arrière, vers l'échappée. Anne Marie sent ma panique. Pour me retenir, ses doigts agrippent les miens si violemment que ses ongles entrent dans ma peau. Sa main est un anneau de fer. Elle m'a enchaîné à elle — elle dont j'aperçois le visage buté, fermé, loin de toute bonté, envahi par un mysticisme conquérant. Nous attendons. Aucun bruit.

Soudain, elle, la forte et l'incomparable, faiblit, elle n'est plus qu'une pauvre femme, en proie à une transe, à la lâcheté de petits tics nerveux, de tremblotements de lèvres et de paupières, au fameux va-et-vient de sa gorge. Mais, même dans sa tentation pleutre, elle ne desserre pas son étreinte sur mon bras. Elle est livide, il me semble que ses yeux sont mouillés, qu'elle soupire de petits sanglots. Quelques secondes ainsi, dans cet émoi, puis,

108

honteuse de sa pusillanimité, elle se reprend. Lentement, peu à peu... Enfin la crise s'éloigne, c'est l'accalmie, elle fait ses retrouvailles avec elle-même. D'un geste hâtif et furtif, avec un mouchoir de dentelles imprégné de santal, elle veut effacer les traces de sa défaillance. Malgré le linon odorant, reste sur sa tempe une veine qui ne s'est pas dégonflée, qui saille toujours, qui bat sa peur. Le cœur d'Anne Marie reste brouillé et, très injustement, c'est sur moi qu'elle fait retomber son malaise. Elle me glisse à l'oreille une strie de mots à l'intonation râpeuse :

« Ne sois pas un poltron, un couard. Conduis-toi bravement, Lucien. Tu n'as rien à craindre. Nous allons être reçus avec chaleur. Ton père a tout préparé... »

Étrange invocation de ma mère à mon père, sous le patronage de qui, maintenant, elle se met. Par la pensée, je fais des aller et retour à travers le temps et l'espace, vers Tcheng Tu. Moi, planté sur le paillasson de crin bleu étalé devant la porte toujours fermée, je suis avec Albert, et je l'entends dire à ma mère, avec ses moustaches, avec sa pointe de vanité épaisse, pis, joviale et faussement distinguée :

« Ma chère, soyez tranquille. J'en fais mon affaire. Vous serez accueillie à bras ouverts par André et Edmée. Chez eux, je suis chez moi, et donc vous, mon épouse, vous serez chez vous... »

Tout de même, il faut qu'Anne Marie soit bien peu sûre d'elle-même pour se mettre sous les mânes d'Albert au moment de cette seconde visite aux Masselot qu'elle fait, cette fois seule avec moi.

Que s'est-il passé pendant ce grand temps entre les deux visites ? Long processus, long cheminement... vers quoi ? Vers la démence ?

Là, pendant cette attente effrayante, j'étais, sans le savoir, le jeune chevalier servant d'une femme que la convoitise avait fait sortir de son ennui. En Chine, au cours de la succession des nuits, dans le yamen dominé par les ronflements de son mari, elle s'était déjà pétri l'imagination pour faire d'André son héros. Irrésistiblement elle s'était mise à croire qu'elle pouvait s'emparer de lui, pas par les ruses des femmes mais en devenant sa compagne d'orgueil ! Pour elle, André était devenu le génie souffrant à la pensée solitaire qui ne pouvait être compris que par elle, Anne Marie ?

Devant la porte fermée, à ma mère qui me tient toujours, je murmure :

« C'est à toi d'être brave. »

Elle me regarde fixement, de ses yeux pers, elle semble chercher la signification de mes mots, moi son enfant ignorant et omniscient. Soudain, elle me libère. Et, en une mue magnifique, elle retrouve sa trempe. Elle est résolue, elle est décidée, elle veut sa revanche, elle veut sa vengeance sur la vie.

La porte s'ouvre. Un corbeau noir s'abat sur nous. Un homme avec le gilet rayé du larbin. Son plumage lissé est surmonté par des traits inexpressifs. Inexpressivité de la condescendance. Il se courbe obséquieusement pour nous accueillir. Il se redresse, le visage empreint d'un sourire d'automate. Il nous guide dans un domaine où les choses disparaissent dans leur brillance. Vers quoi ? Toile d'araignée de l'inconnu.

Nous pénétrons dans un couloir, d'une somptuosité calfeutrée, irréelle, baroque, baignée d'un jour glauque où des motifs, des couleurs, des signes semblent flotter ; taches précieuses. Un boyau capitonné de tentures, de tapis, d'étoffes où je reconnais les dragons de la Chine, cortège de personnages dans les grâces ou les fureurs de la guerre. Yeux brillants de porcelaine. Paravents, floraison étouffante de la jungle. Une seule orchidée, vivante, naît d'un vase de bronze.

L'univers oriental est là, dans ces chefs-d'œuvre torturants et gracieux, dans ces matières rares. Beautés des créatures androgynes, monstres de l'imagination, rêves et cauchemars. Art de l'ambiguïté humaine. Douceur et cruauté issus des fantasmes et des mains de l'homme. Dans cette entrée, les confrontations mènent à la paix, à l'harmonie. La richesse ne pèse pas, elle est déliquèscence ou quintessence. Langueur de la folie, égarement de la raison. Les murs sont des rivages où flottent des estampes aqueuses, représentant des rivières, des brouillards, des forêts qui se métamorphosent en des visions au-delà de la vie, plus proches ou plus séparés des hommes. Instants figés, détachés de la mort, indifférents à la mort. Éternité trompeuse.

La sève de la vie occidentale est exaltée par la statue d'une femme nue aux croupes crémeuses ; invitation, joie, mélancolie et désillusion. Ses formes sont si éloignées de celles de ma mère, si différentes de toutes celles que j'ai pu concevoir ! Pour moi, elles sont la révélation de la chair.

Je suis dans le royaume de l'imaginaire.

Le corbeau nous conduit vers un salon donnant sur la gauche du corridor. Immensité vague. Encore cette incertitude, pleine de contours plutôt devinés que vus. D'abord, dans ce crépuscule hanté émergent deux vasques fluorescentes, deux mers tropicales habitées d'yeux globuleux, énormes, gélatines scruteuses. Derrière des orbites molles, floues, je distingue, peu à peu, des corps monstrueux aux difformités dégénérées et sublimes. Une ampoule électrique, à peine un filament, éclaire une nébulosité d'eaux profondes où voguent des poissons chinois, bulles de chair irradiées aux couleurs du mandarinat, jaunes, rouges, bleuâtres, qu'enluminent des nageoires impalpables, s'écoulant sur des queues interminables, même plus de la chair, des voiles translucides.

Dans la pièce tamisée d'opale, apparemment livrée à elle-même, je suis transpercé par des phosphorescences plus vives, celles de pupilles immuables, absolument fixes, dédaigneuses, piquetées de pointes dorées, appartenant à deux chats angoras. Tassés sur eux-mêmes, idoles posées sur des bergères, ils sont inaccessibles, les maîtres des lieux. Leurs regards dominateurs excommunient, expriment le mépris même. Ils dominent les énormes flocons de leur corps, épais orages de poils pétrifiés. Une malédiction se dégage de ces iris enflammés, comme si ces tas soyeux étaient des nœuds de cobras cachés dans une fourrure lactée.

Des yeux ! Ils appartiennent à des bêtes dont j'ai beaucoup entendu parler, dont j'ai souvent rêvé.

Puis une odeur très forte me saisit. Celle de fleurs périlleuses aux gueules carnivores, partout répandues en essaims aux couleurs éclatantes. D'autres, au contraire, à la fragilité bénéfique, s'élancent de vases servant à honorer les morts en Orient. Enfin je hume une fragrance plus humaine, douce, un peu poivrée, féminine. Le salon n'est pas inhabité. Deux êtres sont là qui ne se parlent pas, figés comme s'ils s'ignoraient, comme s'ils étaient l'un pour l'autre un néant réciproque. Une femme blonde, un peu grasse, à la fois resplendissante et automnale, est alanguie sur un divan. Elle semble perdue dans le temps, dans l'ennui, ses mains jouent avec les grains d'un collier de perles aux blancheurs mouvantes. A quelques mètres d'elle, un homme olympien, au front immense, est assis très droit devant une table jonchée de cartes, totalement absorbé par sa réussite. C'est Edmée. C'est André.

A peine sommes-nous entrés, Anne Marie, son ombrelle repliée dans une main, un sac dans l'autre, moi derrière elle, que la vie renaît. Edmée, abandonnant sa pose de vestale, se lève ; elle est une goutte d'eau lustrale, le fruit de l'amour. D'une voix enrouée, lente, mélodieuse, elle rit, attirant l'attention de son mari plongé dans le jeu :

« André, c'est Anne Marie et son fils. »

Anne Marie s'est arrêtée, hésitante, un sourire vague sur les lèvres. Sans doute se souvient-elle de l'accueil réservé d'autrefois. Moi, je reste contre elle, renfrogné, prêt à être son défenseur. Mais Edmée va vers Anne Marie avec grâce et joie. Tout près d'elle, la contemplant, elle lui offre le miel de ses premières paroles, d'une douceur un peu âpre :

« Anne Marie, je ne vous aurais pas reconnue si je ne vous attendais pas. Votre peau est si lisse et vos yeux si étirés que je vous aurais d'abord prise pour une Orientale. Mais c'est bien vous, Anne Marie, si belle maintenant, si femme. Venez que je vous embrasse. »

Dans la voix d'Edmée, la bonté et l'ironie sont indissociables. Ma mère avance de deux pas mesurés vers elle, pour la saluer, exprimant une émotion dominée et respectueuse.

« Edmée, que je suis heureuse... »

Les deux femmes s'opposent par leurs

aspects, mais elles s'arrangent pour communier l'une avec l'autre, chacune à sa manière. Anne Marie dans sa dignité la plus seyante, Edmée frétillante — ses formes potelées ont une saveur païenne. Avec des gestes de ballet, elle témoigne d'un empressement qui se veut allégresse pure, mais qui peut être faveur octroyée. En tout cas, avant même que ma mère ait achevé son compliment, Edmée l'entoure de ses bras ronds. Elle est débordements, petits cris, elle presse les joues maigres de ma mère sur les parterres de ses joues. Anne Marie reçoit ses effusions avec un tressaillement réprimé, comme si elle avait été surprise par une agression. Se reprenant aussitôt, elle baisse la tête pour répondre aux câlineries qui montent vers elle, car elle est plus grande qu'Edmée. Mais je sens qu'elle se prête, qu'elle ne se donne pas, qu'elle n'aime pas ces simagrées. Dans ces profusions de tendresse, elle tient bien sa partie, elle est parfaite... Hypocrisie. Je ne suis pas dupe, je sais qu'Anne Marie n'aime pas Edmée et qu'Edmée n'aime pas Anne Marie.

Soudain Edmée me découvre, m'attire à elle, si blanche et si odorante. Elle me soulève, je sens sa poitrine, l'odeur de ses cheveux, la douceur profonde de ses yeux, sa peau... Elle me presse contre elle, me palpe et, de sa bouche, qui est l'accent circonflexe de la volupté, elle me couvre de baisers. Enfin, en me lâchant, elle murmure, chantonnante, cette fois avec une tendresse qui semble vraie :

115

« Ah ! c'est toi, Lucien, le fils d'Albert... et d'Anne Marie. Que tu es grand, que tu es joli, mon petit Chinois. Pourquoi caches-tu tes yeux ? Ouvre-les que je les voie. Ils sont mordorés. Donne-moi un baiser... Je t'aime déjà, tu sais. Comme tu ressembles à ton père, ce cher, cet excellent Albert. Tu es son portrait tout craché. Le même nez bien planté, les gros sourcils, la bouche gourmande... Je t'appellerai Lulu. »

Je suis aux anges. Jamais je n'ai été touché, câliné, frôlé de cette manière. Je découvre une chair embaumée, des caresses fondantes, les petits mots de l'affection. Et cette chevelure d'Edmée qui s'est répandue sur moi comme une onde captivante ! Je repense à la femme nue de marbre qui, à l'entrée, accueille les visiteurs. La statue faite de vallonnements, de cambrures laiteuses et palpables, c'est Edmée elle-même, je la reconnais, c'est son corps, c'est son sourire... Edmée, ses gestes... une révélation.

Je deviens rouge : est-ce que je ne trahis pas Anne Marie ? Est-ce qu'Edmée m'aime parce que je suis le fils d'Albert ? Je déteste Edmée... Et résolument, lui tournant le dos, je m'écarte d'elle et de ses tentations, je vais à Anne Marie, je la regarde au fond des yeux pour lui prêter serment de ma fidélité, de ma pureté, je lui prends la main, je la serre... Anne Marie me sourit, elle a compris, puis elle se libère de moi, elle n'apprécie pas les démonstrations.

Le monsieur qui jouait aux cartes tout seul

s'est levé avec une raideur brusque, une politesse vigilante. Il est très grand, d'une sveltesse volontairement rigide. Ses traits longs, droits, ramassés en un faisceau comme les flèches d'un carquois, ne semblent pas faits de chair. Ils ont pourtant une beauté régulière et sévère, d'une symétrie parfaite. Sa tête est celle d'un Zeus. Ses yeux, gris-bleu, brillent d'un éclat retenu, celui de la colère prête à s'enflammer, plus encore celui de l'éclair de la raillerie. Sa figure, d'une seule coulée, est barbelée de cheveux métalliques, frisés, presque crépus, taillés en une brosse dégageant ses tempes sans rides, avancées de son front qui est la mappemonde de sa pensée. Le visage est barré de moustaches luxuriantes, protégeant la bouche qui, récemment encore, déversait les ordres et faisait l'Histoire de la France. Cette tête est servie sur le plat d'un col dur strict, cassé sur le devant en une échancrure où une cravate noire est percée par l'épingle du sérieux. Ce monsieur, quoique marqué d'ans, est au-delà des ans. Costume sombre, neutralité destinée à mettre en valeur le personnage. André, André évidemment. On sent qu'en un instant, tant de rigueur glacée peut se métamorphoser en ironie amusée ou en charme velouté, en insinuance flatteuse. Il est alors Prospero l'Enchanteur.

Depuis qu'André s'est dressé, les sourcils tendus au-dessus de ses yeux qui pèsent, il se tient droit, muet, attendant que la scène des mamours entre les dames soit terminée. Il a

117

tout observé. Enfin, très poliment, il se porte au-devant de nous. J'ai frissonné. Anne Marie reste sans peur, avec une grâce tempérée, la juste mesure, le sourire un peu bouddhique, prête à ce qui s'annonce comme un assaut. D'abord, des mots raréfiés tombent :

« Je vous salue, madame. »

Mais aussitôt la transformation s'est accomplie. André, si altier, s'est courbé superbement, presque avec tendresse, pour baiser la main qu'Anne Marie, nullement déconcertée, lui tend avec aisance. Les lèvres d'André, rêches, minces, se sont posées sur les doigts de ma mère, suavement. Quand il se redresse, ses yeux diffusent une douceur, sa figure, tout à l'heure hautaine, répand un charme allègre et mélancolique. Non, il ne s'abaisse pas à séduire. La séduction est en lui. C'est une grâce qu'il accorde à un être.

« Chère petite Anne Marie, comme je suis heureux de vous voir. Vous vous êtes épanouie, vous êtes accomplie. Vous étiez un de mes remords. Vous étiez si jeune, si innocente quand Albert vous a emmenée au Sseu Tchouan. Vous alliez être jetée au fond de la Chine, et je ne pouvais rien pour vous... Cependant, étant donné ce que j'avais pressenti de vous, je pensais que vous deviendriez là-bas une femme remarquable. J'ai suivi vos progrès par les lettres d'Albert, qui ne cessaient de vous vanter — votre courage, votre dignité, votre sang-froid, votre intelligence, vos conseils, et même vos qualités d'épouse et de

118

maîtresse de maison. Certes, Albert était amoureux, mais j'ai senti qu'il n'exagérait pas. Votre conduite lorsque le consulat a été assiégé par les troupes du Seigneur de la guerre, les menaces de mort, les supplices possibles... a été exemplaire. Oui, je sais comment vous avez supporté tout cela, comme vous avez ensorcelé Français et Chinois... Ma joie est grande de vous retrouver parachevée après les épreuves que vous avez subies à Tcheng Tu, grâce à elles peut-être... Vous y avez pris plaisir, j'en suis sûr. Maintenant, en France, vous allez vous ennuyer. Quoique vous ayez votre fils, ce garçon en qui Edmée reconnaît Albert, mais où, moi, je vous retrouve bien plus. Viens, Lucien, faisons connaissance. »

Je ne suis pas jaloux, tellement je suis enchanté. Je comprends Anne Marie... André lui a fait les plus beaux compliments. Je comprends qu'il y ait un lien entre eux, pas bas, au niveau de l'orgueil. Anne Marie ne s'est pas trompée. Et être appréciée de cette façon, par cet homme, rien ne peut lui plaire plus. Son allégresse, sa joie que je devine, je les vois à sa façon de les cacher, de ne pas paraître émue. Elle a son sourire muet, elle ne dit rien. Pour excuser le silence qui s'est établi entre eux, André s'occupe de moi.

Se mettant à ma hauteur, le majestueux André me serre la main, gravement comme si j'étais un petit monsieur.

« Est-ce vrai que tu étais le roi de la cité chinoise, sur ton cheval, suivi de ton mafou ?

119

Et que tu aimais beaucoup aller voir les supplices, en connaisseur ?

— Oui, oui, monsieur...

— Appelle-moi André. Nous serons amis désormais. Célébrons, veux-tu, cette rencontre, à la manière céleste, prononce pour moi les formules rituelles. »

André rit, amusé, un peu pervers, me regardant.

« Tu veux bien m'avoir pour ami ?

— Oui, monsieur... Oui, André... »

Je suis sidéré. Inerte. Moi, l'ami d'André... Moi, consacrer cette amitié par les grandes salutations chinoises ! Je reste bouche bée, tandis qu'André me regarde de plus en plus. Anne Marie intervient : « Lucien, fais le kotow sacré. » Moi qui croyais qu'elle ne voulait plus que je sois un Chinois ! Elle me trahit. Par lâcheté, par complaisance envers André. J'ai honte. Pourtant c'est derrière elle que je me réfugie.

Edmée prend gentiment ma défense. Elle tend ses bras pour me protéger. Et puis elle dit à son mari :

« André, tu sais bien que tu effraies les enfants. »

Les yeux d'André sont des pierres. Anne Marie est une statue. Le silence est lourd. Je me décide. J'avance et je fais le kotow devant André, m'inclinant sept fois et prononçant les mots bénis :

« Que vos années soient interminables et prospères jusqu'à ce que vous pénétriez dans les Fontaines Jaunes. Ainsi, votre nom honoré sera gravé sur la tablette de l'autel des ancêtres, votre décès sera votre paix, car des fils très bons vous succéderont pour honorer le ciel et la terre.

— C'est très bien, Lucien. Tu m'as salué comme si j'étais toujours un grand mandarin. Rien ne pouvait me faire plus plaisir. Le sais-tu ? J'ai été dans ta Chine avec Edmée, avant ta naissance. Alors honore aussi Edmée de tes paroles fastes. »

Aussitôt j'emploie pour Edmée les termes les plus vénérables, ceux réservés aux femmes, miroirs des plaisirs, vases des fécondités, éternelles servantes de l'humanité sortie de leurs ventres :

« Grande épouse première, aux vertus embaumées d'antique sagesse, vous êtes comme les tendres fleurs printanières du prunier. Mais vos délicates corolles sont devenues fruits, votre descendance couvrira la terre entière pour que soient remplis les devoirs funéraires quand votre sublime époux et vous aurez rejoint vos aïeux sur les stèles de l'éternité. »

Une seconde, j'ai l'impression que les yeux d'Edmée se sont embrumés de colère. Je les sens lourds, mais se calmant rapidement, s'apaisant. Avec quelle facilité Edmée commande les reflets de ses humeurs ! Elle se transforme. Elle est tempête sur le lac, elle est ruisseau qui batifole, elle est gazouillis dans la forêt. Elle est dangereuse, imprévisible, car son armée, c'est le froufrou, c'est la gaieté. Sa force, c'est sa frivolité qui est aussi pensée, ruse, génie, poison, coup de poignard. Les yeux d'Edmée me boivent, me mangent, ils sont chauds, bons, tendres, ils me prennent, ils me parlent, sa voix me dit :

« Lucien, tes salutations chinoises sont magnifiques et je t'en remercie. Mais comme André et moi nous n'avons pas d'enfants, alors deviens un peu le nôtre, si tu le veux et si Anne Marie le permet... »

André reprend avec moi notre conversation interrompue par mes maladroits kotows.

« C'est vrai que tu prenais plaisir à assister aux tortures ?

— Oui, André. »

André me tapote l'épaule, ses yeux plissés, son front immense, ses rides sévères sont fraternels. C'est ça, nous nous comprenons. Et même, en témoignage d'estime, lui, l'air inspiré, se donne le mal de rechercher, à l'intérieur de son crâne, dans l'immensité de ses connaissances, une justification à mon goût. Évidemment il la trouve, et, évidemment, c'est dans Confucius. Il a appris Confucius par cœur lors de son fameux voyage en Asie, l'ajoutant aux philosophes blancs et de toutes les couleurs, qu'il a déjà rangés, en compagnie de poètes, de mathématiciens et d'autres gens, par kilos et par tonnes, dans sa cervelle. Mais c'est ce sage céleste qu'il admire le plus, à cause de sa rigueur, de l'absolu de son raisonnement. André donc, pour moi, extrait de sa mémoire une sentence appropriée. Il me la récite d'une voix grave et concentrée, comme une prière monastique :

« Comme le mal ne peut être toléré, il faut le détruire dans ses suppôts en leur infligeant des douleurs extrêmes. »

Sagesse d'André.

Je me souviens. Avec son sourire amusé, celui de la pointe de ses moustaches, avec son air le plus finaud et compréhensif, Albert racontait qu'autrefois, dans sa randonnée chinoise, André — contrairement à Edmée qui n'appréciait pas — contemplait les exécutions, des heures durant, sans mot dire. Albert le menait aux boucheries, sur les champs de mort où les bourreaux découpaient des hommes en morceaux. Dans ces lieux souillés, André, impeccablement habillé, chapeauté, cravaté, ganté, absolument solennel, restait un monsieur du Quai qui ne tenait compte ni des tropiques ni de la chaleur, sans trace de curiosité, et pourtant inlassable à tout scruter. Ensuite, de sa voix indifférente, il demandait des détails techniques à Albert — il s'intéressait au dépeçage des hommes comme à une leçon d'anatomie. André encyclopédique... Était-il en train d'accumuler du savoir, ou jouissait-il ?

« Allons, André, tu as de curieux goûts. Moi, ça m'avait écœurée, j'avais vomi. Ne parle plus de ces horreurs à Lucien. »

Edmée, en prononçant ces mots, n'est plus que douceur, son sourire est une lointaine bénédiction à peine désapprobatrice. Elle s'allonge sur son divan, se remet à jouer avec son collier, plus blanche, plus rosée, plus crémeuse que jamais. Elle semble s'assoupir, elle ferme les paupières, mais celles-ci sont un tout petit peu entrouvertes.

Autour d'Edmée, alanguie, muette et vigilante sur son sofa, la société prend position. Calme dans le salon obscur. Les chats langoureux sont lointains, et pourtant comme leur maîtresse, ils épient tout : la marche du monde, les événements minuscules de cette pièce. Le jeu de cartes, à moitié étalé, traîne toujours sur une table... André avance pour ma mère un siège, près d'Edmée. Elle s'y assied. Elle est un peu raide, ses jambes serrées ramenées vers la gauche, ses pieds sont chaussés de bottines fermées par un petit laçage. Elle n'est pas chair, mais l'âme de la chair, la noblesse. Anne Marie est elle-même, libre, prête... André s'installe à son tour dans un fauteuil, à côté de ma mère, en face d'Edmée dans son faux éloignement. Moi, je me suis mis sur un tabouret, je suis oublié, je comprends que j'assiste à une scène importante.

Regards. Ceux d'André se posent longuement sur Anne Marie, avec gravité, comme s'il la découvrait. Ceux d'Edmée sont aussi dirigés vers elle... Ma mère, je le sens, n'est pas effrayée par eux qui, différemment, l'observent. Elle ne semble pas sentir le poids de cette double investigation : une attirance encore incertaine chez André, un sentiment indéfinissable chez Edmée, un sentiment trouble. Pour rien au monde je ne prononcerais un mot. J'attends.

Silence. Silence des chats, des poissons, d'André, d'Edmée, silence dans cette salle des pénombres, silence amplifié par la retombée d'un minuscule jet d'eau sur l'aquarium, ses rocailles, ses algues, ses hôtes. Enfin, lui, de sa voix la plus prenante, la plus chaude, très lente, se met à interroger. Ses yeux sont graves, curieux.

« Anne Marie, si vous avez résisté à la Chine, c'est que vous l'aimiez.

— Oui, je l'aimais... »

Après ces quelques mots, André est pris de pudeur. Il se réfugie encore plus dans le Céleste Empire. Cette fois, longuement, il questionne sur le Sseu Tchouan. Dans la bouche de ma mère la menace et le danger ont une saveur douce-amère, celle de la pulpe des jours. Oui, elle a été heureuse là-bas. Elle raconte les obstacles surmontés, sans en faire les fleurons de sa valeur. Elle reste fascinée quand même par le sang et les fleurs noires de la mort qui l'ont souvent approchée là-bas. Mais dans sa modestie, qui est une parure, elle ne semble pas parler d'elle.

André, qui pourtant connaît cette Chine, ce Sseu Tchouan, ne se lasse pas d'entendre Anne Marie. Quand elle fait mine de s'arrêter, il la prie :

« Continuez, Anne Marie... »

La voix de ma mère reprend son timbre incolore, hachuré d'inondations, de famines, de révoltes et de cadavres. Parfois, il se fait préciser quelque « curiosité », et elle obéit, avec un demi-sourire. Anne Marie si proche de ces choses-là, si éloignée aussi : une mère si nette, si propre !

Cela devient une conversation entre André, toujours plus attentif, et Anne Marie qui répond. Duo. Ça dure longtemps sans qu'aucune intonation marquée ne sorte d'Anne Marie, de sa placidité lucide. Elle parle de phénomènes repoussants comme s'ils étaient normaux, naturels... N'est-ce pas Anne Marie, telle qu'elle se révèle, plus que la Chine elle-même, qui intéresse André ? Cette insensibilité ?...

Soudain Edmée se réveille. Elle soulève son corps, elle le hisse sur un amas de coussins, elle dresse sa tête, mais lentement, pensivement. Ses yeux sont grands ouvert. Le regard d'Edmée est limpide, mais il y brille une intention cachée, encore imprécise, elle se demande ce qu'elle va faire. Cependant rien ne se passe...

Au bout de quelques minutes, Edmée s'anime par de petits scintillements, de petits gestes. Elle vibre d'une bénignité vaporeuse. Ses yeux rayonnent de chaleur. Une Edmée voluptueuse ouvre le temple de l'amitié. Que prépare-t-elle ? Elle compliment Anne Marie.

« Je vous regarde. Vous avez appris à vous habiller joliment. Cette soie grège... Cette plaque de jade... Vraiment, vous êtes élégante. Vous allez avoir beaucoup de succès à Paris.

C'est pour Albert, j'en suis sûre, que vous avez su vous rendre si ravissante. Albert sait apprécier les jolies personnes... Il s'y connaît, Albert, en toilettes féminines, il a bon goût. »

André décoche à Edmée un regard terne, insignifiant. Mais que signifie chez lui l'insignifiance ? La colère, l'irritation, le dédain ou l'indifférence ?

Ce regard n'arrête pas Edmée. Au contraire, elle répète à ma mère, d'une façon plus saccadée :

« Albert a vraiment bon goût. Il vous a épousée, il vous a rendue merveilleuse, vous respirez le bonheur... »

Toujours le regard terne d'André. Anne Marie ne cille pas. Au contraire, avec retenue, elle se met à l'unisson d'Edmée sur le bon goût d'Albert. Ce goût qu'elle trouve pourtant si affreux, si lourd, souvent si indélicat.

« Albert m'a donné le sens des jolies choses... »

Dithyrambes des deux dames sur Albert. Edmée, ne trouvant pas les grands mots, en profère toutes sortes de petits. Cacophonie de l'enthousiasme. Anne Marie essaie de soutenir la concurrence dans la sobriété : yeux murmurants, longues mains ondulantes. Sa voix douce prend même les accents du sentiment. Apothéose d'Albert.

Moi, je me tortille sur mon tabouret, je suis mal à l'aise. Je sens bien que les compliments prodigués à Anne Marie par Edmée, sur l'autel d'Albert, sont vénéneux. A cause d'Albert ? Ou peut-être qu'Edmée n'a pas apprécié le long entretien d'Anne Marie et d'André communiant sur la Chine ?... Alors elle se venge.

André ne dit rien pendant ce concert féminin vantant mon père. Expressions mornes, regards qui se détournent. Soudain il tousse. Pas une toux banale, mais une longue aspiration produisant un son caverneux, un « hum » chargé de profondeur, son signal pour imposer le silence. Il va énoncer la vérité sur ce qui est important, sur ce qui est capital à propos d'Albert, sur ce que les deux femmes ont déplorablement manqué de dire. Il rend son oracle :

« Avant tout, Albert a été avec nous d'une fidélité admirable. Je n'en doutais pas, j'étais sûr de lui, et, à l'heure de l'épreuve, il n'a pas failli. J'avoue même avoir été ému — moi qui déteste l'émotion — quand j'ai reçu sa lettre. Elle était d'une pudeur, d'une sensibilité, d'une chaleur qui valait mille fois les grandes déclarations trompeuses. Il s'exprimait avec son cœur... et vous aussi, Anne Marie, qui avez ajouté une simple ligne, mais qui disait tout... »

Edmée se met à gronder :

« Tu as douté un instant d'Albert, je le sais, comment as-tu pu ? »

Moi, toujours sur mon tabouret, je regarde ma mère qui sourit avec modestie, presque avec gêne. Cette lettre, c'est elle qui a obligé Albert à l'écrire, c'est elle qui lui en a dicté les mots choisis, les sentiments délicats. C'est son œuvre, tout ça. Maintenant, que va-t-elle dire ?

« Quand Albert a appris ce qui nous arrivait, il s'est mis dans tous ses états, il voulait même donner sa démission. »

J'étais trop petit pour comprendre les roueries des adultes. Anne Marie, elle, savait que, pour André, dans sa situation, une loyauté, même celle d'Albert, un de ses valets, c'était une consolation. Cela réconfortait son orgueil d'apprendre que, pour certains de ses hommes, il restait le grand André. Ainsi Anne Marie a-t-elle soutenu cette fable... qui se retourna plus tard contre elle, beaucoup plus tard...

Anne Marie, ayant donné plus que son dû, éprouve maintenant le besoin de passer sur André ses propres baumes bienfaisants. Élancements de l'âme, doux moment pour elle qui est la dévote de cet homme...

« André, depuis que je suis arrivée chez vous tout à l'heure, je voulais vous dire... je n'ai pas osé... combien j'ai souffert, moi aussi, de votre malheur... »

En entendant ce dernier mot, il se courrouce. Ses yeux durcissent. Il regarde avec sévérité Anne Marie qui, arrêtée net dans ses condoléances, se demande quelle erreur elle a commise. Elle reste bouche bée. A la voir ainsi, André se rassérène. Et même il s'exprime avec un enjouement forcé, pour prouver qu'aucune disgrâce ne peut l'atteindre.

« Anne Marie, excusez-moi. Sachez qu'il ne

m'est arrivé aucun malheur. Je suis sans amertume. Votre Chine m'a appris la sagesse. Je me conforme à la maxime du grand Confucius énoncée il y a des milliers d'années : « Si tu « agis pour le bien, attends-toi à la haine et à « la traîtrise des méchants, et, même acculé « à l'ignominie, garde un cœur pur et serein. « Ainsi tu progresseras. » J'essaie de progresser. Je connais tous les philosophes. Mais, les meilleurs, ce sont encore mes chats. Quand ils daignent accepter mes caresses, ils me fixent avec leurs yeux d'or pour me dire : « Sache « recevoir les coups de bâton sans courber « l'échine. »

Puis, détournant ses yeux de ma mère, il les porte sur sa femme.

« Surtout, j'ai Edmée, ma princesse. Elle est admirable. »

Anne Marie approuve. Son silence... Edmée ronronne. Elle est une chatte, pas royale, une chatte de gouttière, mais qu'on appelle quand même « princesse ». Son corps dodu, ses yeux fixes, son mystère, ses coups de patte. N'empêche que c'est une chatte des rues et c'est dans une voltige de virago qu'elle parle :

« Maintenant qu'André ne régente plus le monde depuis son bureau du Quai, il est le maudit. Auparavant, quand il s'asseyait dans son fauteuil Louis XVI, tous le considéraient comme leur maître. Mais, à son départ des Affaires étrangères, seuls les huissiers l'ont salué. Les courtisans, les flatteurs, les parasites, messieurs les ambassadeurs, tous ces médio-

130

cres qui tentaient sans cesse de le circonvenir, avaient disparu. Et puis sont venus la boue, les ragots, les médisances. Moi, j'ai honte pour ces hommes lâches et ingrats. Je suis furieuse. Surtout je ne pardonnerai jamais aux beaux esprits, aux grands messieurs de la littérature et compagnie dont il était le mécène. Ceux-là aussi, du linge sale comme les autres. »

André se contente d'une petite grimace désabusée.

« Je croyais à l'humanité sans croire aux hommes. J'avais raison. Même si je le pouvais, je ne châtierais personne. Car ce serait prouver que j'ai été atteint. Je ne suis pas atteint. »

Edmée explose, ses joues flambent, sa bouche s'ouvre. Et ses cheveux roussâtres sonnent la charge.

« Mais atteint, tu l'es, André. Ton orgueil te ment. Tu ès mortellement triste avec moi dans cette maison délaissée. Toi qui dormais déjà si peu, tu ne fermes plus l'œil du tout. Tu ne veux pas te l'avouer, mais la vie te pèse, les jours sont longs. Sans cesse, tu remâches les injustices, les insultes, ta chute. Pauvre André. Tu en es réduit à ma seule compagnie et je n'arrive pas à te distraire, à t'arracher à tes hantises... André, dire que, si récemment encore, tu étais respecté, adulé par le monde entier. Tu avais créé des pays neufs, tu avais fait des rois et des présidents de la République. Tu aimais ça, André... Et moi, dans cet appartement, je recevais le Tout-Paris, je recevais le globe. Dans cette pièce, sont passés tous les grands de ce monde. Même la vieille reine d'Espagne est venue me rendre visite. Les messieurs me baisaient la main et certaines dames me faisaient la révérence. Tous me courtisaient, pour que je te dise un mot en leur faveur. Ces galas, ces réceptions, ces grandes soirées, ces voyages, ces palais où nous étions les hôtes des milliardaires. Deauville, Cannes... le monde à nos pieds... les toilettes que je portais, les cadeaux qu'on m'offrait. Et maintenant, autour de nous, plus personne, pas une ombre... André, je ne regrette rien, mais toi, tu regrettes... »

Edmée s'effondre sur son canapé.

Ma mère s'est dissoute pour ne pas entendre, et le pli du mépris s'est creusé au-dessus de sa bouche. Pas pour André, pour l'extraordinaire André, mais pour Edmée. Anne Marie ressent pour cette femme, uniquement occupée à cueillir les colifichets de la gloire d'André, une lourdeur écrasante, une masse nauséeuse de répulsion, de dégoût jaunâtre. Edmée est une méduse qui devrait être dans l'aquarium. Les nageoires des poissons devraient être ses robes et leurs yeux bouffis seraient les réceptacles de son avidité.

André, quant à lui, essaie d'apaiser Edmée accablée.

« Edmée, vous vous trompez. Si vous ne regrettez rien, moi non plus, je ne regrette rien. Nous aurons la paix, la sérénité de l'âme. Nous mènerons une vie simple, où je pourrai me livrer à mes véritables goûts : lire, méditer, écrire, me promener, me consacrer à la connaissance, aux arts, aux grandes œuvres des hommes. Vous, vous...

— André, tu meurs d'ennui.

— Et puis, nous recevrons nos amis. Car nous les connaissons maintenant, ceux qui sont restés avec nous, qui nous défendent au milieu des vociférations aboyantes. Voyez, Anne Marie est là...

— Combien sont-ils ?

— Pas nombreux, il est vrai. Mais il ne faut pas trop demander.

— Tu es indulgent, André.

— Vous m'avez appris à l'être... Souvenez-vous d'où vous venez. »

Ironie glacée. Condamnation qui jaillit de la fournaise de son être, cette permanente combustion soigneusement contenue, sous sa bonhomie sévère et les cuirasses de ses apparences ; malgré sa débonnaireté, il était craint... Mais pourquoi cette foudre sur Edmée ? Seuls les intimes pouvaient répondre à cette question. Edmée lui avait fait croire qu'il pouvait s'amuser sans conséquence, sans se salir puisqu'il était, par essence, au-dessus de toute souillure. Il l'avait crue. Il s'était diverti en étant miséricordieux pour certaines crapules divertissantes et ingénieuses, engeance qu'adorait Edmée. A cause d'elle, il en était arrivé à tout se permettre. Sans Edmée, il n'aurait pas commis... ce qui avait amené sa chute, sa honte...

Edmée est réduite en morceaux. Elle n'existe plus. André ne la regarde plus. Par contre, son nez rectiligne semble se prolonger dans la direction de ma mère, comme un mètre d'arpenteur. Ses yeux sont des instruments de visée. Et d'une voix triste, d'une tristesse suave, un peu tendre, il demande :

« Anne Marie, depuis quand êtes-vous arrivée à Paris ?

— Depuis hier.

— Ainsi votre première visite est pour nous ?

— Oui.

— J'en suis content. »

Silence de nouveau. Une gêne persiste.

Ma mère se montre avisée. Elle reprend à son compte la stratégie qui a si bien réussi à Albert, celle des cadeaux...

Elle ouvre son sac à main, en retire un petit coffret d'acajou dont elle fait coulisser les bords. Edmée ressuscite, tendue d'espérance et d'attente, immobile d'impatience ; dans ses yeux ses prunelles sont réduites à des lames convoitantes. Elle regarde, elle voit, déposés sur le lisse d'une soie écarlate, deux anneaux, les signes de l'éternité. Deux cercles parfaits, sans commencement ni fin. Ce sont deux bracelets de jade qui semblent taillés dans l'eau verte d'un lac de montagne, dans l'éther verdâtre d'un ciel apaisé, sans une faille, sans une ride, sans un éclat. Deux veines de pierre parfaite, deux veines de sang vert. Matière et couleur sont confondues dans une intensité

134

sauvage et douce qui convient aux femmes. Ma mère raffole de ces bijoux. Elle en porte elle-même souvent.

Anne Marie tend les bracelets à Edmée qui s'est assise sur le rebord du sofa où elle se livre au désir contenté : soupirs, tressaillements, petits cris. Ses mains vont vers celles d'Anne Marie, mais, dans son avidité, pour s'emparer plus vite des anneaux, ses doigts s'accrochent aux doigts calmes d'Anne Marie. Enfin, les serpents de jade, elle les soupèse, les examine, en ceint ses poignets. Et puis elle s'en va, sans même remercier.

Elle s'élance vers sa salle aux trésors, là où sont accrochées ses tuniques chinoises ramenées jadis par elle ou offertes par Albert. Une centaine sont suspendues côte à côte, somptueusement brodées : nébuleuses célestes, soleils rouges, feuillages sombres, licornes mélancoliques. Grâce à ces soies, Edmée peut assumer toutes les apparences des songes légendaires de la Chine. Elle brasse ces parures, elle s'enfonce au cœur de leur forêt, elle choisit la robe magicienne s'appareillant aux coulées de jade. Elle revient au salon, revêtue d'un firmament étoilé d'où s'échappent ses bras annelés. Alors elle n'est plus qu'une farandole autour de ma mère, une gentillesse accorte et sucrée.

« Anne Marie, que c'est gentil d'avoir pensé à moi... Ces bijoux me ravissent. Ils me vont très bien. Venez, que je vous embrasse. »

André garde un comportement un peu sec,

mais sa mauvaise humeur est partie, Edmée l'a
diverti, c'est évident. A nouveau, ils sont un
couple. Anne Marie s'en aperçoit. Elle oscille
sa tête en un imperceptible va-et-vient :

« J'ai aussi un souvenir pour vous, André. »

D'une autre boîte, elle tire un cachet. C'est
une tige incrustée de rubis, plantée sur une
plaque d'or où sont gravés les caractères de
l'Autorité Sacrée. Caractères du Ciel, donnant droit de vie et de mort sur des millions
d'hommes.

André réagit devant ce talisman. Il en connaît la signification. Il hésite à le prendre, en
proie à une sorte de répulsion. Anne Marie
balbutie :

« C'est le propre sceau du gouverneur du
Sseu Tchouan qui régissait la province au nom
de l'empereur, autrefois. Après la Révolution,
nous avons pu le racheter à une bande de
pillards. »

Il reste amer, sombre.

« En me donnant ce sceau qui a réglé l'existence de tant d'êtres, vous m'élevez au rang de
vice-roi. Vous oubliez que je ne suis plus rien,
déchu, qu'en mes mains cet insigne serait une
dérision. Cependant, Anne Marie, pour vous et
pour Albert, je reçois ce présent orgueilleux en
témoignage de votre amitié... mais je ne
m'abandonne pas aux espoirs qu'il incarne. »

Soudain, moi, le petit garçon sur son tabouret, emporté par un élan mystérieux, formidable, moi qui croyais ne pas aimer André,
incongrûment, je proclame :

« Bientôt, André, vous vous servirez de ce sceau. Vous serez de nouveau le Grand Mandarin du Quai. Je sais sentir ce qui sera. »

Anne Marie me réprimande :

« Tais-toi, Lucien, tais-toi. »

Puis elle le regarde timidement.

« Moi aussi, je crois que vous serez pleinement justifié, rétabli bientôt dans vos fonctions. L'injustice qui vous a été faite est trop grande pour durer. Vous êtes indispensable à la France. »

André mâchonne :

« Non, j'ai trop d'ennemis. »

Cette fois, Edmée vient à la rescousse, vigoureuse, feu et flammes pour André, plus André qu'André.

« André a été victime de son patriotisme. Il a jugé qu'il fallait sauver cette banque, qui soutenait le commerce français en Chine. Sans elle, tout s'écroulait, d'immenses projets. L'ennui est que son frère en était le président. Un autre que lui aurait eu peur. Pas André. Il prévoyait les accusations, les bassesses, les mauvais coups. Ça ne l'a pas arrêté, parce qu'il ne songeait qu'à la France. C'est pour son pays qu'il s'est sacrifié. »

André est content de ce concert. Au lieu de se réfugier dans ses nuées, il lui vient une sorte de béatitude :

« Eh oui ! Mes adversaires au gouvernement et au ministère ont donné des ordres formels pour qu'on trouve des documents me compromettant définitivement. Ils ont fait fouiller, chercher partout, sans aucun résultat. Le dossier établi est tellement vide que, plutôt que de le produire, ils ont préféré l'égarer... Désormais, contre moi, il n'y a rien. Rien que de la haine... »

Il en rit. Et, dans le salon, je sens renaître l'espoir, petit vent chaud. Edmée jubile, André ronchonne, ce qui est sa forme de jubilation. Anne Marie ose répéter :

« Dans quelques mois, vous serez de nouveau directeur général des Affaires étrangères. »

Il hoche la tête, en signe de doute, mais il est satisfait de ma mère.

« Je vous remercie de vos bonnes intentions... D'ailleurs, peut-être, si les élections apportent une nouvelle majorité... »

André s'arrête net, comme s'il en avait trop dit. Il fait un signe à Edmée. Et elle le relaie, connaissant ses pudeurs, se faisant complice. C'est leur jeu. Elle passe un bras autour des épaules d'Anne Marie.

« Venez souvent. André vous aime et moi aussi. Une ou deux fois par semaine, le soir, nous recevons des amis intimes. C'est sans prétention. Après le dîner, nous jouons au mah-jong. Promettez-moi d'être des nôtres. »

Les pommettes d'Anne Marie éclosent, rosissent. Elle est acceptée. Elle va faire partie du cercle. Son bonheur est immense. Elle dit avec effusion :

« Je viendrai, je viendrai. »

Craignant d'être oublié, j'interviens :

« Moi aussi, je joue au mah-jong. »

André éclate d'un rire paternel.

« Anne Marie, amenez donc votre petit bon-homme à ces soirées. »

Edmée, toute bonté, m'embrasse.

« Lulu, sois content. Tu seras de la maison, comme ta mère. »

Ses gros yeux de poisson, ses yeux piquetés de chat, sont mes étoiles. Je me roule dans la tendresse d'Edmée et je dis :

« Ça me fera plaisir. »

Et puis je me tourne vers ma mère qui, pour moi, prend son apparence la plus maîtrisée, un mât sans pavois. Elle me fait peur. Elle me poignarde.

« J'amènerai Lucien chaque fois qu'il sera en vacances. Dans quelques jours, il entrera à l'école des Sources. »

Mon cœur est noir. Une larme pointe à mes paupières. Anne Marie me regarde durement. La seule consolation vient d'Edmée.

« Mon pauvre petit Lulu. Ne pleure pas... Tu en feras des mah-jongs avec nous, tu verras... Et tu nous battras tous avec tes Bonheurs Verts et Rouges. »

J'avais voulu me persuader que le collège était un stratagème de ma mère pour s'arracher à Albert, un prétexte pour nous permettre d'être ensemble, loin de lui, en France. Je ne pouvais pas y croire. Mes illusions sont parties définitivement chez les Masselot quand elle a dit : « Lucien, dans quelques jours... »

J'avais tellement peur de cette pension que je la niais. Et maintenant, elle est une cage devant moi, ouverte, m'attendant. En fait, tout devait être prévu, organisé, préparé depuis longtemps pour me faire entrer immédiatement aux Sources, ce cauchemar.

Le cauchemar commence le lendemain. En me réveillant, j'ai déjà un goût amer dans la bouche. Anne Marie, presque guillerette, avec son innocence dangereuse, m'assène le coup qu'elle mijotait.

« Lucien, conduis-toi en grand garçon, que je sois fière de toi. Je vais te présenter au directeur de l'école des Sources, qui nous reçoit à Paris aujourd'hui. »

Ses yeux m'immolent. Préparatifs au sacrifice. Elle me fait habiller sans fanfreluches, un complet-veston, chemise blanche et cravate bleue. Je suis un petit homme dans cette tenue, moi que, d'habitude, elle costume plutôt en jouet, selon ses fantaisies : en velours, en marin, en blouse et en falbalas, les petits nœuds, les boutons de nacre, les jabots et les escarpins à boucles d'argent... Tout ça, c'est fini. Pour elle, elle choisit aussi l'uniforme de la rigueur stricte, tonalité grise. C'est son accoutrement quand elle doit s'acquitter d'une tâche. Elle aime autant s'habiller pour le devoir que pour le plaisir. Aujourd'hui, elle est comme une lame nue. Elle est terrible, parce que loin de penser à me châtier, elle dit faire mon bonheur. Hypocrite... Elle ne souffre pas de ma souffrance, même si elle la sent un peu, parce qu'elle ne veut pas la sentir.

Devant ma moue, elle me dit avec cette exaltation sèche qui lui sert à commander :

« N'aie pas de chagrin. La douleur est vulgaire. C'est par amour pour toi que j'ai pris cette décision. Je veux que tu deviennes un homme remarquable, distingué, qui se domine. Sois content. Ne pleurniche pas comme ton père. Pas de sensiblerie. »

Je me contiens. Ma figure est lisse, juste un peu hébétée.

« Ne sois pas maussade. Je me sépare de toi pour que tu deviennes un gentleman. »

Gentleman. Mot-guillotine qui doit couper tout ce qu'il reste d'Albert en moi, et me façonner à l'image d'une Anne Marie mâle. Il faut que je sois dressé comme une bête de race. Ainsi fait-on en Angleterre, m'a-t-elle expliqué, pour sculpter ces « sirs » qu'elle a tant admirés en Asie et qui parfois laissaient tomber du bout des lèvres : « Moi, j'ai été à Eton. » Moi, j'irai aux Sources, l'imitation française du collège britannique...

Nous devons être à trois heures de l'après-midi chez le directeur, venu à Paris recevoir les familles. Un porche, un escalier et enfin une salle d'attente. Dans des fauteuils sont engoncés les parents, des pères et des mères, plantureux, rassis, cossus, convenables. D'abord, je regarde les dames-mamans qui, toutes, les grosses et les maigres, se ressemblent dans leur dignité d'après digestion. Pas de figures à avoir des remords, des doutes, des angoisses quant à leur progéniture mise au pensionnat, elles n'ont pas de physionomies. Ces personnes sont replètes de corps et d'esprit. Pas de bouffissures de conscience, rien que d'honnêtes certitudes, une pesanteur de la satisfaction. Gavées, pas seulement des nourritures du déjeuner, mais de toutes les richesses sonnantes et trébuchantes de ce bas monde qui n'est pas bas pour elles. Même les maigres en semblent enflées. Oies parées, oies toilettées, ce remplissage leur donne une veulerie puissante et féroce, une réserve hautaine, bienséante, repue et méfiante, méprisante. La plupart sont vêtues avec une recherche de bon ton qui en fait déjà des douairières sur leur quant-à-soi. Les mêmes tics, les mêmes demi-sourires, leurs yeux de chouettes parmi les bajoues, des pendeloques de chair et des bijoux familiaux, dans la coagulation des traits, dans la bienveillance de leurs faces aux aguets. Masques. Laideur. Cependant, distinctes du lot, quelques mamans, jeunes ou moins jeunes, s'envolent dans l'arrogance de l'élégance, comme des girafes ailées. Ces créatures sont portées par la beauté — véritable ou artificielle — au-dessus de la mêlée terrestre ; apparitions éthérées, hosties de luxe. Il faut que leurs époux soient colossalement milliardaires pour qu'elles puissent se permettre, en tout bien tout honneur, de faire les coquettes.

Les maris, eux, chacun relié lourdement à

son épouse, ont plus de bonhomie vraie, toujours quelque rondeur au ventre ou à la cravate. Mais leur graisse est raide sous les tissus moelleux. Chez les décharnés, c'est le manque de graisse qui est raide. Les yeux, il y en a de toutes les couleurs, bleu pot de chambre, noir anthracite, fondu arc-en-ciel, il y en a de toutes les formes aussi, à poches, en boutons de faïence, à cernes, en gros bonbons, à reflets de métal, ces yeux sont durs, même les aqueux sont durs. Les rondouillards paisibles sont des outres à humeurs, bonnes ou mauvaises, bonnes quand les peaux mates ont des sourires fins, mauvaises quand les peaux claires rosissent, biftecks coléreux. Les ascétiques culminent en de grands nez bizarres et les bons vivants ont de petits trognons nasillaires. Des Légions d'honneur et des croix de guerre, et même un héros, puisqu'un de ces messieurs est amputé d'une jambe et a des béquilles. Tous des oiseaux de proie, ronds ou en arêtes, dont les plumages sont des complets-vestons de grands tailleurs — les tissus sombres ou sombrement rayés ramassent les ventres et charpentent les squelettes. Ce sont des trognes à pactoles, rassurantes, au service du pire, celles de rapaces dont la charogne est l'argent. Ces tirelires vivantes, ces coffres de banques, portent sur eux, cachée et exhibée à la fois, la grosse galette, la puissance de la galette.

Anne Marie, repoussée dans un coin avec moi, se tient les yeux mi-clos, contemplant avec dédain la Fortune française. Pas d'autres enfants que moi. Les héritiers de ce beau monde sont déjà depuis longtemps à l'École, depuis plus d'un mois, pour le dernier trimestre. Les parents, accumulés là, s'acquittent comme d'une corvée de leur visite au directeur. Pourquoi leurs fils ne réussiraient-ils pas, puisque tout leur réussit ? Ils paient pour ça. A côté d'eux, Anne Marie et moi faisons pauvres. Pourquoi cette idée puisque nous avons aussi belle, même meilleure apparence qu'eux ? C'est qu'il nous manque quelque chose : l'odeur du fric. Nous attendons parmi les bâillements réprimés et les impatiences mal contenues. Ces gens huppés se surveillent à petits coups d'yeux pour faire respecter leur tour, au besoin pour se le dérober. Anne Marie se tient sans rien marquer, modestie fière, parmi ces mal-élevés poussahyants, et moi je suis son orphelin.

La salle se désemplit peu à peu. Toutes les dix minutes une sorte de trompe surgit de l'embrasure d'une porte. C'est l'appendice nasal de M. Berteaux qui invite un couple à venir à lui pendant qu'un autre, tâche accomplie, s'en va. Corps craquant qui se redressent en une lente précipitation, ceux d'un monsieur important et de son épouse satellite. Corps voguant onctueusement vers le bureau sacramentel dont les battants se referment sur eux. Des chuchotis me parviennent, je comprends quelques mots, car nous sommes assis près de l'entrée du sanctuaire. Chaque fois le directeur fait son numéro, presque toujours le même, juste avec quelques variantes. Mais en gros, pour terminer, il donne à sa voix un velouté calmant : « C'est un bon sujet. Nous veillerons à ce qu'il soit digne de vous. » Trémolo signifiant la fin de l'entretien. Un couple rassuré s'en va, le suivant, qui veut l'être aussi, de façon à en avoir pour son argent, pénètre.

La salle d'attente s'est vidée. C'est à nous. Anne Marie, légère et à peine ondulante, me précède dans l'antre. Nous nous asseyons face au directeur. Lui se tient derrière un bureau Empire, nu, juste orné du fanion de l'École, brodé d'une petite bête tenant de la souris et de l'hippocampe, animal qui doit savoir ronger et nager. Le directeur est un bel homme mince et grand, dans la cinquantaine. Il se déploie pour baiser la main de ma mère. Il la considère avec lassitude, puisqu'elle n'est ni charbonnage, ni sidérurgie, ni banque ; moi, il ne me regarde pas. Enfin, il prend son essor pour parler. Tout sonne creux en lui. Depuis ses entrailles — qui ne sont pas tripailles, il est trop noble pour cela — montent de belles phrases qui coulent inlassablement de ses lèvres. Il fait effort pour nous autres nouveaux clients, il est grandiosissime. Il oscille de sa tête qui est une arche, une ferraille artistique, tapissée d'un peu de chair couperosée et veinulée. Crâne d'oiseau des marais, crâne où la cervelle fait « ding, dong », un héron à long cou, mais rouquinant, vermillonneux, faux gentilhomme des campagnes, qui connaît les sacristies, les archevêchés et, officieusement, les synagogues — car les juifs, aux Sources, sont, obligatoirement, soit catholiques, soit protestants... Il connaît surtout les conseils d'administration où l'on « pense bien ». Toujours la bonne cause, avec profit... Chevelure argentée, figure à grands cartilages, joues à sourires entendus. Au milieu des traits se dresse le pif arqué qui sert de baguette de chef d'orchestre à la musique de ses discours. La bouche reste toujours béante, puits intarissable de son éloquence aux affirmations généreuses et aux finesses matoises. Des rides saillantes, bien prises, sur mesure, quadrillent de leurs gammes sa peau. Ce monsieur n'a pas le genre sinistre et pédant. Son corps s'élance dans un costume à carreaux, anglais, presque sportif, avec la rosette de la Légion d'honneur. Pour un dresseur d'enfants, il a le chic du meilleur ton, celui d'un hobereau. Il s'écoute lui-même de ses longues oreilles et de toute sa personne qui vibre de vent oratoire. Il choisit des formules prétendument modernes, artistiquement vieillottes. Ses yeux vides ressemblent à des pâturages où fleurit la sincérité proclamée, affirmée et exhibée. Mais ces prairies trop prometteuses sont parcourues d'ondulations qui, par petits coups brefs, estiment la marchandise : il ne cesse de nous jauger, Anne Marie et moi. Un insecte qui se pavane sur ses élytres de vanité, héroïquement bouffon et secrètement dangereux. Je sens que ses mots sont des mandibules pour m'enlever.

« Madame, je vous confirme que nous acceptons votre fils comme élève. Croyez que nous agissons après mûre réflexion. Je vous avouerai que, selon notre habitude, nous nous sommes livrés, très discrètement, à une petite enquête préalable... »

Un toussotement, une légère moue de dédain dans la voix :

« Monsieur votre époux est diplomate, consul de première classe en Chine, actuellement en poste là-bas, n'est-ce pas ? Nous avons appris que, malgré son grade encore modeste, il est promis à un grand avenir. Les recommandations sont excellentes. Votre mari est très bien noté et on nous a parlé de vous avec les plus grands éloges... »

Un silence. Ma mère ne cille pas devant l'insulte. M. le directeur est un phraseur. Il nous embobine. Mais nous comprenons bien que ce que nous devons retenir de son discours, c'est :

« Généralement, nos garçons sont issus des milieux les plus influents. Ils sont fils de financiers, de grands industriels... les véritables soutiens de la France. Dans votre cas... nous faisons une exception. »

Silence encore. Anne Marie traitée de « moins que rien » ne dit mot.

« Nous tenons compte de la qualité morale. La vôtre est sans tache... Sachez que nous refusons beaucoup de demandes des meilleures familles si elles ne sont pas irréprochables par ailleurs. Nous rejetons les enfants de divorcés, de couples désunis, de célébrités douteuses, d'aristocrates dévoyés, d'hommes d'affaires pas trop solides. Si vous permettez ce mot, nous excluons tous les enfants de « rastaquouères », aussi connus et riches que puissent être leurs parents. Mais M. Bonnard et vous-même, vous offrez les garanties de l'intégrité et de l'honnêteté. C'est ce qui nous a décidé. »

Moi, je pense. Quelqu'un est intervenu pour me faire admettre, malgré le petit grade de mon père. Ce ne peut être qu'André — il est donc encore puissant malgré sa disgrâce. En tout cas, c'est lui qui me fait mettre en prison, en accord avec ma mère. Qu'il soit maudit...

Je suis dans la lune. M. Berteaux s'en aperçoit. Il produit un « hum » impatienté pour me faire revenir sur terre, la sale terre de son École. Il se lance dans sa grande tirade ornementale, sa symphonie majeure :

« Notre collège a cette ambition : contribuer à sauver notre pays menacé par des pensées mauvaises et destructrices en formant des jeunes gens, des chevaliers, dirais-je, bien armés pour la vie et combattant pour les vraies valeurs. Que nos garçons deviennent des hommes, au sens où Kipling le disait ! La phalange des hommes vertueux qui maintiendra les grands principes de la civilisation. Ils défendront les justes récompenses accordées par Dieu au travail de leurs ancêtres et à leur propre travail. Ils sauront accomplir leurs devoirs de bonté envers le peuple maintenu à sa place, par la volonté du Seigneur, dans la soumission nécessaire. Ils se souderont en un rempart inexpugnable contre le péril rouge. Voilà notre but. »

M. Berteaux s'est exalté dans son discours qu'Anne Marie écoute avec une complaisance indifférente. Le directeur comprend qu'il s'est élevé trop haut pour cette dame impavide et de petit rang. Il redescend dans la réalité.

« Je sais que votre fils est un brave garçon. Eh bien, madame, nous en ferons plus tard... quelqu'un... »

Quelqu'un ! Je suis pris de fureur. Ne suis-je pas naturellement au-dessus de la descendance des marchands, des commerçants, des fabricants, des usuriers, êtres inférieurs en Chine. Moi, je suis un seigneur. Un vrai seigneur avec mon père qui, dans son bel uniforme, est l'incarnation de la patrie en Chine. Un vrai seigneur même en France, grâce à André. Voilà que maintenant je pense à André pour me recouvrir de son nom, de sa gloire... Je me vends à lui. Il faut qu'il me sorte de là. Ce n'est pas possible que j'aille là-bas. André comprendra, Anne Marie comprendra... Est-ce qu'elle ne va pas se révolter dès maintenant contre cet épouvantail orné, cette défroque pavanante, qu'est M. Berteaux ?

Quelle illusion ! Au contraire, elle veut me livrer immédiatement à lui. Elle met son ardeur à ne pas me garder avec elle un jour, une heure, une minute de plus.

D'ailleurs, elle minaude :

« Lucien pourrait-il entrer à l'École dès maintenant, ces jours-ci ? »

Le directeur est surpris.

« Le dernier trimestre va bientôt s'achever. Peut-être vaudrait-il mieux attendre la rentrée prochaine, en octobre, la nouvelle année scolaire, après les grandes vacances. Maintenant, l'arrivée inopinée de votre fils pourrait surprendre.

— Non. J'ai quitté précipitamment mon mari en Chine pour que mon fils soit aussitôt mis dans votre collège. Il est grand temps... »

M. Berteaux est étonné, presque stupéfait. Il s'enquiert :

« Pourquoi cet empressement à nous le confier ?

— Je ne sais comment m'exprimer... Sans doute la marque de la Chine sur lui. »

L'ébahissement fige les traits de M. Berteaux en un gâteau d'idiotie.

« Que voulez-vous dire ? »

Moi, je le sais, et je l'entends dire à M. Berteaux ce qu'elle rabâche depuis des semaines :

« J'ai peur que mon fils ne soit déjà déformé par l'Asie. Il est grand temps qu'il devienne un petit Français. »

Lui, n'y comprenant rien, se mue en confesseur vétilleux.

« Mais Lucien n'a pas de vices... comment dirais-je ? Un peu particuliers... hum, hum, concernant la chair ?

— Non. Il est très innocent à cet égard. Mais cette empreinte de la Chine... »

Le directeur l'interrompt. Il est rassuré : pas la chair, ça va. La Chine, il en fait son affaire... Il regarde sa montre en tapinois, d'un coup d'œil rapide. Il nous a déjà consacré assez de temps. Il se débarrasse de nous par une péroraison digne de lui :

« Comme vous le voudrez, madame. Ne vous inquiétez pas. Notre système d'éducation est si parfait que nous mettrons Lucien rapidement au pas. Nous ne connaissons pas d'échecs, sauf s'il s'agit de natures foncièrement perverses. Alors pas de quartier... Je n'ai pas d'inquiétude pour votre fils. Nous encourageons l'émulation des enfants entre eux. Ils ont des « capitaines », des garçons comme eux, tout juste un peu plus âgés, les meilleurs, pour les inciter à faire le bien. Ainsi ses camarades sauront rapidement le civiliser... en douceur, évidemment, et sous notre surveillance. N'ayez aucune crainte. Lucien sera bientôt policé, vous ne le reconnaîtrez pas... »

Ma mère est de marbre. Je sens, à une palpitation presque invisible de ses narines, qu'elle est contente. Dire que je vais subir un traitement pire encore que celui que je craignais, en proie à ce dadais solennel et à ses petits diablotins, et qu'elle laisse faire !

M. Berteaux, de plus en plus pressé, ajoute par acquit de conscience et pour régler l'affaire :

« Je prendrai toutes les dispositions pour

son arrivée chez nous lundi prochain, dans quelques jours. Vous aurez le temps de l'habiller. Voici la liste de l'équipement nécessaire. Les conditions financières vous ont été indiquées. Vous ferez le versement convenu à notre banque. »

Il est debout. Échassier nous donnant congé. Un grand salut à Anne Marie. Un tapotement sur mon épaule. Nous partons.

Dans le taxi, elle me dit en ronronnant à sa manière, avec une langueur sèche :

« Tu vas être dans le collège le plus chic de France. Pourquoi te tais-tu obstinément ? Tu devrais rire, sourire, être heureux. Pense aux gentils camarades que tu te feras là-bas. Tu t'amuseras bien. Il ne faut pas que tu sois toujours avec des grandes personnes. »

Je reste boudeur. Elle se met à exercer sur moi sa séduction, avec ce lent, traînant, moelleux accent angevin qu'elle retrouve quand elle veut plaire, quand elle daigne charmer.

« Nous passerons ensemble ces derniers moments chez les fournisseurs les plus réputés. Tu seras mon petit prince... tu arriveras là-bas tout beau, tout bien vêtu. De loin, je serai fière de toi. Les autres garçons, les fils des plus grandes familles françaises, t'accueilleront comme leur pair. Tu seras smart. Tu auras un blazer avec un badge de l'École sur la poitrine. »

Le Regina Palace encore, que je connais déjà par cœur, sa faune, ses bruits, ses odeurs, ses heures, navire ancré dans Paris, dans le monde, mon refuge, d'où je vais être chassé. Je voudrais en profiter encore un peu, mais je ne le peux pas. Indifférence... Il semble que je sois devenu de bois, que je ne ressente plus rien. Je suis Lulu, j'ai l'apparence de Lulu, je mange, je dors, je parle, je n'ai pas de souffrance, juste un poids inexprimable. Est-ce celui de l'existence, moi qui ai si peu d'années ?

Ma mère tâche de me faire plaisir, elle m'entraîne de boutique en boutique. Je la suis, je l'admire. Une magie s'enroule autour d'elle : dans chaque magasin où nous allons, où elle arrive en cliente inconnue, immédiatement, les vendeuses méfiantes, les vendeurs circonspects, sont pénétrés de respect ! En quelques mots, précis et calmes, elle exprime ses désirs. Ses mains strictes et même pas fouilleuses savent palper les marchandises présentées. D'une moue à peine esquissée, elle rejette ce qui ne lui convient pas : « Non, ce tissu est trop rêche. » Elle choisit, sans désordre, sans éclat, sans afféterie, avec une décision rapide et sûre, sans faire apporter un amoncellement de choses, sans longues tractations. Rien n'est trop coûteux. D'ailleurs, elle s'enquiert à peine des prix. Juste une fois ou deux elle dit, par convenance : « Non, c'est trop cher. »

Nous opérons dans les lieux sobres, sans achalandages vulgaires, dans le feutré des visages, dans le silence des acquisitions. Et tout ce qu'elle prend est pour moi ! A moi le délectable des matières, la flanelle, le tweed, la soie, le cuir souple et fort, la cravate striée de vert et de rouge, qui est le lacet de l'école. A moi les maillots de corps, les caleçons, les chaussettes, car elle s'occupe aussi de mes dessous... Elle voudrait que je participe, que je sois plein de convoitises, que je dise : « Je veux ceci, je veux cela », que je fasse des caprices pour obtenir un objet, qu'ensuite je rayonne de satisfaction, que je rie de désir assouvi. Pour lui faire plaisir, parfois je fais semblant d'avoir une préférence, un goût... mais, en fait, je demeure une petite masse passive. Je suis godiche dans ces endroits où règne la solitude de la distinction, avec ces marchands et ces marchandes armés de sourires, d'aiguilles, de ciseaux, à mon service. Une femme à mes genoux pour mes chaussures. Un homme avec son mètre pour mes mesures. Les carreaux écossais, les knickerbockers... Je suis docile, je fais le mannequin, je me déshabille, je me rhabille, j'essaie encore, j'essaie toujours, maladroit, me trompant, m'empêtrant... volontairement ou non, je ne sais. En tout cas, je hais... je déteste, ces choses qui vont être la livrée de mon bagne, qui vont m'écraser. Une seule fois j'ai été tenté. Mes yeux ont brillé devant un éclair de métal : un stylo superbe. Je dis : « Maman, maman, j'ai envie... » Anne Marie me répond : « Tu le perdras, mais enfin... » Elle est satisfaite de mon appétence. Elle croit avoir gagné quand je m'en empare. Mais elle se trompe, je la trompe. Le stylo, aussi, je l'abomine...

Lumières tamisées. Je ressens l'inanité de la richesse, de ces emplettes qui se déroulent selon les codes de la meilleure société. Cœurs durs de ceux qui servent, cœurs durs de ceux qui achètent. Dureté des expressions polies. Dureté de la France. Est-ce cela la civilisation dont on me pare ? Où est la grâce chinoise, où sont ses rites ? Des rites, il y en a aussi ici, mais prétentieux, serviles, hautains. Ce mépris adulatoire, ces signes imperceptibles mais impérieux. La dureté...

Je suis toujours plus malheureux. Plus elle achète, plus je me sens broyé. Pourtant elle achète encore, avec délice, avec passion. A Tcheng Tu, elle achetait aussi, mais c'était avec délectation que j'allais avec elle chez les vénérables négociants. Un achat, c'était un office que l'on célébrait pieusement. Là, elle savait tâtonner, marchander, hésiter, selon les coutumes polies par les siècles. L'âpreté était cachée par des règles d'or, qui faisaient du commerce un art. Ensuite, elle revenait avec son butin d'antiquités chinoises : licornes et bouddhas. Je les aimais. Ils étaient miens, puisqu'ils étaient siens, comme si elle les avait créés, avec patience, plaisir et peine. Ici, à Paris, elle se croit « fashionable » dans ce qui n'est que transaction sans âme, moi, je la trouve vulgaire. En comparaison de la beauté et de la sagesse des choses de la Chine, que sont ces hochets à la mode qu'elle acquiert pour moi ?

Oui, je sais, elle m'a expliqué qu'ils me procureront la certitude, cette légère arrogance, ce certain comportement à la fois résolu, réservé et expansif, le genre du « sportsman », du garçon dans le vent. Le jeune preux moderne frappant sur les balles et baisant la main des dames, toujours à l'aise dans sa détermination fringante. Ces paquets qui seront livrés « dès demain », recommande-t-elle — à part deux ou trois, petits et précieux, qu'elle me fait porter — sont des pierres pour m'enterrer...

Nous marchons, nous marchons des heures, d'un fournisseur à l'autre, dans les belles rues de Paris, elle jamais fatiguée, rapide, moi à la traîne. Elle s'inquiète à nouveau, elle emploie des ruses, elle m'entraîne dans des pâtisseries, dans un salon de thé plein de « dames bien » qui se chuchotent des confidences autour de leurs tasses. Elle, moi, ce pourrait être la joie... mais je mange bêtement des friandises en ouvrant la bouche, en mâchonnant comme un automate. Elle essaie de me communiquer son exaltation : « Tu seras un beau garçon... » Non, je serai affreux, déguisé, je ne suis pas prêt, je ne veux pas de ce harnais.

Seul a pitié de moi un patron tailleur. Un nain au visage bourgeonné, rougeaud, dont les traits sont des boursouflures laides et incohérentes. Dans son repaire, discrètement sévère, où les étoffes bien pliées forment des strates superposées, collines duveteuses, il fournit l'uniforme obligatoire des Sources. Pas vraiment un uniforme, un complet de garçon, d'une couleur roussâtre, qui sert seulement le dimanche. L'homme me regarde avec son vieux visage amolli par les larmes, des yeux fondus d'une tristesse imprégnante. A quoi sert à ce nabot d'être riche, connu, de régner sur une des meilleures « maisons » de Paris. Son bras est ceint d'un crêpe noir. Il n'est que deuil. La mort l'a frappé. Il est le seul être qui, au sein de ce monde mercantile, ose se plaindre, il parle, il confie :

« J'avais un fils unique. Il est décédé il y a un an aux Sources, où on avait eu la magnifique indulgence de l'admettre. Au cours d'un match de football... d'un arrêt du cœur. L'École n'y est pour rien... C'est une bonne école. Mais je n'ai plus de raison de vivre. Je continue à faire des uniformes pour les élèves, car j'aime les enfants. Je n'ai plus qu'eux. Tu t'appelles Lucien ? Tu es gentil. Tu seras bien aux Sources... »

Anne Marie écoute ces doléances un peu déplacées avec la pitié séante de la Pietà. Moi, tout d'abord, je suis blessé que ce personnage un peu grotesque, malgré sa bonté, me tutoie. Puis je suis emporté par un sentiment vaste, immense, une houle. La mort. Ce gnome l'apporte, l'incarne, il est, vivant, avalé par elle, à cause de son enfant mort. A-t-elle entendu, ma mère ? A-t-elle entendu qu'on meurt à l'École ? Sait-elle que cela peut m'arriver, que cela

157

m'arrivera sans doute ? Je ne m'éteindrai pas en une fois, mais je me recroquevillerai jusqu'à n'être plus. Elle ne veut pas savoir, elle n'a pas écouté, elle n'a pas entendu. Elle n'est qu'offusquée par le mauvais goût du tailleur... Elle lève la tête, elle sourit un peu, elle ignore, elle montre au nabot qu'elle veut bien l'excuser...

La mort, et puis aussitôt le ridicule. Ça la gêne moins, Anne Marie, ce ridicule. Car le tailleur, après ses lamentations, est pris par sa conscience professionnelle, et il se met à œuvrer. Entouré de ses commis, il s'accroupit pour prendre mes mesures. Un crapaud. Va-t-il me gober ? Sa main s'agite entre mes jambes et soudain, il me demande : « Portes-tu à droite ou à gauche ? » Je ne comprends pas, je reste muet, ébahi, devant cette question absurde, obscure et que je devine obscène. Je pressens qu'il veut parler de ce qui me pend entre les jambes et qui s'appelle, je le sais, pour les grandes personnes, un pénis. Ai-je déjà un pénis ou seulement un robinet ? Je suis scandalisé.

Des membres, j'en connais, j'en ai vu en Chine, torturants ou torturés, dans les temples des dieux infernaux, noirs de vieux sang ou incandescents de flammes. Ceux-là étaient de métal ou de pierre, pas de chair. J'en ai vu aussi de vrais, entre les cuisses des suppliciés, pendeloques tenaillées, découpées en lanières, arrachées. Enfin j'en ai vu de normaux, dans la rue, partout. C'était naturel, c'était la vie... Mais... pourquoi maintenant ce trouble, ce dégoût ? Est-ce la peur ? D'une part j'ai peur qu'on me le coupe, d'autre part je n'en veux pas. Quoi qu'il arrive, j'en ai honte.

Je ne réponds toujours pas, je suis devenu rouge, j'ouvre une bouche vide... C'est alors que ma mère, avec une légère gaieté, avec même une pétillance, s'empresse de mettre fin à cette situation : « A gauche, Lucien porte à gauche. » Là, elle me met hors de moi. C'est terrible. Comment sait-elle ça, elle qui ignore mon corps ? Je ne lui reconnais pas le droit d'en parler. Je lui jette un coup d'œil profond, un coup d'œil de détresse, de reproche, une supplication, mais elle ne le voit pas, elle reste superbe, reine revenue à son impassibilité pendant que le tailleur, qui avait courbé l'échine devant mon sexe, se redresse.

Ainsi se sont passés deux ou trois jours. Le temps s'en va, grignoté, me grignotant. Le temps est une matière incolore, la matière en soi, qui dévore. Je ne suis pas prostré, je reste insensible. Même devant Anne Marie, surtout devant elle. Jamais je ne l'ai eue autant à moi, constamment, excepté la nuit où nous dormons chacun dans notre chambre. Elle vit avec moi, je la sens, je l'entends, je la regarde, je sais que c'est elle, avec sa consistance, son être que je connais si bien. Elle respire, elle mange, elle boit, elle parle, moi aussi, un peu — mais parfois je me demande si elle n'est pas une apparition, une émanation ? En effet, je ne me gave pas d'elle, il me semble que j'en suis rassasié, qu'elle m'est étrangère, une ennemie inconnue. Et pourtant, chaque seconde qui part, je la sens se consumer, s'éteindre, je me dis que le tas des secondes sera bientôt épuisé, que l'échéance de la séparation approche, approche toujours, toujours. J'ai peur. J'ai peur du temps qui meurt sans arrêt et qui ne meurt jamais, se prolongeant encore, gangue de mon existence, jusqu'à ma fin... j'ai peur du temps qui, d'abord, va me précipiter à l'École et ensuite, impitoyable, continuera de jouer avec moi, écrasé, vivant, peut-être ne vivant plus, probablement mort-vivant. J'ai peur du monde, j'ai peur de tout, j'ai peur d'être. J'aimerais être soulagé d'être, n'être plus. Mais la vie me tenaille, elle ne veut pas, loin en moi, obscurément, quelque part, cesser. Est-ce à cause de ma mère, de l'espoir fou de la revoir ? En attendant, je suis enfermé dans ma maussaderie, je subsiste à peine, comme si, par mon atonie, je voulais donner remords et mauvaise conscience à ma mère.

Mais elle n'a ni remords ni mauvaise conscience. Parfois, elle me fait ce reproche persifleur : « Tu boudes, eh bien, boude... Ce n'est pas intelligent. Ton père boude toujours. J'en ai l'habitude... » Là-dessus elle rit. Et, plus que jamais, elle active mes préparatifs de départ. Elle n'oublie rien. Les paquets de nos achats s'accumulent dans l'appartement, elle les défait, m'appelle pour admirer leur contenu, toutes ces babioles étincelantes qu'elle range soigneusement. Je n'admire pas... Et pourtant, quand à Tcheng Tu arrivait la valise

160

diplomatique, ces caisses énormes, bardées de fer, dont Anne Marie surveillait le déballage, ce fracassement, moi, à côté d'elle, avec quelle joie je voyais surgir, hors des couches protectrices de paille, toutes les merveilles qu'elle contenait : plein de bouteilles et de conserves, un tas d'objets de l'Occident lointain, souvent de gâteries pour moi. Mais ici, je n'apprécie pas, je déteste ces choses de l'Occident qui n'est plus un mirage, qui est au contraire un enlisement où je m'enfonce.

Et puis un matin, l'avant-veille de mon départ, je vois arriver la Fatalité sous la forme d'une dame âgée, grasse, les cheveux en touffes blanches, feux follets, la face camuse, respectueuse. C'est la lingère qu'Anne Marie a commandée pour m'étiqueter. Elle remet à la femme un rouleau de ruban blanc où, à chaque pouce, apparaît mon nom inscrit au fil rouge : « Lucien Bonnard, Lucien Bonnard... » Que de Lucien Bonnard qui ne seront pas moi, mais mon matricule, mon numéro ! La personne, après avoir beaucoup salué et reçu les instructions nécessaires, s'assied dans un coin avec son fil et son aiguille, semblant disparaître dans la crétinerie. Elle est précise ; ses mains s'activent comme si elles étaient pourvues de leur propre cervelle. Aussitôt au travail, elle ne cesse pas. Sur mes vêtements d'école, sur les chandails, les blazers, les chemises, les caleçons, sur tout, sur chacun d'eux, elle coud à la bonne place, par-derrière et en haut, avec une mince languette qu'elle a

161

d'abord découpée avec soin et qui proclame que c'est Lucien Bonnard qui portera ce vêtement, qu'il est à Lucien Bonnard. Je pourrais me sentir l'heureux propriétaire de ces beaux affûtiaux, être fier de ce culte qu'on me rend, mais je sais qu'au contraire, ils sont pour moi l'esclavage, l'asservissement au monde disciplinaire, au monde de l'École. Anne Marie inspecte avec satisfaction le travail de cette idiote, dont la face est béate de nullité profonde ; et pourtant c'est elle, ma parque dérisoire... elle m'enregistre dans le néant, moi, le fantôme de moi-même.

Ma mère n'éprouve ni remords ni mauvaise conscience. Je suis même le témoin de sa joie car elle a commencé à s'ébattre dans le monde de Paris. Outre les courses, il y a eu bien d'autres choses ; elle s'est mise à créer son nouveau personnage, à s'installer sur un piédestal encore modeste. Elle est intelligente, Anne Marie, elle comprend, elle s'adapte... Je le sais, à cause des coups de téléphone qu'elle donne ou qu'elle reçoit à l'hôtel, que d'ailleurs, dans ma lassitude, je n'écoute pas, mais que j'entends, dont les mots me parviennent... Edmée d'abord, souvent... Anne Marie, au son de cette voix, est transformée, plus du tout réservée. Maintenant, soi-disant, elle aime Edmée et Edmée l'aime... A l'écouteur, elle est la sirène qui prend place dans l'aquarium d'Edmée consentante, elle entre d'elle-même dans le bocal. Que s'est-il passé ?

A la réflexion, je me demande si, à cette

époque, elle n'a pas abandonné ses premiers espoirs trop grands. A Paris, le rêve a éclaté, et elle se contente de ses morceaux. Maintenant elle accepte de partager André, elle ne peut le prendre en entier, juste un morceau. Pour elle, la sublimité, l'orgueil et l'admiration cultivés ensemble, la compréhension secrète, les délicatesses du cœur et de l'esprit, les échanges invisibles, l'emploi de certains mots, de certaines intonations, de certains regards. Pour Edmée les fruits du monde, les coupes pleines et les encens de l'univers, le corps de la terre, la terre elle-même, fécondée et fécondante d'honneurs, de richesses et de plaisirs. En attendant que les choses se décident, Anne Marie assurera son emploi dans le cénacle d'André, dans la petite société demeurée autour de lui, sous le sceptre d'Edmée. Allons, Anne Marie et Edmée, faites la ronde autour d'André, pendant que je serai à l'École...

Ça m'est égal. Tout m'est égal. Ma mère se compromet, satisfait sa vanité, qui est encore plus grande que son orgueil.

Et, en effet, ça continue...

Au téléphone, il y a souvent Diane et Rose, deux sœurs inséparables, un couple qui écrit des livres, grandes amies d'Albert et aussi commensales, prêtresses ferventes, bonnes à tout faire d'André et d'Edmée.

Je sais déjà bien des choses d'elles car, à Tcheng Tu, Albert en parlait souvent, avec tendresse et un peu de mépris. Ces deux dames vivaient, à ce que j'avais compris, de leur talent à complimenter et de leurs petits soins prodigués aux prétentions d'autrui. Des « parasites », comme disait Albert, avec sa mine un peu dédaigneuse, mais des parasites laborieux et méritants, d'excellentes personnes nécessaires. Anne Marie semblait assez froide, distante quand leurs noms venaient dans la bouche de mon père. Mais maintenant, au Regina Palace, quand Diane et Rose appellent, je constate qu'elle fait sa charmeuse, sa délicieuse et qu'elle joue la petite fille, assumant ce rôle inconnu de moi, se confiant aux matrones expérimentées, ces arrangeuses patentées. Aux sœurs, elle se montre naïve, désarmée, effrayée devant le gouffre qu'est Paris, ayant besoin de leurs conseils, de leurs avis inestimables. Voix enfantine d'Anne Marie et exclamations amoureuses ! En somme, l'amour par le fil magique du téléphone. Évidemment, ma mère annonce sa visite. Je perçois alors, venant des deux dames — mais je ne sais laquelle produit ces sons enthousiastes — des gloussements de volupté.

Anne Marie est une araignée. Elle tend sa toile où je suis pris, où je vais disparaître, où elle va me manger.

Mais je ne montre rien. Je fais ma face de mule, comme elle dit, un peu embarrassée par mon attitude qu'elle ne veut pas comprendre, dont elle ne veut pas voir que c'est le signe de la supplication intense et muette. Je vis dans le vague.

Je me souviens très mal et pourtant très précisément de la première visite aux deux sœurs. Certainement, ma mère la juge importante puisqu'elle se fait belle et qu'elle me fait beau...

Une antique rue de Passy, courte, large, rassurante et triste, avec de beaux immeubles, cariatides et poignées de cuivre astiquées, moulures, porches, patine, conservés pour l'éternité, comme si rien ne s'y était passé, comme si rien, jamais, ne pouvait s'y passer. Les êtres, là-dedans, doivent rester immuablement les mêmes, le temps ne peut pas avoir de prise sur eux, ils s'usent d'une usure arrêtée.

Ainsi, inaltérables et pourtant déjà altérées, m'apparaissent Diane et Rose...

Leur appartement est une vieillerie grande et belle, emplie d'un bric-à-brac poussiéreux et précieux, sentant aussi l'économie, la parcimonie. Il y a des fauteuils, des tapisseries, des divans, des allégories, toutes sortes d'entassements nobles et désuets, ayant beaucoup servi, fruits, par héritage, d'une époque où leur famille était plus prospère. Pièces chargées de bimbeloterie, parquet craquant et impression de pénétrer dans une quiétude pleine de petits secrets et de petits calculs. Quiétude qui s'est propagée à ma mémoire. Les deux personnages de Diane et de Rose, émergent de semiténèbres, percées par les lueurs d'objets argentés, chandeliers et coupes. Quel âge ont-elles ?

Peut-être que Diane a un âge puisqu'elle n'est que prétention à la coquetterie et même à la beauté. Très brune, d'un brun gras sec, d'une maigreur parée, la tête en parrallélogramme allongé, dont les traits me semblent déviés sur la gauche, en une obliquité surprenante. D'ailleurs, tout en elle est dévié et oblique, les yeux myopes qui louchent, même sa bouche en cul de poule, même son nez de marquise. C'est cela, Diane prétend être une sorte de marquise. Ses imperfections, elle les cache sous des fards, des couches violentes, une palette qui barbouille ses paupières, ses joues, ses lèvres. Est-ce pour nous faire plaisir qu'elle s'est habillée d'une tunique chinoise écarlate, ancien don d'Albert ? Elle étreint la première Anne Marie, en se pâmant, en débordant de bienvenue, en restant toutefois la boudeuse perpétuelle qu'elle est, la méprisante lippue, la grande ennuyée. Elle m'aperçoit. J'ai droit à elle aussi, mais peu, elle est lasse, je ne l'intéresse guère.

C'est alors qu'arrive la chaleur de Rose. Elle est le contraire de sa sœur, le contraire de l'afféterie criarde, elle porte sur elle la dignité, l'enjouement, l'amabilité sérieuse au kilo, le grand sentiment, mais mesuré au centimètre. Pour nous, il y en a des tonnes et des mètres ! Elle approche, sa laideur vient vers nous. La laideur, pas la grande laideur, juste le manque de beauté, peut-être voulu, confirmé par l'attitude et l'habillement. L'attrait de Rose. Elle le mijote. Sa robe noire simple, fourreau-tablier, fourre-tout de son corps, elle l'a garnie de dentelles et épinglée d'un camée, minimes ornements pour prouver qu'elle participe à l'élégance. Une face plate aux traits écrasés, très blanche, un peu granuleuse comme de la purée de pommes de terre, d'où saillent deux gros yeux protubérants, cuits au court-bouillon, des yeux bien plus myopes que ceux de Diane. Elle ne voit pas, elle tâtonne et elle porte, suspendu à sa poitrine, son arme, son outil de travail, un face-à-main qu'elle braque quand il lui faut absolument dévisager les gens, comprendre une situation. Figure un peu cuisinière. Rose cuisine le Tout-Paris. Sa bonne grosse tête est enroulée de nattes formant paillasson autour de son crâne.

Rose, de loin, du fond du vestibule, progresse sans agitation, sans frénésie. Aveugle, elle marche à petits pas, les bras tendus, bien ouverts vers son but, qui est ma mère. Elle l'atteint. Et, ainsi qu'une vague, elle engloutit Anne Marie dans sa forte poitrine. Longue étreinte, avec toujours la voix qui coule. Bonheur, surprise divine, joie... Anne Marie est presque asphyxiée, sa tête balance au-dessus de celle de Rose, qui est courtaude, elle essaie de répondre. Soudain, fin de l'embrassade, Anne Marie est libérée. Coup de face-à-main de Rose pour s'assurer qu'elle n'a rien oublié. C'est alors qu'elle m'aperçoit. Aussitôt, elle se projette vers moi d'un seul pas, me visant. Elle tombe juste. Trilles, et je suis absorbé à mon tour. « Ma chère, quel joli petit garçon vous avez là, votre Lucien, presque un jeune homme... » Enfin, j'émerge.

Le cérémonial du thé. Les dames, sur leurs chaises anciennes, un peu fanées, ont pris les poses à la fois attentives et alanguies du thébavardage. C'est une symphonie qui me bat le tympan. Ce jour-là, je fais connaissance du flon-flon mondain, une orchestration dont je distingue mal les notes. La rapidité des mots, l'alternance des voix, le changement des timbres — gravissimo de la confidence, andante du rire-sourire, allegro des rires vifs, moqueurs, hilares, parfois le mezzo voce du chuchotis scandalisé et même le pizzicato de l'accusation véhémente. Les gestes des dames accompagnent les débits et les postures, la cuiller tournée dans la tasse, les petites gorgées, le sucre... Combien de conversations de ce genre me sont réservées pour l'avenir ? Éternelle répétition... Diane et Rose sont de fameuses bavardes, expertes à avancer la louange, à distiller le doute, à semer le chaud ou le froid, selon leurs intérêts. Commérage allant de l'extraordinaire apologie, à la médisance feutrée — rarement la médisance noire : leurs commentaires ont à la base une vérité subtilement déformée. C'est un art. La prudence de Diane et de Rose leur permet de concocter tous les dosages, même les plus audacieux. Car ces aduleuses sont aussi des rancunières avec l'air de ne pas y toucher. Deux bonnes filles, l'une apparemment timbrée, l'autre mémère. Évidemment, face à elles, à leur abattage, Anne Marie — dans leurs rares pauses, dans leurs respirations pour amener leurs grands effets, dans les points d'orgue de leur concert — ignorant tout de Paris, se contente d'approbations de la voix, parfois d'une inclinaison de la tête. La jouvencelle et les matrones...

Pour cette première visite, tout est louanges, hydromel et makuelo, alcools des retrouvailles, tournée générale de l'amitié. D'abord, l'avalanche de compliments sur ma mère, des admirations, des tendresses, de surprises enchantées sur sa beauté, son bon goût, son sang-froid, sa parfaite tenue, son intelligence, sa modestie, son charme discret et prenant... Mots, mots toujours les mêmes, litanie que je ne cesserai d'entendre, dès que les gens parlent d'elle.

Ensuite, on fait attention à moi. Diane laisse le travail à Rose, qui de nouveau m'attire à elle, me flatte, prend pour me parler une voix sucrée, fausse, comme font les grandes personnes qui n'ont pas d'enfants. Je ne réponds pas. Elle ne se décourage pas. Elle prend à témoin l'assistance de mes qualités. Anne Marie a beau faire des signes d'encouragement, je suis muré dans mon silence, je n'en sors pas. Alors Rose, en désespoir de cause, recourt à des chatteries gênantes, petits baisers et chuchotis intimes, il me semble être un animal qu'on appâte. J'ai un mouvement de recul, puis je prends mon air le plus lointain, le plus absent. « Il est timide », observe Rose qui renonce, avec un sourire découragé. Ma mère cherche une excuse pour justifier ma conduite. « Il part après-demain pour l'école des Sources, la meilleure de France, et imaginez-vous qu'il n'est pas content... » Là-dessus, pleuvent sur moi reproches cordiaux et baumes des encouragements, mais je persévère dans mon obstination. Je ne suis pas content, absolument pas. Alors, on m'abandonne et je me retire au fond de la pièce, seul au monde, le derrière posé sur un sofa.

Vient le tour de mon père. Un déluge fleuri, chaud, chaleureux, plantureux, il est même étonnant que tant de liquides appréciatifs puissent venir des cœurs secs de Diane et de Rose. Et cette fois c'est spontané. Je le sens. Albert absent est là. Albert si bon, si généreux, si galant, si prévenant, si dévoué, un cœur d'or, Albert sensible, délicat. Albert, ce diplomate apprécié et courageux. Albert l'excellent, le plus sûr des amis, le meilleur des maris. Rose, en prononçant ces derniers mots, regarde Anne Marie du coin de sa myopie, mais sans se servir de son face-à-main. Ma mère se méfie : Albert a peut-être écrit pour se plaindre... Mais, comme chez Edmée, elle ajoute, surajoute, fait de la surenchère sur mon père. Rose est lancée, rien ne l'arrête. Il y a comme un regret, un penchant chez Rose. Encore une qu'Albert a séduite...

Moi, je suis collé sur mon divan, bien assis sur le rebord, la tête un peu penchée, les pieds ne touchant pas le sol. Je ne veux pas être là, je suis en voyage en Asie, il me semble voir un margouillat plaqué sur un mur, immobile, avec sa gueule de minuscule dragon, et, dans son ventre translucide, une mouche en train d'être digérée. En fait, j'écoute ma colère, elle bout contre les deux sœurs, contre Anne Marie, mais elle ne fuse pas. J'écoute aussi les péroreuses qui, du reste, me laissent à moi-même, m'ayant oublié. Elles sont trop occupées, en pleine besogne. Après avoir déblayé le terrain, ces considérations polies et laudatives sur la famille Bonnard, elles abordent le grand, le seul, l'unique sujet : André et Edmée.

C'est le morceau de bravoure, et aussi l'os à moelle de Diane et de Rose. Diane entonne le *la* par un coup de trompette de sa bouche suçoteuse : éclats glorieux, rires écorchés, la palette de son visage se défait tellement ses traits hurlent... Malgré ces sonorités distordues, je suis déçu, je n'apprends rien sur André. Curieusement, les mots utilisés par Diane sont ceux qui ont déjà servi pour Albert — bonté, générosité, cœur d'or, séduction — quoiqu'il ne vienne à l'esprit de personne de comparer André, ce géant, cette lumière du monde, ce roi de la Terre, ce faiseur de nations, cette éminence grise universelle, au malheureux sous-fifre qu'est mon père. Comme elle a déjà épuisé le laudatif et le fantastique, elle manque de termes suffisants. Elle est censée nous faire pénétrer dans le grandiose, l'apothéose d'un titan, d'un génie, d'un dieu, dans un culte messianique et on reste dans le banal...

La pauvre Diane ! A force de clameurs frénétiques, elle s'étrangle, son nez se pince, son rimmel coule et ses yeux se retournent dans leurs orbites, de sorte qu'on n'en voit que le blanc. Mais, après un répit sacré, respecté religieusement par Rose, et donc par Anne Marie qui se modèle sur elle, Diane repart dans un second souffle, moins bruyant, plus contrôlé, elle donne des détails. J'apprends enfin quelques particularités soi-disant époustouflantes d'André. Je connaissais son incapacité à dormir plus d'une heure par nuit. Mais ce que je ne savais pas c'est que, pour permettre à Edmée de se reposer plus longuement, André, dans le lit conjugal, toutes lumières éteintes, assis sur son séant, a su vaincre les ténèbres : il écrit, il annote des rapports et, ainsi, par ses pattes de mouche, il donne des ordres à ses agents à travers le monde, tout ça dans le noir ! Prodige. André, éternel vigile et nyctalope, au-dessus des lois de la nature, qui, dans la longue coulée des nuits, est à la fois maître de la diplomatie et amoureux de sa femme, dont il sent les formes chaudes, dont il voit les yeux clos pendant qu'il grattouille du papier, jusqu'à ce qu'arrive l'aurore. Alors il part pour le Quai. Et le soir, il est prêt à accompagner Edmée effervescente dans les raouts. Du moins, était-ce ainsi jusqu'à son malheur. Anne Marie ne cille pas à cette description des nocturnes amoureux d'André, elle

acquiesce du menton aux fanfares quasi méta-
physiques de Diane-Homère.

Soudain le silence. Diane ferme les lèvres,
fait de ses paupières un rideau et, définitivement épuisée, s'écroule contre le dossier de
son fauteuil. Elle gît, belle morte respirante,
exprimant par son épuisement, la douleur du
chef-d'œuvre accompli, ce récital qui l'a tuée.
Anne Marie, maîtresse d'elle-même, dodeline,
approuve, dit quelques phrases transportées,
sans exagération. Diane, devant cet hommage
à son talent et à ses sentiments, se réveille,
dolente, pâmée, ravie, trop fatiguée pour prononcer même une syllabe.

C'est au tour de la prestation de Rose.

Il y a manifestement répartition des tâches
entre les deux sœurs. Le numéro sur André est
réservé à Diane. Rose, elle, sa spécialité, son
gros morceau, c'est Edmée. Elle commence
doucement une longue mélopée sucrée. Poètes
orientaux, avez-vous inspiré Rose ? Elle dépeint la beauté d'Edmée avec des métaphores,
des ouvragés, de la nacre et des pierres précieuses, des gemmes rares, et des fleurs de rhétorique, nées de l'imagination, fabuleuses, puis
plus humbles, exquises, nées de la terre, éclo-
ses à travers les forêts, les bois et les champs :
pâquerettes, renoncules, bleuets. Il y a des com-
paraisons avec les animaux nobles, la biche et
ses yeux, la gazelle et son élégance. Elle n'omet
pas les merveilles de la nature, les sources, les
fontaines, les ruisseaux. Rose a le talent, on
pourrait même dire, la grâce, des clichés. Ça

coule, ça coule... Après les qualités physiques d'Edmée, Rose aborde ses qualités morales. Chapitre sur son intelligence, chapitre sur son cœur... la voix de Rose se fait plus insinuante, plus douce, une onction. Edmée est la compagne merveilleuse d'André, la seule créature digne de lui. Elle aime et protège cet archange athée, ce roi parfois adonné aux humeurs sombres. Elle est sa lumière, sa vie. Elle lui est dévouée, elle le comprend, lui qui a tellement besoin d'être compris. Elle est plus que sa femme, elle est sa mère aussi.

Ainsi parle Rose, elle chante la cantate de sainte Edmée. Il me semble que, tout en déversant ces pieux versets, elle scrute Anne Marie, mais ma mère ne fait que sourire légèrement.

Soudain la litanie de Rose s'enfle, devient gémissement prolongé, lamento... L'affreuse disgrâce d'André, la monstrueuse iniquité. L'aurait-il supportée si Edmée n'avait pas été à ses côtés ? Edmée a été merveilleuse. Depuis ce jour fatal, elle veille sur André, elle le rassure, elle le réconforte, elle a le don de trouver les mots guérisseurs. Jour et nuit, elle lutte, elle se bat avec lui pour sa survie. André aurait pu se suicider, il en a été tenté. Edmée l'a sauvé et André lui en sait gré, l'entoure de sa reconnaissance. André et Edmée, c'est le couple unique. Grâce à Edmée, André a retrouvé l'espoir.

Alors s'éteint la voix de Rose, dans un

decrescendo, comme expire une prière au Très-Haut. Mais ses yeux aveugles convergent vers Anne Marie. Silence encore, un peu lourd, un peu pesant, une attente. Que signifient ces discours de Rose sur Edmée, sorte de herse qu'elle promène devant ma mère ? Rose n'est pas une personne à agir gratuitement. Sa face est entremetteuse. A-t-elle été chargée de faire sentir à Anne Marie qu'elle ne doit pas devenir une gêne, une menace, une irritation ? En somme, on dirait que Rose a remis à Anne Marie un exploit d'huissier lui signifiant : « N'ayez pas de prétentions exagérées. Tenez-vous à votre place et notre petit monde, sous la houlette d'Edmée, vous accueillera à bras ouverts... » Rose guette Anne Marie qui est belle, impassible, calme, d'une certaine façon rayonnante et qui dit, après un long silence : « Edmée est la meilleure des femmes, elle est irremplaçable auprès d'André, comme ils s'aiment l'un l'autre... » Là-dessus, Rose retrouve son sourire de ragoût paisible, elle est satisfaite, heureuse d'avoir accompli sa mission, rassurée : Anne Marie ne dérangera pas, Rose sera son mentor, André fera joujou avec elle, Edmée continuera de régner.

Anne Marie a compris que Rose n'était qu'un instrument aux mains d'Edmée ; elle l'a désarmée en entrant dans son jeu. Par son intermédiaire, elle vient de passer un pacte avec Edmée. Elle a capitulé officiellement, afin de mieux jouir du présent, mais pour recueillir probablement plus, tout peut-être, dans quelques mois ou quelques années, car elle ne renonce jamais.

Ces dames papotent. Des riens, des bagatelles, ces rumeurs de Paris dont les sœurs sont engrossées, alors qu'Anne Marie en est vierge. Maintenant, Diane a besoin qu'on parle d'elle, a besoin de parler d'elle. C'est une de ses démangeaisons fréquentes et irrésistibles. Tout d'abord, elle s'est repoudrée, refardée, remise dans ses charmes obliques. Sa voix part, impérieuse, pas en délires hystériques mais en coassements acidulés. Elle est son propre procureur général. Elle dénonce... quoi ? Le magma littéraire, le ferment, le fumier des lettres, le petit monde complotant des éditeurs, des critiques, des auteurs célèbres, dont le pot de chambre prétentieux s'emplit de vanité et d'argent. Mais ces individus sinistres se gavent dans leur mangeoire, en lui refusant sa part. Jalousie, jalousie, ces gens ne veulent pas comprendre son œuvre, font la fine bouche... Ah ! coterie maudite, engeance. Diane tangue sur la mer des injustices, elle stigmatise les « saletés », elle raconte les manœuvres ourdies contre elle, elle cite des noms. Untel l'a plagiée, Untel l'a volée, Untel lui a proposé un contrat honteux, Untel lui a refusé un manuscrit, Untel ne lui a consacré que quelques lignes médiocres dans son article. Elle n'en finit pas, elle n'en finira jamais de vider son fiel. C'est peut-être aussi son plaisir, cette vidange.

Albert, à Tcheng Tu, se moquait d'elle ! Il

disait : « La pauvre, elle se croit du génie alors qu'elle n'écrit, au plus, que des œuvrettes alambiquées, prétendument coquines, des nullités vaines, de ridicules fioritures, »

Sa sœur s'indigne par des enrouements à bon escient. Elle s'est composé la face nouillarde de la compassion. Anne Marie fait de son mieux pour la suivre dans la pitié et l'écœurement, mais elle ne vaut pas Rose, évidemment. Rose est tellement habituée à tenir sa partie dans cette scène ! Duo réglé par les sœurs pour leur clientèle, travail de salon pour un quidam ami, pour une connaissance qui se croit ensuite obligée d'acheter un exemplaire de luxe. Petits profits. Anne Marie ne propose rien, selon le conseil d'Albert de ne pas se laisser « taper » par ces dames. Rose a un mystérieux sourire perspicace. Là aussi, je me souviens de Tcheng Tu, ça me revient. Albert racontait que Rose ne se faisait pas une idée exagérée des talents de Diane, mais qu'elle ne l'avouerait jamais, plutôt périr. Elle est l'esclave de sa sœur, et même son souffre-douleur. Elle, pendant que Diane tintinnabule avec ses clochettes sur les hauteurs du grand art qui lui valent tant de tracas et rarement un sou vaillant, elle fait bouillir la marmite en publiant dans les journaux des romans-feuilletons à l'eau de rose, avec tous les poncifs bienpensants, où l'on ne va pas au-delà du chaste baiser avant le couronnement des fleurs d'oranger... Rose ne parle jamais de sa laborieuse production qu'elle place aisément dans les gazettes. « La cigale et la fourmi », plaisantait finement Albert.

L'acrimonie de Diane s'épanche interminablement. Je n'écoute plus du tout. Mon attention s'est portée sur un grand tableau en face de moi, avec un cadre à moulures dorées. La toile est sombre, presque noire, encombrée de masses qui sont des rochers ou des nuages. Je tâche de distinguer des formes. Enfin m'apparaît un monsieur à la tête cornue, poitrine nue, la moitié inférieure de son corps étant celle d'un bouc poilu. Cet étrange personnage est coquin. Allongé dans un pré ou un bois, il est à demi soulevé pour tendre une fourche vers des rotondités blanchâtres, qui se révèlent être les postérieurs protubérants de deux dames tout à fait déshabillées, grasses et occupées à s'enfuir. Je suis fasciné, mais choqué dans ma pudeur. Comment Diane et Rose peuvent-elles supporter pareille obscénité chez elles, dans leur salon ? Encore Diane, passe ; mais Rose, si convenable !

Je cogite. Pourquoi chez Edmée, la nudité de la statue de l'entrée ne m'a-t-elle pas gêné ?...

Je somnole un peu. Je suis tiré de ma torpeur par un petit remue-ménage. Politesses de l'au revoir, il y a beaucoup de « Revenez souvent ». Anne Marie s'apprête à partir, elle est en train de saisir son sac. Quand elle est levée, Rose lui fait un sourire de pleine lune et susurre :

« De toute façon, à bientôt, Anne Marie, à

lundi soir pour le mah-jong chez André et Edmée.

— ... Mais je ne sais pas, je ne suis pas au courant. »

Alors, les deux sœurs se volatilisent, disparaissent en vapeurs. Elles ne sont plus. Elles ont fait une gaffe. Elles se décomposent... et si André et Edmée avaient décidé de ne pas inviter Anne Marie, de ne pas l'admettre dans leur cénacle ! Anne Marie fait bonne figure, elle se livre aux dernières amabilités.

Nous nous enfuyons. Dans l'escalier, ma mère a son coin de bouche qui tremble, son signal de détresse. Effondrement... Ses cils battent, ses yeux sont trop secs, sa peau est tirée, son cou est disloqué, sa tête s'égare au bout de ce cou. Elle ne dit mot, mais ses lèvres parlent, lui disent son malheur. Dans la rue, elle marche, somnambule. Elle est blanche.

Pour moi, un espoir naît de son anéantissement : si tout se fracasse autout d'elle, elle me gardera. Après une pareille catastrophe, elle m'aura au moins, même si je ne suis qu'une mince consolation. Moi, je lui serai fidèle, je l'aimerai toujours.

Notre appartement du Regina Palace. Je regarde ma mère et ses stigmates. J'ai pitié et, en même temps, je suis plein d'une joie sauvage. Elle s'est étendue sur son lit, elle ne me dit même pas d'aller dans ma chambre tellement je lui suis indifférent. Peu importe... Je la regarde avec une précision clinique, je note tout : son visage cireux, son corps rigide, avec, étrangement, au bout de ses mains, ses doigts qui palpitent, sans qu'elle s'en rende compte. A un moment, elle prend un mouchoir, et essuie ses yeux cependant que de sa gorge sortent des espèces de sanglots. Anne Marie pleure. Tout à coup, avec énergie, avec une résolution extraordinaire, elle s'assied sur son lit. Elle semble décidée. Elle tend le bras vers le téléphone, je devine qu'elle va appeler Edmée, lâchement. Cela ne lui ressemble pas. Mais son bras, au moment de décrocher le récepteur, retombe. Son visage est dur. La tentation est passée, son orgueil a triomphé. Ça la rend mauvaise, elle me crie : « Va-t'en. Je ne veux plus te voir. » Je la regarde. Je la plains et je ne la plains pas. Je voudrais me jeter dans ses bras, la consoler en même temps que je fais un pas pour partir. Elle renifle d'une façon sèche et saccadée... Elle souffre.

Je vais franchir la porte, pénétrer dans le corridor qui mène à ma chambre. A ce moment, le téléphone sonne et je m'arrête, je reste. Anne Marie s'est jetée sur l'écouteur. Aussitôt, son visage s'éclaire, un soleil, je suis certain que c'est Edmée. Sans doute Edmée l'appelle-t-elle parce que Rose l'a alertée. Comment Anne Marie peut-elle être aussi servile ? Elle a sa voix claire, bien dégagée, pour dire : « Je vous remercie, Edmée. Cela me fait plaisir... Oui, lundi soir, à huit heures, le mahjong... »

180

Une aurore boréale s'étend sur le paysage de ses traits. La lumière... c'est cela, ma mère est lumineuse. Elle est livrée à une certitude calme qui donne à sa face un rayonnement clamant : « J'en étais sûre. » Elle sait, de tout son être, que les choses doivent se passer, d'une certaine façon, qu'elles ont un cours inéluctable, un cours faste qui, à la fin, lui donnera André. Elle ne s'est pas trompée, elle ne se trompe jamais. Sauf quand il s'agit de moi.

Je décide de me venger par une comédie. Je reviens vers elle transformé en héros des Royaumes Combattants, le fameux héros vengeur au masque rouge du théâtre chinois. Je vais faire éclater mon ch'i, je vais enflammer les nuées noires, sulfureuses qui sont en moi, je vais faire retentir ma voix de tonnerre. Je me suis assez contenu, le moment est venu de me livrer à la grande colère, selon les rites... Moi, masqué. Elle sera surprise, étonnée, affolée, éperdue quand elle me verra — comme elle ne m'a jamais vu — m'adonnant aux terribles et justes fureurs. Je me rapproche d'elle, et, à un mètre de son lit où elle s'est à nouveau allongée, je me livre aux gestes consacrés. En un instant, ma face est démontée comme une mer sous l'ouragan de ma violence ; dans un grandiose effrayant, je roule des yeux flamboyants, je tape des pieds de toute ma force, avec un grondement de rage, mes bras balaient l'espace comme des fléaux mortels. Mon regard hurle : « Maman, maman, je ne veux pas que tu ailles au mah-jong lundi soir. Le matin même tu m'auras abandonné. Je ne veux pas que tu sois heureuse quand je serai triste. Je ne veux pas. » Ma mère est interloquée. Elle me regarde avec une sorte de stupéfaction et puis elle tend les bras vers moi en murmurant : « Mon petit garçon... mon petit garçon... » Moi, dans mon paroxysme, toujours avec mes yeux et mes bras, je lui lance comme un crachat : « Je ne t'aime pas, je ne t'aime pas du tout, tu es méchante... » Anne Marie, pâle, les veines de son cou se gonflant, ses mains tremblantes près de ma tête, essaie d'arrêter mes gesticulations : « Tu es mon petit garçon, tu es ce que j'aime le plus au monde. » Ainsi, elle m'aime plus qu'André... Soudain ma transe a disparu, au contraire, je suis emporté par une vague, un flot d'amour, je suis l'immensité de l'espoir. Et je pleure, je pleure à gros sanglots, sans honte, je suis plein de larmes, je supplie Anne Marie :

« Maman, garde-moi, nous irons lundi soir ensemble au mah-jong. »

Anne Marie n'est plus que tendresse. Je me précipite sur elle. Elle me prend dans ses bras, elle me serre contre elle et dépose sur mon front un baiser, un vrai braiser, pas un effleurement, la marque même de ses lèvres, longtemps, des secondes...

« Maman, tu me gardes et je t'accompagnerai au mah-jong. »

Elle s'est redressée. Aussitôt, je sais qu'elle s'est éloignée de moi, qu'elle refuse. Elle a pris sa distance. Et, avec une sorte de paix soyeuse, elle me dit :

« Mon petit Lucien, ce n'est pas possible. Ce ne serait même pas souhaitable du tout. Comprends-moi, mon petit garçon chéri. Je t'aime, je veux ton bien. Et c'est pour ça que je t'envoie dans cette école. Tu es trop pensif, trop renfermé. »

Ces mots, je les ai déjà entendus souvent. Quelques instants, j'avais cru qu'elle céderait. Je le sais pourtant, qu'elle ne cède jamais, qu'au plus, elle daigne ruser. Alors, je grognasse :

« Au moins lundi soir, ne va pas au mah-jong. Je penserai à toi et je ne voudrais pas que tu sois là-bas.

— Mon enfant, mon petit, ce serait très impoli de ne pas me rendre chez André et Edmée. Ils m'ont invitée, j'ai déjà accepté. Et puis, comprends que c'est important pour moi. Tu ne veux pas que ta mère soit contente ? »

C'est fini. J'ai repris mon air absent, ne répondant aux gentillesses d'Anne Marie que par des « oui » et des « non ». Elle me fait la cour, elle essaie de me distraire, de m'amuser, de me séduire, elle me gâte. Mais au cours du dîner, au restaurant de l'hôtel, où, selon sa tactique habituelle, elle me propose tous les mets alléchants que je repousse, elle s'énerve :

« Lucien, tu vas me faire croire que tu n'as pas de cœur, que tu me veux du mal. »

Encore une fois, elle a raison. Je lui veux du

mal, le mal le plus atroce, le plus terrible. Je veux qu'elle soit punie, châtiée, que sa certitude et son orgueil s'effondrent, qu'elle n'existe plus, qu'elle disparaisse de cette terre, que la foudre du ciel tombe sur elle, qu'elle meure. Ma résolution est prise, c'est ce que je demanderai à Dieu tout à l'heure.

Je ressens un picotement intérieur, une exultation. Je suis supérieur à Anne Marie puisque je sais ce qui va lui arriver et qu'elle ne le sait pas. Du coup, je deviens aimable. Au dessert, j'accepte mes fameux éclairs au chocolat et je les bâfre avec une relative adresse cette fois. Sans arrêt, je me répète : « Si elle se doutait de ce que je vais faire, de ce que je prépare... »

Douceur, saveur de l'hypocrisie. Toute la soirée, j'ai été mignon et elle a été joyeuse. Avant de me coucher, une fois en pyjama, je suis allé l'embrasser. Elle m'a souhaité : « Bonne nuit, Lucien, mon petit. » Je lui ai répondu : « Bonne nuit, maman. » Un instant, avec une intensité extraordinaire, mes yeux se sont emparés d'elle, ont capté son image vivante que, peut-être, je ne verrai plus jamais. Tout ce qui était elle, je l'ai pris pour le garder dans ma mémoire. Et puis je suis retourné dans ma chambre. Une fois la porte refermée sur moi, je me suis agenouillé pour la prière du soir, j'ai fait le signe de croix. Justement Anne Marie me crie : « Tu n'oublies pas tes prières ! » Ah ! ça, non, je ne les oublie pas... Pauvre Anne Marie.

Chaque soir, je m'adressais à Dieu, Anne Marie y tenait, non qu'elle ait été bondieusarde mais elle estimait convenable que, avant de s'endormir, un petit garçon implore le Seigneur. Moi, d'ailleurs, je le faisais volontiers, ensuite, je m'assoupissais en paix, me sentant protégé, ne craignant plus les cauchemars qui auraient pu me hanter. J'aimais bien Dieu à cause des missionnaires qui m'avaient enseigné son infinie bonté. Surtout je le craignais, je le respectais. Les saints hommes m'avaient répété que je ne devais pas lui mentir, qu'il savait tout, qu'il pouvait me précipiter en enfer, dans les flammes éternelles, si je ne lui avouais pas mes fautes. Alors, je lui disais tout, chaque pensée mauvaise, chaque vétille, et je lui promettais d'être meilleur, toujours meilleur. Je tenais mes comptes avec Dieu, je voulais être parmi les élus, aller, au bout de mon existence, au paradis. C'était ça ma piété. Je savais aussi que je pouvais lui demander des faveurs. Ce que j'allais faire ce soir-là : j'allais quémander une faveur effrayante. Car le dieu des Blancs, aussi plein de pitié qu'il fût, était aussi l'Impitoyable, le Grand Justicier. Il allait donc me comprendre, écouter, exaucer mon exécrable requête contre Anne Marie parce qu'elle était juste...

Mains jointes, tête baissée, dans l'attitude de la vénération, le cœur palpitant mais froid, j'adjure le Seigneur.

« Mon Dieu, entends ma demande. Je crois en toi, Dieu tout-puissant, je suis ton humble enfant. Je te promets de mieux me conduire. Mon Dieu, puisque maman commet un gros péché, puisqu'elle manque au commandement de l'amour, puisqu'elle me crucifie, comme ton fils le Christ a été crucifié, rappelle-la à toi... fais, mon Dieu, qu'elle meure. »

Après quoi, je me couche. Et tout à coup, la vision de ma mère morte m'empoigne, une peur me reprend, comme je n'en ai jamais eu... morte, morte, maman morte, ce serait l'abomination, la fin du monde ! Je me précipite au bas de mon lit, je me remets à genoux, et, hachant les mots pour qu'ils aillent plus vite à Dieu — il ne faut pas que Dieu ait eu le temps d'agir contre Anne Marie —, je le supplie, lui, le Dieu des vengeances, qu'il ne me venge pas. Mes lèvres murmurent, à une allure vertigineuse, cette imploration. Je m'entends la faire, ce qui augmente encore ma frénésie réparatrice. Je ne suis plus que ferveur et admiration pour Anne Marie :

« Surtout, mon Dieu, ne m'accorde pas ce que je t'ai demandé tout à l'heure. C'était mal. Anne Marie, c'est ma mère, je l'aime, je l'aime tellement... Fais qu'elle vive, toujours, toujours, même si elle m'envoie à l'École. Dieu, pardonne-moi, pardonne ma mauvaise intention, c'était parce que j'était trop malheureux. Mais maintenant, je ne le suis plus. Dieu, qu'Anne Marie reste vivante. Si tu m'écoutes, Dieu, je serai bien sage, je t'adorerai encore plus, je ne commettrai plus de péchés, je mangerai proprement, je ne ferai plus la tête. »

En me remettant dans mon lit, je suis en sueur... J'aime ma mère, je l'accepte telle qu'elle est, même perverse, même loin de moi, à Paris, avec André, Edmée et ses plaisirs. J'accueillerai toutes les souffrances qu'elle m'infligera... Et puis elle viendra me voir souvent là-bas. Elle viendra le dimanche, chaque dimanche puisque c'est permis aux parents, je le sais.

A ce moment, une inquiétude me perce. Cette Anne Marie à qui je fais allégeance, reine de mes amours et de mes chagrins, est-elle toujours en vie ? Une terreur subite me reprend. Il faut que je sache... Encore une fois, je me glisse à travers ma chambre le long du corridor, j'ouvre sa porte. Elle est sur son lit, je l'aperçois, dans la clarté de la nuit, reposante, respirante, bien vivante. Et, sans l'avoir réveillée, soulagé d'un enfer, heureux, je rejoins ma chambre. « Anne Marie, sois bénie, Dieu je te remercie. »

Je m'endors. La paix. Je suis réconcilié avec moi-même, avec Anne Marie. Il faut que j'aille à l'École, que je devienne un garçon dont elle sera fier. Aux Sources, je ferai de mon mieux, pour lui plaire. Mais elle viendra le dimanche...

Le lendemain dimanche, c'est mon dernier jour. Le matin, dès que j'aperçois Anne Marie, je lui demande avec un espoir mêlé de suspicion :

« Dis, maman, tu viendras souvent à l'École ? chaque dimanche ? »

Anne Marie me répond avec son sourire prometteur, celui qui ment :

« Oui, oui je viendrai, je viendrai souvent. »

Elle me câline. C'est pour mieux me tromper. Sa réponse, je sais ce qu'elle signifie, qu'elle viendra rarement, peut-être pas du tout. Elle m'abandonne tout à fait.

Le dernier jour est long et insipide. Par un accord tacite, nous ne parlons pas de mon départ, de l'École... Le temps est gris, pluvieux, en deuil. J'apprends la résignation, ce sentiment que je n'ai jamais connu puisque la Chine m'a tout donné, puisque là-bas, j'avais ma mère, Li, mon mafou, à la fois les plaisirs célestes et les plaisirs coloniaux. Je régnais, je faisais mes quatre volontés. Et maintenant... Je me coule, je m'enfonce dans la soumission, une sorte de lourdeur oppressante, de brouillard. Je n'ai plus de sentiments, sauf un accablement accepté, une pierre de tristesse. Comme si j'avais déjà quitté Anne Marie...

Elle, elle est à son aise. L'après-midi, elle m'emmène pour une visite longue et ennuyeuse chez des « anciens » de Chine. Ils se sont retirés dans la métropole, à Paris, une fois fortune faite. Ils prennent leur retraite sur des tas de millions et ils se consument d'ennui. Ils s'éteignent dans un appartement clinquant avec des « chinoiseries » tape-à-l'œil et aussi le grand luxe moderne acheté à coup d'argent. Il y a des serviteurs empesés, et un boy amené de là-bas qui, souple et indiscernable, apporte des cocktails sur un plateau. Le monsieur et la dame, alors qu'ils étaient la fleur des pois en Asie, ici sont grossiers, vulgaires, déplacés, des déchets milliardaires, du rebut. Lui, un jovial poussah un peu apoplectique, elle, une vieille peau sur de vieux os, légèrement acrimonieuse. Ils rabâchent des histoires de Shanghaï, du bon temps. Et Anne Marie, face à ces gens ordinaires, qui ne sont pas du monde brillant où elle veut entrer, minaude, fait des manières. Sans doute est-elle excitée par la perspective du mah-jong de demain et de tout ce qui s'ensuivra. Elle ne se retient plus. A un moment, elle place : « Moi, qui suis intime avec les Masselot... », sur le même ton qu'elle reprochait aigrement à Albert quand il parlait d'eux. Admiration lardeuse du monsieur : « Vous en avez des relations dans votre manche ! C'est bon pour la carrière d'Albert... » Anne Marie s'effondre dans la modestie.

Retour au Regina Palace. Ma mère, alerte, me lance en fait d'encouragement : « Maintenant, il est temps de s'occuper de tes bagages. » Aussitôt, elle est à pied d'œuvre, active, gaie, moi comme un dadais. Anne Marie est une experte, elle a fait beaucoup de malles, pour beaucoup de voyages vers des contrées lointaines. Elle sait empaqueter les trésors. Ce soir, elle m'enfouit méthodiquement, elle m'emballe pièce après pièce, morceau après morceau, elle m'emballe sous la forme de ces articles neufs destinés à exalter la foi nouvelle, celle qu'elle veut me donner. Elle plie les culottes, les chemises, les mouchoirs comme s'ils étaient les chasubles de la religion à laquelle elle me voue. Elle, penchée, en plongée. Ses mains prennent et disposent mes équipements en couches régulières qui toujours augmentent. Empoté, je me tiens debout à quelques mètres d'elle, qui est pressée de m'expulser dans le bagage. Elle fait diligence, elle est une fée... mauvaise fée. Un instant, j'ai encore la tentation de l'apitoyer, mais c'est inutile. Elle continue à emprisonner mes atours maléfiques, dans un sac de cuir fauve, un sac qui se gonfle pendant que mon cœur se vide. Enfin, elle accroche une étiquette à la poignée avec mon nom : « Lucien Bonnard. École des Sources. Vaudreuil-sur-Eure. » C'est terminé.

Ensuite, nous nous couchons comme pour aller vers n'importe quel autre jour. Mais le sac est là, plein, pour me signifier que je pars dans quelques heures. Quelques heures seulement.

Le dernier matin. Je suis sorti de ma chambre, j'ai ouvert sa porte. Elle dormait et je l'ai contemplée longtemps... Jusqu'à ce que ses yeux s'ouvrent, ses yeux étirés, de la couleur de certaines roses-thé ou de certains feuillages d'automne. Ses yeux qui sont tout pour moi, l'été, l'hiver, les années, l'espace, le temps. Ses yeux indifférents qui ne vont jamais au-delà d'une certaine ironie ou d'un certain mépris. C'est moi qu'elle aperçoit. Son petit garçon en pyjama qui se tient sur la pointe des pieds et qui, de ses propres yeux, ceux qu'elle lui a donnés, plus clairs que les siens, presque jaunes, la regarde.

Je vois Anne Marie, surprise, un peu mécontente. Elle se soulève, découvrant ses épaules maigres coupées par les omoplates. Elle me questionne :

« Que fais-tu là ? Pourquoi es-tu venu dans ma chambre ? Ton regard m'a réveillée. »

Je contiens la peine qui monte en moi et qui voudrait s'écouler. Je dis :

« C'est le dernier matin... mon dernier matin. Je voulais bien te voir pour t'emporter avec moi. »

Elle m'attire à elle :

« Mais tu es mon petit garçon qui sera toujours avec moi. »

Je sens ses cheveux, ses joues, ses bras qui ne seront plus à moi. Elle arrête mes effusions.

« Va t'habiller et je te conduirai tout à l'heure à la gare. »

Elle me renvoie en m'embrassant. Je me couche une minute, juste une minute, pour mieux sentir mon malheur, m'en gaver, m'en repaître. Sa voix me parvient. « Dépêche-toi, Lucien. »

Je me vêts, je suis prêt. Elle est prête aussi, souriante, dégagée, aimable, en tailleur, avec son manteau et son sac, comme pour m'emmener en promenade.

C'est l'heure. Dans le hall, le brouhaha du Regina Palace, la réception, l'importantissime concierge qui salue, et toutes sortes de gens qui s'en vont, qui arrivent. Vers où, d'où ? Mystère. Hélas ! moi, je ne sais que trop où je vais...

Ma mère, moi et mon bagage, nous nous entassons dans un taxi. Nous nous taisons. Pourquoi ne me dit-elle rien ? Pourquoi n'exprime-t-elle aucune tendresse, aucune émotion, pas la moindre câlinerie ? Je reste la bouche fermée, attendant une consolation... Rien. Elle est stricte, ennuyée, enfermée dans son silence. Accomplissant une corvée. Le chauffeur, une sorte de képi brunâtre sur une moustache terreuse, la figure aussi rondasse qu'une pomme blète, se met à bavarder, égoutter des mots. Anne Marie, comme s'il n'y avait rien d'extraordinaire, est ravie d'une distraction, heureuse d'entamer une causette avec le bon peuple. D'abord banalités. Et puis le bonhomme demande gentiment :

« Vous partez en voyage ?

— Je conduis mon garçon à la gare où il s'embarquera pour le collège. »

Le bonhomme me regarde en clignant de l'œil avec une certaine pitié.

« Tu sembles triste. C'est parce que tu ne seras plus avec ta mère ! Pauvre gosse ! »

Elle riposte d'un filet de voix aigrelet :

« Mon fils est ému aujourd'hui. Bientôt il sera aux anges avec ses camarades, il s'amusera...

— Eh oui, concède prudemment le petit père, eh oui, il faut ce qu'il faut pour devenir un monsieur. »

Elle discerne un reproche dans cette réflexion, mais elle ne s'avoue pas vaincue. Elle ne veut pas sembler atteinte et, pour le prouver, elle interroge le chauffeur d'un ton douceâtre et attentionné, sur sa vie, comme si elle s'intéressait à lui. Cette fois il répond sobrement :

« L'existence, quelle misère ! »

C'est assez pour qu'elle s'apitoie sur lui. Mais son interlocuteur est devenu taciturne. Anne Marie, que sa langue doit démanger, se rabat sur moi, pour me faire des recommandations utiles et une promesse vaine, la promesse-pourboire. « Ne sois pas sale. Ne boude pas, ne t'isole pas, joue avec les autres élèves, ne sois pas maussade, sois obéissant. Si tu veux me faire plaisir, surtout sois gai. J'irai m'assurer prochainement que tu te conduis bien, que tout va bien pour toi. »

Pourquoi ces phrases ? Surtout la dernière à laquelle je ne crois pas. Je la connais, ma mère, en ce moment elle veut peut-être venir, mais elle ne viendra pas, et elle le sait déjà. Elle ne ment pas complètement, mais elle commence déjà à mentir et, à moitié inconsciemment, elle prépare sa dérobade... Sur la banquette, je m'éloigne d'elle.

Je me perdais dans une obsession, dans des pensées toujours semblables. Comment pouvait-elle être aussi inconstante envers moi ? Aussi folle dans son égarement, dans ses passions ? Elle croyait toujours ce qu'il lui convenait de croire, elle se forgeait des nécessités, des obligations, d'excellentes raisons qui lui permettaient de faire ce qui lui plaisait.

Enfin la gare. Anne Marie me donne un coup de coude. « Nous sommes arrivés. » Arrivés où ? A mon exil... Elle descend de la voiture, moi derrière elle. Un porteur charge mon bagage sur ses épaules comme si c'était un jouet. Nous nous formons en procession, ma mère, en tête, arpenteuse de mon sort, décidée, pressée d'en finir... Moi, je la suis, bois flotté du tumulte humain. Tout le monde vit, alors que je vais tomber dans la solitude morte. Je me remplis de sensations mesquines, de ce pullulement que j'aime et que je méprise, que je regretterai. L'existence...

A la queue leu leu, nous déambulons sous d'immenses verrières où les sons s'étouffent en grinçant. Une lumière sale, une eau trouble, une sorte d'aquarium vide où s'agite un gros fretin. Parfois Anne Marie, qui marche en intrépide amazone, jette un coup d'œil en arrière, pour s'assurer que je suis là, que je ne me suis pas échappé. Mais non... Je trottine ainsi que le porteur avec mon bagage. Nous traversons des foules tendues, pressées, hargneuses, des troupes de gens aux faces fixes, aux yeux concentrés. Pauvres encombrés de marmaille et de colis. Hommes-cafards frénétiques de lassitude. Mémères apparemment égarées, mais autoritaires, dans ce déballage. Fillettes, mioches hurlants, tous gras des tartines mangées en vitesse. Litrons sortant des poches d'ouvriers, sandwiches, valises en carton-pâte... Je n'aime pas la pauvreté. Parfois un monsieur ou une dame fleurant l'importance par la chaîne d'or d'une montre-oignon ou par un chapeau à cerises rouges. Des bourgeois trogneux et prospères. Une sorte de gentilhomme à guêtres suivi de son valet. Un curé rougeaud au ventre ensoutané. Je n'aime pas la richesse...

Cheminement à travers cette population. Ma mère chef d'expédition. Nous traversons un océan de clapotis, de remous, de tourbillons. Valses de papiers sales, qui volètent sous les regards d'employés, armés de casquettes crasseuses et de boutons en cuivre. Nous avançons le long d'un quai et la gare devient le royaume du fer sifflant et rouillé. Fièvres. Les locomotives, avec leurs jets de vapeur, ressemblent à des cachalots échoués qui crachent leurs soubresauts. Les wagons sont les anneaux de vers répugnants. Les bielles emportent ou amènent leurs charges, leurs proies, enfermées dans ces paniers à hommes. Moi aussi, elles vont m'emporter. Sur les rails brillants, c'est Moloch qui règne. Monstres d'acier. Dragons de feu, disent les Chinois, haïssables serpents pour moi.

Une voix nasillarde clame dans des haut-parleurs ces noms : Dreux, Nonancourt, Vaudreuil ! Vaudreuil, c'est mon châtiment, ce sera ma cage. A cet appel, ma mère allonge ses enjambées, sans déparer la silhouette raide et souple qu'elle a promenée à travers le monde et qui aboutit là, à ce quai, à ce train. Nous remontons le long des wagons, en bon ordre, jusqu'à un homme qui, manifestement, nous attend, sans âge et pourtant jeune, genre étui à parapluie, miteux, mité. Il va au-devant de nous, avec certitude. Il se présente : c'est l'individu chargé de prendre possession de moi. Une longue figure ingrate, munie d'une végétation rétive, quelques poils jaunâtres dont les touffes sortent par les oreilles. Tout est terne en lui sauf des lunettes à monture de fer, tristement luisantes. Son corps gringalet est une fève sèche dans la cosse d'un costume gris à l'étoffe sentant l'économie, à la trame lustrée par les repassages et les soins. Une cravate mal nouée, une ficelle plutôt, pleine de dignité pédante. C'est ça, mon nouveau propriétaire : cette pauvreté sur jambes qui va s'emparer de moi ? C'est ça que la fameuse École a délégué pour me prendre ? Mauvais présage.

Salutations. Ce minus enlève son chapeau devant Anne Marie qui répond par une inclination de la tête. Puis il me tapote — tapoter, c'est décidément le signe de ralliement de l'École — sur la nuque.

« Vous êtes le nouvel élève ? Bienvenue aux Sources. »

Cela dit, ce crétin revient à ma mère, bien plantée sur ses pieds, bien plantée dans son expression. Lui, ayant dûment décliné ses titres et qualités — professeur auxiliaire de sciences naturelles à l'École —, il se met à faire fleurir les politesses dues aux dames.

Après cette décente galanterie, il détaille pour elle les merveilles des Sources. Il ne cesse de sourire obstinément, béatement, de toute sa figure de hareng saur. Anne Marie reçoit cette rhétorique avec un demi-sourire que je maudis parce qu'il est semblable quand il me fait du mal et quand il me fait du bien. Pour ce benêt, son sourire est approbateur, elle hoche du menton avec satisfaction. En somme, elle me jette à ce risible personnage.

Les dernières secondes s'écoulent entre ces deux sourires, celui de cet idiot falot et celui de ma mère condescendante. Sourires de maquignonnage. Elle livre le veau qu'on va mener à l'abattoir. Le marché conclu, elle continue d'écouter les sottises du petit monsieur pérorant. Elle est vraiment contente de ce qu'il raconte. Je voudrais qu'elle cesse cette comédie, qu'elle soit à moi maintenant, qu'elle montre enfin son amour. Mais rien... Toujours la bouche du jocrisse qui déverse des assurances, et les oreilles d'Anne Marie qui les accueillent. Je suis au désespoir...

De nouveau les haut-parleurs annoncent : « Vaudreuil, Vaudreuil en voiture ! » Soudain, de toutes mes forces j'attire vers moi une main, un bras, tout le corps d'Anne Marie, j'arrache ma mère à sa conversation. Elle ne résiste pas, elle se laisse même faire avec complaisance. Enfin, nous sommes seuls et je lui demande :

« Maman, embrasse-moi. »

Elle le veut bien. Elle effleure mon visage

d'un petit baiser. Je ne peux plus me retenir, j'ai au cœur un désir fou de lui poser la question que je lui avais déjà posée la veille à l'hôtel, cette question qui, dans cette gare, au moment de l'adieu, me brûle, m'envahit, me submerge, Je ne me contiens pas et pourtant je reste prudent. Ma mère m'a rendu méfiant. C'est donc insidieusement, comme si c'était chose acquise et convenue, que, d'une voix banale, je m'enquiers :

« Maman, tu viens bientôt me voir, comme tu l'as dit tout à l'heure ? »

Elle m'a encore une fois répondu avec tendresse, mais avec cette tendresse lointaine, qui glisse dans le néant et le mensonge : « Oui, oui. » Elle a seulement murmuré. Elle a fait faire une moue amoureuse à sa bouche, elle m'a touché de sa main. Je sais que ce « oui » signifie « non », selon l'étiquette du Céleste Empire dont elle reste imprégnée. Elle ne viendra définitivement pas, c'est désormais certain, même si je l'implore. Mais je ne l'implorerai pas, plus jamais. Je ne veux pas aller jusqu'au fond de sa cruauté.

Sifflets de la locomotive. Mon mentor s'approche de moi, s'empare de ma valise et m'entraîne dans un wagon de troisième classe. Assis face à face sur des banquettes nues en lattes de bois vernis, à claire-voie, et qui font un rebond sous les fesses. Nous sommes seuls dans notre compartiment. Le visage mesquin et onctueux de mon gardien est devenu un masque qui me fait horreur. Je m'échappe, je cours sur le quai auprès d'Anne Marie, et je lui crie :

« Je ne veux pas te quitter. »

Yeux en amandes, tranquillité douce, frôlement de ses lèvres. Sa manière de me repousser. De moi-même, me cognant à mon surveillant qui, l'expression affolée, méchante aussi, s'était précipité pour m'empoigner, je remonte dans le wagon, je me remets à ma place, par défi. Je ne veux plus regarder ma mère, la voir encore tandis qu'elle s'apprête à retourner à son bonheur. Je me voue totalement à la résignation — résignation-douleur et résignation-protection. La locomotive crachote, s'essouffle, s'époumone, prend son élan. Le convoi s'ébranle dans des craquements et des ferraillements. Il m'emmène, au revoir, adieu Anne Marie... Qu'elle fasse ce qu'elle veut, je ne désire pas emporter d'elle une dernière image... Je fixe mes yeux sur ceux de mon accompagnateur. Il me répugne. Mais, malgré ma résolution, ma détermination, je jette un coup d'œil par la fenêtre. J'aperçois ma mère, toujours là, qui agite sobrement ses mains dans le geste consacré des départs. Du bout de ses doigts qu'elle porte à ses lèvres, elle envoie un baiser. Puis je l'entrevois qui, de son pas pendulaire, s'éloigne déjà. Elle s'efface, il n'y a plus d'Anne Marie.

Les larmes, encore, me viennent aux yeux. Elles ne coulent pas, elles sont trop lourdes

pour se répandre, elles sont mon cœur arraché. Je reste longtemps prostré. Paupières closes, je revois Anne Marie, les mille Anne Marie
de mon enfance, et puis finalement le trou
noir. Combien de temps cela dure-t-il ? Très
peu sans doute, un minuscule moment où je
touche le fond. Puis, je reviens à moi. Je
souffre sourdement, d'une douleur qui n'en
finira pas...

Mon gardien, inquiet, me parle avec les
chevrotements de la pitié. Il entreprend, d'une
voix douceâtre et quinteuse, de me regaillar-
dir. Je ne l'écoute pas. Il n'existe pas. Et même,
me détournant ostensiblement de lui, je
regarde vers le dehors.

Je n'éprouve pas la nausée qui m'avait
envahi lorsque je remontais de Marseille à
Paris avec Anne Marie. Pourquoi mes répul-
sions devant ces paysages bucoliques ? Pourquoi ce mépris devant les décors champêtres
de la patrie, alors que j'étais heureux avec ma
mère ? Je n'imaginais pas qu'elle me chasse-
rait... André, Edmée. Maintenant, dans ma
détresse, c'est l'image d'Edmée qui me vient,
Edmée qui n'aime pas ma mère mais qui, à sa
façon, peut-être, m'aime. Les enfants sentent
ce que les adultes leur cachent et ils se ven-
gent à leur manière.

Je reconnais partout Edmée dans cette
nature qui s'étale. Cette nature laiteuse qui
annonce l'été, une volupté émane des vallons,
des futures moissons tachetées de bleuets,
empourprées de coquelicots, d'un tas de fleurs

dont je ne connais pas encore le nom. D'ailleurs tout m'est mystère : prés, arbres, corolles, bocages, haies, chaumières. Pour moi, ils sont la chair d'Edmée. Les ruisseaux sont ses veines sous sa peau transparente, les frondaisons sont ses cheveux, les étangs sont sa grâce, les pénombres des sous-bois sont ses secrets. Cette allée est la voie royale qui partage sa crinière. Toute cette étendue qui flamboie dans sa luxuriance, son appétit, son abandon, c'est elle, la faunesse. Les bourgeons, les feuillages, les nids, ce sont ses bijoux. La mousse d'une cascade est son collier de perles. Les couleurs sont ses fards. La saison entière est allongée comme elle, sur un divan... La sève qui est là, derrière la fenêtre de mon wagon, est la langueur innocente d'Edmée qui menace. Je sais que le velouté, où ruissellent l'humidité et l'humus, est danger, comme elle. Les rives ombreuses sont sa bouche qui profère douceur et perfidie. Edmée est un péril pour ma mère. Tant mieux. Je hais ma mère. Je l'abandonne à Edmée...

Mais où est Edmée ? Dans son salon peut-être, recevant Anne Marie déjà arrivée chez elle. André est là. Le reste de la compagnie va arriver aussi : Diane et Rose, dociles et pimpantes, et puis la petite troupe des gens que je ne connais pas. Et ce sera le mah-jong, et le dîner, et le mah-jong encore. Claquements des pions, le Bonheur Rouge, le Bonheur Blanc, le Bonheur Vert. Pour moi, le Bonheur Noir, qui n'existe pas dans leur jeu joyeux, mais qui s'empare de moi...

Immobilité des choses. Les gares se réveillent à peine sur notre passage. Juste quelques pas et quelques voix venus de nulle part. Trains. Les trains sont des convois macabres. Minuscule remue-ménage autour d'eux quand ils gisent inertes pour leurs haltes. Ils arrivent et ils repartent dans leurs fumerolles noirâtres, quotidiennement, aux mêmes heures, aux mêmes minutes marquées par les aiguilles d'une horloge entachée de chiures de mouches. Les trains sont les repères de l'inexistence, d'une monotonie engouffrante, mesureurs et jalonneurs du temps qui fait mourir. Notre train participe de ce monde de l'inexistence. A chacun de nos arrêts je vois des cadavres qui entrent et qui sortent — ce sont des vivants qui ne savent pas leur mort et se présentent comme de bonnes gens, bien en santé, d'humeur gaillarde. Pour moi, ils ont péri déjà et ils l'ignorent, enlisés qu'ils sont dans le morne écoulement de la durée toujours semblable, durée-linceul.

Vaudreuil-sur-Eure ! Au nom de Vaudreuil, je sursaute, je reviens des cauchemars ferroviaires et macabres qui m'ont saisi pendant que, interminablement, je regardais le paysage de la France. Mon mentor prend ma valise et nous descendons. Nous sortons de la gare. Seuls. Comme s'il n'y avait jamais de passagers pour Vaudreuil. Le mentor a des joyeusetés dans les yeux, fête trouble, pour m'arracher à mon air abattu : « Vous allez voir. » Le pauvre homme jubile, il est fier de ce qu'il va me montrer.

Je marche avec lui, nos pas résonnent. Ce que je vois d'abord, c'est la dégradation de la bourgade, qui fut pourtant — m'apprend-il — une cité prospère au Moyen Age. De cette prospérité, ne subsistent que des pierres : demeures sentant la moisissure des siècles. Derrière les volets clos, je devine le délabrement des salons abandonnés, le cache-cache des recoins inconnus. Sol plat, d'une platitude désolante où les antiques pierrailles s'entassent les unes à côté des autres. Ce sont des ruines délaissées par les hommes, à moins qu'ils ne se terrent là-dedans comme des rats. Les ruelles divaguent, égouts, entre les hôtels particuliers à écussons frappés du néant et quelques échoppes, tanières du délaissement, retranchées sur elles-mêmes, derrière des étalages où les marchandises se flétrissent. Vaudreuil, couvent désolé, incarnation du dépérissement et de la vanité du monde, sent, dans la sécheresse de la journée, le suint et l'excrément humain. Vaudreuil momifié, Vaudreuil recroquevillé, une dépouille. Personne dans les lacis des impasses et des culs-de-sac, où sèchent les dégoulinades des anciennes humidités. Juste quelques hommes et quelques femmes ordinaires, égarés dans ce reposoir, ce reliquaire du temps. Pas d'enfants. Même morosité dans quelques allées, étrangement vastes, où le vent soulève la poussière de la solitude. L'angoisse pèse encore plus sur une place immense, démesurée, une plaine désertique. Sur trois côtés, elle est, au loin, limitée par des maisons qui semblent naines, par leurs façades aux poutres rongées. Dans le fond, cet abandon est surplombé par une cathédrale des temps gothiques, écrasante, délabrée elle aussi. Mon mentor m'annonce que la coutume des Sources veut que les nouveaux élèves de religion catholique fassent une halte ici le jour de leur arrivée.

Après avoir franchi, grâce à des signes de croix, les bénitiers aux eaux croupissantes nous pénétrons dans l'opacité du saint lieu. Dieu est là, mais il n'emplit plus cette nef gigantesque qui vogue dans l'incertain sacré. Irréalité de la lumière décomposée venant des vitraux, blessures déversant des rougeoiements vagues et d'obscurs faisceaux verdâtres, jaunâtres ou bleutés. Arc-en-ciel initiatique. Élancement des colonnes formidables vers des voûtes noyées d'une semi-nuit. On devine à peine l'autel. Chuchotis nés d'on ne sait où, d'on ne sait quoi, de lèvres humaines ou de statues de saints pénombreux, peut-être de l'édifice lui-même. Des reflets, plutôt des feux follets vacillants. Des moiteurs. Mes yeux s'habituent et voient une vie lustrale, à peine un soupçon de vie. Dans une chapelle latérale, des dévots et des dévotes ratatinés, minuscules points sombres au sein de l'immensité, pliés sur leurs prie-Dieu, implorent le Seigneur à la lueur de quelques cierges. Des prêtres, telles des chauves-souris, vaquent mystérieusement dans cette nécropole, un sacristain époussette des ornements sacrés, des fleurs pourrissent dans des vases. Une litanie sainte se répercute dans la forêt des pilastres. Une flamme, la veilleuse de l'Éternité, adore le Christ crucifié. Je n'aperçois de lui que ses yeux mourants et son flanc déchiré. Avec mon mentor, je m'agenouille et, de toute ma ferveur, je supplie :

« Dieu, fils de Dieu qui es partout, qui es en ce lieu, reconnais-moi. Je suis ton petit Lucien baptisé à Tchoung King par Mgr de Guébriant. Il me faut un miracle. Fais-le. Seul toi, tu peux le faire : remplis le cœur de ma mère de tendresse. Fais qu'elle me rappelle à elle, que je rentre à Paris. »

Le froid. Dieu a rejeté ma prière. Lui aussi me délaisse.

Nous ressortons dans le plein jour. Mon mentor est content. Il a apprécié ma piété. S'il se doutait de ce que je viens, si vainement, de demander ! Il me dit :

« L'École est à quatre kilomètres. Nous allons y arriver dans quelques minutes. Ne vous inquiétez pas, vous y serez reçu comme dans une grande famille... »

Nous nous entassons dans une vieille guimbarde qui nous attendait là. Bientôt Vaudreuil n'est plus, nous sommes en pleine nature, sur une route goudronnée, droite. A l'entour s'étale une plaine à peine ondulée, immensité de graminées et d'herbes indigentes. Au loin, des forêts... Avarice de la création, ce sol besogneux, chiche, sans grâce ni fécondité. Cependant, nous roulons sous le rôtissage du ciel, sous l'œil indifférent d'un soleil qui est blanc dans sa combustion.

Je regarde le ciel vide posé sur cette terre désolée. Là, proche, est ma prison... La chaussée qui y mène est emprisonnante. Sur chacun de ses bas-côtés, une rangée d'arbres très hauts, troncs lisses, s'élève comme des barreaux. Feuillages épais, immobiles, qui m'oppressent. Rien ne bouge. Pas un souffle sur ce paysage pauvrement verdoyant, assommé par la chaleur, aveuglé par une lumière parcourue d'ondes aux molécules pesantes et invisibles. Nous teufteufons sur cette voie absolument rectiligne à laquelle je ne peux échapper, menant directement vers ma destinée. Elle est la bissectrice coupant les quelques agitations du terrain, bosses qu'elle escalade et redescend de front, négligente et toute-puissante. Elle est le couperet qui fend une étendue morne, verte, trop verte, trop étendue, trop vaste, à peine marquée par ces ondulations sectionnées qui ajoutent encore à la platitude. Cette route, avec les sentinelles gardes-chiourmes de ses arbres, me mène sans pitié vers les Sources.

Secondes qui passent, la voiture avance. Le mentor et moi nous ne nous disons mot... dans l'attente de l'École qu'il glorifiait et que j'exècre, qui bientôt va apparaître.

Nous roulons. Pas une maison, pas un habitant, seulement au loin, dans un creux qui se dévoile, ce que je devine être les Sources. Nous approchons, je distingue des sécrétions laides, cubes qui pourraient être casernes, qui sentent la claustration. Un grand bâtiment ceint de deux tours carrées. Une chapelle : une caravelle naufragée, la quille renversée servant de clocher. Le tacot s'élance sur une allée de terre battue, ceinte de haies, il soulève une poussière blanche. J'ai peur. Nous y sommes, Anne Marie...

Je vois, d'abord, un gibet. Un instrument de tortures, un cadre de bois où sont suspendues des cordes qui, dans mon imagination, doivent servir à étrangler et à écorcher des hommes. J'avais vu, en Chine, de semblables appareils. Mais sales, poisseux des liquides de la mort, usés, ignobles, auxquels pendaient souvent, comme des fruits pourris, des cadavres juteux, avariés, disloqués. Ici, pas de corps, pas de bourreau en train de supplicier, pas de hurlements de victimes déchirées. C'est bien propre, bien net, bien lisse, presque un pavoisement. Je me dis que c'est donc préparé pour une fête macabre, pour une cérémonie rare où de grands criminels expient au milieu des réjouissances du peuple... Il ne s'agit que d'un portique et de ses agrès, servant à la gymnastique des élèves.

Notre voiture se dirige, non pas vers un de ces énormes carrés de ciment, agressifs de poids et de solidité, pions massifs, mais jusqu'à une sorte de manoir, une demeure mi-nobilière mi-féodale, cachée au bas d'une petite colline boisée. Je découvre une belle façade envahie de plantes grimpantes aux feuillages foncés d'où jaillissent de lourdes grappes de fleurs violacées, des essaims de pétales. Un perron de vieilles marches mène à un porche seigneurial. Je m'apprête à pénétrer par là dans ma « maison », une des six « maisons » des Sources. Le mentor m'a ressassé pendant tout le voyage l'organisation du collège. Je sais que chaque maison a son directeur, une cinquantaine de pensionnaires, des professeurs, qui tous ensemble constituent une « famille ». La mienne, s'appelle le Ravon. Mais les classes se font ailleurs.

La voiture dépasse le perron, le contourne et s'arrête devant les communs, parmi des tas de charbon, des poubelles, du mâchefer, des tuyaux d'où se dégage une vapeur blanchâtre. Je descends de l'auto, je suis entraîné par mon mentor dans de longs couloirs de service. A quoi bon crier : « Je suis Lucien Bonnard », je sens la vanité d'un pareil appel. Le long de mon trajet, j'aperçois des pièces étranges, l'une à crochets, l'autre à tables vides, dégageant une odeur d'insecte écrasé, à la fois fade, un peu écœurante, épicée aussi. L'odeur de gens, de beaucoup de gens... Mais pour le moment, personne dans cette fourmilière, un vide, une absence, rien que des traces. Je rejoins une salle très belle qui donne sur le perron d'honneur, celui par lequel je ne suis pas entré. Un hall lambrissé de panneaux de chêne sombre, orné de glaces dans des encadrements dorés, décoré de tableaux de chasse dont les couleurs brunies laissent deviner des hallalis. Contre les murs, isolés les uns des autres, quelques fauteuils anciens, droits et noirs. Solennité. Sévérité grave, austère, sans aucune concession à la grâce, à la frivolité, aux plaisirs. Une cheminée béante, abîme éteint, gouffre anthropophage, les chenets sont des reliefs de chair et d'os grillés. Sur son dessus de marbre, une pendule dont le balancier produit le seul bruit audible, celui du temps qui s'égoutte de seconde en seconde, le temps qui va me capturer. Très vaguement, venant de dehors, les échos de l'été : une tache de soleil, des senteurs qui, dans cette pièce, se glacent et meurent... Là, l'été est une tiédasse luisante, gelée.

Quel est cet antre magnifique où je me sens perdu ? A ce moment, quelque chose surgit d'un recoin. C'est une femme. Mission accomplie, mon mentor disparaît, après m'avoir remis à elle. Une fée décrépite, une bossue naine, qui étend ses bras palmés de membranes. Elle est pathétique de disgrâce, son corps est cassé, sa figure est jaunie : de l'eau de la vie, il ne lui reste que deux grands yeux, étangs pas tout à fait asséchés. Elle est vêtue d'une cape blanche, défroque sur la défroque qu'est son être. Elle ne marche pas, un déhanchement l'oblige à trottiner. Incessamment, elle s'agite de partout comme un vieux gazon en proie au vent. Elle me dit, pas très distinctement, avec des expirations gémissantes, car elle est aussi bossue de la voix :

« Comment osez-vous marcher avec vos chaussures sur ce parquet ? Vous auriez dû mettre vos pantoufles. Vous en avez, n'est-ce pas ? Apprenez que, seuls, les professeurs peuvent garder leurs chaussures. Enfin, pour cette fois... »

Le parquet en lattes entrecroisées brille d'un cirage impeccable, comme un miroir. Ma pauvre image s'y reflète.

Pourquoi est-ce que je ne me suis pas révolté alors ? Pourquoi est-ce que je n'ai pas fait la grande scène de la colère ? On m'aurait peut-être renvoyé... C'est qu'Anne Marie m'a trop écrasé, je ne suis plus moi, le seigneur, mais déjà un humilié, un oppressé, un esclave prêt à subir, à descendre jusqu'à la lie des choses et du monde.

La demoiselle me fait monter un escalier monumental. Elle me pousse dans un bureau imposant, aux meubles de chêne relevés de motifs en bronze doré. Puis, sans un mot, elle est partie. Un homme est assis devant une table marquetée, dont les damiers sont couverts de dossiers. C'est M. Massé, le chef de maison. Un cerbère. Il ne daigne pas s'apercevoir de mon entrée, il ne montre pas qu'il a remarqué ma présence, il reste absorbé dans ses papiers. Il ne lève même pas les yeux pour me regarder, moi debout devant lui, face à lui. Il m'offre la contemplation de son visage barré d'une paire de moustaches extraordinaires, fourrés noirs, épais, touffus et soigneusement taillés. Sur le sommet du crâne, les cheveux sont plantés dru, courts et épineux. Entre ces deux végétations capillaires, les traits ont une rigidité un peu empâtée, ils sont habillés d'une sorte de toge, une mince couche de lard, étoffe charnue et piquetée. En fait, cette tête est tapissée d'une peau très brune, tachetée de points noirs, tronçons des poils rasés, un semis. Tête marquée et forte qui, dans son immobilité, n'est peut-être qu'un buste. Pas morte pourtant, mais elle m'effraie autant que si elle l'était, par le silence qu'elle dégage. Silence voulu, condensé, intense, qui me rebute. Où est la jovialité de M. Berteaux, aussi stupide qu'elle soit ? Cette tête est bouffie, non pas de vanité mais d'un dédain accablant, une sorte d'ennui las, épuisé, mais satisfait. Une volonté de sévérité, de rejet. Enfin M. Massé porte sur moi ses yeux noirs, charbonneux, anthracite pur, sans flamme. Sa bouche, sous ses moustaches, s'ouvre sans que je la voie remuer pour me dire :

« Veillez à mettre vos pantoufles désormais. Allez. »

C'est tout. Je suis anéanti. Jamais je n'aurais cru... Suis-je encore moi quand je quitte le bureau de M. Massé, redescends l'escalier, retraverse le hall ? Je n'ai même plus le sens de mon avilissement. La souffrance m'a quitté, la pensée aussi, je n'existe plus, juste un Lucien en carton. Peut-être suis-je une reproduction de moi-même, un de ces mannequins des cortèges funéraires que les Chinois fabriquent avec du papier ? Un de ces courtisans, un de ces soldats, un de ces chiens qui doivent être brûlés pour tenir compagnie, dans l'au-delà, aux âmes d'un grand défunt qu'on mène aux Fontaines Jaunes. Non, je ne suis pas la copie de moi-même, destinée à être consumée sans douleurs dans les flammes, je n'ai aucun mort aimé à accompagner dans les joies des cieux. Anne Marie vit... et moi, loin d'elle, je vis aussi. Comme j'aimerais qu'elle périsse et être son Lucien en pâte de bambou qui escorte ses esprits dans les espaces étoilés !

J'ai encore un corps, j'ai encore un cœur. Je suis intact, avec toute ma chair, je présente le façonnage complet de moi-même, toutes les apparences, les traits, les formes, la consistance, tout ce qui fait Lucien Bonnard. Mon pouls bat, je vois, je respire. Mais je sombre. Dernière pensée : je suis dans le noir, je suis dans le blanc. J'ai tout oublié, ma mère, les Sources, mes malheurs...

On pousse dans les communs de la « maison » cette chose inerte qui est moi, un moi sans moi. Je suis aussitôt assailli par une horde : des volées de taches de rousseur, de nez en trompette, d'yeux grésillant d'astuce, de petites têtes trépidantes, de bouches, de lèvres fricotantes, aiguës, grimaçantes. Des essaims de flèches ricaneuses, moqueuses, hardies, impudentes, familières, se fichent en moi. Ce que j'avais prévu s'accomplit. Je suis livré aux insectes, aux bestioles méchantes, rongeuses, mangeuses, joyeuses... Cette troupe frétillante et rigolarde, c'est celle des gosses de ma taille et de mon âge, chacun mû par la rage perpétuelle d'être le plus malin, le plus roublard, le plus rigolo, le plus mauvais. Je le sens, ils sont toujours à se foutre les uns des autres, à se former en bandes, à se flanquer des peignées. Ils ont des mots, des scies, des plaisanteries, une langue à eux, et ils sont assez hypocrites pour ne pas gêner les professeurs. Minuscule, terrible engeance qui, aux Sources, n'est pas malheureuse, n'est pas humiliée, qui s'amuse. Grêle de questions qui tombent sur moi avec des mimiques, avec une extraordinaire trépidation. Mêlée de petits bras qui me frôlent, de petits visages qui m'assiègent. Tournis de drôles de paroles vicieuses, réjouissantes certainement, que je ne connais pas, que je ne comprends pas.

« Tu as une drôle de tronche !

— D'où tu sors, crétin ?

— Pourquoi tu réponds pas ? Tu sais pas le français ?

— Où t'as été prendre tes grandes feuilles de chou ?

— Il ressemble à Fernandel !

— Dis, dégoise un peu, grand sifflet... »

Face à ces frimousses de chiots enragés, je demeure un dadais stupéfait, accablé, impuissant. Je roule mes yeux avec désespoir, et j'entends :

« C't'un vrai couillon, il a les yeux torves... »

J'essaie d'ouvrir la bouche. Je tressaute stupidement, la tête effarée, les bras collés le long du corps, l'expression ahurie, idiote. Je lance des regards éperdus, affolés, comme si je cherchais le chemin de la fuite. Un ricanement monte autour de moi, fait de milliers de petits ricanements. Mes tourmenteurs, toujours plus excités, rivalisent de pétulance, d'impudence, de joie :

« Tiens, tu vois, il louche.

— Il louche !

— Je te dis qu'il bave.

— C'est un crapaud. »

Fusée de ces rires, de ces mâchoires, de ces dents. Mes minuscules bourreaux se rapprochent, sont sur moi. Ils ont même d'étranges divinations :

« Tu ne trouves pas qu'il a la peau jaune ?

— Il a les yeux bridés. »

Je suis hagard, j'avance pour m'échapper, aller n'importe où, mais la meute s'accroche à moi, les bras m'agrippent, les faces se collent à la mienne, les corps s'empêtrent dans le mien. Je n'arrive qu'à murmurer :

« Laissez-moi, laissez-moi, ne me touchez pas !... »

Hurlements :

« Il ne parle même pas français. D'où tu viens, métèque ? »

Je bredouille :

« De Chine. »

Alors, c'est le grand chorus triomphal :

« C'est un Chinois ! Un Chinois !

— Chinois ! Chinetoque ! »

Un garçon roux, un furet émoustillé, fait une trouvaille grandiose :

« C'est Gourdiflot ! »

Un grand écho se répand à travers la maison :

« Gourdiflot le Chinois ! Gourdiflot ! Gourde ! »

Il me semble que je vais m'effondrer dans cette cohue. Des « grands », des gamins de douze à quinze ans, graciles et imberbes, avec des têtes qui annoncent leurs têtes d'hommes — pas encore celles de leurs pères, engraissées d'urée et d'importance vulgaire — passent, préoccupés de leurs personnages, indifférents, lointains, méprisants. Mlle Dupré me sauve. Elle accourt avec sa boitillerie, elle se hâte de tous ses estropiages, ses grandes dents sortent comme des pépins de son visage ratatiné. Un léger murmure dérisoire l'accueille : « Carabosse ! Carabosse ! » La vieille fille ne veut pas entendre ce surnom, elle chevrote avec une indignation qui lui rend presque une forme humaine :

« Laissez ce garçon tranquille. Vous serez punis. »

Nuée de moineaux, la troupe s'égaille en me faisant des pieds de nez : « On te retrouvera... sale pétochard ! »

Désormais, ce sera la traque, toujours, venant de partout, la rumeur, la clameur, le cri : « Gourdiflot le Chinois... Gare à la raclée... »

215

Le châtiment promis, je le reçois le soir même au dortoir. Douze petits lits aux draps blancs, en deux rangées, pour douze petits garçons. On se couche à neuf heures du soir. Il y a un chef de chambrée, du nom de Flugman, promu par M. Massé, plus âgé de deux ans que les autres. Il porte le titre de « capitaine ». Il a une tête mafflue, une filasse de cheveux, un front bas, des traits écrasés, à énorme mâchoire, dont le rassemblement prognathe est dominé par deux petits yeux enfoncés et lui-sants d'inquiétude : le reflet de son effort permanent pour comprendre. Car il est abso-lument stupide. Mais à travers les acharne-ments cérébraux qui le figent dans une lour-deur obtuse et soucieuse, il finit par entrevoir une idée à laquelle se raccrocher. Quand il découvre une solution aux énigmes qui se posent à lui, il est rassuré, béat même. Alors, il jubile, narines retroussées, sourire aux lèvres, il trempe dans une extase profonde, dans une certitude satisfaite, réjouie et il éjecte quelque ordre brutal : il est le digne représentant de la mesquinerie, sa loi morale, la mesure suprême du monde. Un apôtre, en somme, que les garnements manœuvrent à leur gré, en l'éclai-rant « Fiat lux »... et il tonne.

Dès le premier soir, pour une raison incon-nue, il me hait, sans doute à cause de ma différence. Il lui faut m'écraser. Pour cela, avant l'extinction des lumières, il lui reste, avec ses mignons suppôts, une dizaine de minutes. Il a gravé dans sa caboche tout un plan de bataille.

Flugman, les autres enfants angéliques derrière lui, s'approche, à pas de buffle, ses narines sont des trous brûlants. Il se balance au-dessus de moi, masse énorme et gonflant ses joues, il les dégonfle pour le jet puissant d'un crachat qui atteint mon front. De la voix de rogomme venue des entrailles de son corps massivement musclé, aux tendons comme des gourdins, il souffle, tout-puissant dans son encolure d'animal :

« On va te dresser. »

Moi, d'un revers de main, j'essuie le glaviot. Je tremble... mais Flugman, capitaine de son armée, prend des dispositions stratégiques, il commande à sa troupe :

« Mettez-vous en pyjama. Vous serez plus à l'aise pour la correction. »

Les gosses, batifolant et rieurs, endossent leurs tenues de nuit sans aucune pudeur. J'en fais autant mais avec la crainte angoissée de laisser entrevoir ma nudité. Toujours cette décence, cette honte de mon corps, de tout corps. Les gamins, s'apercevant de ma gêne, cabriolent en faisant des exhibitions. Je distingue des robinets qui semblent voleter pendant leurs galipettes. L'un d'eux, debout, marche sur moi en tenant sa petite chose par la main et en criant : « Je vais te pisser dessus. » Les autres font de même, m'assiégeant de leurs appendices, tout en ricanant :

« Alors Gourdiflot, tu as peur de montrer ton machin, c'est qu'il est pourri ! »

Flugman éructe :

« Assez de cochonneries, juste la raclée. »

Impassible, il se tient maintenant en arrière de sa petite armée qui me donne l'assaut. Lui se borne à regarder l'exécution, coudes au corps, le front buté, sans daigner participer. Les gosses, silencieux comme de vrais bourreaux, se lancent sur moi, têtes armées, têtes vindicatives, têtes cruelles. Leurs yeux sont éclairés par l'exécration, le plaisir farouche, l'allégresse sauvage. Inexorables marmots... Ils sont là, en cercle, s'arrêtant un instant, immobiles. En moi monte l'oppression de l'attente devant ces chérubins exterminateurs. Soudain, le déchaînement, la nature en proie au cataclysme, les montagnes qui s'effrondrent, les fleuves qui mugissent, les cadavres... Visions d'antan, de mon pays, quand les belles et grandes catastrophes ne m'atteignaient pas, étaient même ma jouissance. Maintenant c'est moi qui, sur le champ des supplices, suis attaché à un poteau maculé de sang noirâtre... Phantasme... Je ne suis ni ligoté, ni tenu par des cordes qui me cisaillent. Bien plus lamentablement, je suis libre. Me tassant sur moi-même je recule, vers le fond de la pièce, vers un recoin. Un crapaud baveux, c'est bien ce que je suis devenu devant mes justiciers tout jeunes, des enfants comme moi. Mon Dieu, pourquoi me haïssent-ils tant ? Je suis innocent, et pourtant, je suis condamné. Mais j'éprouve comme un bonheur de mon inévitable fin. Est-ce qu'Anne Marie pleurera si je meurs ? Je ne le sais pas. Ses yeux resteront peut-être secs, sous le prétexte que la grande douleur est un puits aride. Même sans larmes, aura-t-elle du chagrin ? Je ne le crois pas.

Je suis pris dans un tourbillon d'eaux profondes qui capturent et ensevelissent leurs proies. Cratères de nuages noirs, ventres de feu, fourches en zigzag qui foudroient la terre, me frappent... ce qui me bat, ce qui me tourmente, ce qui me supplicie, c'est un paroxysme de mains, de minuscules pieds. Et le vent sombre des grands malheurs n'est qu'un rire puéril, toujours ce rire d'enfants : « Le Chinois, le Chinois. » Pourquoi suis-je maudit ? Ils sont innombrables mes ennemis acharnés, rogatons d'ennemis sans pitié, ils sont une masse, ils sont un peuple, ils sont la France. Je déteste la France qui broie tout ce qui est Lucien Bonnard. Qu'es-tu devenu seigneur Lulu, roi de Tcheng Tu ? Je me tapis, je me ratatine, je m'arrondis, comme un pleutre, en boule, je me fais larve, je me fais loque. Ah ! si je pouvais me réduire encore plus, être un rien n'offrant plus de prise. Dans cet abandon de moi-même, mon seul effort est d'essayer de protéger ma face avec mes bras repliés. Vain cocon, bouclier dérisoire ! Un grouillement sur moi, contre moi, celui des vers, celui des mouches, une prolifération, un pullulement ignobles. Je suis aveugle, je ne vois plus... Suis-je mangé vif ? Horions en bourrasques. Ce déferlement, et encore plus cette explosion de grincements, ces étincelles de sons : « Gourdiflot, gourdiflot ! » Je me sens partout un mal déchirant, comme si on me rôtissait. Enfin, m'écroulant, mur fracassé qui s'effondre morceau après morceau, je chute lentement. Ma tête s'affaisse, dégringole, mon corps s'écrase. Je tombe de degré en degré, de station en station, de calvaire en calvaire, je tombe sur un lit, je tombe à genoux, je tombe sur le plancher, carcasse gisante, gigotante, tortillante. Et, dans mes soubresauts, j'essaie de ramper vers ailleurs. Je me dis : « On me recouvre, on m'ensevelit, les pelletées de terre... » Ce sont les gosses qui me piétinent, qui dansent une gigue sur moi, en entonnant le péan de la victoire : « Mort au Chinois. » Mais je vis...

Flugman, son groin de saine joie, hurle :
« Ça suffit à présent. »

Calme soudain, les nuées se sont dissipées. La grande tranquillité sur l'univers, celle où les hommes retrouvent la vie après le désastre qui a jonché la glèbe de ses macchabées. Pour les survivants, un arc-en-ciel doux et chatoyant aux couleurs tendres s'étend à travers l'horizon en signe faste. Moi, toujours sur le parquet, rigidifié comme après quelque trépas agité, je reprends conscience — je ne l'avais jamais perdue tout à fait, mais j'étais égaré. Lentement, je me retrouve entier. Je me redresse et, avec une peine sauvage, je rouvre l'étau de mes paupières, me retirant de l'obscurité qui était mon dernier rempart. Je vois. Le monde est bien en paix. Que s'est-il passé ? Je suis intact, sans blessures, sans douleur, même pas tuméfié. Seul Flugman est encore

220

debout, un mastodonte niais et sans rictus. Plus un animal, seulement une bête... Mes tourmenteurs sont tous dans leurs « pieux », sages, images tendres, leurs petits visages posés sur leurs oreillers. Ils sont purs, de cette pureté naïve, grave et veloutée des enfants qui ont peur de la vie, ou qui lui font confiance, on ne sait... Ils ne me regardent pas. Jamais ils ne se sont jetés sur moi... Flugman me gronde presque paternellement : « Va te coucher. » Mon lit est à gauche, le troisième dans la rangée. Je me relève et, souriant par défi, je marche posément vers lui, je m'enfouis dans son refuge : un enfant parmi les autres. Les ampoules s'éteignent. La nuit...

Alors, dans cette obscurité grince un filet de voix aigrelet, venant de je ne sais quel gamin, parmi ce parterre de gamins assoupis, enfants-fleurs. Les mots m'incisent encore plus que les coups :

« Chinois, t'es un trouillard. Femmelette, ça ne fait que commencer pour toi. On t'apprendra... »

La honte me brûle. Pourquoi ne me suis-je pas défendu ? Pourquoi n'ai-je pas bravement combattu ? Pourquoi me suis-je offert comme une proie gélatineuse, recourant à l'attitude consacrée de la victime consentante, au rite de la soumission où l'on se rencogne sur soi, où l'on cache sa figure martyrisée derrière ses mains ? Gesture de l'impuissance encourageant mes persécuteurs qui, je le sais, recommenceront le lendemain, tous les lendemains, comme des fouines exaspérées après moi.

Pourtant, je ne suis pas lâche. J'ai affronté, en Chine, les dangers avec délectation. Je n'ai eu peur ni des têtes coupées ni des cadavres torturés, ni des armées de brigands, ni des bandes de lépreux, ni des Seigneurs de la guerre, ni des batailles où des reîtres se taillaient et se trahissaient, où des balles sifflaient autour de moi. Je n'ai pas redouté les hordes qui assaillaient la cité de Tcheng Tu, les incendies qui la dévoraient, les épidémies qui la décimaient... Brouillards jaunes où j'étais à l'aise... Le consulat parfois assiégé. J'allais partout avec mon mafou lépreux... Je comprenais tout, même l'incompréhensible. Je ne craignais pas d'être kidnappé, d'avoir un doigt coupé et envoyé par colis postal à Monsieur le Consul et à la Consulesse ma mère, pour faire accélérer les négociations de ma rançon. Dans le dément Empire Céleste, je ne redoutais rien, je flairais et je jouissais... De plus, à cause de la Chine, du lait de Li et de mes galopades avec mon mafou, j'ai les muscles durs et je suis fort. Alors, pourquoi ne me suis-je pas débattu contre ces petits garnements médiocres et ignorants ? Honte. Mais je ne pouvais me comporter différemment, sans trahir mon orgueil. A cause de la « face », cette fameuse face qui me donne une figure lisse et fermée, qui fait que je contiens mes sentiments et mes émotions, démontrant que je ne suis jamais atteint ni touché — même si c'est faux, archi-faux, car au contraire, je ressens tout...

Cette face m'a appris à ne jamais réagir ouvertement, directement, comme font les vulgaires Blancs qui tempêtent, crient, s'exhibent, mais seulement d'une façon convenue, selon les rites établis pour chaque situation. Je veux être indéchiffrable, inaccessible, au-delà, indifférent à tout, quoi que je subisse... C'est pour cela que je mens constamment, car la vérité est une indécence, c'est comme d'étaler son derrière, pis, son cerveau et son cœur. Je ressemble à Anne Marie, la Chinoise énigmatique... En tout cas, la « face » est un instinct qui me domine, qui me remplit, que j'ai apporté avec moi, depuis le lointain Sseu Tchouan. Me commettre bassement avec mes poings, je ne le peux pas. C'est indigne, c'est pour les coolies, et moi je suis un seigneur. Plutôt supporter l'outrage, plutôt paraître un pleutre : je dédaigne les affronts, je les méprise, prouvant ainsi, selon la sagesse asiatique, la mienne, que je leur suis supérieur. Mais cela n'est qu'une apparence. Les Chinois cachent, sous ce masque heureux, la vengeance qu'ils savoureront plus tard, beaucoup plus tard, après toutes les dissimulations et les ruses nécessaires, quand tout sera prêt pour châtier et punir. Un jour, oui... lorsque le temps aura mûri, je me vengerai en lançant sur mes tortionnaires les dragons infernaux, venimeux et crachant mes flammes, hérissés de dards et de griffes. Un jour... Mes petits bourreaux seront de la purée sanglante, et j'enfermerai dans un panier en osier la tête de Flugman, que j'aurai tranchée moi-même, en prenant soin de mettre des bâtonnets entre ses paupières, pour que ses yeux vitreux, glaucomeux, gardent dans la mort l'aspect d'une vie grotesque. Un jour.. En attendant, savoir souffrir.

Dans le dortoir : l'assoupissement, des souffles égaux, paisibles, juste Flugman qui ronfle un peu, en bonne brute consciencieuse. Moi, malgré mes résolutions, je me tortille dans ma détresse, qui me tient éveillé. Par la fenêtre ouverte, le croissant de lune me déchire, les étoiles me brûlent. Si Anne Marie savait mon sort... « Viens, Anne Marie, viens... » Cent fois, je répète cette supplique pitoyable.

Enfin, je suis emporté par le sommeil. Vers où ? Ce n'est pas le repos mais un de mes cauchemars habituels avec ses images terribles. De grands anneaux, un monceau visqueux, m'étreignent, se déploient, se coagulent, se referment, en un mouvement lent, humide, sans pause, perpétuel, comme s'ils étaient contraints à cette reptation incessante. Dans cette mouvance, il y a, avant tout, une douceur puissante, poisseuse, celle de quelque force effrayante, sûre d'elle, une progression immobile, tour à tour amassement compact ou pavane en boucles mouvantes, parfois le dessin ajouré de quelque signe, d'un caractère néfaste, apparaît et disparaît. Ces anneaux font partie d'un filament énorme, lisse, colossal, une coulée de viande, rien qu'une chair effroyable qui, dans son gabarit rond, une rondeur sans commencement ni fin, s'enlace d'elle-même dans une ductilité molle et dure. Chose apparemment sans charpente, qui peut se nouer et se dénouer dans les mailles d'un tricotage monstrueux, souplesse infinie de cette énormité, liberté dans une torsion géante et absolue. Je sens que c'est une chose des mers ou des forêts, pas quelque algue ou quelque liane, que c'est la vie en elle-même, la vie tueuse. L'hydre est recouverte d'une écorce verdâtre, où des écailles constituent une marqueterie géométrique de losanges plus noirs. Cela coule, s'écoule et puis s'ordonne en une superposition de cercles réguliers, pour constituer un trône de chair. Alors, au lieu qu'un souverain des enfers, quelque bouddha noir, s'asseye sur cet autel, au contraire de ces circonvolutions bien rangées, royalement, affreusement, se dégage une tête rectangulaire. Triangle dilaté qui, tirant invisiblement sur son corps enroulé, le déroulant peu à peu, monte, toujours plus haut, au sommet d'une colonne d'effroi qui semble menacer le ciel. En même temps, de dessous l'amas se défaisant, à même le sol, apparaît l'autre extrémité, une queue en forme de trident, qui se balance en un va-et-vient régulier.

Je me réveille à moitié, je me souviens de mon amah Li et de sa voix d'angoisse quand elle me décrivait le Grand Serpent qui peut, en frappant la terre de son trident, s'élever dans les airs par des sauts de cinq cents mètres, rebondissant chaque fois, indéfiniment, jusqu'à ce qu'il ait atteint sa victime. Maintenant, j'en

suis sûr, il va venir à moi, à travers les continents, pour me dévorer. Je le vois, le Grand
Serpent, aux confins du monde, en Chine,
soudain cogner le sol de sa queue, comme
d'un fouet, et aussitôt monter dans l'horizon,
une flèche. Rien ne l'arrête, ni les montagnes
vertigineuses, ni les distances infinies, ni les
océans, ni les déserts. Je le sais, il arrive, il est
là, il va entrer par la fenêtre. En effet, j'ai
ouvert les yeux et je regarde — un ligament,
une longueur, un ténia gigantesque, une sombre lanière, dont l'autre extrémité pend
dehors, rampe sans bruit, juste un frottis
d'écailles : un écoulement, gros, cosmique,
interminable. Je ne hurle pas, tant c'est inexorable, fatal, tant je suis résigné. Le Grand
Serpent arrive à moi et il se love pour frapper.
Je discerne sa tête qui gonfle de fureur avant
de s'élancer, sa tête qui n'est pas une tête, mais
un tronçon sans traits, seulement des yeux
sans paupières, sans lueurs, une gelée pétri-
fiée, insensible, d'une fixité morne, le Mal en
soi. Il y a aussi, à l'embout de ce mufle, une
fente, sa bouche. Il en sort un long dard
émincé, vibratile qui frétille de toute la fièvre,
de tout l'appétit vorace de cette Bête capable
de manger le Monde. Et ce monstre, qui n'est
qu'un ventre, attend sa prochaine lippée, c'est-
à-dire moi.

J'ai une illumination. Cette tête sans aspéri-
tés, la mort sans attirail, c'est Anne Marie. Je la
reconnais, je reconnais ses yeux sans regard.
Je reconnais sa mince bouche serrée sur elle-

même, sans mots de bonté, d'où est sortie enfin cette langue, qui tremble du désir de me supprimer. Heureusement qu'elle est venue, même si c'est pour me tuer. Qu'elle m'absorbe ! Que ses mâchoires se distendent pour m'avaler et que je glisse à l'intérieur de son corps longiforme. Je veux qu'elle soit mon refuge, je veux disparaître en elle, retourner dans son giron. Je veux m'engloutir, couler à l'intérieur d'elle, être une bosse qui, en descendant par la voie royale de ses entrailles chaudes et gloutonnes, déformera son être. Après avoir vécu une grossesse qui a accouché de moi, elle vivra une grossesse qui me digérera. Elle aura réparé le mal qu'elle m'a fait en me mettant au monde, en me faisant vivre hors d'elle. Joie, apothéose — se perdre en elle, se retrouver en elle, cheminer en elle, longuement, jusqu'à ce que ses sucs qui m'avaient façonné m'aient dissous. Alors je serai cette fois à elle, complètement à elle. Sa chair même.

Mais, à ce moment de ravissement, j'étouffe, je suis asphyxié, je ne respire plus, ma gorge est encrassée, remplie de quelque matière fétide. Mes poumons se gonflent et se dégonflent en saccades à la quête de l'air qui n'existe plus. Et en même temps, il me semble être dans un caveau dont les parois se rapprochent, se resserrent. Est-ce que je suis enfermé dans le ventre d'Anne Marie ? Est-ce que je suis pris par le paquet de ses intestins puants ? C'est sale et écœurant à l'intérieur d'elle : des tripes, des organes rougeâtres, jaunâtres, des éponges exécrables. Je veux vivre, je me débats contre ses abats. Ma poitrine pèse d'un poids immense, terrible. Maintenant mes poumons explosent, ne sont que lambeaux. Il ne me reste plus de chair, je suis seulement squelette, qu'elle va digérer aussi. Plus de palpitations, juste une fulgurance, un embrasement de la pensée : je suis mort. La panique s'empare de moi. Dans mon lit, je bondis, un saut forcené pour écarter les parois carnivores qui me dégustent. Et je hurle un hurlement fou, noir, déchiré, le long hurlement d'une grande détresse, d'une angoisse qui voit les yeux verts du trépas. Une sueur me couvre comme une chape...

Soudain, j'ai, très distinctement, une sensation de réveil, de sortir de l'atrocité. Pourtant, elle rôde encore. Je suis retombé sur mon lit, assailli de peur et je regarde. Où est le Grand Serpent, où est Anne Marie ? Je cherche la tête triangulaire, le long corps glissant, ce formidable écoulement cylindrique, cette traînée rampante. Apparemment, rien. Seulement la nuit qui s'est épaissie, la lune qui est partie, les étoiles qui se sont éloignées. Dehors, les arbres s'agitent mystérieusement, sans que j'entende le vent. Pureté des ténèbres, pas la poix, mais une légèreté opaque. Pas de bruits, juste les craquements de la nature au repos, écorces, branches, feuilles, la terre elle-même qui parle doucement. Dans cette symphonie nocturne de l'été, dans la bonne chaleur de l'été, les tilleuls sont odorants. Dans la chambrée, tout dort. Je

devine des têtes d'enfants... A mes vociférations, a répondu seulement un beuglement de
Flugman, comme s'il protestait, au sein de son
sommeil, d'avoir été dérangé dans son engourdissement de souche.

Malgré cette paix, l'effroi ne m'a pas quitté.
Mon cœur est un abcès, mes oreilles sont à
l'affût, mes yeux scrutent. Je ne crie plus. Je ne
sais pas encore très bien si je vis, je suis dans
les limbes, un espace cotonneux. Plus je
reprends conscience, plus je suis saisi par cette
hantise : est-ce que le Grand Serpent n'est pas
là, n'est-il pas une partie traîtresse de la sérénité couleur de nuit ? Peut-être s'est-il caché
dans un coin comme un rouleau de cordages ?
Frissonnant, je préfère aller au-devant de
l'Épouvantable plutôt que de l'attendre durant
des minutes et des secondes d'incertitude intolérable. Je veux savoir. Alors, je me lève et je
me mets à chercher à travers le dortoir. Plutôt
la connaissance que l'ignorance qui me vide le
corps, m'arrache les tripes. Je ressemble à un
de ces petits poissons éviscérés qui vont être
jetés dans les marmites d'huile bouillante par
les restaurateurs ambulants de la Chine. Dans
ma fouille, je me fais fantôme, je me glisse en
tapinois, pieds nus, retenant mon souffle,
essayant d'être le silence même. De quelles
échardes de moqueries ne me transperceraient
pas les petits dormeurs s'ils me voyaient dans
ma poursuite égarée, rampant, me glissant
sous les châlits, me relevant pour des pas
incertains. De quels termes de mépris ne m'ac-

cableraient-ils pas : « Chinois hurluberlu. Chinois fou, Chinois voleur, essayant de chaparder... » Que leur expliquerais-je ? Le Grand Serpent ? Non ! Je marche parmi des récifs, ces lits, ces chaises, ces vêtements accrochés. Parfois je me cogne à eux, dans un fracas d'apocalypse. J'écoute les haleines des endormis, ces flocons, dans la crainte qu'elles ne cessent. Toutes les peurs en moi, celle du Grand Serpent, encore plus celle des gosses. Pas d'hydre apparemment, mais des signes inquiétants : Flugman ronfle encore plus fort, les gamins commencent à s'agiter malaisément, se trémoussent un peu, comme si la nappe légère de leur assoupissement, de plus en plus ridée de plis, allait se déchirer. Il ne faut pas que je sois surpris.

Désormais, je sais que je suis vivant. Mais cette certitude ne me rassure pas. J'ai encore en moi les anneaux effroyables, la tête abominable d'Anne Marie. Je ne veux pas, en me recouchant et en m'endormant, retomber dans le même cauchemar. Je me décide. J'entrevois la porte, je me faufile jusqu'à elle et j'en tourne la poignée, qui grince à peine. Je me trouve sur le palier de l'étage, où donnent les autres dortoirs et où aboutit un escalier aux marches de bois. Je suis seul dans la nuit du Ravon endormi. Le Ravon, vaisseau de sommeil voguant dans les ténèbres ! Quel bonheur ! Le Grand Serpent achève de se dissoudre, je n'ai plus d'ennemis, plus de bourreaux, plus de gosses qui m'assaillent. Félicité.

Une petite ampoule nue donne une faible clarté à ce palier vide et laid. Soudain l'escalier craque, en dessous, avant qu'il ne fasse sa rotation vers le haut, où je suis. Je me rejette dans une portée d'ombre, je m'y incorpore, invisible et plein de mauvais pressentiments. Quelle apparition insolite va surgir, quels êtres vont sortir de la tranquillité, quelles malfaisances ? Je sais que je suis destiné au malheur, mais quelle nouvelle forme va-t-il prendre ? Le cœur me pèse, les craquements du bois se mêlent à des voix qui s'approchent, je ne vois pas encore les individus qui montent. Leurs pas font geindre les marches et leurs bouches lancent des bribes de paroles, mots chuchotés — un ruisseau de mots qui coulent en clapotis. Longues secondes à attendre. Ils traînent dans la partie de l'escalier qui m'est cachée. C'est une ascension lente, douce, où les murmures sont des caresses. Enfin les inconnus, ces fruits rares de la nuit dépeuplée, où ne germent que les songes, ayant franchi le tournant, prennent consistance. Leurs ombres projetées en avant d'eux, comme des découpages grossis, puis eux. Quelle est cette image extraordinaire ? Arrivent vers moi deux « grands » en pyjama froissé, accolés, soudés, deux corps à une seule tête — sans doute encore quelque calamité de la nature, quelque Bête. Mais cette fois je ne rêve pas, ce ne sont pas là des visions de cauchemar. Je me tapis davantage dans ma cachette, moins dans l'angoisse que dans une curiosité trouble. Quelle magie est-ce donc là ? Je pressens d'étranges choses...

Deux garçons sont enlacés, leurs bras sont des lianes qui les emprisonnent l'un et l'autre dans une geôle qui leur semble douce. Leurs lèvres sont collées par un long baiser tendre d'où s'échappent de petits cris roses, sucrés, fondants :

« Julien chéri, je t'aime.

— Je t'aime bien, mon petit François. »

François, jetant un regard à l'entour, est pris de crainte : il veut se déboîter, se détacher de son ami.

« Cessons. Nous sommes imprudents. A chaque instant, nous pouvons être pincés. »

Un rire, un peu méprisant, dominateur, répond :

« N'aie pas les jetons. Ça roupille partout comme des bœufs. Et puis, je m'amuse au défi, au risque. Il faut ajouter des piments au plaisir. »

Julien, l'impérieux, se fait insinuant, séducteur, il glisse dans l'oreille de François :

« Tu sais, je te sens encore dans ma bouche.

— Et tu aimes mon goût ?

— Oui. C'est sucré. Ta gelée coule encore dans mon gosier. C'est bon. »

Ils atteignent le palier. Maintenant ils sont près de moi. Je recule, mais je les dévore des yeux... Le plus proche est François le timoré, rose et bleu, joli. Il porte l'innocence sur son front bombé comme un flanc de vase en porcelaine précieuse. Ses traits sont suaves, presque androgynes. Le galbe de sa tête suit la courbe même du charme : il est le séraphin de la pureté impure, cet état de grâce où la volupté est candeur. Quant à Julien, il dresse, haut perchée au-dessus de sa pomme d'Adam saillante, une tête de conquérant, brune, étirée, belle. Soudain, à quelques mètres de moi, il éclate de rire :

« Accomplissons le sacrilège. Un acte digne de nous, de notre mépris pour ces animaux de basse-cour qui ronflent comme des orgues domestiques. Chiens serviles flattant leurs maîtres. Je hais tout ça ! Pendant que ces pauvres types, dans leur sommeil d'abrutis, se préparent pour une journée bête, aussi bête que les autres, montrons que nous sommes des dieux. Nous allons faire l'amour sur ce palier, en signe de liberté et de joie. Là, maintenant, je te toucherai et tu me toucheras...

— Mais si quelqu'un sort d'un dortoir pour aller faire pipi... Nous serons renvoyés. »

Julien le toise.

« Tu m'aimes, m'as-tu dit. Alors, aime-moi... »

François est subjugué et se soumet. Les mains des deux garçons se détachent des cous et des épaules qu'elles avaient continué à enserrer doucement, descendent, dans un chassé-croisé harmonieux, vers les fentes de leurs pyjamas. Et chacun retire du corps de son chéri, à l'orée des jambes, un tronçon mou enveloppé d'un manteau trop grand. Tandis que leurs bouches se noient dans une embrassade interminable, leurs doigts s'emparent mutuellement de la pendeloque de l'adoré, la palpent, l'étreignent, la parcourent avec une violence langoureuse. Bientôt les deux membres semblent sortis de leurs propres corps et sont possédés d'une vie indépendante. Ils se mettent à s'étendre, à grandir, à devenir des troncs droits, durs, presque tyranniques, à l'écorce lisse. Ces colonnes, toutes fermes qu'elles soient, ont aussi le velouté de la chair, des vibrations, des sursauts, une gourmandise délectable. Les mains sont des étaux de joie, ce qu'elles tiennent et manient, ce sont des sexes gonflés de gloire, brutaux et moelleux à la fois, dont les embouts roses et nus se dilatent encore, toujours. En moi, monte une marée nauséeuse, une honte écœurante. En moi, niche l'infâme qui pendille, tout petit, ratatiné, endormi.

Pourquoi suis-je consumé, révulsé par ces jeunes phallus dans leur régal ? Je sais que le mien aussi peut croître, devenir monstrueux, exigeant.

Pourquoi tant de remugles dans mon cœur ? Même dans la répulsion je suis fasciné par ce que je vois. Les phallus de Julien et de François vivent. Les amoureux en jouissent sans remords, avec délices même, ils s'en délectent. Je contemple l'étrange manège entre les garçons. Longtemps, tous deux se triturent, les mains de l'un sur le sexe de l'autre, toujours plus redressé, rougeâtre, veines saillantes, calotte repoussée, le bout comme un volcan

sur le point d'éclater. Les mains vont et viennent longuement sur les sexes, les chauf-
fant :

Julien s'interrompt et proclame :

« Je veux que nous nous bénissions dans le
Grand Sacrement. Mettons-nous nus, pour être
en état de grâce. »

Les pyjamas tombent et il n'y a plus que
deux corps.

Julien, hiératique, est un prêtre qui s'apprête
à sa liturgie.

« Tout à l'heure, couchés dans le vestiaire,
nous avons batifolé, et dans nos jeux, je t'ai
reçu comme tu m'as reçu. Nous avons dégou-
liné l'un dans l'autre. Mais, désormais, toi seul
me sucera et je ne te sucerai plus. Suce-moi...
Nous nous marions sur ce palier. A présent, tu
seras ma femme. Je suis Jésus et tu seras ma
Marie Madeleine qui recevra ma semence
sacrée. Acceptes-tu, François ?

— Oui.

— Mets-toi à genoux. »

Julien, debout, porte ses yeux vers le plafond. Sa tête est si grave, si détachée de ce
monde, que paraît flotter autour d'elle l'auréole de la sainteté. Elle semble survoler son
corps maigre, nerveux, presque écorché, où les
côtes font des encoches, mais qui est tendu
comme un arc. En bas, sa flèche est un tendon
qui oscille. Il attend... François, à ses pieds,
s'approche lentement, à quatre pattes, vers
l'écharde dure. Ses lèvres s'entrouvrent pour
que la chair de Julien devienne son corps, que

son vin soit son sang. Lente ingurgitation qui le remplit jusqu'au fond de sa gorge. Serpent en lui qui rampe, serpent d'Eden...

A un moment, Julien est saisi de râles, de secousses... Il paraît près de la mort. Et puis il rit et dit à François :

« Maintenant, relève-toi que je t'octroie le baiser de paix. Tu es mon épouse. Nous sommes unis à jamais. Souviens-toi, tu me dois obéissance, soumission et fidélité. »

Accolade des deux garçons.

La scène des épousailles grandioses et dérisoires, puis des accordailles, a été pour moi si prenante, que je tousse. Alors les conjoints, redevenus des « grands » ordinaires dans leurs pyjamas, me découvrent. Julien s'avance vers moi qui recule pour lui échapper. Il m'attrape et me tient. Il me prévient :

« C'est toi le petit Chinois. Tu as été témoin de notre mariage mystique. N'en dis mot à personne. N'aie pas peur. Sache seulement que si tu bavardes, nous te casserons les os et en ferons de la bouillie — nous te frapperons plus que mille Flugman. Nous avons entendu tout à l'heure la petite branlée qu'il t'a fait donner. Si tu te tais, nous te protégerons. »

Là-dessus, Julien, l'apôtre, me donne une bourrade amicale et rit encore. Puis il disparaît avec François.

Tout s'est dissipé. A nouveau, sur ce palier, la solitude, le calme. Julien et François, je les aime bien car, dans ce Ravon où je suis assujetti à l'opprobre, ils ont été bons pour moi. En même temps, ils me répugnent avec leur magie, leur messe noire, leurs serpents soyeux.

Je sais désormais que les reptiles grandissent, s'insinuent, s'infiltrent dans tous les orifices, même dans les bouches. Si l'un d'eux entre dans la mienne, que je meure ! Et Li, alors ! Avec elle, je n'avais pas de serpent ! Elle était la tendresse, elle était la beauté, elle était une femme. C'est par ma mère que la honte est venue. Car ma mère n'est pas une femme, elle est sacrée et détestable. Avec ma mère, je suis entré dans l'univers du trouble, du douteux.

Je rejoins mon dortoir, et la grosse tête de Flugman me rassure. Son faciès, dans son assoupissement, est celui des terribles gardiens chinois, en bois peint et sculpté, brandissant lances et épées, qui veillent sur le sommeil des morts. Je peux m'endormir.

Sommeil malaisé où des images vagues, plus oppressantes qu'accablantes surabondent. Formes qui se pressent, se multiplient sans poids, sans consistance, pas reconnaissables. Un embrouillamini surchargé qui, dans l'impossibilité où je suis de les fixer et de les distinguer, crée un pressentiment pénible. Léthargie embrumée dans le jour qui approche.

Le réveil me vient par les coups d'une cloche dure qui cognent comme des marteaux. Je suis loin des tintements doux et prolongés du bronze des pagodes. Aussitôt, avec une sorte d'alacrité, une pétulance redoutable, les gamins s'éveillent. Moi, je suis abruti, idiot. Ruée des petits et des grands pour se précipiter vers les douches. Ils sont rassemblés dans une cohue nue, à l'intérieur d'une pièce de ciment grisâtre où des pommes d'arrosoir déversent des giclées d'eau froide. Quand j'approche, les carcasses malhabiles, mal façonnées, des garçons s'affichent avec un grossier orgueil, avec impudence. Pas de honte, au contraire. C'est une cohue vigoureuse des corps qui s'offrent aux jets d'eau sous tous les angles, dans toutes les positions, de devant, de derrière, de profil, avec le savon comme Saint Sacrement.

Combien sont rassemblés là ? Une cinquantaine. Chaque garçon affublé de son sexe, sans en être gêné, le lavant, en faisant une boule de mousse. Quelle exposition de pénis, quel rassemblement de tailles, de couleurs, de textures, toutes les variétés, tous différents ! Je ne savais pas qu'il en existait autant d'espèces. Jusqu'à ce matin-là, j'avais été le seul petit garçon du monde. J'étais unique. Me voilà avec cinquante semblables. J'entre dans l'univers des hommes. Malgré moi, cela m'éblouit, mes yeux contemplent : il y a des bouts sans capuchons, d'autres revêtus de capelines ou de toques, tous germent de sacs brunâtres et corroyés, bourses ridées. Il y en a de minuscules, juste des coquilles, d'autres anonymes, ternes, certains gros, mais courts et brutaux, d'autres sont des tiges longues et minces qui pendouillent comme des boyaux extérieurs. Quelques-uns proclament leur superbe, se tenant graves et tranquilles. Au-dessus de ces appendices, pas de poils chez les petits, une nudité rose qui souligne leur puérilité, un duvet chez les grands, étrange annonce d'une moustache, d'une toison future en cet endroit. Sur tous les sexes, humbles ou orgueilleux, l'eau ruisselle, dégringole par le ressaut qu'ils forment. Gargouilles...

Une fois mon pyjama enlevé, je dois entrer dans cette foule qui me répugne. C'est la marche vers l'abjection, celle où je me livre, où je me trahis. Comment est mon robinet par rapport aux autres ? Je ne le sais même pas, normal ou difforme, petit ou monstrueux, ne va-t-il pas surprendre, attirer les sarcasmes ? En me faufilant, j'essaie de cacher mon pauvre membre de la main droite. Je la tiens devant lui comme un bouclier, mais je tremble, je suis misérable. Brutalement, une grosse voix épaisse tombe sur moi, venue des hauteurs :

« Pas de ça. Enlevez votre main. Il n'y a pas de honte à avoir... »

En même temps, un bras puissant écarte le mien, celui qui abrite ma pudeur. Mon sexe s'exhibe, freluquet, ma mise à nu est accomplie par une intervention toute-puissante — je découvre que la voix et le bras qui m'ont dépouillé de mon mystère, qui m'ont violé, appartiennent à un homme fait, à un monsieur qui, la tête au-dessus de la tripotée des gamins, se tient, poilu, au milieu d'un cercle de respect, colosse sous le jet de la pomme d'arrosoir qu'il touche de son crâne. C'est M. Massé lui-même, figé et impassible. Il n'est sorti qu'un instant de son indifférence pour faire son observation et son geste impatients. Je le regarde. Je vois, en bas de sa charpente d'homme, sortant d'une forêt supplémentaire qu'il porte sur son ventre et qui se dilue jusqu'à ses cuisses et son torse, tout embroussaillée, une touffeur bleu-noir. Je vois son phallus, un boudin brunâtre, paisible, replié sur lui-même, gros, épais et long. Pourtant il y a, dans cette puissance, la marque de l'usure, de l'usage... Et je pense à la femme de M. Massé, que j'ai aperçue dans une grande robe noire ballonnée. Une productrice d'enfants, une outre de moralité. Devant les yeux bruns de M. Massé, à nouveau distants, qui semblent ne rien voir et qui pourtant me fixent, je fais le plus grand effort de ma vie : je ne me cache pas. Mon sexe s'ajoute aux autres. Rien ne se produit, pas un éclat, pas une moquerie, pas un rire, rien... Je ne suis donc pas difforme de ce côté-là...

Dépassant M. Massé qui se frotte la poitrine avec une vigueur calme, en de longs mouvements circulaires, je continue d'avancer. A nouveau le grouillement. Me voilà face à Flugman, lui aussi un seigneur de la douche qui s'ébat comme un pachyderme, soufflant de la bouche, trompettant du nez, brouhahant de partout, sa peau pleine de grosses plaques mousseuses. Il a vu la scène avec M. Massé et il marmonne : « Espèce de vicieux, on t'apprendra à mal penser. » Où est mon vice ? Je me le demande. Je me cache derrière les petits qui s'épanouissent sous l'eau, se savonnant, se désavonnant avec une sorte de jubilation, les plus costauds repoussant les plus malingres, pour rester longtemps sous le jet, béats ou se trémoussant. Je suis dans la piétaille des faibles qui essaient de se chiper leur tour, qui se battent pour arriver sous l'eau. Un sabbat, mais sacré, le bon sabbat de la propreté. Enfin je me lave, l'un des derniers, lamentablement, mal, gêné.

Quoi de plus banal que cette initiation à la nudité dans les douches ? Étrangement, cet épisode est incrusté dans mon souvenir et restera une des premières étapes de ma déchéance aux Sources.

Il y aura un autre lieu d'infamie pour moi : les vestiaires. Je les redoute encore plus que la douche.

Vestiaires : un haut lieu pour les gosses du Ravon, pas seulement leur habilloir et leur déshabilloir, mais leur salon capharnaüm. Un espace étouffant, tiède, dominé par des planches érigées, mâture verte, gréement où est suspendu le monde des tenues : blazers, serviettes, chemisettes, garde-robe de petits gentlemen bien propres, adonnés aux sports, un peu à l'étude, en tout cas à la bonne éducation. A même le sol, des casiers constituent une estrade sur laquelle les gosses s'asseyent. Casiers qui contiennent tout ce qui concerne les pieds : chaussettes, godillots, chaussures à crampons, à pointes, pantoufles. Ça sent plus fort. Entassement dans une odeur de sueur, de moisissure, relents d'eau, relents d'ombres, tiédeur, odeur des corps mouillés, séchés, soignés. Les élèves doivent se changer mille fois par jour pour être dans l'état convenable. Sans compter que traîne dans leur attirail smart une quantité de choses insolites, des pompes à vélos, des cahiers perdus, des matraques qui sont des battes de cricket, que sais-je encore, tout ce qui peut occuper, préoccuper, intéresser ces jeunes messieurs : leurs trésors et leurs épaves.

Heures où ça grouille, folâtreries des gamins à moitié nus, à moitié habillés, se hâtant ou traînaillant, criant, se menaçant, s'alliant, se désalliant, se prêtant, s'empruntant, disputant, marchandant. Ils sont habiles dans leurs métamorphoses vestimentaires, alors que je ne sais pas me vêtir ! Gourde je le suis, je le reconnais, toujours empêtré de moi et de tout, bousculé, traînard, incapable — même les lacets sont un problème insoluble. Dans ma maladresse et ma couardise, je me sens protégé tant qu'il y a multitude, affairement, que tous s'activent pour être prêts à temps sous le regard de Flugman et des « capitaines ». Juste des lazzis, quelques horions... Plus dangereuses sont les heures creuses, après qu'un coup de sifflet a livré les élèves à un repas, à un jeu noble ou à une sommeillante étude.

Alors, parfois, quelques garçons mystérieusement inoccupés, viennent flâner là, s'amusent entre eux. Malheur à moi s'ils me trouvent, moi resté seul, en retard, me débattant avec les beaux équipements achetés par Anne Marie et déjà à moitié en loques, les cherchant, ne les trouvant pas, en tout cas ne sachant pas les mettre, moi comme un somnambule, prêt aux réprimandes et aux punitions quand je surgirai au réfectoire ou dans une classe. Ces réprimandes et ces punitions n'égaleront jamais ce que j'ai subi un après-midi dans les vestiaires.

Cet après-midi-là, quand les vestiaires se vident, j'y suis encore, plongé dans les casiers à la recherche de mes chaussures égarées. J'entends des pas et des voix redoutés, je sursaute. En effet, c'est l'abomination. Sont apparus quatre enfants de mon dortoir, les plus mauvais. Ils ont des mines allumées. Je sais aussitôt qu'ils sont revenus spécialement pour moi, qu'ils ont préparé une méchanceté. Ils rient en m'apercevant. Je me suis redressé pour les attendre, et je suis happé dans l'orgeat de leur malice. Ils tournent autour de moi en chantonnant :

« Baisse ta culotte et montre-nous ton cul, crétin, qu'on te le botte. On va te guérir de ton orgueil de satané Chinois. »

Mon orgueil, ils l'ont deviné, ces petits bouts d'hommes, malgré ma passivité, à cause d'elle peut-être. C'est ce qui leur donne encore plus de férocité. Pauvre orgueil, il leur faut le détruire ! J'essaie de me débattre, mais la ronde devient infernale. Des têtes endiablées autour de moi, gaies, gaies. Je suis capturé par cette danse agrippante... aucun espoir, aucun secours.

Ma culotte défaite par je ne sais qui, eux ou moi, est tombée autour de mes pieds, les emprisonnant, oripeaux, chaînes de mon dépouillement. Je suis dérisoire, habillé par en haut, ligoté par en bas, ma chemise me battant les fesses de ses pans. Je me sens dans la nudité la plus totale, bien plus qu'aux douches. Je suis en proie à mes tourmenteurs qui m'ordonnent :

« Penche-toi en avant pour qu'on t'astique bien le cul. »

Je me courbe docilement, faisant ainsi saillir mon derrière. Je ne suis plus qu'un postérieur tendu, attendant l'assaut. Je suis ébranlé par des explosions qui semblent faire voler en éclats mon fondement : énormes bourrades, pieds qui me cognent en cadence. Je suis projeté en avant, empêtré dans mon pantalon qui entrave mes jambes. Mes exécuteurs passent et repassent autour de moi, hilares, à qui frappera le plus fort. Ils se divertissent !

C'est à ce moment qu'apparaît Flugman, il contemple le spectacle. Il comprend ce qui se passe et il ne peut s'empêcher de fendre son épaisse face d'un sourire de béatitude. Puis, se reprenant, il fait semblant de se fâcher.

« Crétins, qu'est-ce que vous foutez ici à cette heure ? Vous devriez être à l'étude. Laissez le Chinois. »

Les gaillards décampent en rigolant. Ils sont satisfaits. Il ne les a même pas punis.

Flugman me dit :

244

« Grande andouille, pourquoi tu te bats pas ? »

Dans mon anéantissement, je marmonne seulement quelques mots lamentables, accrochés à ma destruction :

« Je ne peux pas... je ne sais pas. »

La gueule de Flugman se contracte, reniflant à petits coups comme devant une charogne :

« Je vais te supprimer la raclée du soir, tu la mérites même pas. »

Depuis lors, je vis à vau-l'eau, petite épave flottant sur la mer des brimades. Heureusement qu'Anne Marie ne me voit pas, à quoi servent les superbes effets que nous avons achetés ensemble, les blazers, les écussons, les chemises de soie ? Je suis sale, mal peigné, attifé comme l'as de pique, tout sur moi devient guenilles, et je suis moi-même guenille. Je ne ressens plus les affronts, les tracasseries, les mépris qui me pourchassent. Il me semble que toujours bourdonne autour de moi la grosse mouche noire des moqueries, un vrombissement qui ne cesse pas. Je subis sans même souffrir. Je suis du bois mort. Je ne fais jamais front, je suis une bestiole traquée... Je suis une limace. Pourtant, je cours vite.

Chaque fois que les garçons et moi nous cheminons en troupe à travers la nature épanouie vers quelque bâtiment de classe, commence aussitôt la chasse à courre.

Immensité de l'été, les herbes sont géantes, le soleil n'arrive pas à écraser la verdure qui grimpe et les arbres dominateurs. Pourquoi est-ce que, dans cette exubérance, je ne trouve pas asile ? Tout désir a disparu de mon être. Je suis pris dans un ahurissement où mon « moi » s'est dissous. Reste ma carcasse stupide aux réactions automatiques, celles d'une peur qui est ma seule forme de vie. Peur continue, lancinante, jamais apaisée, et consentante.

Sur les chemins bruissant des joies estivales, je perçois les gémissements heureux des branches, les houles murmurantes des herbes, les crissements des insectes, les criailleries douces ou perçantes des oiseaux, les danses des faîtes des chênes. Je cours pour échapper à la meute poursuivante. Tout ce qui me reste ce sont mes jambes qui se relaient en une fuite éperdue, sans que j'en aie conscience, seulement mues par la trouille qui me précipite. Fuite échevelée ne menant nulle part. Et puis mes poumons m'étouffent, ma gorge râpe, l'haleine me manque. Derrière moi, les hurlements vainqueurs se rapprochent, je suis rattrapé, jeté à terre. Ensuite abandonné, je me remets debout et marche seul, tristement, vers la salle de classe où caracolent déjà mes ennemis.

Là aussi c'est le ronronnement du sarcasme. Pourtant apparemment, la tempête est apaisée. Les élèves bien sages, assis sur leurs bancs en rangées bénignes, offrent la bonne imagerie studieuse du zèle. Décor de la scolarité : une grande carte de France au mur, un tableau noir et, sur une estrade, le bureau du professeur faisant face à ces enfants qui se sont mis en tabliers, dociles... Notre professeur est

Mlle Dupré, toujours aussi croche de corps, aux yeux qui chavirent souvent de bonté, avec ses membranes de chauve-souris qui se déploient dans des envolées de douceur persuasive. Elle est touchante et ridicule comme un oiseau blessé dont le cœur bat maladroitement. Sa voix, un grésillement sucré, chevrote quand elle se fâche. Les gosses hypocrites bafouent savamment son autorité, déchirent sa gentillesse, l'acculent jusqu'à ce qu'elle s'égosille, s'efforçant de gronder, vainement. Et toujours elle se trompe et toujours on la trompe. Moutards impitoyables aux manœuvres subtiles. Rien que l'innocence sur leurs figures, la bonne volonté dans leurs yeux qui connaissent par cœur les tours et détours où elle s'englue, vieille poupée embroussaillée, encore plus impuissante. Contre ses réprimandes, uniquement de l'étonnement, des protestations de sincérité : « Mais ce n'est pas moi, je n'ai rien fait. »

Cahiers, porte-plumes, encre...

Le jeu madré continue autour de moi, qui suis assis au premier rang sous la houlette de la demoiselle désarmée. Même quand elle prend des mines menaçantes d'épouvantail à moineaux, qu'elle gémit des exhortations suppliantes, qu'elle grince des promesses de punitions, même sous la protection de l'excellente créature, ce sont toujours, venant de nulle part et de partout, des rires, des ricanements, des grimaces, les do ré mi fa sol du chœur clandestin des singeries, la rengaine éternelle :

« Le Chinois, le sale Chinois. » On s'arrange pour me piquer avec des épingles, me jeter des boulettes de papier, me glisser des graffitis où je suis représenté avec des cornes. Pourtant, j'essaie de sortir de ma nullité, je m'échine à apprendre des mots français. Résultats désastreux. La chauve-souris du pupitre me fait venir au tableau noir et je trace, en fait de lettres et de chiffres, des gribouillis qui sont des débris de caractères chinois. Un nuage de craie m'enveloppe, et je repars blanchâtre, sous les rigolades, sans que personne n'ait apparemment ouvert la bouche. Ce n'est pas mieux quand la demoiselle me pose charitablement quelque question particulièrement aisée — alors, je me lève de mon banc, grande asperge, plat de nouilles et, même si je connais la solution, je n'arrive qu'à ânonner : « Ah ! ah ! ah ! » Découragée, la chauve-souris, avec ses ailes de renoncement, me commande de me rasseoir, ce que je fais, rentrant dans le troupeau surexcité. A ce moment, comme autant de dards me défiant, tous les doigts s'élancent pour proposer la réponse. Un autre enfant est désigné qui, debout, l'énonce glorieusement.

Bataille avec mon porte-plume, avec sa grande plume grinçante, véritable soc de charrue, que je trempe dans un encrier enfoncé au coin du pupitre. L'encre est épaisse, à moitié desséchée, une colle pourprée. Mon cahier, j'en fais un gigantesque barbouillage de taches rouges. Mes doigts semblent dégouliner de sang. Mlle Dupré est obligée de sévir. Elle me

cingle : « Vous redoublerez. Vous êtes un illet-
tré, un incapable. » Là-dessus, le chœur de la
classe reprend : « Le Chinois, le cochon de
Chinois. — Taisez-vous », crie Mlle Dupré,
dans ce chahut. Elle aussi renonce à moi.

Quand, à la traîne de tous, je me présente à
la porte du réfectoire — en réalité une
immense salle à manger seigneuriale — je suis
refoulé à cause de mes mains sales. Supplice de
la pierre ponce. Je frotte à m'en arracher la
peau. Enfin une fois admis à « ma table » — il
y en a cinq, chacune présidée par un professeur —, je bave, je crachote, je mange dégoû-
tamment... Où sont mes belles baguettes
d'ivoire ?... Alors tombe sur moi le regard froid
de M. Massé qui, lui, mâche bien, comme un
métronome, en face de sa femme muette,
énorme de fœtus et de vide. Il soulève sa main
et me désigne l'immense cheminée carnivore
où je dois entrer, pendant que la société bâfre.
Je suis au pilori dans ma solitude, rejeté du
monde des mâchoires, des fourchettes, des
conversations joyeuses indiquant les plaisirs
du ventre. Incarcéré dans ma cheminée, je
sens encore plus monter la honte. Je ne suis
qu'une bûche.

Ainsi passent les jours et les nuits où tous se
liguent contre moi, pas seulement les élèves,
mais aussi les « capitaines », les professeurs,
surtout l'implacable M. Massé. Seule Mlle Dupré... Mais que peut-elle, la naine bossue ? Ce
qui me sauve, moi, clochard de dix ans, c'est
que je n'existe plus. Ma figure inerte, sans

l'ombre d'un sourire, d'une douleur, d'une révolte, est du papier mâché. Tout m'est égal car je n'ai au cœur qu'une seule plaie, une seule souffrance : Anne Marie. Une Anne Marie diffuse, confuse, dont l'image ne m'apparaît même plus. Elle est, en moi, une grande peine.

Curieusement, Flugman semble me porter quelque intérêt. Parfois, il me secoue brusquement : « Pourquoi tu te bats pas ? » Je me détourne de lui. Alors, il me flanque son poing sur la mâchoire : « T'es un dégonflé, une tapette, une pédale... »

Flugman me suspecterait-il de certaines choses dont j'ai à peine notion, mais dont je sais qu'elles sont mauvaises ? C'est que la seule bienveillance à mon égard provient de Julien et de François, inséparables. Dans cet enfer du Ravon, en fait d'amour, je ne discerne que le leur, et, quelle qu'en soit la nature, il me touche : ils sont heureux.

Souvenirs... Jeunes Célestes, qui, pour marquer leurs sentiments, se tenaient l'un à l'autre par deux doigts entrecroisés. Julien et François, eux, ne se touchent que par le regard. Ils constituent l'être et l'essence. Julien, dans cette symbiose impalpable, est le Yin mâle, avec son sourire voltigeant, fixe et amusé, condescendant, qui surplombe toute chose. A son ombre, le Yang de François. Aucune outrecuidance dans ce que je sais être un couple, un mariage mystique, le grand défi. Rien qui s'affiche, juste une aura, avec les yeux noirs et secs de Julien qui commande le monde, avec François toujours présent mais effacé. Ils sont réprouvés mais redoutés. L'hypocrisie rampante des Sources est leur protection : qui, par peur de souiller le miroir pur de l'École, reconnaîtrait que leur amitié est « sale » ? — la belle amitié virile étant prônée comme la vertu des garçons. Autour d'eux, pas de réprobation mais une distance dont ils profitent, dont ils abusent. Julien et François font peur par l'insoupçonnable de leurs liens et par leur hardiesse. Ils sont des archanges craints.

Eux, quand ils surgissent au milieu des petits moustiques et des grands anophèles qui me maltraitent, ils me délivrent avec quelques taloches. Julien dit :

« Tu étais beau, mon petit. Tu deviens laid dans la trouille. Un jour tu retrouveras ta grâce. Je te le promets. »

Je souris bêtement, une petite lippe d'escargot. Ils m'effarouchent, moi qui croyais ne plus rien avoir à redouter.

Mes sentiments à leur égard, je ne les connaissais pas. Ils étaient étranges. Toujours ensemble, la répulsion et l'attirance. Julien et François me faisaient horreur et pourtant je les aimais, je les admirais. Ils furent les deux premiers révoltés que j'ai rencontrés. Leur luxure c'était, d'abord, la grande insurrection.

Ai-je éprouvé de la tristesse, de la peine, du soulagement quand ils ont disparu secrètement et successivement des Sources ? Car un jour, Julien est parti vers je ne sais quel paradis ou quelle damnation. Pas renvoyé, rejoignant sa famille. Le surlendemain, François est escamoté lui aussi. Tous deux enlevés, l'un après l'autre, par quelque tourbillon, sans témoins, sans adieux. Ascension ou chute ? Juste une évaporation. Se retrouveront-ils jamais ? Les reverrai-je jamais ? Conspiration du silence. Les visages étaient des commodes aux tiroirs fermés, les bouches restaient closes. Comme si le Mal le plus effroyable de tous, celui de la chair, n'avait jamais pénétré aux Sources. Pas un clapotis sur le lac béni de la sainte institution. L'oubli.

Seul, Flugman, le regard coulant, fait passer sur moi les méduses de ses gros yeux.

« Alors, petit, tu les regrettes tes amis ? »

Je les renie tous les deux :

« Non, non, je les détestais.

— Tu leur as échappé. Ils se promettaient un bon dessert avec toi. Tarte aux abricots ou tarte aux pêches. Petit saligaud, pourquoi tu te bats pas, dis ? »

Cette fois, je réponds :

« Je ne peux pas. Ça me dégoûte aussi.

— Pauvre mignon, va... J'vais t'montrer la tarte que je t'ai préparée, moi. Une tarte signée Flugman, chef pâtissier. »

Il me décoche de son bras droit déjà poilu un gnon qui me fait voir trente-six chandelles. L'illumination selon Flugman qui se boyaute... Puis, de son trombone vocal, il tâche d'imiter, en faux filet, la voix mordorée de Julien disparu.

« Laissez venir à moi les petits enfants, laissez venir. »

Là-dessus, soudain sévère, il grognasse :

« Je t'ai à l'œil, fiston. Tâche de filer droit, ne sois pas une lopette, ou sinon... gare à toi, infection. »

Ainsi suis-je jeté par lui dans un égout, comme un rat pestilentiel. Peu importe. L'essentiel, c'est qu'Anne Marie ne me croie pas coupable. Je pense à elle, tellement fort, à m'en rompre le cœur. Sans arrêt. Quand viendra-t-elle ?

Tout le long des jours, le carillon de la chapelle. Le dimanche, il sonne encore plus, c'est le jour du Seigneur, c'est le jour des parents aussi. Dans mon dénuement, je vais essayer de retrouver Dieu.

Je m'y prépare soigneusement. En Chine, j'ai déjà fait ma première communion, je peux donc L'avaler. D'ailleurs, aux Sources, dès le samedi, presque tous s'apprêtent à Le consommer. Apprêts méticuleux. Une onction couvre le collège. Les mines, à l'ordinaire basses et chafouines, sont pénétrées d'une importance sanctimonieuse. Le lourd Flugman lui-même semble marcher sur des nuages. Plus question de me maltraiter. Les gamins ont des faces de gravité.

En troupe, tels les agneaux du Seigneur, nous cheminons vers la chapelle pour nous confesser. Je m'enfourne dans une boîte en compagnie d'un gros prêtre taillé dans la masse de Dieu. Le saint homme est si volumineux qu'on croirait un quartier de bœuf ensoutané. Son crâne est quelque chose de rond, de cylindrique, de chauve, où les rides de la calvitie sont bien plus vivantes que le faciès, lourd gratin de fromage dont les traits sont des croûtes. Ses gros yeux, ses grosses lèvres... Balourdise du religieux qui, à travers un grillage, me vend du Seigneur. J'achète, mais trop bon marché à son goût. Il m'interroge avec une insistance obèse, tâchant de me mettre sur la route de l'exécrable. Ses traits gras, un peu suintants, pèsent sur moi pour m'extraire de gros péchés. J'aimerais bien offrir à cet homme et à son Dieu quelque noir forfait, quelque sombre pensée, quelque dégoûtante saleté, car ils en sont certainement friands... Hélas ! je ne trouve rien de vraiment juteux. Quelle faute ai-je commise ? Serait-ce mal de trop aimer ma mère ? Non, non... Je me creuse la cervelle, je ne veux pas tricher avec Dieu, par excès ou par omission, Il tricherait avec moi... Je ne peux reconnaître que des bagatelles. Enfin, l'inquisiteur déçu malgré ma bonne volonté, méfiant quand même, m'expédie maussadement avec trois *Credo*.

Je m'agenouille sur un prie-Dieu pour réciter ma pénitence. Mais suis-je dans la demeure du Seigneur ? Dans Son salon, peut-être ? La nef de la chapelle n'a pas de colonnes, pas de pierres moussues, pas d'humidité obscure. Elle est pimpante, avec un autel en nougat et des saints bien éduqués : saint Georges dragonnant et sainte Jeanne d'Arc oriflammant. Évidemment, il y a un Christ crucifié, mais d'excellente compagnie, pas grinçant, pas indécent, même pas douloureux, sachant mourir élégamment, une draperie autour des reins, en gentleman. Une Sainte Vierge l'assiste. Ce n'est pas une pauvresse accablée, mais une dame de la bonne société, impassible, dans une souffrance extrême qu'elle n'exprime pas puisqu'elle sait se tenir.

Le samedi soir au Ravon, au cours du dîner, comptée des communiants. Presque tous les doigts se lèvent, le mien y compris. En effet, il faut préparer le nombre exact des petits déjeuners qui seront servis après la messe. Passé minuit, aucune parcelle de nourriture, aucune goutte d'eau ne doivent être avalées, je le sais. Il faut que Dieu soit reçu dans des lieux propres. Je ferai de mon corps un sanctuaire, par l'abstinence. Que le Seigneur trouve ma bouche, ma gorge, mon ventre, mes entrailles en état hygiénique.

Dortoir. Je suis à la veillée d'armes. Comme chaque soir, tous se mettent à genoux, une minute, pour prier et faire leur examen de conscience. Silencieux murmure des lèvres. Ils sont sages, mes persécuteurs, ces innocents, leurs petites têtes inclinées, leurs mains jointes, charmants de dévotion ! Moi, une fois de plus, je m'avise que c'est l'occasion de proposer à Dieu un marché :

« O Toi, Tout-Puissant, je t'avais imploré en vain dans la cathédrale de Vaudreuil. Maintenant, demain, je vais Te manger, Te consommer, me remplir de Toi, être Ton vase, être Ton ciboire. Alors, aide-moi. Souviens-Toi, la Sainte Vierge était avec Toi à Ton agonie, dans Tes supplices, lorsque Tu expirais sur la croix, cloué à elle, Ta tête si belle effondrée sur le côté pour le dernier soupir, Ta tête couronnée des épines de l'outrage, Ton corps blanc et lamentable, dans les sueurs et les transes de l'agonie. Inspire à Anne Marie la Grande Pitié : qu'elle soit auprès de moi dans mon martyre. Dieu, Dieu, Dieu, je crois en Toi, je me consacre à Toi. Mais ne me déçois pas, donne-moi Anne Marie quelques heures, que je puisse poser ma tête sur son épaule — ou bien je renoncerai à Toi, mauvais Dieu, Tu n'auras plus ma foi. »

Brouhaha. La prière est terminée. Les autres garçons, malgré leurs mines confites, se sont entretenus avec Dieu comme s'ils s'acquittaient de n'importe quel autre devoir et obligation nécessaire à leur bonne fortune. Dès que c'est fini, ils redeviennent eux-mêmes, pétulants, rigolards, retenant cependant leur méchanceté par convenance. Autrement, Flugman se fâcherait. Car lui, il croit comme un bœuf, il en est encore à mastiquer quelques mots à Dieu, ça lui empâte la bouche. Pour Flugman, Dieu, c'est vraiment sacré... Il se

couche, tous se couchent. Silence. Ronflements. Les orgues du sommeil avant celles de
l'Eucharistie.

Le repos des enfants, les hennissements de
Flugman, par-delà la fenêtre, la lune et les
étoiles, pas dangereux, pas consolants, juste
clinquants, des lampions accrochés aux ténèbres comme à un bal fini.

Le lendemain, la messe, la grand-messe. Le
carillon appelle au sommet de la colline où
s'élance vers le ciel la chapelle légère, avec ses
toits d'ardoise et son coq au bout du clocher
dominant les architectures terrestres, les petites taupinières des « maisons » incrustrées sur
l'étendue de la plaine rouillée de champs et de
bois. Les « maisons » se vident. Le peuple
catholique des Sources — il y a aussi quelques
protestants qui vont dans un temple situé je ne
sais où — s'amasse devant la porte du sanctuaire avec des mines de circonstance, endeuil-
lées. Les dévots ne vont-ils pas assister au
sacrifice du Christ ? Ils pénètrent dans le saint
lieu dans un ordre parfait. Le bénitier, le signe
de croix. Bientôt, rassemblés par « maison »,
les élèves, dans leur habit du dimanche — le
fameux complet rouille assorti de la cravate
verte et rouge que j'ai endossé aussi —, sont
rangés entre leurs chaises et leurs prie-Dieu,
tels des oignons. J'ai suivi le mouvement, qui
me dépose à côté de Flugman, dont les traits
semblent taillés dans une dure motte de
beurre tant ils reluisent d'application. Ce n'est
pas pour lui une mince affaire que d'avoir

affaire avec Dieu. Il me jette un bref coup d'œil de biais, pour s'assurer de ma bonne tenue, il est satisfait, à part ma cravate mal nouée. Habilement, il me cogne du coude, je comprends, je m'ajuste à son grand contentement. Tout le temps de l'office, il me surveille de son petit regard de gros cochon, mais je ne commets pas de bévue. Je connais ça, la messe, à cause des missionnaires de Tcheng Tu. Derrière son troupeau, M. Massé est plus dangereux, encore plus rugueux et sévère qu'à l'ordinaire, ne voyant rien — peut-être voyant Dieu ! Mais il ne me raterait pas si j'allais me tromper dans les saints exercices du bon petit chrétien...

Tintements dans le silence. L'office débute. Le célébrant est devant l'autel pour commencer l'immolation. Les fidèles, élèves et professeurs, se tiennent face au mystère. Est-ce le représentant de Dieu, ce prêtre lourdaud qui m'a confessé la veille ? Est-ce le représentant de Dieu ce lansquenet à figure obtuse ? Le dos de sa chasuble étale l'énorme croix brodée d'or du pactole divin. Marmonnements, sonnettes, petite cuisine des instruments sacrés opérée par les marmitons d'enfants de chœur, enfants des burettes et de la serviette, vifs autour de lui, toupies virevoltantes. Lorsque l'officiant se tourne vers nous, occupés à nous agenouiller, à nous relever, à nous asseoir tous ensemble, gymnastique simultanée du sacré, sa face, même dans le sanctus et les alléluias, reste une face de carême. Des chants superbes, accompagnés des mugissements de l'orgue, balaient l'assistance des grands vents de l'Esprit-Saint !

A l'offertoire, le ciboire scintillant, empli de ses aliments magiques, est tendu vers les fidèles. Les enfants, dans leurs uniformes placides, se tiennent au garde-à-vous, en pleine attente gourmande. Les professeurs sont plus effacés. Leur dignité est savamment discrète et empesée. Pour moi, ils sont les magisters prétentieux de l'humilité, des constipés de Dieu, raides, pénétrés, pète-sec de la foi, aux yeux baissés, jaugeant néanmoins le bon comportement des élèves. Tout est bien. Tout est irréprochable. Bonne note générale pour l'observance de l'extase mesurée.

Moi, dans mes exercices édifiants, je suis très bien, mes mouvements sont réussis, je n'ai qu'à faire comme tout le monde et puis, je sais... Bons Pères de Tcheng Tu à la longue barbe-fleuve et tous les visages jaunes éperdus, écroulés de foi, pendant la transsubstantiation...

Flugman se prépare à gober Dieu, ça le tiraille, ça le travaille, il mâchonne déjà. M. Massé est plus granitique que jamais. Heureusement que ces gens raisonnables ne se doutent pas de mes pensées malignes. J'ai repris mon marchandage avec Dieu : « Jésus, je veux quitter cette vallée de larmes et entrer dans Ton saint paradis. Jésus, je ne veux pas me tuer, je ne veux pas T'offenser en me tuant, Jésus, c'est Toi qui dois me donner la mort. Je

T'en supplie, je T'en supplie... Cependant, si Tu veux me garder en ce bas monde, alors apporte-moi Anne Marie. Que Tes anges la soutiennent, qu'elle arrive à moi sur leurs ailes de pureté nacrée. » Dans cette extrémité, je ruse à la chinoise : je requiers mon trépas d'abord et avant tout, alors que ce que je veux vraiment, c'est, non pas mourir, mais que Dieu m'offre Anne Marie. J'applique au Dieu des chrétiens les stratégies nécessaires pour amadouer les bons génies des pagodes. Double jeu, triple jeu, quadruple jeu s'il le faut. Car je suis même préparé à m'adresser au diable. Li m'a appris ça, elle qui, après avoir allumé des bâtonnets d'encens devant les déités tutélaires, n'oubliait jamais d'en consacrer un aux esprits noirs et sinistres qui, tout malfaisants qu'ils étaient, pouvaient aussi rendre service...

Ça va être la communion. Le prêtre, après des gesticulations solennelles, après avoir brandi son ciboire vers ses convives agenouillés et enfouis dans un saint et impatient appétit, s'apprête à leur servir ses petites rondelles. Pourquoi est-ce que l'offrande du célébrant me rappelle l'attitude du maître d'hôtel présentant un faisan rôti à des dîneurs du Regina Palace ? Pourquoi cette vision saugrenue alors que je suis si occupé ? Je profite des dernières secondes avant la Cène pour tanner Dieu. Je suis un moulin à prières qui tourne rapidement, qui s'emballe, même si mes lèvres ne bougent pas. Je désire présenter au Seigneur, le plus grand nombre de fois possible, ma supplique insensée : la même, toujours la même, celle où je lui demande ma mort pour mieux obtenir, moi vivant, une Anne Marie vivante auprès de moi tout à l'heure... Ma litanie, je la récite, de plus en plus vite, elle est folle de vitesse, j'espère qu'elle forcera les oreilles du Seigneur, pénétrera dans Sa cervelle, entrera dans Son cœur avant que ne disparaissent en moi Son sang et Sa chair. Une fois encore, une fois de plus, et ce sera la bonne fois...

L'assemblée se met à osciller. Bruits de chaises et de pas, remue-ménage discret, brouhaha étouffé, des fidèles se lèvent, presque tout le monde, pour former dans l'allée centrale deux théories qui progressent vers la distribution du repas divin. Le premier, bien en tête, M. Berteaux, vassal de Dieu, tout de componction noble, me rappelle un cormoran qui va attraper un poisson. Puis viennent M. Massé, dogue qui s'apprête à happer un morceau, et son épouse, la matrone épanouie qui s'ouvrira à Dieu comme elle s'ouvre la nuit à son seigneur et maître de mari. Derrière eux, grands et petits mélangés, tous semblables, courbent également la tête, bras croisés sur la poitrine, marchant pas à pas dans un assoupissement qui est le signe de leur ferveur.

J'ai arrêté ma crécelle récitative. Les jeux sont faits, les enchères sont terminées, je verrai ce que Dieu aura décidé dans quelques secondes, quand je Le consommerai. Pour ça, je vais me joindre à la fournée des clients, tout en me demandant subitement si Dieu va les rendre moins bêtes, moins méchants. Je me sens calme, froid, à l'aise, résolu, intense, comme un lanceur de dés, comme un joueur qui a risqué son existence sur un pari. Mon pari avec Dieu... Derrière Flugman, je me glisse parmi les garçons. J'avance lentement dans ma file. Dans les allées latérales, j'aperçois ceux qui sont déjà servis allant en sens inverse, rejoignant leurs sièges avec leur trésor dans le ventre. D'abord M. Berteaux portant sa tête creuse encore plus haut perchée. Derrière lui, les autres nantis sont au contraire tassés sur eux-mêmes, se gonflant d'en bas, prenant modèle, semble-t-il, sur Mme Massé. Son géniteur de mari la suit, si possible encore moins gai que d'habitude.

Je suis enfin arrivé aux degrés de l'autel, là où les plus récemment nourris, gavés sous mes yeux, se relèvent dans la béatitude, tâtonnant un peu, aveuglés par l'émotion du festin. Mais, reprenant leurs sens, ils battent en retraite aussitôt, se retirant habilement sur les côtés, à petits pas sanctissimes, laissant la place aux affamés. C'est le tourniquet, pas la cohue comme aux douches, mais l'ordonnancement pieux. Me voilà sur la ligne d'arrivée des nouveaux agenouillés. Ça va être mon tour. Je suis parmi les têtes qui tirent la langue, face à l'ecclésiastique qui passe et repasse en brandissant sa coupe à hosties. Il alimente chacun à tour de rôle, après un petit cérémonial où ses grosses lèvres balbutient un cafouillage de mots, où ses grosses mains distribuent un signe de croix et la ration. Je ne suis plus maître de moi. Est-ce Ta grâce qui m'arrive, Dieu ? Mes bras se collent à mon torse, mon cou se tend, ma langue s'allonge d'elle-même. Vaguement je sens l'officiant déposer sur son bout rose une palette blanche que j'aspire. Je suis plein de Dieu. Un élan mystique m'envahit, la chaleur de Dieu m'envahit, je suis en haut de la montagne. La colombe du Saint-Esprit se pose sur ma tête. Le Seigneur m'appelle. Mon âme quitte mon corps qui gît sur le sol. Miracle... je suis. mort, je suis près de Dieu.

Éclair, Anne Marie va venir, Dieu la fera venir.

Cet égarement ne m'empêche pas de retourner à ma place effacé de moi-même et du monde. Je retrouve mes esprits, petit enfant sage ayant communié et attendant sa mère.

Les grandes orgues clament splendidement. L'officiant entonne les versets de la joie, les actions de grâce. Il me semble que Dieu, pas celui de ma folie, mais le vrai Dieu du Ciel est dans la nef, diffus, un souffle, une flamme. Dieu, je T'adore...

Un malaise me vient, une tiédeur. Alors que je ne veux être qu'embrasement, pourquoi mon feu d'amour diminue-t-il, pourquoi n'est-il plus que braises, que cendres ? Pourquoi ne suis-je pas le vaisseau mystique dont la cale est Dieu, dont la cargaison est Dieu, dont les voiles sont gonflées par l'haleine de Dieu ? Je ne ressens rien, sinon le vide de la faim. Dieu, es-Tu en moi ? Jésus, existes-Tu ? Anne Marie, viendras-tu ?

Je prends une résolution. Je continuerai à être bon chrétien, mais je n'exigerai plus de Dieu l'impossible. Dieu est loin, très loin, dans l'éther, dans l'éternité. On peut s'adresser à Lui, mais comme au Roi Céleste enfermé dans sa Cité Interdite, dans les formes, les rites, les étiquettes. On peut Le prier, Le supplier, mais on ne peut, officiellement, pas causer avec Lui, Lui parler familièrement, faire de la conversation, comme avec un ami, en Lui réclamant ceci ou cela, en Lui proposant des choses, en marchandant avec Lui. Dieu n'est pas un camarade, un voisin de palier. Dieu est Dieu et c'est tout. Fini pour moi de m'entretenir gentiment avec Lui, je Lui ferai tchintchin bouddha à la catholique, en sujet soumis, en minuscule fourmi, en pauvre gosse, et pas plus. Ah ! ça, non, je ne Le tarabusterai plus pour mes petites affaires, je Le saluerai de loin.

La messe est mûre, elle craque de plénitude. Alentour, les communiants ont des mines de repus. Ils cuvent — avant de se précipiter vers le petit déjeuner, car ils ont aussi la dent. Quand l'*Ite missa est* a été lâché, quand l'officiant s'est retiré avec ses ornements et son fourniment, quand sonnent les cloches du départ, tous les garçons se bousculent à la porte pour, après un signe de croix hâtif, décamper vers la mangeaille, dans le brouhaha ordinaire de leur petit monde, retrouvant

leurs figures quotidiennes, tout à fait désacra-
lisées. Ils se ruent vers leurs « maisons » res-
pectives, pour bâfrer un porridge bien terrestre, la garantie anglaise de la fabrication de
gentlemen, tout comme le cricket, le hockey,
le blazer.

Le Ravon s'est rempli. Pantouflage général.
Moi, une fois pantouflé, au milieu de la horde
des affamés qui courent vers la pitance, je me
rends, à pas lents, au réfectoire, à ma place :
tablée de douze garçons avec Flugman chef de
table. Devant nous, des énormes soupières
pleines d'une masse collante, d'un bourbier
jaunâtre que Flugman distribue à grands
coups de louche. Bouches comme des chau-
drons à remplir et qui ingurgitent. Viscosité
molle et pesante dont les garçons se gavent.
Puis ils réclament du rab, tendant sans honte
leurs assiettes vers lui. Astuces et trucs pour
être parmi les « élus » qu'il ressert, tous clamant : « Moi, moi, moi ! » Je ne participe pas à
ce tournoi alimentaire, ce serait mendier bassement, je ne peux pas...

Ainsi commence aux Sources le dimanche,
les garçons gavés par le Seigneur et le porridge. Mais le porridge n'est-il pas l'antidote de
l'hostie ? Ils sont encore plus ce qu'ils étaient,
imbéciles futés, imbéciles méchants, imbéciles
bêtes, imbéciles tout court. Dans cette médiocrité agressive, l'espoir dans le désespoir :
Anne Marie.

Après que les claquements de mâchoires ont
cessé, débute pour moi l'épuisante, l'intoléra-

ble attente : les parents vont arriver. Les garçons qu'ils enlèveront pour la journée inscrivent leurs noms sur un cahier. Mesure prise pour qu'au repas de midi soit préparée juste la quantité de nourriture nécessaire aux laissés-pour-compte. Sainte règle de l'économie, bonne gestion. Évidemment les « en famille » mangeront ailleurs, à Vaudreuil, feront des gueuletons formidables avec papa maman. A les écouter — « Qu'est-ce que je vais me taper ! » — on croirait que la conversation familiale sera un surplus à l'indigestion. De toute ma pauvre volonté, je résiste au désir de me mettre sur la liste des bienheureux. Mon désir d'elle est si immense, si avide, si exaspéré qu'il me brûle : peut-être apparaîtra-t-elle, tout à l'heure ? Mais inscrire mon nom sur le registre des élus, non ! Je serai ridicule à ne recevoir que l'absence d'Anne Marie. Et surtout contrer le destin. Li, la sage, à la face rabotée, m'a appris à ne pas le provoquer, de peur qu'il se retourne contre moi. Il faut se cacher de lui, prévoir la calamité, pour que le bonheur s'épanouisse.

J'erre, je traîne parmi les détritus du champ d'épandage du Ravon. La journée est splendide, une de ces magnificences qui donnent de l'immobilité aux choses. Les arbres, le petit bois derrière la maison, les étendues d'herbe, sont figés dans la lumière. Pénible sentiment que, dans l'été, tout est inaltérable, même si le soleil monte, même si les feuilles s'agitent, même si les ombres se déplacent. Pesanteur.

L'air est une cloche de verre qui emprisonne la nature dans sa beauté. Accablement où les êtres s'échouent dans une impuissance, une incapacité, une faiblesse d'exister. Alors le temps est long, infiniment long.

Je suis anéanti par cette plénitude du paysage, par ces pierres, ces bosquets, cette terre, ces massivités minérales et végétales, l'entrelacs des pénombres, le cache-cache de l'astre solaire. Le Ravon est un monument d'éternité. Une forteresse où rien ne se passe, ne se passera jamais, où règne le temps. Tout est affadi. Les garçons amollis, inconsistants, gigotent par petits groupes. Ils se diluent à jouer à la marelle, à taper sur le ballon, à bavasser... avachis. L'ultime réjouissance est le concours des arquebuses, comme ils disent. Sur une rangée, ils mettent leurs robinets en batterie face à l'urinoir, grande plaque d'ardoise sombre. Chacun lâche son jet en une trajectoire qui retombe sur la stèle pissotière. En bas, s'écoule un ruisseau de liquide jaunâtre. Le vainqueur est celui qui tire le plus loin. Compétition, sans trop de vigueur, des quéquettes. Je n'intéresse même plus ces guerriers. C'est dire...

Sur le terrain vague qui s'étend derrière le Ravon, je vais et je viens sans discontinuer parmi les mottes, les touffes, les arbrisseaux. Je n'entends pas les cris des enfants dans leurs jeux. Jeux vains. Ils semblent indifférents à tout, même à l'arrivée imminente de leurs parents. Moi, happé par la crainte, je m'empêche fiévreusement de regarder la route de terre battue où peut surgir Anne Marie dans son équipage. Je me force à fermer les paupières. Je suis aveugle. Aveuglé par l'ennui du monde, aveuglé par le désir de ma mère. Mais lâchement, je rouvre les yeux sur le vide du paysage étalé dans la chaleur, sur le chemin carrossable, ficelle blanchâtre, ligne de craie divagante à travers la verdure. Supplice de l'attente, de chaque seconde usée, éculée, épuisée, suivie par d'autres secondes aussi creuses et oiseuses. Si je pouvais arrêter cet étirement du temps ! Les minutes se pourchassent dans la déception grandissante. Au lieu d'apporter l'espérance, elles contiennent toujours plus d'espoir bafoué, traqué, qui ne fleurira pas. Outre des minutes, vasque des minutes, flacons de poison. Je marche en butant sur les scories, les racines, les cailloux. Mon corps s'engourdit dans l'angoisse.

Du chemin nu monte un tourbillon, grande poussière mugissante. Ce nuage terrestre, est-ce le char d'Anne Marie ? En fait, du nuage, surgit un capot noir, gueule lisse de requin. Derrière ce mufle de cheval-vapeur suit le corps, boîte à chapeau cylindrique, sarcophage. Un garçon qui participait tout à l'heure à la compétition du pipi, ouistiti primesautier, couine sans émoi : « Tiens, c'est notre Rolls. » Aussitôt la braguette refermée et la mine assagie, il trottine vers la bête à cylindres. A l'avant, la casquette du chauffeur, longue figure statufiée dans le respect. A l'arrière, séparés du conducteur par des vitres coulissantes, dans un vaste compartiment de cuir roux, aux banquettes émollientes, aux accoudoirs qui font le gros dos, les parents trônent, dans leur sacerdoce de parents. La maman, au décolleté décharné, un squelette à diamants et à yeux durs. Le papa gonflé comme un ventriloque, aux rondeurs cintrées par le costume, aux paupières lourdes. Avec eux, une créature plissée, une douairière, une grand-mère herbue, engoncée de falbalas noirs, marée d'étoffes épaisses, bougeotte des lèvres mouillées, chargées d'attendrissements. Enfin une fillette pâlotte, dentelles blanches et nattes, la sœur sans doute.

La poussière s'enfuit, laissant le mastodonte arrêté derrière le Ravon. Ainsi attend quelques secondes, dans sa majesté, le monument automobolistique de cette famille. Pointe rouge du cigare de Monsieur. Le chauffeur-mannequin est descendu pour ouvrir une porte du zoo de la tribu. L'automate s'incline devant l'enfant qui grimpe auprès de ses ancêtres. Rites protocolaires. Salutations, embrassades, expression soumise du garçon, un peu condescendante aussi, comme il convient. Baiser sur la joue distraitement tendue par la mère. Ascension jusqu'au visage du paterfamilias pour une bonne accolade entre hommes. Le pater, entre deux bouffées de son cigare, phare de son importance, profite de ces câlineries pour pianoter sur l'épaule de son héritier de ses doigts boudinés, en démonstration de bienveillance.

Criailleries, voix fêlée, mots cassés de la vieille, ses bras ressemblent à des cornes de colimaçon qui s'agitent. Bécots avec la fillette qui repousse l'assaut de son frère. Enfin l'enfant, s'étant acquitté du rituel des bons sentiments, s'assied sur un strapontin, sage comme une image. Le chauffeur, qui n'avait pas coupé le moteur resté silencieusement ronflant, le fait vrombir, braque le volant, manœuvre. La Rolls décampe puissamment, presque sans bruit, emmenée par le nuage de poussière, qui l'avait amenée, vers la grande boustifaille. Autour de la table de l'hôtellerie, la « famille » mangera grassement, tout en entretenant une conversation maigre où le gosse répondra prudemment à une inquisition sans curiosité : pas de surprise surtout. Un orchestre mal accordé ou trop bien accordé, avec quelques mots aigres de la mère, quelques haussements d'épaules du père, de petites narrations de l'enfant qui tombent dans l'indifférence ; enfin le geste souverain du monsieur tirant son portefeuille de sa poche pour régler la note salée.

Dans l'heure qui suit, de mon observatoire, je vois d'autres vagues poussiéreuses apportant des voitures, Rolls, Hispano-Suiza, Hotchkiss, trapues, des bolides au ralenti. J'enregistre : tant de chauffeurs pétrifiés, tant de messieurs cossus, tant de dames distinguées. Au cours des retrouvailles, les gamins-garnements se métamorphosent en fils bienséants, circonspects, parfaits. Scènes qui se ressemblent, que les parents soient obèses, ou maigres, des cornichons dans leur bocal ou des arêtes de poisson. Il y a des accueils figés, le père dans son faux col et la mère dans ses colliers, tous deux hautains. Il y en a d'autres débonnaires, plus chauds, avec plus de frôlages, de rires, mais étiqueté quand même. Un tas de parents, des jeunes, des vieux, tous ayant fabriqué de la bonne progéniture confiée aux Sources pour dressage et parachèvement. Ces grands riches montrent peu d'émotion ! Mais, au moins, ils viennent souvent. Même si ce n'est pour eux qu'une obligation, ils viennent...

Toujours pas d'Anne Marie, jamais d'Anne Marie. A chaque nuage poussiéreux, cachant encore une automobile, je me tends, j'espère... A chaque déception, mon cœur se resserre, se fêle, zébrure de douleur. Et encore des nuages à voiture, des parents. Je suis de plus en plus tassé sur moi-même, j'en suis réduit à contempler les accordailles des autres. Chaque fois, je reconnais l'élu emporté par sa famille. Avec envie, avec jalousie. Je me dis : « C'est Untel ou Untel... » Je le hais ; non pas parce qu'il m'a traqué, battu avec de sales rires, mais parce que ses parents sont venus. Je me console en trouvant maigres ces retrouvailles, fêtes sèches, fêtes pauvres. Avec Anne Marie, quel miel ça aurait été !

Ah ! quelle journée gaie nous aurions eue ensemble, j'aurais été fier d'elle et elle aurait été fière de moi ; il y aurait eu entre nous une compréhension merveilleuse, une grande complicité, une joie coulante, des pétillements, des douceurs, tout nous aurait été commun, ce que nous nous serions dit, ce que nous ne nous serions pas dit, ce que nous aurions deviné l'un de l'autre, ce rien qui est tout. Elle m'aurait fait la cour, on aurait mangé en s'adorant, en s'amusant, elle m'aurait gâté, je l'aurais entraînée dans la pâtisserie Job — si célèbre à l'École —, elle m'aurait couvert de bonbons. Nous aurions réduit le monde à nous, pour nous plaire. Nous aurions été roi et reine. J'aurais eu mon meilleur air, ce guilleret un peu narquois, un peu mystérieux venu avec moi de Chine. Elle aurait été contente de moi. Je lui aurais montré les lieux et les gens, l'École, le Ravon, mon dortoir, M. Massé, les garçons, avec l'expression du plaisir exquis, je lui aurais inventé de belles histoires où j'aurais eu toute ma « face » et elle m'aurait dit, ravie : « Tu es un petit gentleman, un vrai petit homme. » Elle aurait toisé M. Massé, et tous les garçons auraient été obligés de reconnaître que la maman du « sale Chinois » était vraiment belle et glorieuse. Flugman l'aurait saluée respectueusement quand il nous aurait rencontrés. Jamais elle ne se serait doutée de mon agonie, je l'aurais trompée complètement pour que la journée soit une apothéose, pour que tout soit joie, joie, joie... Pas une plainte ne serait sortie de mes lèvres, elle n'aurait rien su, elle qui veut tellement ne pas savoir... Vers le soir, à l'heure du crépuscule, je serais devenu plus sombre, je l'aurais regardée avec encore plus de tendresse, soupirant une fois ou deux, à cause de son départ approchant. Mais elle, comprenant ma tristesse, aurait eu son sourire encourageant, elle m'aurait réconforté par cette promesse : « Cheer up, je reviendrai dimanche prochain, je tâcherai... » Peut-être qu'un silence, chargé de l'insoupçonnable, se serait établi un instant entre nous, puis nous aurions, nous forçant un peu, ri et plaisanté. Je l'aurais conduite à la gare avec le taxi, le train l'aurait emportée. Et, après l'illusion de vie qu'auraient été ces heures avec elle, je me serais remis à l'attendre.

Mais tout ça, elle ici, elle avec moi, cette journée miraculeuse, n'est qu'un rêve que je viens de tisser, de tramer parce qu'elle n'apparaît pas et que le soleil est au zénith dans sa splendeur. C'est fini...

La cloche du Ravon appelle à déjeuner. Carillon sinistre, glas de mes espoirs. J'ai un creux au ventre, mais ce n'est pas celui de la faim. Mon ventre est sans faim. Je n'ai aucune espèce d'envies. Je suis rassasié de dégoût, d'écœurement tiède. Je m'en retourne vers le Ravon, vaincu, même plus capable de ressentir ma défaite. Cet appel de la cloche est celui du naufrage. J'entre dans la belle salle à manger où les tables dressées, réduites de moitié, sont des radeaux à la dérive. Pourtant, au-dessus des couverts, les mines des laissés-pour-compte ne sont pas tristes : le dimanche, il y a le poulet rôti. Dans cette pièce, malgré l'animation, je sens rôder un vide. Pourtant les professeurs sont au grand complet. M. Massé, bien sûr, toujours sombre, morceau de bois sculpté, et sa femme-citrouille, règnent. Les autres « maîtres », ce jour-là, tout en restant modestes, dressent un peu leurs ergots, malheureux coqs déplumés faisant les fiérots. Chacun à son bout de table préside au nourrissement des élèves, fils délaissés de milliardaires, petits richards cachant tout juste leur mépris à l'égard de ces pauvres hères racolés pour de misérables salaires. Où les a-t-on trouvés, ces mentors, ces résidus ? Quel lot ! Je me les rappelle bien.

L'un d'eux est une sorte de cul-de-jatte. Debout, avant de s'asseoir, il ressemble à un tonneau sur roulettes, malgré ses jambelettes. A table, sa bouche est un entonnoir... Il engouffre tout en essayant de ne pas se laisser aller à sa jovialité. Il faut être sévère d'aspect aux Sources. D'ailleurs, il peut être vache.

Un autre est une bouture mal prise, un greffon craintif, une bienséante raclure ; c'est lui qui m'a arraché à Anne Marie pour me jeter dans ce Ravon. Il est toujours sur ses gardes.

Il y a aussi un Anglais, un stagiaire au rabais, qui enseigne la langue de Shakespeare en lançant des « How do you do ? » Il est grand, mais les épaules voûtées, son corps paraît aussi friable que la craie des falaises de son pays, ses yeux bleus cherchent secours. Il bégaie avant d'oser prononcer en français une phrase qui finit toujours par un point d'interrogation : « Est-ce que vous ne voudriez pas... ? »

Un homme réduit, pas un gnome, pas un nain, juste une petite figurine bien proportionnée, une déliquescence inquiète fait partie de la collection. A la moindre contrariété, il devient cactus empourpré, les veinules de sa figure se dilatent en une colère incontrôlée, il éclate en brusqueries, qu'ensuite il regrette. Un jour, il m'a lancé un couteau à la figure, me ratant, puis il est devenu encore plus rouge, balbutiant des excuses, honteux...

Les dames... enfin, les demoiselles. Carabosse, la Dupré, l'atrophiée qui, le dimanche, fait la guillerette. Une autre, la Vautier, créature statuesque chargée des Beaux-Arts, nous fait toujours dessiner le même bouquet sortant d'un vase. En classe, avec quelle résignation désabusée elle contemple mes gribouillis ! Elle a dû être belle. Il y a en elle une permanente protestation rentrée qui n'est pas sulfureuse, une impuissance de femme prise au piège.

Pour finir, un couple, les Dupire, qu'on surnomme les Vampire, tous deux affreux, des demi-portions, lui avec une jambe de bois, elle, édentée. Ils font peur à regarder mais sont bien braves. L'homme, avec son pilon, se déhanche ridiculement quand il marche, s'écroule quand il s'assied. Elle, a l'air d'une jeteuse de sorts. Ils s'aiment, ils semblent heureux.

La salle à manger, le dimanche, est un dépotoir. Pourtant, les maîtres sont dignes et les élèves bâfrent. Inévitablement, Flugman est à mes côtés, il mastique et rumine... ses parents ne viennent jamais le voir, je le sais, mais ça ne lui coupe pas l'appétit.

Je mange. J'arrive à décortiquer une cuisse de poulet, arrachant avec ma fourchette des bouts de chair à l'os. J'ai l'impression de dépecer. Bruits de nourriture, voix qui résonnent. Le dessert est un flan tremblotant et opaque, brûlé à sa surface, que je déteste mais que j'ingurgite.

Une clochette, agitée par M. Massé, produit quelques notes indiquant la fin du repas. Bruit des chaises repoussées, tout le monde se lève. Après la sortie en corps constitué des professeurs, la petite cohue des élèves s'en va dans le brouhaha habituel... Je me glisse dehors.

La méchanceté n'est-elle pas préférable à la solitude ? Je me sens seul. Où sont passés les garçons, les maîtres, toute cette engeance ? Quelques ombres dans le vestiaire m'ont fait fuir dans la nature. Elle est cruelle aussi. Autout de moi, juste des odeurs, des rumeurs, l'œil titanesque du soleil, la lumière à son paroxysme, vibrante. Je m'éloigne. Je me réfugie dans le petit bois qui, sur sa colline, domine le Ravon. Arbrisseaux secs, sol crayeux, brindilles, petite rocaille blanchâtre et sale. Je me couche sur la terre dénudée, je me livre au temps. Je vois une longue colonne mince de fourmis qui processionnent, commandées par je ne sais quelle force toute-puissante. Millions de mandibules dans l'ordre absolu, traînée noirâtre dans une mouvance uniforme. Colonne faite de points innombra-

bles se succédant, sans identité, sans indivi-
dualité et transportant un trophée plus
énorme qu'eux : un gros hanneton avec ses
élytres. Je suis un hanneton, moi aussi, porté
par des fourmis humaines.

Lassitude de mon repos dans cette nature
destructrice. Au milieu de l'après-midi je m'en
retourne vers les hommes, si détestables
soient-ils, vers le Ravon, mais sans y pénétrer.
Il règne un remue-ménage, un tralala, autour
de la « maison », du côté de sa face noble.
Toutes les voitures reviennent les unes après
les autres, s'immobilisant devant le perron
d'honneur, y déchargeant leur digne contenu.
Les familles, repues et solennelles, un peu
somnolentes, entrent dans le hall où des fauteuils les accueillent. Leurs fils, respectueusement debout devant eux, inquiets cependant,
ont par exception le droit de garder leurs
chaussures sur le parquet ciré.

Tour à tour, les procréateurs, pénétrés de
pensées paternelles, montent gravement l'escalier qui mène au bureau de M. Massé. Ils
abandonnent en bas le surplus des grand-
mères, des tontons-gâteaux, des cousines, tous
les rogatons. Surtout, ils délaissent le rejeton
qui reste en bas, au pied des marches, de plus
en plus anxieux mais affichant une fausse
désinvolture. Il sait que, des lèvres de M. Massé,
va sortir son verdict. Toutefois, l'attente
n'est jamais longue : M. Massé prononce ses
jugements en oracles rapides qui tombent sur
les consultants, le père et la mère, sous forme

d'âpres postillons — il ne délaie pas comme M. Berteaux, il ne joue pas de nobles comédies, lui, au contraire, expédie son monde en quelques phrases lâchées du haut de sa sévérité. Phrases tranchantes quoique rassurantes, destinées à faire savoir qu'il tient fermement ses garnements et que sous son gouvernement, tout va pour le mieux au Ravon. Au bout d'à peine trois ou quatre minutes, le couple reparaît, fleuri de satisfaction. Leur héritier est en d'excellentes mains dans cette fabrique de bons héritiers. M. Massé, quel homme ! Sous son aspect rébarbatif, quel doigté, quelle autorité ! Quand les parents redescendent, le gosse se trouve paterné et materné. Le père grognasse pour la forme : « Il paraît que tu fais l'imbécile, alors gare à toi... » Mission accomplie. Ultimes bécotages. Le chauffeur, qui taillait une bavette avec ses collègues, accourt, un peu fautif, vers la Rolls ou la de Dion-Bouton où la tribu se réenfourne. Crissement de pneus. L'enfant va mettre ses pantoufles... Il est hilare.

Si ma mère était venue, qu'aurait-elle pensé de M. Massé ? Il l'aurait dégoûtée, ce rustre, et elle aurait méprisé ses paroles. Ce qui ne l'aurait pas empêchée de me laisser prisonnier de cet homme abominable. Mais comme elle est restée à Paris, elle ne connaît même pas mon geôlier. Et le fait qu'elle ne sache pas qui il est, à qui elle m'a livré, me peine encore plus !

Écœurement. Je repars dans mon errance,

marchant, marchant beaucoup, sans but. Je me heurte à un mur de buis bien taillé, verdure presque noire dans son épaisseur, un rempart autour de la piscine, trou de ciment rempli d'eau captive. Le tremplin, un vestiaire... Banalité. Personne. Soudain, je suis tenté d'en terminer avec moi qui suis déjà détruit, ravagé. Je ne donnerais à la mort qu'une carcasse sans âme. Un pas de plus et je tomberais dans la flotte, là où elle est sombre, dans sa profondeur. Je ne sais pas nager ! Me laisser aller à l'indifférence prodigieuse, à la lassitude finale qui coupe bras et jambes, qui arrache le cœur, qui est acceptation de n'être plus. Ne pas me débattre ; sans désir de vivre ce sera facile. Joie de me sentir couler longuement. Que l'eau me prenne, que je disparaisse en elle, à des distances incommensurables de la terre. Que, dans les ténèbres aquatiques, je me dissolve, que mon corps se décompose. Que je perde mes membres, mes organes, qu'ils se défassent d'eux-mêmes, morceaux d'eau. Mais je me trompe. Mon cadavre ne s'enfoncera pas, il flottera à la surface de cette piscine vulgaire. On le retrouvera, blancheur boursouflée, obscène, énorme outre, poisson crevé. Les noyés sont légers dans leur navigation, ils sont laids aussi. Je m'en souviens, j'en ai tant vu échoués sur les berges des rivières chinoises, épaves des inondations. Ils semblaient intacts, faux morts, vivants monstrueux, soudain ils craquaient et leurs boyaux dérivaient. On me découvrira, têtard flasque, baudruche lisse, qui explosera peut-être, dégageánt gaz et fétidités. Cette fois, ma mère aura du remords.

La pensée d'Anne Marie me revient. Je l'imagine souriante, je veux la revoir. Je veux vivre pour elle.

Je rentre au Ravon qui a repris sa vie accoutumée. Ses fardadets de garçons, ses bêtes à bon Dieu de professeurs prolifèrent. Tous sont là, ceux qui ont eu leurs parents, ceux qui ne les ont pas eus... L'ordre est revenu. La preuve, c'est que les élèves mettent leurs pantoufles, marque de l'obéissance, sceau du Ravon. Moi aussi...

Le dîner égalitaire, avec ses rites, ses rires, la bonne tenue exigée, la discipline, la soumission. Je me comporte bien, je ne suis pas tracassé. Je suis absent, d'une absence apaisée, méprisant ce tumulte, ces gueules, ce monde, cette nourriture. Les tables sont garnies de gosses et de plats. Ça m'indiffère, même si je retombe, moi aussi, dans la normalité où il n'est plus question de papas et de mamans qui sont venus, pas venus. Et pourtant... La clochette de M. Massé, le repas se termine, les élèves sortent gaiement de la salle à manger.

Et recommence une nouvelle bouffe. Le vrai festoiement. Dans la « maison », ça se régale plus que jamais. L'électricité est allumée, faisant ressortir encore plus les mains pourvoyeuses, les bouches avaleuses, les lèvres suceuses, les dents qui font craquer, les bruits des déglutissements. Ivresse des bonbons. Car les gamins qui ont été gâtés par les auteurs de leurs jours se retrouvent avec des héritages de sucres colorés, de caramels mous ou durs, de nougats, de plaques de chocolat, toutes les friandises possibles et imaginables. Ils en ont les poches pleines. Et ils se gavent, ces bienheureux, avec délices, avec les mimiques de la gourmandise, avec une gloutonnerie effrénée malgré leurs ventres déjà pleins... C'est la débauche, la grande volupté. C'est la cour aussi. Le menu peuple de ceux qui n'ont pas bénéficié des largesses de leurs parents courtise les priviligiés qui sont allés se garnir de provisions merveilleuses à la pâtisserie Job de Vaudreuil, encore plus sacrée que le bureau de M. Massé.

Les démunis, mendiants à la besace vide, quémandent auprès des « veinards » bien pourvus de douceurs gustatives, s'accrochent à eux, rampent, supplient, font les fous du roi, plaisantent avec des trouvailles flatteuses, en appelant aux bons sentiments et à la générosité, grimacent pour les amuser, les émouvoir, attendrir leur cœur et, ainsi, les inciter aux menus cadeaux. Des malins susurrent : « Dimanche prochain, c'est mon paternel qui sera là. Alors, je te revaudrai ça... » ou : « Cinq billes contre une sucette. » Les billes, très appréciées, sont la monnaie courante. Parmi ces propriétaires de trésors, il y a des radins, des obstinés qui tâchent de tenir bon dans leur refus, les lâchant avec des élastiques, et d'autres plus partageux qui condescendent à distribuer quelques bribes. Souvent, les plus forts brusquent et dépouillent les petits bien achalandés, au point que certains petits se cachent pour consommer, ou dégustent mine de rien, en tâchant de ne pas en avoir l'air, ce qui est tout un art, tout un entraînement. Mais ils sont toujours découverts.

Les vrais puissants, les galonnés, les « capitaines », les maîtres occultes de la société du Ravon, bien plus craints que M. Massé et ses sous-fifres — car je commence à m'apercevoir que le Ravon est une société, avec ses lois officielles et ses lois secrètes, sa hiérarchie apparente et sa hiérarchie réelle —, eux, dans leur majesté, sont au-dessus des marchandages. Ils lèvent l'impôt, ils exigent des tributs, sans en avoir l'air. Quand l'honnête Flugman consent à recevoir une offrande, c'est un signe de sa faveur, de ses bonnes grâces. Mais d'autres capitaines ne sont satisfaits que si le donneur sait s'aplatir devant eux... En somme, l'éternelle comédie humaine, et presque autant de finasseries et d'étiquette que dans le Versailles du Roi-Soleil. Le vestiaire, évidemment, est notre galerie des glaces.

Dégoût en moi. Le soir est arrivé, je sors dans le crépuscule, loin de ces mesquineries. Je suis planté sur mes pieds, à quelques mètres de la porte des élèves, sur les arrières du Ravon, regardant longuement le paysage connu qui s'efface. Je reste immobile, et cette fois, le temps m'apaise. Je regarde. La tristesse épanouie des êtres et des choses se dissout. Le jour brûlant disparaît dans la nuit de l'été, haleine chaude sur la terre qui s'estompe. Dans le ciel apparaissent les étoiles, chandelles éclairant ce monde. Se lève la lune qui effleure à peine de sa clarté l'univers d'en bas entré en léthargie. Je me sens enfin en paix, solide. C'est alors que je reçois un grand coup de pied au cul. Flugman évidemment :

« Tu rêvasses encore à ta maman qui t'a oublié ? Elle a raison, cette dame, d'avoir honte de toi, sale petit morpion chinois... »

Ma torture ne dure pas. Car vibrent, à travers l'espace, bourdons de Dieu, les cloches de la chapelle. Long appel des complies. Les gamins processionnent vers le Très-Haut, pour le remercier de leur bon dimanche. A nouveau, nous sommes entassés dans le saint lieu. Senteur des lis dans leurs vases, senteur sucrée un peu pourrissante, délicieuse pourtant. Les reflets d'or de l'ostensoir ternis par l'ombre. Une sorte de quiétude. Parfums et couleurs harmonieusement fanés. Douceur. Suavité. Envoûtement divin où la bestialité humaine s'est dissipée, où mes peines se fondent dans un oubli consolateur. Ces maîtres et ces enfants, faits de médiocrité agressive, qui viennent de s'adonner aux festivités dominicales, je les vois maintenant amassés dans cette chapelle, fatigués et languides, comme si, après tant d'efforts, ils étaient les uniques survivants de cette journée. Ce soir, la petite église me semble un navire sûr et puissant dont nous tous, gens des Sources, sommes les navigateurs. Horrible dimanche qui se termine dans cette nef.

J'existe à peine. La chapelle est une arche d'alliance qui vogue, rien ne subsiste que l'espoir. Je suis emporté par des litanies ravissantes, nées de voix d'enfants, séraphins de l'équipage, chœur rassemblé autour de l'orgue qui domine. Velouté de ces psaumes sortis de bouches jeunes. Je n'entends que le baume des cantiques. Source claire, je m'en abreuve longuement, indéfiniment, je m'engourdis en elle : « Rose de Saron, étoile adorée. » Quelle paix ! Je suis ravi par le flot des chants qui célèbrent la maternité humaine de la Vierge. La mère et l'enfant. L'enfant Jésus que Marie allaite, qu'elle berce sur ses genoux, qu'elle serre sur son cœur. Elle est pareille à toutes les mères aimantes, elle a un visage naïf, bombé, presque puéril, étonné, à fossettes mignonnes, un peu sensuelles, comme si le Christ n'était pas Dieu, juste son bébé, sa chair même. Fugacement, dans la durée qui loue la Vierge, je perds la notion du temps qui s'écoule, qui s'écoulera jusqu'à ce que je redevienne le fils d'une Anne Marie me caressant. Au fond, si ma mère n'est pas venue, ça ne fait rien puisque, dans quelques semaines, je la rejoindrai, je la retrouverai, elle sera à moi — elle m'attendra sur le quai de la gare Saint-Lazare, pour les grandes vacances.

Pourquoi, la nuit suivante, suis-je enfermé dans une cavité taillée en pleine glaise, noire et affreuse, exiguë, avec de l'espace cependant, une bière où je bougerais un peu ? Enterré vivant, je peux tâter les cloisons humides, proches, qui ne me scellent pas complètement, ne m'étouffent pas absolument. L'agonie doit venir peu à peu, et je me débats dans cette noirceur étouffeuse. D'ailleurs un tuyau, un bambou évidé, venant du monde extérieur, plonge dans ce qui est déjà ma tombe, permettant de prolonger mon ensevelissement, pour que je sois pris d'abord d'hallucinations, d'égarements, de folies. Le bourreau, par ce tube, laisse passer de l'air que je respire goulûment, fait tomber quelques gouttes d'eau et quelques miettes de nourriture que je happe, tendant ma bouche, tâtonnant pour ramasser. Je suis le fœtus du trépas. Le tortionnaire, dehors, prolonge à son gré mon existence de larve souterraine. Bientôt, il diminue la provende, et je suis un corps qui végète. J'ai le temps, tout le temps, avec ma cervelle encore active, de me sentir dépérir — je suis livré à ma fin qui viendra je ne sais quand. Je crèverai vidé, dans les affres du manque.

Je me réveille et, loin d'être soulagé de me retrouver vivant, j'éprouve une angoisse. Quelle pesanteur innommable ! Massé, Flugman, les enfants, misérables petites incarnations du Mal, vous n'êtes que des babioles. C'est le Mal lui-même, montagne sous laquelle je suis écrasé, le mal de vivre, de continuer à vivre, qui s'est emparé de moi. Je voudrais mourir, ne plus souffrir. Un enfant peut être désespéré !

Il faut qu'Anne Marie vienne ! Qu'ai-je à faire de mon orgueil ?

Dans la journée de lundi, timidement, je m'approche de Mlle Dupré, à la fin de la classe. Elle fait le rangement de son matériel de carabosse — cahiers, règles, gommes. Interrompant sa tâche, elle me regarde et, devant ma mine, ouvre les grands yeux de sa petite tête huppée — une touffe blanche folâtre — sur ma détresse. Elle s'amenuise de bonté et, encore plus rachitique, corrige la sécheresse de sa voix de professeur infirme qui doit imposer son autorité. Elle le sait, elle, que les enfants peuvent être malheureux.

« Tu as de la peine, Lucien.

— Oui. Ma mère... Elle n'est pas venue hier...

— Mon pauvre petit... »

Elle a un sourire immense pour me dire :
« Tu veux qu'elle soit là dimanche prochain ? Alors, demande-le-lui...

— Comment ?

— Écris-lui une lettre. Je t'aiderai. »

Elle tire précieusement d'un tiroir une feuille de papier quadrillé, une enveloppe jaune, un timbre. Je n'y avais pas pensé, et pourtant... Albert le scribouillard...

De tout mon courage, je griffonne des mots, où les lettres s'entrebattent piteusement, appel intense. Ma main en tremble.

« Maman. Maman chérie. Ton petit Lulu est malheureux sans toi, si malheureux. Sois là dimanche prochain si tu ne veux pas que je tombe malade, très malade, avec de la fièvre.

Je t'en prie, arrive, je t'en supplie. Ton Lulu qui t'aime. »

Et sous la signature, pour la renforcer, je trace une vingtaine de croix, des « X », en les accompagnant de cette notice explicative : X = Amour.

Ensuite, je rédige l'adresse, que je connais par cœur, avec une application forcenée. J'ai peur qu'elle ne soit pas assez lisible, que mon cri n'arrive pas. Au lieu de mon hachis habituel, je fais de grands arceaux, décorés de deux grosses tachés d'encre, sur l'enveloppe où Mlle Dupré colle un timbre mouillé par sa langue sèche. Jamais je n'ai commis d'acte aussi grave. La vieille fille boitillante, guère plus grande que moi, m'accompagne jusqu'à la boîte aux lettres du Ravon, car il y en a une, près de la pissotière. Je glisse ma missive. En tombant au fond du casier, elle fait un bruit de frottement, j'ai l'impression qu'elle emporte mon âme, mon corps pour les donner à Anne Marie. J'ai les larmes aux yeux. Mlle Dupré, de ses doigts laids, me gratte la tête, comme ne l'a jamais fait ma mère. Sacrilège... Et elle me susurre de son ton apitoyé : « Ta maman viendra, Lulu, elle viendra. » Je lui pardonne.

Deux jours plus tard : la cérémonie quotidienne, appelée la « réunion », se tient dans le grand hall. Soumission des élèves assis en troupeau sur le parquet, les petits devant, moi parmi eux. Hauteur de M. Massé planté sur les marches du grand escalier, son état-major derrière lui. Silence. Consignes, remarques, tombant des lèvres de M. Massé, comme des gouttes d'eau glissant le long d'une stalactite monumentale. Enfin la distribution du courrier. Les noms des destinataires sortent banalement de la bouche d'un « capitaine ». Mon nom... Éblouissement ! Je le reconnais, mon nom, tracé par Anne Marie, avec les jambages de Lucien Bonnard qui montent telles des roses grimpantes. Délices... La première lettre que je reçois de ma vie et qui contient ma vie. Maman chérie, elle m'aime, je vais découvrir son amour à l'intérieur de l'enveloppe. J'ouvre. Sur une feuille veloutée, son écriture sereine, entrelacs hautains, noblement penchés en avant, progression charmeuse. Je m'applique à lire, je trébuche sur des mots, je les surmonte, c'est long, mais j'arrive au bout du message. Je m'en souviens, il est resté gravé dans mon cœur !

« Lucien chéri. Je n'ai pu me rendre aux Sources ce dimanche. J'aurais voulu voir ta frimousse de collégien heureux et élégant, t'embrasser. Mais les Masselot m'ont amenée de force à une réception où ils faisaient leur rentrée dans le monde. C'était très réussi. Beaucoup de personnalités célèbres s'empressaient à nouveau autour d'André et d'Edmée, pour se faire pardonner. J'étais fière d'être en leur compagnie, ils m'ont présentée aux "happy few" qu'ils voulaient bien saluer, ceux qui ne les avaient pas trop trahis. J'étais heureuse pour eux. Moi aussi, j'ai eu beaucoup de succès. André disait : "La charmante Mme Bonnard" à leurs amis qui se demandaient qui j'étais. Edmée ajoutait gentiment : "Elle est la femme de notre meilleur consul en Chine, elle s'appelle Anne Marie, André et moi l'adorons." Tout le monde avait pour moi beaucoup de considération. Tu comprends pourquoi je n'ai pu venir. Mais dimanche prochain, je viendrai certainement. Je t'aime tendrement, mon fils chéri. Sois courageux, je suis d'ailleurs certaine que tu t'amuses beaucoup. Peut-être m'oublies-tu ? Mon petit doigt me le dit. Ne m'oublie pas trop. A dimanche. Je t'embrasse de tout mon cœur. Ta mère qui t'aime. Anne Marie. »

Anne Marie, à ma peine, répond par sa joie, elle se vautre dedans, elle me décrit ses plaisirs comme s'ils pouvaient me consoler. Elle ne veut pas croire à ma misère qui pourrait la gêner, et même, avec raffinement, elle me raille, elle se moque de moi, elle aussi... Je sens qu'elle me ment, qu'elle sait déjà qu'elle ne sera pas là dimanche prochain non plus. Son : « Je viendrai certainement » signifie : « Je ne viendrai certainement pas. »

Embués dans la mélancolie s'écoulent les jours suivants. A quoi bon les décrire. Lever à cinq heures et demie, la douche, la gymnastique matinale, le retour au dortoir, s'habiller, le petit déjeuner, les heures de classe, l'angélus de midi, le déjeuner, l'après-midi, un jour le sport, un jour les travaux pratiques.

En fait de sport, je pratique le cricket, revêtu de mon blazer, sur un terrain gazonné, dans le soleil. Tous les joueurs sont des gentlemen, moi pas. Je rate tout, je frappe le vide avec ma batte, je ne sais pas attraper — "catcher", comme on dit — une balle.

Pour les travaux pratiques, on m'a assigné à une forge où les garçons sont des Vulcain maîtrisant le métal au milieu des foyers, des courroies, des machines. Ils font jaillir des étincelles en frappant avec des marteaux du fer chauffé à blanc. Leurs muscles jouent puissamment sous leurs bleus de chauffe. Je suis en bleu de chauffe aussi, mais sur moi, cette tenue tient du déguisement. Je m'acharne vainement avec une lime sur une ferraille serrée dans un étau. Le vacarme m'assourdit, je pleure presque, je me barbouille, à la fin j'essaie inutilement de me décrasser avec une mélasse infecte, le savon noir... Pitoyable.

Je ne sais pas me servir de mes doigts, car, en Chine, les mains nobles ne devaient jamais s'abaisser à des besognes matérielles réservées aux basses gens, elles tenaient un pinceau et traçaient des caractères. C'est tout. Mes mains sont gourdes, elles me trahissent et je les trahis en leur faisant toucher de la matière indigne. Je reste là, stupide, encore plus qu'en classe, et je me fais gronder. Toujours devant moi, le visage irrité ou navré d'un prof de gym ou d'un maître des forges, prenant à témoin le ciel de ma bêtise, autour de moi des éclats de rire. Moi déconfit... moi habitué.

Et puis ce sont les heures d'étude où j'accumule les âneries dans mes devoirs, le dîner où je me fais attraper, le temps après dîner, où on me pourchasse dans le vestiaire ou autour de la « maison ». Enfin le coucher, la délivrance.

Mais dans mon sommeil, le soir de la lettre, je fais pipi, et, quand au matin, je rejette les draps et la couverture pour aérer, comme cela se doit, l'ignoble tache apparaît déclenchant le cri général : « Le Chinois pisse au lit, pisse au lit ! » Flugman vient constater les dégâts et se borne à énoncer avec un suprême mépris : « Petit dégoûtant, salopard. » Sans plus. Pas la peine... Toute la journée, la huée me poursuit, m'appelant « Pissolit », c'est mon nouveau surnom, les faces sont hilares, les profs ont un petit sourire en me voyant. Désormais, la farce consiste à me dire : « Mets-toi à l'écart, tu pues trop, on ne veut pas s'asphyxier. » Les garçons me repoussent, tout en se pinçant le nez. Massé me convoque, et sans me regarder, me donne un avertissement :

« Vous avez la vessie faible. Tâchez de vous corriger, sinon... je prendrai des sanctions. »

Lesquelles ? Il ne me le dit pas. Il me congédie sans un mot de plus. J'ai honte, vraiment honte. Chaque soir, je me promets de me contenir, je m'endors avec cette résolution, soudain je rêve que je pisse, je sens un liquide chaud sortir de moi, se répandre sur moi, autour de moi, s'étendre. Je me réveille en sursaut, et, en effet, j'ai pissé. Pipi, pipi, pipi. Mais qu'est-ce qui me prend ?

Enfin arrive le dimanche suivant. J'endosse mon costume rougeâtre et ma cravate rayée, symboles de l'École festive. Les joies dominicales sont devant moi, peut-être qu'Anne Marie en sera le joyau incomparable. En fait je n'ai guère d'espoir... Je ne suis maintenant qu'une désespérance fatiguée, qui se nourrit d'elle-même, une désespérance faisant corps avec moi, me détruisant lentement, une désespérance — une tumeur, un cancer, un chancre. On peut vivre longtemps avec ces fléaux en soi. En Chine, il y avait des mendiants aux plaies ouvertes, des abcès aussi profonds que des puits, ou qui jaillissaient comme des volcans, proliférations creuses ou protubérantes, à vif, purulentes, putréfiées, habitées par les mouches. Certains miséreux survivaient des années. Je les connaissais, je leur faisais l'aumône. A moi, qui me fait l'aumône, qui me donne le goût de vivre ? Je suis passif, résigné. Est-ce que la résignation est une douleur ou le soulagement de la douleur ? Je ne sais pas...

En tout cas, la routine du sabbat, je la connais, je la respecte scrupuleusement, il me semble même que j'y suis habitué, que je l'ai toujours pratiquée. Ainsi donc je communie, j'attends, j'erre, je vois arriver, repartir des Rolls, des parents. Je n'ai pas de spasmes chaque fois qu'un nuage de poussière apporte une automobile, je sais qu'Anne Marie n'y est pas, et en effet, elle n'y est pas. J'apprends l'art subtil de prévoir les déceptions pour les atténuer. J'accepte, je n'implore plus ma mère pour qu'elle surgisse. D'une certaine façon, je ne pense même pas à elle. C'est inutile. Enfin tous les parents sont repartis, et restent leurs fistons, chacun avec des kilos de bonbons. Pas d'Anne Marie du tout. Ma peine est moins grande, beaucoup moins aiguë que dimanche dernier. Peut-être qu'elle se dissimule, se terre en moi. Quoi qu'il en soit, la journée n'est pas terminée, la routine continue. Le dîner, les complies. Mais la Vierge n'est plus la Mère, elle est l'ennui. La nuit, aucun cauchemar ne me mord, et même je ne pisse pas au lit. Anne Marie n'existe plus, elle est un trou insensible qui a remplacé mon cœur. Pourtant, je la désire toujours, éperdument.

Le lundi, encore une lettre d'elle. Avant de déchirer l'enveloppe, je la maudis. Je sais ce qu'elle contient et je ne me trompe pas : maman regrette, elle est désolée, il lui a été absolument impossible, à la dernière minute, de venir. Encore les Masselot, elle ne pouvait refuser... Mais dimanche prochain, elle viendra sûrement, absolument sûrement, elle m'en fait la promesse, quitte même à s'excuser auprès d'André et d'Edmée s'ils la convient. Toute la semaine elle a pensé à ma lettre. Comment puis-je me plaindre autant, est-ce pour la chagriner, la faire souffrir ? Certainement, j'exagère beaucoup, je suis dans la meilleure école

293

de France, dont tout le monde dit du bien. Alors, Lulu, ne la déçois pas, tiens-toi bien, profite. Ne lui écris plus de cette façon. « Be a man, my boy... »

Pourtant, j'ai encore écrit, encore supplié, avec mes pauvres phrases. Correspondance pénible. Et elle m'a encore répondu comme si mes malheurs ne l'atteignaient pas, la choquaient même, la contrariaient. « Ne sois pas geignard comme ton père, mon fils. »

Toujours elle me ment, me donne des assurances qui ne sont pas tenues. Ensuite, elle me narre les empêchements majeurs, mondains, liés aux Masselot — maudits Masselot, glorieux Masselot — qui l'ont empêchée de se rendre auprès de moi...

Le dimanche, je ne pleure plus, je ne l'attends plus, je n'erre plus autour du Ravon, je ne regarde plus le ballet des voitures. Je le connais par cœur, cela ne me concerne pas. Il y a d'autres gosses dont les parents ne viennent jamais ; eux, ils jouent aux billes, à saute-mouton, ils se chamaillent, ils sont gais. Moi, je me traîne, je suis triste, surtout je veux le rester, il faut que je souffre. Je me punis en imaginant Anne Marie à sa toilette, se préparant à « sortir » au lieu de prendre le train... Tout à l'heure, en société, elle aura son sourire mystérieux, son silence qui semble parler, ses attitudes modestes, sa fameuse silhouette. Et si André, Edmée ou quelqu'un d'autre lui demande de mes nouvelles, elle répondra : « Lucien va très bien. Il m'écrit souvent. Maintenant, à son école, il se plaît beaucoup. Au début, il a eu un peu de mal à s'habituer. »

Vers la fin de l'après-midi, le dimanche, je retourne souvent vers le petit bois surplombant le Ravon, je me couche à l'ombre d'un rocher, à l'endroit même où j'avais vu la colonne de fourmis. Elle est toujours là, elle coule toujours, intarissable fleuve noir. Et toujours elle charrie du butin, des proies, encore un hanneton, un papillon, des chrysalides, de petits vers, de petites choses touffues, blanchâtres, germées de la terre, dont on ne sait si elles sont animales ou végétales... Est-ce que ce sont les mêmes fourmis que celles que j'avais regardées la première fois ? Qu'importe ! Je suis accoutumé à elles, et même, je les envie. Leur existence est sans problèmes, sans douleurs, sans mal de vivre, sans mal de mourir. Innocentes, elles obéissent à un ordre absolu, elles ne connaissent que la force qui les anime, elles ne pensent pas... Étendu à même le sol nu, sur des brindilles, le rocher est mon horizon, j'examine ses failles couvertes de mousse rêche avec un intérêt prodigieux, je les compte, je les analyse, je m'en pénètre, je m'y perds. La clarté s'assombrit un peu autour de moi... Fléau de la pensée ! Je pense ! Et à quoi puis-je penser sinon à Anne Marie ? Je ne l'interpelle plus pour quémander, pour me plaindre, pour lui faire des reproches, mais pour lui dire qui elle est, car elle ne le sait pas... elle ne veut pas le savoir. Elle se croit parfaite, infaillible, au-dessus des faiblesses humaines. Ce n'est pas mon avis.

Dans mon innocence et mon ignorance, je sentais qui elle était, je voulais le lui dire. Elle n'était qu'une femme, Anne Marie, comme Edmée. Mais alors qu'Edmée connaissait sa ruse et ses crocs, ma mère, elle, vivait dans ses illusions avec lesquelles elle créait une image idéale, qu'elle projetait autour d'elle, qu'elle imposait aux autres ; Anne Marie n'était qu'une belle concrétion d'égoïsme. André serait-il dupe comme l'avait été Albert ? Je la voyais avec les yeux de la cruauté, les yeux de l'enfance. Ma mère était épanouie de vanité ! Ce qui se dégageait de ses lettres, c'était son triomphe discret, indiscret. Je le reniflais dans chacun de ses mots à fleurons. Elle se jouait de moi comme une chatte se joue d'une souris, avec une perversité peloteuse, de douces caresses de pattes griffeuses. Excuses, promesses, reproches, elle employait toutes les armes. Je savais qu'elle ne me torturait pas par amusement. Simplement, elle rusait avec un petit homme qui gâchait ses symphonies émouvantes. Elle ignorait même ce qu'elle m'infligeait. Elle était dure. Quelle gaieté en elle, quelle insouciance de mon sort ! Elle était un miroir d'indifférence qui ne lui renvoyait que sa propre image. Je la détestais, je détestais les femmes.

Quand arrivent ses lettres, je n'ai même plus un sursaut d'espoir. J'ouvre les enveloppes sans illusion. Je retrouve les mêmes phrases captieuses, celles de sa rouerie, consciente ou inconsciente. Elle ne parle que d'elle. Alors, étrangement, il m'arrive parfois de penser avec commisération à Albert, dont le visage, qui se voulait viril, se refermerait dans une dignité feinte pour ne pas pleurer. Lui, s'il avait été à Paris, il serait venu, je l'aurais régulièrement vu apparaître, à la fois attendri et bougonnant, me bourrant de bonbons tout en me prêchant l'économie, m'assommant de conseils et de recommandations.

Malgré tout ça, un soir que j'espérais à nouveau, en dépit de mes déceptions, une lettre meilleure d'Anne Marie, qui montrerait enfin de l'affection vraie, qui peut-être promettrait sérieusement de venir — il ne restait plus que deux dimanches — un soir donc, à la réunion, quand le « capitaine » distribuant le courrier crie : « Lucien Bonnard », je sursaute, c'est elle, c'est la lettre, que j'attendais... Mais on me remet une enveloppe raide, à en-tête gravé « Consulat de France à Tcheng Tu », avec, en dessous, un faisceau aux armes de la République. Dans un coin le timbre oblitéré des postes françaises en Chine représentant une jonque voguant, sa voile gonflée, sur une eau paisible, tout juste clapotante, eau couleur rouille, eau limoneuse de l'abondance et de la prospérité. Je reconnais mon nom et toute l'adresse de l'École, l'indication même du Ravon, tracés de la main de mon père, je reconnais son écriture ramassée, méticuleuse, avec des points sur les i, des lettres aiguisées, baïonnettes de lettres — Albert a toujours eu, malgré ses mollesses, une écriture âpre et agressive. Alignement de petits piquants au lieu des belles arcades pamprées d'Anne Marie. J'ouvre l'enveloppe. Un gosse quémande :

« Dis, Chinois, tu me donnes le timbre de ton pays ? »

Je vais au vestiaire, où Flugman ordonne qu'on me laisse en paix — dans sa grosse caboche, une lettre des parents, c'est sacré. Je me mets à lire.

C'est long. J'ai beaucoup de mal à déchiffrer les mots rébarbatifs d'Albert. Je l'imagine m'écrivant dans son bureau, sombre, préoccupé, le pince-nez en bataille, faisant grincer sa plume. Je lis lentement, passant difficilement d'une lettre à l'autre. Heureusement que beaucoup de ses phrases, je les connais par cœur, elles lui ont déjà servi pour me sermonner... Je progresse peu à peu, je reconstitue l'ensemble :

« Mon petit Lucien. Je te le répète, travaille. J'ai demandé à ta mère de m'envoyer tes notes dès qu'elle les aura reçues. Si elles sont bonnes, je te réserve une agréable surprise ; si elles sont mauvaises, gare à toi. Applique-toi. Ne perds pas ton temps à des chichis, comme tu sembles le faire. Ne fais pas non plus le gandin avec les beaux effets que ta mère t'a achetés, j'ai reçu la facture, elle est salée. Tu vois mes sacrifices pour toi... J'ai réglé aussi le prix de ta pension, on ne peut pas dire qu'elle soit donnée. J'ai peur que tes riches camarades, avec leurs blazers — tu en as un aussi, c'est sur la facture —, ne soient bien snobs. Ne sois pas snob, c'est un très vilain défaut, travaille. N'oublie pas que je dépense beaucoup d'argent pour toi et que, malgré ma mauvaise santé, je reste encore en Chine, dans ce climat malsain, pour pouvoir t'entretenir, payer tes dispendieuses études. Tu le sais, je ne possède pas la moindre fortune, je dois le peu que j'ai à mon mérite. Sois digne de l'effort que ta mère et moi faisons pour toi.

« Ta mère m'écrit que tu as eu quelques difficultés à t'habituer à ta nouvelle existence de pensionnaire, mais tu avais pris de mauvaises manières en Chine, tu étais arrogant, insolent... L'École va te mettre du plomb dans la cervelle. Fais attention surtout de ne jamais chagriner ta mère, qui s'inquiète pour toi. Rassure-la par ta bonne conduite... Tu sais, ta mère est une femme admirable, je ne veux pas que tu lui causes le moindre souci. Elle est trop tendre avec toi, elle te dorlote, elle t'offre tout ce que tu veux. Ne continue pas à être un enfant gâté, qui fait des caprices. Obéis-lui bien, obéis à tes maîtres, sois un bon élève. Tu sais que moi, ton père, j'ai de l'affection pour toi, de l'indulgence même, mais je serai sévère s'il le faut... Je veux que tu me répondes très rapidement, je verrai la date de l'envoi par le cachet. Aie une écriture vigoureuse et saine au lieu de tes pattes de mouches qui ne sont que des gribouillis. Apprends à avoir du caractère. Tâche de faire le moins de fautes d'orthographe possible. Rédige bien, montre que tu fais des progrès dans ce français que tu possèdes mal. Je suis ton papa. Je t'embrasse. Albert.

P.S. : Si tu as de bonnes notes, tu auras une bonne surprise. »

Quand j'ai fini, je baisse la tête, accablé et plus enragé que jamais. Albert fait le bravache à cause d'Anne Marie. Je ne le crains pas du tout, lui, je sais qu'il m'aime... C'est Anne Marie la méchante, la très méchante, que je trouve dans cette lettre, elle m'a trahi, elle a entortillé mon père autour de son petit doigt. Elle fait ce qu'elle veut d'Albert. Je la hais. Elle va voir le sort que je lui ferai subir tout de suite... Quant à l'agréable surprise annoncée par Albert si j'ai de bonnes notes, je m'en moque. D'ailleurs, j'aurai de mauvaises notes, je le veux.

J'ai mon idée. Le vestiaire s'est vidé, il sent le dégarni. Les garçons sont montés les uns après les autres, par petits groupes jacassants, pour aller se coucher. Ils sont maintenant dans leurs dortoirs. A travers le plancher, je perçois leurs ébats, leurs disputes, leurs bruits. Au-dessus du vestiaire, il y a des goguenots à la turque, les garçons font la queue pour aller satisfaire leurs besoins. J'entends des gémissements, des « plouc » et les chasses d'eau. Plus personne en bas. En pantoufles, je me glisse dehors — ce qui, à cette heure-là, est interdit —, j'avance, la nuit est encore claire. Ombre mouvante, trop visible, je me dirige avec décision jusqu'au grand urinoir, ce miroir d'ardoise puant. Toujours personne, je me hâte de faire ce que j'ai à faire, avec détermination, calmement, sans fièvre. Je suis le justicier.

Dans la rigole d'écoulement pleine d'urine stagnante, je jette les morceaux de la lettre d'Albert — d'Anne Marie interprétée par Albert — que je viens de déchirer soigneusement. D'une volée, je lance ces confettis, qui planent en chutant, descendent lentement, enfin s'enlisent, dans le ruisseau infect. L'encre des mots se dilue en traînées violacées. Et, pour entraîner les divers fragments flottants, ou échoués sur les rebords humides, je sors mon robinet, le brandis, l'ajuste et, de toute ma colère, je pisse. Je dirige mon jet contre le milieu de la plaque d'ardoise, il s'y brise, retombe en nappe le long de la paroi, jusqu'à la rigole. Ma pluie y crée un courant qui s'empare des débris de papier, les engloutissant, les entraînant jusqu'au trou d'évacuation par où, pour la plupart, ils disparaissent. Quand j'ai enfin fini d'asperger, il en reste quelques-uns, absolument illisibles, des épaves détrempées ; tant pis. Je suis content, je me suis vengé. Ce n'est pas sur Albert que j'ai pissé, mais sur ma mère. Je retourne à mon dortoir sans avoir été vu. Tout roupille, Flug-

man ronfle déjà, je me déshabille silencieusement, j'entre dans mes draps, je pose ma tête
sur l'oreiller, je ferme mes yeux, je m'endors,
ravi, pour une nuit délicieuse.

Il faut me venger encore plus d'Anne Marie.
Subtilement... le lendemain, la bouche en
cœur, faisant ma sainte nitouche, l'air piteusement confit, je vais me planter devant Carabosse. C'est toujours elle qui m'aide à rédiger
les lettres à ma mère, me fournit son papier
quadrillé, son enveloppe bon marché, le timbre. Chaque fois, elle tâche de me consoler.
Elle est désolée pour moi, elle tire de son
tiroir, outre son matériel épistolaire, de vieux
bonbons rances qu'elle me tend de sa main
pelliculeuse. Pour lui faire plaisir, malgré mon
dégoût, je me mets à en sucer un, gonflant une
joue pour bien montrer que je déguste selon
les règles.

Ce jour-là, je lui susurre :

« C'est à papa que je veux écrire, en Chine.

— Ton papa, tu l'aimes beaucoup aussi, c'est
triste qu'il soit si loin de ta mère et de toi...

— Mais non, il n'y a pas de distance, maman
est avec papa, nous nous aimons tous, nous
sommes tous ensemble. »

Mlle Dupré n'insiste pas. Elle me fournit
l'attirail nécessaire. Je commence par écrire
l'adresse complète, comme Albert le veut :
« Monsieur Albert Bonnard, Consul de France
de 1re classe, Tcheng Tu, Province du Sseu
Tchouan, République de Chine. » Avant de
rédiger, comme mon père, je pense longue-

ment, je rumine, j'élabore. Je m'y mets, je recommence trois fois, à cause des taches d'encre. Enfin, après une longue patience, je produis un texte immaculé, parfait, aussi propre que possible avec mon écriture qui batifole, qui ressemble à des éclaboussures. Mais, malgré l'enfantillage de la forme — je ne suis pas le fils d'Anne Marie pour rien, je suis aussi roué qu'elle quand je le veux — je place volontairement, partout, flatteries et chausse-trapes, je sais aussi manier mon père.

« Mon cher papa. Je suis ton fils respectueux qui t'aime. Je t'embrasse avec tout mon cœur. Je suis heureux de la lettre que tu as bien voulu m'écrire, je te remercie. En la lisant, je me sens proche de toi. Je travaille bien, ma maîtresse, Mademoiselle Dupré, est contente de mes progrès. J'ai eu 14 sur 20 en rédaction, il s'agissait de dépeindre la maison familiale, j'ai décrit le consulat. Tu sais, papa, je pense souvent à toi, et à tes conseils, je les suivrai toujours. Je ne suis pas snob, je m'applique... Au début, j'ai été un peu malheureux au collège, parce que maman ne vient jamais me voir. Elle est si occupée, la vie est difficile, c'est dur pour elle. J'ai vu André et Edmée avant de partir pour l'école, ils ont été très gentils avec moi. Edmée m'a embrassé. André aime beaucoup maman, il la respecte, il lui baise la main, il la regarde souvent, et il sourit. Edmée aussi aime maman. André admire beaucoup maman, il lui pose des questions sur la Chine, elle répond et il est très content. Maman m'écrit qu'André et Edmée prennent bien soin d'elle, ils l'invitent, ils la font sortir dans le beau monde, André est son cavalier, c'est pour cela qu'elle ne peut pas venir ici. Maintenant, je ne suis plus triste. Je travaille, papa, je sais que tu dépenses beaucoup d'argent pour moi. Je te promets que mes notes de fin de trimestre seront bonnes, je passerai dans la classe au-dessus, Mademoiselle Dupré, qui est très gentille avec moi, me l'a dit.

« Quelle est la surprise que tu me prépares ? Je suis impatient de la savoir, je te remercie d'avance, papa. Tu es un bon papa que j'aime. Je ne ferai jamais de peine à maman, sois-en sûr, même si je ne la vois jamais. Bientôt, je serai avec elle en vacances, mais je penserai beaucoup à toi. Je prie le Bon Dieu pour que tu reviennes vite, papa. Je t'embrasse, papa. Ton fils dévoué. Lucien. »

Jamais je n'ai écrit pareille tartine, mais c'est bien. Mlle Dupré me demande combien de timbres il faut, je ne le sais pas, elle en met plusieurs. Et puis, elle, toujours boitillante, et moi, nous allons déposer l'enveloppe dans la boîte aux lettres, près de l'urinoir. J'aperçois des bouts de la missive d'Albert encore englués dans de la mélasse. Des garçons pissent sur eux — je me dis en moi-même : « Pissez beaucoup. » Comme d'habitude, Carabosse ne regarde pas de ce côté. Je glisse ma lettre dans la boîte, où elle chute avec le petit bruit habituel. Lettre, va en Chine, éveille les soupçons d'Albert !

Depuis, je vais mieux... Les jours passent, monotones. Certes, je reste le « Chinois » et les écumes des moqueries continuent de déferler sur moi, mais j'ai atteint l'état d'indifférence. Je suis un enfant à l'âme morte, je vis comme si je ne vivais pas, comme si c'était mon double qui vivait pour moi. Je ne me bats toujours pas, Flugman me méprise, tous me méprisent ; le mépris me fait un nid où je survis. A chaque repas, M. Massé m'envoie dans la cheminée, je n'ai plus honte. Je ne pense guère à Anne Marie...

Ce qui m'ennuie le plus, c'est qu'il y a toujours des gens, des petits, des grands, des élèves, des professeurs, autour de moi. Trop d'yeux, de poings. Même la bonté de Carabosse me lasse, et puis elle est vraiment trop laide. Ses gentillesses me rendent ridicule. Je ne suis jamais seul.

Un jour, à la réunion, M. Massé a demandé si des garçons voulaient cueillir du tilleul. Sans doute pour que Mme Massé puisse lui offrir de la bonne tisane. J'ai levé le doigt. Il y a, dans le parc devant la façade d'honneur du Ravon — parc qui, à cette époque, ressemble à une corbeille de fleurs et qui est interdit aux élèves — quelques rangées de beaux tilleuls formant des boules rondes en haut de troncs droits, donnant une ombre épaisse et avec des feuilles en forme de cœur. Quand le soir vient, des oiseaux y nichent et pépient, c'est beau, c'est doux. On m'en a donné un à récolter, un à moi tout seul. Je grimpe dedans, je suis à califourchon sur une branche. Les fleurs blanches sont maintenant presque toutes fanées, je ramasse leurs graines en forme d'hélices. J'ai un petit panier pour les mettre. Je suis un jardinier, un boy, mais qu'importe. Il reste quelques fleurs épanouies, elles embaument, je flotte dans un bain de parfum. Des abeilles bourdonnent, j'ai un peu peur, mais elles ne me piquent pas. Là, rien ne peut m'atteindre, je suis entier, intact, et enfin seul. Je pense à ma mère avec délices, elle sent encore meilleur que les tilleuls. Anne Marie, Anne Marie, que ne ferais-je pour elle...

Est-ce à cause de cette solitude odorante que j'ai retrouvé un morceau de moi-même ? Je ne sais pas. Mais c'est à cette époque-là que m'est revenue la fureur rouge.

Je me souviens.

Un matin, la classe s'est tenue dans une petite cabane écartée, isolée en pleine nature. Une salle rustique, destinée, évidemment, aux sciences naturelles. Mlle Dupré s'est absentée quelques minutes. Au cours de cette pause, des gosses excités m'encerclent. Je reste benoîtement dans l'abrutissement crasseux qui est ma défense et mon bouclier. Ils cherchent des trucs plus subtils, pour transpercer ma carapace de veulerie, me piquer jusqu'au vif, m'arracher une goutte de sang, une larme, moi je ne saigne plus, ne pleure plus. Ils cherchent... jusqu'à ce que le zigzag de la pensée fertile, l'éclair de la morsure, sillonne les pupilles de Le Môle. Un beau garçon, bien découplé, pas vraiment une brute, mais un grand feu follet frétillant, son nez retroussé battant comme une queue de chien, ses oreilles hissées comme les voiles de la rigolade, ses taches de rousseur tombant comme des confettis. Il est « farce », en somme. Au demeurant, le meilleur compagnon du monde. Pas réellement pervers, mais si poussé par la singerie qu'il devient souvent un macaque déchaîné. En tout cas, il se place devant moi, dans le rituel de l'affrontement hilarant et cruel — il s'agit d'un de ces duels qui se pratiquent devant une assistance ravie, confrontation que je crains et où je suis pitoyable. Car je ne réponds pas, je détourne la tête et me tais, je me laisse acculer, battre, écraser, parmi les huées de tous crachant sur ma défaite, tandis que mon vainqueur se pavane. C'est ce qui se passe aujourd'hui : les enfants fébriles et muets font cercle, attendant ma mise à mort. Au centre, avec moi, Le Môle plante ses yeux de joyeux drille dans les miens que, à la suite de je ne sais quel pressentiment, je ferme presque, déjà victime résignée. Attente joyeuse, de tous. Anxiété en moi. Qu'est-ce que Le Môle a pu cuisiner ? Cette fois, quelque chose de grave va arriver. En effet, il m'embroche avec une rhétorique empoisonnée. Dès que Le Môle ouvre la bouche, je comprends que c'est ma mère qu'il veut salir, et que je vais devenir fou.

« Dis, on ne vient jamais te voir le dimanche.
T'es sans parents ? »

Une force m'entraîne à répondre :

« Mon père est en Chine, consul de
France.

— Et ta mère ? T'en as bien une ?

— Oui, elle est à Paris, très occupée, elle
voit des gens très importants.

— Ah ! ah ! ah !... Tu me fais tordre les
boyaux. Une femme séparée de son mari, on
sait ce que c'est... Mignon, si elle a pas le
temps de venir te voir, c'est qu'elle doit avoir
d'autres choses à faire, plus marrantes. Ta
mère, je te l'dis, elle s'embête pas... ah ! non,
elle mène une jolie vie, tiens ! »

Mes mâchoires se contractent. Un fluide
coule dans mes nerfs. Mon cerveau est le vide
au centre du typhon, l'œil de l'ouragan.

« Que veux-tu dire ?

— Ta mère, eh bien, c'est une putain, probablement. »

Je ne connais pas ce mot, mais je sens qu'il
est affreux. Je devine ce qu'il signifie. Un
« Ah » surgit de l'auditoire pétrifié autour de
l'arène où nous nous affrontons, Le Môle et
moi — un espace au pied de l'estrade, dans la
salle de classe, sur un fond de tableau noir,
de cartes de géographie, devant des rangées de pupitres pour le moment abandonnés. Que m'importe la médiocrité du décor !
Les gosses font cercle, écureuils frénétiques,
inquiets aussi, car Le Môle a été trop loin.
Quant à moi, si je ne protège pas ma mère,

je serai à jamais de la vermine, de la chàrogne, une ordure puante, pour toujours condamnée.

Je ne réfléchis pas. Je suis en proie au « ch'i », à l'explosion glacée des humeurs. Une volonté magique, venue d'ailleurs, me commande. Subitement, ma mine est celle d'une mer étale, sans un frisson, sans une ride, sans une écume. Extraordinaire tranquillité — seule ma bouche est légèrement entrouverte. Je ne sens plus la vie, je suis une statue, un fantôme. Je suis effrayant, dans cette mort que procure la fureur extrême. Est-ce moi qui agis ? En tout cas, j'étends mes longs bras, et mes mains se referment sur le cou blanchâtre de Le Môle. Je possède une force colossale et limpide, je serre, je resserre. Je n'ai aucune rage, aucune fièvre, aucune âme, il me semble être de fer. Je suis apaisé, j'éprouve une douceur délicieuse, un plaisir indicible. Cependant, mes paumes se ferment encore plus sur la nuque de Le Môle, étaux qui la compriment, herses qui la labourent. Ses veines gonflent comme des fleuves en crue qui vont rompre leurs digues, sa pomme d'Adam, qui émerge encore, est le balancier de sa peur. Le Môle, d'abord, se débat fougueusement, mais loin de moi, au bout de mes bras qui sont des barres rigides, là où mes mains étranglent cet espace, cet arceau tendre entre sa tête et ses épaules. Je suis éloigné de ses sursauts, de ses secousses, de ses ruades, de ses palpitations, de ses coups qui ne m'atteignent pas. J'ai l'impression de tenir une couleuvre qui essaie de s'échapper, c'est souple, un peu chaud, très animal. Mes doigts sont des outils, mes ongles creusent la chair s'y fixant comme des serres pour maintenir leur proie. Le Môle gigote de tous ses membres, de tout son corps, de tous ses traits qui se bataillent entre eux, champ de déroute, sauve-qui-peut désespéré. Ce ne sont, sur sa face en panique, que rictus et grimaces, tumultes entremêlés de sa peur verdâtre. Ses yeux tournoient dans les orbites sans trouver d'issue. Le Môle halète, à coups de soufflets de forge, cherchant l'air manquant, qu'il aspire âprement par sa gorge convulsive, de plus en plus étouffée, presque un cul-de-sac. Il s'efforce de me repousser, surtout avec ses bras, mais ceux-ci semblent cassés, leurs extrémités frottent l'espace en vain. Avec un effort supplémentaire, il projette vers moi le poids de son corps pour m'ébran-ler, par des poussées qui le libéreraient de mon emprise. Houle inutile. Moi, je poursuis ma tâche, le nœud coulant, le piège de mes mains autour de son gosier. Le beau Le Môle n'est plus qu'un pourceau dans ma trappe. Cochon... Ses yeux chavirent, barques ren-versées par une énorme lame, gélatine lisse, avec toujours plus de blanc. Il ahane moins. Je sens vaguement sa respiration s'éteindre, ses artères grossies stagner, canaux prison-niers, et sa tête se décrisper, calmée mais écarlate du sang de l'asphyxie. Il se trémousse à peine. Son corps devient flasque, une mol-lesse s'effondrant, un sac se vidant. C'est moi qui le maintiens debout. Le Môle, baudruche dégonflée.

Autour de nous, les garçons se sont gardés d'intervenir, ainsi qu'il convient à l'étiquette de ce genre d'affrontement. Par petits cris exaspérés, ils ont encouragé Le Môle contre le Chinois. Puis, ils se sont tus. Leurs visages, au fur et à mesure, se marquent des sceaux de l'étonnement, de la stupéfaction, de l'ébahissement. Maintenant, comme des mouches, les élèves bourdonnent d'inquiétude... sales petites gouapes. M'arrivent des bouts de phrase presque incrédules, même admiratifs, et aussi des chuchotements : « Il faut arracher Le Môle à Bonnard. » Essaim flottant, agité, indécis... Je serre jusqu'à ce que surgisse Flugman, passant par là, qu'un des témoins peut-être est allé chercher. La surprise s'étale sur sa truffe. Sa bonne face est prise d'une sorte d'inhibition stupide, il n'arrive pas à y croire. Soudain, avec le masque obtus qu'il revêt pour les grandes décisions — sa bêtise devient alors un bourrelet dur et épais —, il me prend par l'épaule et crie, presque amicalement :

« Arrête-toi, Bonnard, tu vas tuer Le Môle. »

Mais je n'arrête pas, je serre encore plus. Je n'ai pas le sentiment d'exister, je suis un guerrier redoutable, taillé dans du bois dur, un génie de la vengeance. C'est à peine si j'entends Flugman et les autres garçons affolés, qui commencent à grouiller autour de moi. Le Môle enfin s'affale sur le sol, mes

311

mains le suivent dans sa chute sans lâcher prise, mon corps s'abaisse pour recouvrir le sien. Je suis avec lui dans un face-à-face couché, comme l'homme sur la femme. Flugman hurle :

« Arrête-toi, Bonnard, tu vas le zigouiller ton Le Môle ! »

Mais les cris, les bruits, ne me parviennent pas, je suis à mon œuvre, étalé sur ma proie, serrant toujours. Étrange fornication... Soudain, Flugman, se penchant sur notre accouplement, met toute la force de ses pognes pour m'extraire de cette étreinte où je ne fais qu'étrangler, il tâche de me haler en m'exhortant avec un relent d'admiration.

« Laisse-le, Bonnard, laisse, tu l'as eu. »

Toute la marmaille, ces gamins que je craignais et que maintenant je dédaigne, me recouvre, commence à tirailler sur moi de tous côtés, pour me décoller de ma victime — leur incarnation, leur défaite à tous. Fournée de bestioles. Les vermisseaux pullulent sur mon corps qui chevauche le corps de Le Môle, essayant de me le soutirer, lui, mon dû. Ils ne me maîtrisent pas. Alors, Flugman me cogne sur le crâne à grands coups de poing, tout en s'excusant :

« T'es trop obstiné. Arrête donc » et je m'arrête.

Fracas de gongs dans ma tête. Mais tout en subissant ces énormes chocs, je reste agglutiné, imbriqué à Le Môle... Je suis dominé par l'instinct de la mort. La mort de Le Môle et de tout ce qu'il représente, cette racaille enfantine qui m'a fait tant souffrir. Je veux tuer Le Môle, je veux tuer Flugman, je veux tuer les Sources. Sous mes mains, Le Môle est du pus.

Soudain, je suis pris de dégoût. Une bouffée écœurante. Surgit en moi le seigneur très noble, à la barbe rouge, qui a satisfait son orgueil. Mon ch'i s'est envolé. Ne serait-ce pas me dégrader que de m'acharner sur ce rat, ne serait-ce pas accorder trop d'importance au coolie qui a éprouvé mon ire ? Je reprends conscience. Pas une seconde, je n'ai pensé à ma mère pendant que j'étouffais son insulteur répugnant. Maintenant, je pense à elle : « Maman, je t'offre Le Môle, je te le dédie... » Mes mains ne sont plus des étaux, mes bras retombent. Je me relève, je suis Lucien Bonnard dans toute sa taille, immaculé, sans les souillures d'une mêlée, pas déchiré, serein, aussi paisible que l'aurore, à l'écart de tous. Je suis le dragon aux griffes de feu. Je laisse tomber mon regard sur mon « cadavre » qui n'est pas mort, qui tressaute et gémit.

On chuchote : « Il faut appeler le médecin. » Flugman s'est penché sur Le Môle, l'auscultant à la façon d'un vétérinaire. Quand il se redresse, j'entends ses grognements essoufflés — l'essoufflement en lui étant une force primitive. Il m'étonne : lui, si soumis à l'autorité, se révèle, pour l'occasion, archange de l'apocalypse, dieu-gargouille de cathédrale. Il gronde :

« Non, pas de toubib. Ce combat, c'est une affaire d'honneur concernant nous seuls. D'ailleurs, Le Môle va beaucoup mieux. »

A terre, les couleurs, le souffle, la vitalité reviennent rapidement à ce tas disloqué qu'était Le Môle. A tel point que, d'un saut de carpe, il se met debout, insolent, me dégueulant des bouffonneries à la face.

« Ah ! t'es bien un Chinois. Les Chinois, à ce que me racontait mon oncle l'amiral, c'est du soumis, du servile, du souriant, ça file doux, et puis ça vous joue des tours de cochon. Tchine, tchine, tchine et patachine, j'aime la Chine et son chapeau chinois ! La, la ! »

Le Môle m'entoure de ses galipettes, il fait le saltimbanque, le polichinelle. Sa force à lui est d'avoir le dernier mot par une loufoquerie. Sa défaite il veut l'effacer, il veut la faire passer pour une pantalonnade. Le Môle, tout contre moi, narines battantes, prenant son nez pour une trompette de Jéricho, essaie d'abattre les remparts de mon triomphe. En triturant ses oreilles comme si elles avaient été les touches d'un instrument de musique, il fait sortir de sa bouche une charge militaire dérisoire, avec des couacs et des nasillements.

« Je te salue, grand mandarin. Et n'essaie plus de me couper la tête. »

Il cherche à m'entraîner dans une valse échevelée, mais je me dégage de ses entrechats. Toujours pitre, il pose respectueusement la main sur son cœur et s'incline devant moi.

« T'aime pas la danse. T'es pas drôle. Salut à toi, mamamouchi. »

Mamamouchi... Ce Le Môle, il mélange tout, la Chine et la Turquie. Ça ne l'empêche pas de me turlupiner. Il se paie ma tête. Je reste digne. Il n'est pas au bout de ses farces et attrapes. Prenant des chiffons, il les glisse sous sa chemise et se fait des bosses sur la poitrine. Là-dessus, il chuchote :

« Regarde, j'ai des seins, je suis une femme. Je vais te charmer avec ma spécialité, la danse des sept voiles. N'est-ce pas que je suis plus belle que ta mère ? »

Loin de se reconnaître battu, Le Môle avive ma plaie, celle qui m'avait déchaîné contre lui. Cette fois je reste impassible parce que Flugman tonne : « Ne sois pas idiot, Le Môle. Ça suffit. » Le Môle ne lâche pas prise :

« Bon, je suis une pépée, je ne suis pas sa petite maman chérie, mais je vais quand même finir de m'habiller. »

Dans un placard, il prend le chapeau suranné de Mlle Dupré, s'en coiffe, s'empare de sa blouse de classe élimée et s'en fait une robe. Ainsi déguisé, Le Môle glapit d'une voix suraiguë :

« Je suis la grande diva de l'Opéra, je vais pousser un contre-ut. »

Il produit des trémolos, toutes sortes de roucoulades.

« Dis, le Chinois, tu m'aimes. Viens me donner un baiser, je suis ta chérie. »

Sans me fâcher, je repousse la « cantatrice »

qui fait semblant de tomber en pâmoison, tout en fredonnant *Chagrin d'amour*. Flugman foudroie Le Môle :

« Assez de tes momeries. Fous le camp. »

Le Môle, s'étant défait des pauvres parures de Mlle Dupré, qu'il laisse tomber à ses pieds, déguerpit, narguant et ricanant, se moquant de moi, de lui. Malgré tout, je l'admire.

Tombée du silence. Un cercle de garçons : couronne autour de moi. Une rumeur, un vent coulis, un chahut joyeux. Chacun me congratule, caquette mes louanges. Flugman est un gros paquet de connivence. Il me tape sur l'épaule, cette fois pour m'armer chevalier des Sources :

« Tu n'es plus le Chinois. Tu es Bonnard. Qu'est-ce que tu lui as mis au Le Môle, tu as failli le bousiller. Après, il a joué au zigoto, mais il n'a trompé personne. Tu l'as écrasé. Pourquoi tu te battais pas, avant ? T'es un costaud, on peut le dire. Et peinard, avec ça. La prochaine fois, quand même, n'y va pas si fort. Serrons-nous la pogne. »

Je la serre. Sa paume en chou-fleur, ses doigts en saucisson, sa patte velue, je les serre. Au-dessus, sourit sa figure bonasse, avec ses yeux en bouton de guêtre. Plus que jamais, je me sens vidé, sans exaltation, juste dégoûté. Cette victoire, je ne sais pas pourquoi, je la prends pour une reddition...

En bon « capitaine », Flugman range les fringues de Mlle Dupré à leur place. Là-dessus, Carabosse arrive, sentant aussitôt qu'il s'est passé quelque chose. De sa voix sévère, elle accuse :

« Vous vous êtes battus. Je vais punir les coupables. »

Flugman couvre l'affaire de son autorité.

« Mais non, il n'y a rien eu... »

« Rien », je reprends. « Rien », proclament en chœur les élèves. Mlle Dupré n'insiste pas, mais elle m'envoie au tableau noir, où, pour une fois, je réussis une opération mathématique. Flugman s'est retiré entre-temps et Le Môle, sans être vu de Mlle Dupré, a repris sa place en classe, dans les derniers rangs.

A partir de ce combat, finie la persécution ouverte. Mais tous ces moucherons, qui maintenant me craignent, ne m'aiment toujours pas. Faces rampantes autour de moi, sournoises et persiflantes quand même. Pour ces gosses, je suis un drôle de corps. Je ne leur ressemble pas.

On ne m'appelle plus officiellement « le Chinois ». Pourtant, le sobriquet me cingle parfois avec un rire, juste un léger frisottis, un murmure, une illusion. Il provient de devant ou de derrière, de je ne sais où, toujours lancé par la même voix. Je la reconnais, c'est celle de Le Môle qui ne renonce pas. Sa gueule émerge. Je ne sais pas encore qu'il va devenir mon ami, mon premier ami.

Un jour, je bute sur lui dans un sentier. Nous sommes seuls. Sa figure se taraude de malice. « Salut, Chinois. » Moi, résolu, je lui rétorque :

« Salut, Le Môle. Tu veux qu'on se châtaigne encore ? »

Alors Le Môle imite la grenouille, sautillant, boitillant de quelques pas mous et élastiques dans un semblant de fuite, gambades qui me narguent. Il croasse : « Croa, croa, croa. » Étrangement, je suis attiré par ce chimpanzé dont les grimaces, je le sens, sont une philosophie. Qu'est-il, ce Le Môle ?

« Écoute, Le Môle. Est-ce que tu aimes les garçons des Sources ? »

Il se boyaute.

« Pas du tout. Ce sont des canassons. Pour eux, l'École, c'est l'écurie. Ils sortiront d'ici pommelés, bien étrillés, pour se vautrer dans les châteaux et le fric de papa. Ils n'ont pas besoin d'être intelligents, juste dégourdis. Ils me rasent.

— Et toi ?

— Moi, j'ai tout ce qu'il me faut. Je m'en fous, je me fous de tout. Je m'ennuie toujours. Pas plus dans cette boîte qu'ailleurs. Ce qui m'amuse le plus c'est encore de faire l'imbécile. Mais c'est pas facile. Il ne faut pas que ces petits crétins sachent que je les méprise, que je leur crache dessus. Et il ne faut pas que je me fasse remarquer trop par ces couillons de capitaines et de profs. J'y arrive...

— Pourquoi tu t'acharnes contre moi ?

— Parce que c'est rigolo. Tu en vaux la peine. Tu me plais. Écoute, je vais te donner un bon conseil.

— Tu me charries encore ?

— Non. C'est pas ma faute si j'ai une tronche à faire pondre les poules. Je ne sais pas moi-même quand je parle sérieusement. Mais je suis ton copain parce que tu détestes les gens autant que moi. Je vais te dire... Je t'appelle le Chinois parce que tu en es un. Eh bien, oublie la Chine ! Sans ça, les garçons qui ont rabaissé leur caquet devant toi te retomberont dessus. Réfléchis. Ils sont des petits minables, si tu veux les couillonner il faut devenir un des leurs, en apparence. »

Tout ce jour-là, j'ai pensé à ce que venait de me dire Le Môle. J'ai pensé à ma différence. J'étais autre part, absent. Et le soir même, au dortoir, couché dans mon lit, dans le silence, face aux étoiles, j'ai donné congé à la Chine. je voulais vivre et je ne voulais pas vivre en Chinois.

La nuit entière, j'ai revécu ma Chine. Moi, Lucien, le petit potentat du Sseu Tchouan, j'ai décidé de renoncer à la grandeur de mon pays natal, pour n'être qu'un Barbare, un rustre blanc, pour pouvoir vivre aux Sources, puisque j'y étais condamné.

J'ai le cœur gros, tant de bonheurs me reviennent. Je suis seul avec ma Chine une dernière fois.

L'enfant rêve. La magie qu'il ne sait exprimer l'imprègne. Dans son lit de fer, dans son dortoir, dans son coin de province française, par la force de son chagrin, de son amour qu'il tue, cette nuit-là, au Ravon, c'est Tcheng Tu. Personne n'en saura rien.

Adieu, ma Li au visage plat dont j'ai sucé le lait et goûté les caresses.

Mon mafou lépreux.

Mes foules, mes yamens aux toits vernissés, mes pagodes.

Tcheng Tu et ses remparts crénelés.

Colonnes de morts vivants jaillissant des campagnes, en pleine famine, qui se heurtaient aux portes fermées.

Joie, vitalité, exubérance. Les glissements des pas, les cliquetis des chevaux, les ahanements des coolies, les criailleries, les hurlements, les supplications des mendiants, la cacophonie des insultes, l'expectoration des crachats, les gémissements, les râles, les querelles.

Adieu horizon où j'aperçois les lamelles des rizières, terre remuée, mains qui la travaillent.

Lumières, soleil pourpre et, la nuit, en plus de la lune du ciel, tant de lunes terrestres qui sont des lampes en papier, rondes, agitées par le vent au-dessus des ruelles noires.

Pointes enflammées des bâtonnets d'encens et torchères qui font de grandes ombres.

Parfums aigres et doux, dominés par le relent gras de la merde.

Bouffées piquetées de l'opium, consolantes

pour ceux qui préfèrent le songe à l'existence trop dure.

Adieu Seigneurs de la guerre.

Incendies rougeoyants et noirâtres.

Ames errantes, émanations des enfers qui tâchez de vous emparer des vivants, des enfants surtout.

Fêtes, pour apprivoiser les génies, apaiser les dieux, faire que la vie soit bonne.

Adieu les gongs, les pétards, la ville comme une mangeoire, les ventres pleins, les rots, le riz en pyramide, les condiments, la musique des claquements de baguettes contre les bols.

Autels des ancêtres surchargés d'offrandes où les vivants seront un jour inscrits sur les tablettes bénies.

La plaine des tombeaux où les tumulus d'herbe recouvrent les restes des riches.

Adieu galops de mon cheval hennissant, sautant joyeusement par-dessus les bosses.

Urnes, clochettes, pagodons, tours de porcelaine, plaques d'airain, caractères rouges qui sont plus que des mots, qui sont déjà des actes.

Adieu beautés, majesté des fleuves et des montagnes.

Lacs d'émeraude.

Pistes aux mille marches où grimpent les caravanes.

Corolles des pruniers annonçant le printemps, la sève, la vie.

Feuilles laquées des rhododendrons qui tapissent les pentes de l'Himalaya.

Orchidées suspendues dans les jungles, orchidées des tempêtes, dans l'éclatement des forces de la nature, à la saison des pluies, quand les nuages noirs de la mousson crèvent leurs ventres dans le feu des éclairs.

Nénuphars semblables à des cœurs rouges jaillissant des étangs pourris.

Adieu théâtre de la rue, princesses peintes, coursiers de carton caracolant, sévérité des guerriers valeureux, rois vainqueurs à la barbe rouge.

Sourires chinois qui cachent tout.

Chinois impassibles, impénétrables, cruels, bienséants, terribles, effrénés.

Mandarins chenus aux longs doigts protégés d'étuis d'argent qui, dans vos prétoires crasseux, rendez des sentences féroces.

Adieu roue de la vie.

A force de projeter ces images hors de moi, par une étrange mutation, je passe de l'amour à la haine. Et même, à l'aube, je n'ai pas seulement répudié, mais renié la Chine. J'en suis arrivé là, à avoir honte d'elle. Désormais, le Céleste Empire est une tare en moi, une infection que je supprimerai. Je veux être comme les autres garçons qui ne l'ont pas connu, qui ne conçoivent pas ce qu'il est.

Dans cette aurore, dans le petit jour chaud et pur qui va réveiller la terre de France et tous les Français, je suis Judas, je trahis. Je suis résolu à ce qu'on ne sente plus mon pays en moi, qu'on ne le renifle plus sur moi. Mais comment ferai-je ? J'en suis tellement pétri. La langue, celle que j'ai apprise avec Li, le mafou, la rue, la foule, la cité, qui m'est venue avec la conscience, je peux l'oublier au point de n'en savoir plus un mot. Mais mes yeux bridés, mes sentiments, mes nerfs, mon cœur, comment les modifier, les transformer, les métamorphoser ? Je verrai plus tard. Pour le moment, mon seul désir c'est qu'il n'y ait plus ce murmure lancinant : « Le Chinois, le Chinois, le sale Chinois » à travers toute l'École, se propageant partout. Que les grimaces cessent, que les bouches se taisent, que je sois « normal », je le veux de toutes mes forces.

Les derniers jours du trimestre sont légers. Pour moi, ce sera bientôt plus que la fête, plus que la célébration des vacances, ce sera l'extase. Quelle impatience dans mes veines ! Chaque heure, chaque minute, chaque seconde me semble longue, interminable. Temps, fuis plus vite, écoule-toi plus rapidement, deviens un torrent qui emporte mon existence de pensionnaire. Plus qu'une nuit... et demain, demain... l'instant incroyable où le train des vacances partira, l'instant encore plus merveilleux où il arrivera à la gare où elle sera là, l'instant où mon œil, par la portière, l'apercevra, l'instant plus splendide encore où je serai près d'elle, de ses yeux, de sa tête, de son corps, où je l'embrasserai, elle l'unique, l'inimitable, ma rose de Saron.

II

LA dernière nuit, je ne suis déjà plus aux Sources.

Les cloches du matin, le lever... Les autres savent y faire dans les tâches d'avant le départ. Moi, je m'habille de mon mieux dans le bel uniforme du dimanche, je mange proprement le porridge du dernier breakfast. Mais l'épreuve, c'est la valise. Tous rangent soigneusement la leur, déjà gens d'ordre, moi, malgré mes soins, je n'arrive qu'à produire un fourre-tout. Flugman ne me fait pas d'observation. Enfin, on est en files pour monter dans les cars. Quand les bus roulent, il me semble que nous sommes de petits serins dans un cage qu'on va ouvrir...

Soulagement. Vaudreuil, la gare croupissante que nous animons, le timbre qui annonce le train. On le prend d'assaut et on s'entasse dans des wagons de troisième classe. Une écharpe de vapeurs au-dessus de la locomotive. Secousses, les bielles s'ébranlent, ça roule. Cris des enfants, moi je ne crie pas. Trop ému. Je suis sauvé, je vais vers Anne Marie.

Trois heures à voyager. Horde de gosses aux babines rigolardes dans leurs compartiments. Épis enfantins qui se trémoussent, fétus de paille qui s'agitent joyeusement. Surenchères : « Moi, j'irai à Deauville dans la villa de papa... », « Moi, j'embarquerai sur le yacht de mon oncle pour une croisière. » Où irons-nous, Anne Marie ? Peu m'importe puisque je serai avec elle. Pendant le trajet, tandis que les autres s'amusent, se vantent, moi je regarde le paysage sans le voir, comptant machinalement les poteaux télégraphiques qui se culbutent les uns les autres au fur et à mesure que nous avançons. Qu'il y en ait moins, toujours moins à me séparer d'Anne Marie. Je suis grave.

Saint-Lazare ! Grincements de freins, la verrière où le train s'engouffre, l'agonie de la locomotive, le choc de l'arrêt. Les pensionnaires se crient distraitement : « Au revoir », déjà séparés, comme s'ils ne se connaissaient plus. Dès que les portières sont ouvertes, ils s'élancent, se déversent sur le quai vers les pères et les mères en tas. Je cours aussi, mais je n'aperçois pas Anne Marie. Est-ce possible ? Je reste stupide, je suis un légume, je suis une citrouille. Je la cherche vainement du regard, affolé, parmi les trognes des retrouvailles. Enfin, je la distingue, se tenant soigneusement à l'écart, seule. C'est elle, c'est elle, je me précipite.

Elle me voit arriver sans ciller, attentivement détachée, un peu échassière. Ses yeux, réduits à un liséré, ne semblent pas me reconnaître quand je cours vers elle. Je me mets à marcher posément, comme je sais qu'elle le désire, je suis tout près d'elle. Alors seulement, sans bouger autrement, elle me capture d'un sourire. Par le fil de son regard, elle m'oblige à effacer toutes les peines, tous les chagrins. De son geste habituel, elle effleure ma tête, et je suis à elle, encore plus à elle. Joie, joie... D'une moue malicieuse, elle me jauge, et me dit :

« Tu as bonne mine. Tu as grandi. Tu as un air heureux, décidé. Dire que je me suis fait du mauvais sang à cause de toi. A cause de tes lettres stupides, que j'ai déchirées ! »

Je courbe la tête en signe de remords.

« Je te demande pardon de t'avoir inquiétée. Pardonne-moi, je t'en prie, je ne recommencerai plus, plus jamais. J'ai été très heureux là-bas.

— Je te pardonne, mais ne perds plus l'esprit. »

Je me redresse d'un coup, brutalement, en petit garçon révolté, en petit maître faisant jaillir sa méchanceté. Je vais la châtier.

« Mais pourquoi, maman, m'écrivais-tu que tu venais, alors que tu n'arrivais jamais ? C'est ça qui m'a fait de la peine... »

En somme, je fais ma scène. Autour de nous, les parents et les gosses se sont éparpillés, nous restons seuls, face à face, Anne Marie et moi, sur un recoin désert du quai. Je l'affronte de toute ma taille, maintenant elle est à peine plus grande que moi.

Un instant décontenancée, entrouvrant sa bouche, plissant ses paupières, elle bat en retraite.

« Je croyais que c'était mieux ainsi. Je ne voulais que ton bien. »

Elle ne sait pas quoi dire. Ma revanche n'est pas suffisante. Je ne veux pas lâcher Anne Marie prise en défaut.

« Tu n'as pas été une bonne maman, maman.

— Ne dis pas ça. Ce n'est pas vrai. Je t'aime, mon petit Lulu, tu es mon seul amour... Ne me torture plus. »

Mais le besoin de l'acculer me tenaille. Je poursuis :

« Pendant que je t'attendais, qu'est-ce que tu faisais, toi ?

— Je te l'ai écrit. Les Masselot...

— Je sais, je sais... »

Je m'arrête, les larmes aux yeux. La mine d'Anne Marie m'avertit que je ne dois pas aller trop loin. Et puis des voyageurs commencent à regarder notre couple étrange, cette dame et son enfant qui se disputent.

Elle appelle un porteur pour prendre mon léger bagage que je trimbalais jusque-là. L'homme nous conduit à un taxi. Je boude, elle aussi. Nous montons en silence dans la voiture, nous nous asseyons sur la banquette, côte à côte, et nous continuons à nous taire.

Elle tourne sa tête vers moi, fait un effort.

« Regarde comme Paris est beau en ce début de juillet. »

Cette fois, je trouve Paris magnifique. C'est la vie, pour moi qui sors du désert... Mais rapidement, je cesse de contempler cette beauté, je rentre ma tête dans mes épaules, je rentre en moi, dans ma rancune qui n'est pas assouvie. Je tire mon carnet de notes de ma poche, et le tends à ma mère, qui a repris un doux sourire pour tenter de m'apaiser.

« Tiens, j'ai eu trop de chagrin pour bien travailler. Alors ce n'est pas très bon... »

En effet, comme je me l'étais juré après là lettre d'Albert, toute cette fin de trimestre j'ai été volontairement cancre. J'ai fait juste ce qu'il fallait pour passer en cinquième. Les appréciations du livret sont médiocres : « Lucien ne fait pas d'efforts », « Lucien est paresseux »...

Anne Marie n'est pas désolée du tout. Elle parcourt avec ennui les feuillets, les lisant à peine. Enfin elle se prononce, sans sévérité :

« Ça ne m'a pas l'air fameux. Mais tu feras mieux l'année prochaine. Tes examens, tu les passeras avec facilité, tu auras tous tes diplômes, tu entreras aux Affaires étrangères par la grande porte. Avec les protections que tu auras... »

Cette désinvolture me fait sortir de mes gonds. Son indulgence, je n'en veux pas. Je voulais lui faire de la peine, c'est raté. Alors je me décide à me servir de mon père.

« Papa réclame mon bulletin trimestriel. Il

m'a envoyé une lettre pas contente du tout. Il me prend pour un bon à rien. C'est à cause de toi qui lui as écrit du mal de moi...

— Ton père, il peut parler ! Il est sans aucune instruction. Sa sœur est une simple institutrice. Il prétend avoir son baccalauréat, mais je n'en suis pas sûre. Si « on » ne l'avait pas aidé... Tes mauvaises notes, je vais les lui expédier puisqu'il les réclame — et que tu le désires. S'il te gronde, tant pis pour toi...

— Pourquoi tu as dit du mal de moi à papa ?

— Mais tu me questionnes ? Qu'est-ce que c'est que ces manières ? Tiens-toi correctement.

— Papa m'a écrit aussi qu'il me ferait une bonne surprise.

— Je le sais. Mais, avec tes notes, tu peux toujours attendre... Et, de toute façon, ce n'aurait pas été grand-chose, pingre comme l'est ton père ! »

Je retombe dans le silence, je regarde, par la vitre du taxi, la place de la Concorde que nous traversons. Tout à coup, j'entends le rire de ma mère. Je me retourne vers elle. Quel plaisir veut-elle m'offrir, me faire partager ?

« La surprise, c'est moi qui vais te la faire... Figure-toi que j'ai demandé à ton père de m'envoyer un boy chinois bien stylé, qui parle parfaitement le français, et qui, surtout, sache conduire les automobiles. Pas facile à trouver à Tcheng Tu, où c'est le Moyen Age, tu le sais, et où il n'y a pas de voitures. Mais les bons pères, évidemment, ont fourni l'oiseau rare : un Shanghaïen catholique de vingt ans, de toute confiance, qui connaît le monde moderne. Ton père ne l'a jamais vu, mais les curés le garantissent. Il arrivera dans quelques jours. Je vais acheter une voiture, il sera notre chauffeur, cet été nous parcourrons la France... »

Cette fois, je suis fou d'excitation. J'en oublie Albert qui va encore « casquer » comme il dit. Je me jette sur ma mère, je veux l'embrasser de force, elle se défend en luronne.

« Non, non, pas comme ça, Lucien. »

Le taxi s'est arrêté devant le Regina Palace. Je cesse mes tentatives de baisers. Anne Marie règle la course. Les petits chasseurs se précipitent sur ma valise. Nous franchissons la porte-tambour, ce pont-levis qui tourne. Et aussitôt je me sens moi-même, le seigneur Lulu dans toute sa dignité retrouvée. Le concierge aux clefs brodées me fait un grand sourire qui lui sillonne le visage, il me demande humblement des nouvelles de ma santé. Parmi le va-et-vient des clients, il y en a, des résidents sans doute, qui nous saluent respectueusement, délicieuse agitation... C'est l'heure du déjeuner. J'aperçois dans la salle à manger luisante d'argenterie des serveurs diligents apportant des plats fumants, le maître d'hôtel en jaquette qui préside. Cette fois, je retrouve la vie, la bonne vie, la vie succulente, je m'y vautre avec une sensation chaude... Je suis ressuscité, moi qui étais mort dans cette école où tout était mort.

Ma mère l'enchanteresse me dit :

« Tu dois avoir faim. Commençons par faire un bon déjeuner. Va te laver les mains. »

Toujours sa tactique de la gourmandise pour m'appâter. Je vais aux toilettes, je fais mes ablutions comme un gentleman. Et puis, hâtivement, je retrouve Anne Marie qui a gardé son chapeau. Nous faisons une entrée discrète et majestueuse dans la salle à manger, les gens nous regardent, nous admirent. Anne Marie, c'est ma mère, elle est belle, jeune, je suis son petit garçon, sachez-le tous... Ça se sait. Autour de nous, quel empressement ! Elle est ma reine, je suis son roi. Le maître d'hôtel lui-même vient prendre notre commande. J'hésite, il y a tellement de tentations. Enfin je fais mon choix : du saumon, des côtelettes d'agneau. Chaque bouchée me remplit, est une jouissance. Je m'empiffre tellement que je ne peux pas parler. Anne Marie me contemple bâfrer avec une satisfaction muette. Je suis gavé. Mais au dessert, les cerises me rendent fou. J'en ai tellement rêvé de ces cerises ! Elles étaient pour moi les fruits mêmes de la France, sa saveur tout entière. Je n'en avais jamais goûté. Aux Sources on n'en donnait pas. D'abord, j'en mets une, la première de ma vie, dans ma bouche, je recrache le noyau, je recommence encore et encore, sans fin... C'est la volupté, le bonheur. Quand je n'en peux plus, je rote à la chinoise. La Chine me revient. Est-ce une faute ? Je regarde ma mère du coin de l'œil : son sourire m'excuse gracieusement.

Le vieil ascenseur me paraît merveilleux. Tous cuivres luisants, piloté par son liftier, il nous mène à notre étage. Enfin nous sommes dans nos chambres... Je suis seul avec Anne Marie, je ne suis qu'amour pour elle. Autour de nous la senteur des rideaux un peu croupis, des meubles légèrement délabrés, des tapis aux couleurs passées. Je reconnais cet endroit, ses effluves et ses formes. Nous sommes chez nous.

« Maman, je veux t'embrasser, t'embrasser tout à fait.

— Que veux-tu dire ?

Elle penche un peu la tête en biais, pour m'offrir sa joue. Je me colle à elle, je me dresse sur la pointe des pieds, je cherche sa bouche, je pose mes lèvres sur les siennes. Ma mère est à moi, elle m'appartient, je mets sur elle ma marque.

Elle recule brusquement, s'enlevant à moi, avec répulsion.

« Mais tu fais comme ton père, c'est dégoûtant...

— Maman, je t'aime, je t'aime... »

Elle est touchée, et même un peu amusée.

« Mon petit gaillard... Tu es innocent, tu as le cœur tendre, je veux bien te croire. Mais ne recommence pas, ce sont de mauvaises façons... »

Elle rit même franchement.

« Mon Lucien, mon petit homme... »

Elle m'embrasse alors, à sa manière, de sa caresse légère.

Je suis confus, rouge, offensé par moi-même, et repentant. Elle rit encore.

« Dis, Lucien, tu n'es vraiment pas curieux. Toi qui paraissais si alléché tout à l'heure... Tu ne m'as même pas demandé ce que nous ferons cet été, pendant les grandes vacances, avec notre auto que nous allons acheter et notre chauffeur chinois...

— Maman, dis-le-moi, dis-le-moi vite...

— D'abord, nous nous rendrons à Vichy, dans un grand hôtel, pour que je fasse ma cure, j'ai parfois de petits boutons qui m'inquiètent. Nous y rencontrerons beaucoup d'amis, des messieurs et des dames des colonies qui viennent soigner leur foie. Ce sera très gai, un Shanghaï en réduction. Et puis, après avoir traversé la France, les montagnes d'Auvergne, nous arriverons à Hossegor, chez Diane et Rose qui seront installées dans leur maison familiale avec toute la tribu des Florisseau. Pendant que je bavarderai avec les grandes personnes, tu t'amuseras avec les enfants — il y en a des tas. C'est beau Hossegor, j'y suis allée il y a longtemps... avec ton père. Une forêt de pins, un lac, des dunes, l'océan, de grandes vagues... A la fin d'août, nous serons à Ancenis, chez moi... »

A ce moment, une buée légère couvre les yeux de ma mère, elle est émue.

« Ancenis, c'est mon pays, c'est donc le tien, Lucien. Et septembre est si beau sur la vallée de la Loire. Le fleuve glisse parmi les bancs de sable, les grands prés, les coteaux surchargés de vignes et de grappes. Ce sera l'époque des vendanges... Tu connaîtras ton oncle le médecin, mon frère, et sa femme, nous logerons chez eux. Ton oncle, c'est la province, il est bon, doux, gai, il est truculent. Au fond il est timide, il a une grande réserve, de l'orgueil. Mais avec nous, il ne sera que douceur et gentillesse, nous sommes « de la famille », c'est sacré. Ta tante est une dame du Nord, de la Picardie, une « étrangère » au nez pointu. Une femme d'une activité surprenante dans cet Ancenis nonchalant. Tous deux sont simples, hospitaliers et la rectitude même. Ils s'aiment, ils sont heureux. Tu connaîtras ton petit cousin et ta petite cousine, qui ont trois ou quatre ans de moins que toi. Et puis, nous irons rendre visite à des parents éloignés, tous des gens excellents, un peu curieux, d'un autre temps, surtout des vieux garçons et des vieilles filles dont on devrait hériter... L'héritage, c'est encore quelque chose là-bas. Tu verras, chaque fois, ce sera un repas formidable... Tu mangeras, tu sera choyé, câliné, tu te sentiras chez toi, dans un autre monde, ancien, chaleureux... Je veux que tu aimes Ancenis. »

Jamais je n'ai vu Anne Marie parler ainsi avec son cœur. Oui, son Ancenis sera le mien — mais je ne veux pas le partager avec... d'ailleurs, pour les vacances entières, je ne veux pas d'ombres. Diane et Rose, dans leur Hossegor, ne me gênent pas, mais les autres... Dans un élan, je demande :

« Maman, cet été, nous serons seuls, tous les

deux, sans personne... Je veux dire sans les Masselot ? C'est sûr, maman ?... »

Anne Marie me répond avec un enjouement qui cache peut-être du regret :

« Sans eux ! A la fin du mois, quand nous partirons, ils iront de leur côté. »

Au Regina palace, où je croyais Anne Marie entièrement revenue à moi, elle m'échappe déjà, elle est ailleurs. Curieusement, sort d'elle un roucoulement qui s'enroule dans ses volutes, comme la mélopée des croupières dans les maisons de thé de Tcheng Tu :

« Tu sais, nous allons dîner ce soir chez les Masselot, avec le petit cercle intime. Nous ferons une partie de mah-jong. André et Edmée m'ont bien recommandé de t'emmener avec moi, tu seras un des joueurs, mon petit Lucien. Moi à la table d'André, toi à celle d'Edmée. Ils t'aiment, tu sais. André t'aime comme son fils. Il sera ton père en l'absence d'Albert... »

Elle sait faire des discours bien ficelés, l'ignare Anne Marie, des exposés en forme, de la logique, de l'argumentation et tout. Il est vrai qu'elle a rédigé tant de rapports pour Albert. Elle explique très bien, Anne Marie, trop bien même... Elle n'en est pas encore à sa conclusion. Après une pause, elle se relance dans le verbe, ma silencieuse mère qui, au fait, parle souvent d'abondance :

« André a conseillé à ton père de rester au Sseu Tchouan pour le moment... jusqu'à ce que lui-même soit réinstallé dans son poste de directeur général. Après, on verra... On fera pour le mieux... On le mettra dans un poste plus important... A la tête des Douanes chinoises probablement puisqu'il le désire tant.

— Tu n'iras pas le rejoindre ?

— Ne m'interroge pas. Qu'est-ce que c'est que cette manie de m'interroger sans arrêt ? »

C'est curieux, dès qu'il s'agit de mon père, Anne Marie a du mal à se maîtriser.

Je remarque, dans ses discours, l'apparition du « on ». Le « on » qu'elle vient d'employer, le « on » magique, le « on » d'André et d'elle, le « on » de leur volonté commune, le « on » de tous les deux faisant tourner mon père comme une toupie.

Sa voix est devenue râpeuse, elle s'énerve. Je suis surpris par le désir qui est en elle, un de ces désirs incontrôlables, comme elle en a parfois.

« Il faut que ton père reste là-bas, il faut qu'il gagne de l'argent. J'en ai besoin. Je veux être chez moi, dans un bel appartement que j'achèterai, j'y arrangerai mes objets chinois, pour donner de grands dîners, recevoir à table des gens bien.

« Viens, Lucien, regarde les robes que j'ai achetées. C'est toi qui choisiras celle que je mettrai ce soir. Choisis celle qui te plaît le plus, celle qui te paraît la plus belle. Regarde, regarde bien, et choisis... »

Elle ouvre une penderie. Les nouvelles robes

sont là, une dizaine, merveilleuses. Pelages de sa beauté, dépouilles superbes dans lesquelles elle mettra son corps pendant cet été — quelle bigarrure, Anne Marie ! Elle les a choisies longues, légères, dans les teintes qui lui siéent le mieux : le bleu du ciel et certains rouges du soleil levant. Simples : quelques courbes, quelques lignes, des fronces, des décolletés modestes, des lianes pour ses épaules, du moelleux — rien de brutal, de provocant. La poésie même, la poésie de ma mère, qui doit rester un mystère. L'une d'elles me séduit, en lamé, un fourreau, un vase. Son cou doit s'élancer, immense, du col étroit, ses mains, aux longs doigts, doivent sortir, délicates et nerveuses, des manches qui se refermeront sur ses maigres poignets. Ses jambes doivent s'allonger sous les créneaux suspendus de l'étoffe luisante.

« Celle-là », dis-je, en la touchant, en la sentant déjà palpiter.

Elle m'embrasse.

« Tu as raison. C'est aussi celle que je préfère. Mais ce soir, je la porterai pour toi, en pensant à toi, en étant fière de toi. Comme je t'aime, mon petit Lucien. Maintenant, je vais m'apprêter, laisse-moi, va t'habiller dans ta chambre... Mais d'abord que je te donne ce que tu vas mettre. »

Elle ressort d'un tiroir mes effets à fanfreluches, je les refuse. Il s'est passé trop de choses, j'ai trop souffert. Puisque Anne Marie a voulu faire de moi un petit mâle civilisé, que je le sois. Elle s'incline. Et avec un sourire amusé, elle ouvre ma valise. Que ne découvre-t-elle pas ! Tous mes beaux vêtements, en quelques semaines, sont devenus pestilence, ruine. Sans en être offusquée, sans même me gronder, elle recherche courageusement dans ce fouillis ce qui est à peu près présentable. Enfin, elle me compose un habillement viril : une chemise, une cravate, des chaussures. Quant au complet, ce sera celui que je porte sur le dos, l'uniforme dominical des Sources, puisqu'il n'y en a pas d'autre en bon état. Mais il faut le retaper aussi... Pendant que je l'enlève, me drapant dans une robe de chambre chinoise, elle sonne la lingère, qui, une demi-heure après, rapporte le tout repassé, ciré, comme neuf. Anne Marie, dans sa clémence, ouvre un petit écrin rouge, en tire pour moi une paire de boutons de manchette en nacre, avec une monture d'or, splendides. Par ce cadeau, elle veut me prouver qu'elle me prend pour un homme. Que c'est beau, je suis ravi !

Ma mère est à sa toilette, moi à la mienne. Je surveille les bruits venant de sa chambre. Ils m'émeuvent. Frôlements du linge, cliquetis des bijoux. De petits silences m'indiquent qu'elle s'examine dans la glace, un grand silence m'annonce qu'elle est parée. Cela n'a pas pris longtemps. Maintenant, elle est sûre d'elle, elle a l'habitude de s'apprêter pour André, pour les Masselot, pour Paris... Moi, tout en n'ayant cessé de tendre l'oreille, je m'attife de mon mieux, je me démène. Les boutons de manchette, surtout, je n'en viens pas à bout...

Anne Marie est prête, je veux la voir, je me précipite chez elle sous un bon prétexte : « Aide-moi, maman, les boutons de manchette, les boutons de manchette... » Mais, de mon regard, je m'empare d'elle. Elle est dans son lamé, comme dans une douce cuirasse argentée, où elle s'offre, où, surtout, elle se garde. Comme elle est jeune ! Elle est presque une enfant, elle pouffe, elle rit gentiment à ma vue. Elle est toute malice pour me décocher :

« Te voilà bien fringué, mon pauvre garçon !... Ce que tu peux être chinois... »

« Chinois », ce mot haï dont on m'a affublé là-bas. Comment est-il revenu à Anne Marie ? Va-t-elle se joindre à mes persécuteurs ? Anne Marie, ne sommes-nous pas au-dessus des contingences ? Ne suis-je pas le seigneur dont il faut s'occuper ?

Je n'ai aucune crainte à avoir : Anne Marie est ma favorite. Ses doigts nouent les lacets de mes chaussures, reboutonnent mon pantalon, ajustent mes bretelles, ornent mes manches de ses fameux boutons de manchette. Elle me coiffe avec son peigne d'ivoire, aux dents fines. Elle fait gicler sur moi de l'eau de Cologne. Enfin, attention suprême, elle dispose un de ses mouchoirs chiffrés, en pochette, au-dessus de mon cœur. J'aime que ses mains s'affairent sur moi, me frôlent, me caressent, j'en frissonne. Que ne le fait-elle plus souvent... Son œuvre est terminée, elle me contemple, elle est satisfaite. Et moi, je me sens chic, je suis très content d'être chic, quand c'est pour elle, avec elle. Je domine le monde. Elle regarde sa montre, c'est l'heure. Nous partons à pied, comme l'autre fois, avant les Sources.

Tout est différent ! D'abord, je sens que ma mère jubile, elle va chez les Masselot comme si elle allait chez elle. Elle flotte dans le crépuscule, nimbée d'une lumière apaisée. Elle est vespérale, Anne Marie, tout renaît autour d'elle. Gens et choses vivent avec une joie goulue. Paris est beau ! Je ne sais pourquoi l'humanité que nous fendons me semble composée des convives d'un banquet. Pourtant, c'est nous qui allons au festin, pas eux. Elle marche très décidée, sa tête dressée, non pas balancée, mais fière, droite, presque arrogante. Moi aussi je suis un peu vaniteux... Mes doutes, mes inquiétudes, mes jalousies à propos d'André, à propos de tout, ont disparu. Je vais avec ma mère, vers la jouissance. Je vais être gâté, je vais être aimé.

Anne Marie est sûre d'elle. Elle n'hésite plus devant le grand porche. Le concierge nabot s'incline devant nous, courbé de respect et, dans sa loge, sa corpulente épouse transforme sa graisse en un sourire doucereux. Sur la porte des Masselot, la main de cuivre semble se tendre vers nous, pour nous offrir humblement la clef du logis magique. Anne Marie la saisit, l'empoigne, et aussitôt la main émet une ribambelle de notes. Tout est joie autour de nous. Le valet de chambre qui nous ouvre n'est plus un corbeau noir ; à notre vue, sa figure a une expression qui est plus que de la déférence, une déférente affection. Dans le couloir, je vois la statue nue, charnue, dodue qui, pour moi, est Edmée.

La fragrance, la douceur du soir. Je ne reconnais pas ces lieux, ils ne sont plus un caveau de tristesse. Cette fois, à en juger par les bruits qui me parviennent, il y a foule, une foule d'une gaieté un peu complaisante, excitée. Je ne vois pas encore la fête, mais elle m'assaille de ses flonflons. Un concert de voix. Voix de l'adulation, poches d'air qui éclatent, des « oh » et des « ah », bulles sur la mer des mondanités.

Est-ce que je suis fou ? D'où provient ce vacarme ? Car en entrant dans le salon, je ne distingue d'abord, dans leurs aquariums, que les fluorescences des poissons chinois aux yeux globuleux et, immuablement installées sur leurs fauteuils, les phosphorescences dominatrices des pupilles des chats angoras. Mais chats et poissons ne sont que silence... En fait ce brouhaha, ce tintamarre est produit par quelques personnes, très peu, qui, dans leur zèle adulateur, sur tous les tons, avec tous les gestes concevables, rendent hommage à André et à Edmée. André les reçoit debout, bonhomme, bougonnant gentiment. Aujourd'hui, je trouve qu'avec sa moustache en guidon de vélo, il ressemble à un garde champêtre. Edmée, assise dans une bergère à côté d'André, accueille les compliments modestement.

Elle n'est que chatteries, mignardises sucrées, susurrantes ; elle est habillée d'un buisson de verdure d'où, aux endroits stratégiques, s'échappent des excroissances qui sont des rocs blancs de diamants, des amas d'or fauve. Et toujours, autour de son cou, la lactance des perles.

A notre entrée, la petite assemblée, qui s'est tue une seconde, devient un chaud bruissement de bienvenue. Anne Marie est vraiment chez elle, là, dans le cercle intime. Moi aussi, j'ai mon petit succès. Je suis heureux...

A nouveau, une quiétude. Tous regardent, sans mot dire. André s'est avancé vers ma mère, puis lui et elle se tiennent face à face, arrêtés. Il contemple une Anne Marie nullement éblouie, se tenant au garde-à-vous des convenances. Elle est un camée. André la scrute pour s'en imprégner, pour ressentir que c'est bien elle. Scène tendre et décente — pudeur. Enfin il murmure, paternellement :

« Ma chère amie, ma chère amie... »

Des yeux pèsent sur eux. Les yeux de Diane et de Rose, encore plus myopes que d'habitude, machines de précision en train de mesurer, de calculer, mais prudemment bienveillantes. Les yeux froids d'un jeune homme en tenue blanche d'officier de marine, regard métallique, bleuté. Les yeux cauteleux, rusés, braves, d'un monsieur râblé, à la rustique trogne lie-de-vin, en costume de vieux rapin : énorme lavallière et velours côtelé usagé. L'officier de marine et le rapin, imperceptible-

343

ment, consultent, d'un bref coup d'œil, Edmée
— mais Edmée est indéchiffrable.

André s'est courbé, et quand ma mère lui
tend la main, il baise ses doigts galamment,
doucement, dans les bornes d'un respect qui
est une tendresse de plus. Enfin il se redresse
et elle laisse couler son bras le long de son
corps. Leurs yeux se reconnaissent encore, se
saluent, se sourient, sans indiscrétion, juste
une rencontre privilégiée, une délicatesse
embuée. Très rapidement, elle détourne son
regard et André, au lieu de la complimenter,
s'occupe ostensiblement de moi. Ses prunelles
me reçoivent, sa bouche fait une grimace complice.

« Tu as grandi, mon garçon. Edmée et moi
avons gardé ta mère, nous l'avons protégée.
Elle n'est pas venue te voir, je le sais, elle en
avait du remords, elle en parlait sans cesse —
mais il fallait s'occuper d'elle d'abord. Toi,
mon petit gaillard, tu es de taille à te défendre... Tu comprends, Lulu ? »

Il quête mon approbation. Il a mis sa main
sur mon épaule, ses yeux m'encouragent. Il
attend... puisque je suis prince, je veux être
bon prince.

« Oui, monsieur, je comprends.
— Tu ne m'appelles pas André ?
— Oui, André. »

Il m'a fait plaisir, il a flatté mon orgueil.
Mais, en habile diplomate qui a réussi sa
manœuvre, il prend sa mine narquoise. Et moi
je ronronne...

Bientôt, je vogue vers le royaume d'Edmée ! Précédée par André, ma mère s'approche d'elle, moi sur leurs pas.

Pendant les apartés d'André avec Anne Marie, puis avec moi, Edmée est restée d'une suavité pensive, la tête appuyée sur sa main. En voyant venir ma mère, elle sourit, peut-être avec trop de grâce. Autour, les yeux de Diane et de Rose, de l'officier de marine et du rapin, sont plus lourds, ils surveillent... Mais Edmée est une blondeur coulante. Dès qu'Anne Marie est à sa portée, elle se referme sur elle, elle l'étreint. Ma mère se prête à ces effusions, un peu raide. Mamours... André contemple, les gens aussi, bénédiction générale.

Soudain, c'est moi qui suis happé par Edmée. Je suis encerclé par ses bras, ses cheveux, ses lèvres, je suis dévoré.

« Mon petit Lulu. Comme tu as dû être malheureux. Laisse, que je t'embrasse encore pour te consoler.

« Je vais te donner un gros, un énorme chocolat, tous les chocolats que tu voudras. Choisis la plus belle boîte — regarde toutes celles que j'ai reçues aujourd'hui. Choisis et régale-toi, mais surtout n'attrape pas mal au ventre. »

Étoiles de mer. Méduses. Où s'égare mon imagination ? Ce que je prends pour d'étranges bêtes, ce sont en réalité les respects chocolatés adressés à Edmée par ses adulateurs retrouvés. Comme autrefois... Méduses, vous êtes des boîtes de chocolat. Dans le salon, il en gît partout, une vingtaine, une trentaine, riches, enrubannées, illustrées, superbes. Il y en a de toutes les couleurs, de toutes les formes, de longues, de carrées, de rondes, parfois à étages. Certaines sont capitonnées, comme des crèches, des berceaux, des nids d'amour, enrobées de mollesse pelucheuse. D'autres, au contraire, nettes, précises, glacées, dorées sur tranche. Boîtes miraculeuses, vaisseaux dont les cargaisons sont des bouchées divines, qui contiennent le suc des raffinements de la bonne société. Elles incarnent la grâce du beau monde. Ce sont des matières sublimées, des cantates. Étendards de la civilisation que ces crottes, ces truffes, ces macarons, ces pâtes de fruit, ces caramels, ces cerises cristallisées dans des arômes liquoreux. Tant de teintes, de reflets, on dirait des gemmes, des bijoux, des armes. Et toujours comme sceau, le médaillon de la marquise de Sévigné, son visage encadré par des boucles à l'anglaise. Visage séant, aimable, reposé pour l'éternité, visage d'une grande dame d'antan devenue matrice à bonbons sacramentels.

Edmée s'accroupit près de moi. Elle se fait petite fille, elle me dit : « Jouons tous les deux. » Elle défait les coffrets, les entasse, les compte... « Vingt-quatre, soupire-t-elle. Autrefois, j'en recevais jusqu'à une cinquantaine par jour. » Edmée, la bergère aux chocolats. Enfin, amusée, essoufflée, elle se redresse. Le petit cénacle batifole de complicité. André sourit, il n'y a qu'elle, son Edmée, pour inventer ça, cette gaminerie. La sérieuse Anne Marie murmure à Edmée :

« Bientôt, vous en serez submergée, de ces jolies offrandes. »

Ainsi, ma mère fait allégeance à Edmée, à sa suprématie marquée par ces bonbons vains, magnifiques, stupides. La triomphante Edmée répète avec enjouement :

« Mon chéri, mon Lulu, prends la boîte qui te plaira. Je te la donne, elle est à toi. »

Je choisis la plus grande, la plus belle. Sur son couvercle est représenté un palais en ruine, quelque château qui, dominant un ravin sombre, est mangé par le temps et la solitude. Je lui enlève sa passementerie, ses rubans, ses pompons. Je l'ouvre et je découvre la splendeur militaire de boules revêtues d'uniformes d'argent, casquées d'argent, bien en rangs, comme des soldats appelés à tomber sur les champs de bataille des mâchoires. On dirait un « présentez-armes » destiné au souverain qui les croquera. C'est moi le souverain. Je saccage, je déshabille ces guerriers enchocolatés qu'Edmée m'a livrés, et je me remplis les doigts et la gorge de leurs corps dénudés. Sans honte, avec volupté. Je me barbouille, je me goinfre avec des grognements de satisfaction. Je me vautre là-dedans, comme un petit cochon au paradis... Anne Marie me gronde :

« Lucien, tiens-toi bien. D'abord, offres-en... »

A contrecœur, je fais une distribution géné-

rale. La lourde boîte est devenue mon firmament, avec ses astres et ses planètes. Gauchement, je la tends vers Edmée qui y prend un
quartier de lune, l'éclipse entre ses jolies petites dents aiguës. Puis je présente mon bien à
ma mère réfugiée dans son fameux sourire.
Elle choisit posément une étoile polaire et la
mastique. Enfin, pour André, évidemment le
soleil, qu'il engloutit d'un seul coup. Maintenant, au tour des autres. D'abord, les sœurs,
définitivement pâmées, qui essaient, avec leurs
avantages, de me mignarder. Rose s'est mise
en frais de toilette : elle arbore un grand œuf
de taffetas noir avec un incongru nombril
pédiculé, sur le côté de sa robe de dame
d'œuvre au travail. Elle glousse, elle me tour-
terelle : « Merci, mon petit Lucien, viens que
je t'embrasse. » Comme je recule, elle plonge
hardiment en avant, voyant moins que jamais,
elle attrape de moi ce qu'elle peut, un bout de
nez. Diane est un épouvantail criard, en tunique vert bouteille, pas chinoise, sans doute
grecque, genre olympique, accrochée par des
cordelettes à ses épaules nues et érodées. Un
éclair brodé la coupe en deux, le feu de Zeus...
les deux moitiés de la déchirure, un haillon
prétentieux de haute couture copié par une
petite couturière, se soudent en un seul morceau qui met Diane à son apogée, mais de
biais, toujours de biais. Ce qu'elle peut être
fardée pour cette soirée ! Encore plus qu'à son
ordinaire ! Des revêtements entiers de peinture, nappes, plaques, écailles, une palette ren-

versée ! Enfin, telle qu'elle est, outrageusement pomponnée, elle se livre au grand exercice : un hurlement strident en signe de sa dilection, de ses faveurs. Ses cordes vocales éclatent ; son cri tarit quand elle se penche sur moi, aussi tâtonnante et aveugle que Rose — elle déteint sur mes joues le rouge écarlate de ses lèvres tendues en avant, chercheuses, suceuses. Satisfaite de sa réussite, elle me pateline encore, moi qui lui suis absolument indifférent. J'ai moins de succès avec le rapin et l'officier de marine. Le rapin me remercie congrûment, mâchonne d'une pichenette la friandise et plus rien n'y paraît — ce n'est pas son genre de se mettre en avant. L'officier de marine, un peu crispé, semble hésiter à accepter mes bons offices, retenu par je ne sais quelle gêne, puis, d'un geste furtif et rapide, ses yeux demeurant glacés, il fait aussitôt disparaître sa bouchée, comme s'il voulait s'en débarrasser. Décidément, il ne m'aime pas et je ne l'aime pas.

Enfin tous ont grignoté ma provende, et je referme ma boîte un peu vidée, je la coince précieusement sous mon bras, pour mieux la protéger. Je ne veux plus me séparer de mon trésor. Mais une envie me reprend. La gourmandise. J'ouvre à nouveau le beau coffret, je pioche dedans, et, inassouvissable, cette fois tout seul, je mange, je mange — du moins jusqu'à ce que ma mère m'ordonne : « Assez, tu vas attraper une indigestion. » J'obéis, je me sens plein, je suis heureux. Je me trouve généreux, je suis content d'avoir nourri la petite société avec mon bien.

Pourquoi est-ce qu'autour de moi, dans ce salon, je ne vois que des méduses ? Pourquoi spécialement des méduses ? Tout à l'heure, les boîtes de chocolat. Maintenant, autre chose. L'aquarium a-t-il déversé ses hôtes marins dans la pièce ? Non, les poissons à la beauté torturée sont enfermés dans leur prison de verre avec leurs nageoires qui ondulent comme des voiles. Ce qui me procure cette impression, ce sont les fleurs, les fleurs d'Edmée, leur invasion, leur déferlement, leur pullulement. Leurs massifs escaladent les meubles, frémissant comme de molles et dangereuses gelées. Il y en a trop, elles dégagent des senteurs suffocantes. Les fleurs, ici, prennent des aspects extraordinaires, leurs gueules à dard, leurs ailes de chauves-souris s'entrechoquent dans l'incertitude des couleurs violentes qui s'entremêlent. L'innocence des roses et des œillets n'existe plus, elle est défaite par les orchidées, les azalées et tant d'autres bêtes végétales qui sont plus cauchemars que rêves, effrayantes avec leurs malformations, leurs anfractuosités, leurs cavités, leurs étranglements, leurs élancements, leurs langues, leurs traînées noires, leurs taches rouillées, leurs tavelures de fièvre, leurs laques verdâtres, leurs robes indécentes, leurs organes en éruption. Elles mangent, elles copulent. Fleurs pièges. Edmée est comme elles, me semble-t-il.

Edmée, justement, choisit pour moi une rose

immense, toute rouge, comme une giclée de sang. Elle rit, elle s'amuse, une drôle d'idée lui passe par la tête. Va-t-elle se moquer de moi ? Elle est une gamine taquine. Et puis elle devient sérieuse, solennelle. Que va-t-elle faire ? Un acte grave. Elle me tend la rose, et, un peu comme Albert décorait au nom de la République quelque Seigneur de la guerre bien sauvage, elle me fait, moi, Lulu, chevalier de l'Ordre de sa Rose — je suis embarrassé, je ne comprends pas bien, j'hésite à saisir la fleur, enfin je la prends, gauche, ne sachant que faire. Edmée, affolante d'odeurs et de chair, me dit sérieusement :

« Accepte cette fleur, Lucien. Ce n'est pas une plaisanterie... Cette fleur, c'est mon amour pour toi. C'est pour te prouver que je pensais à toi pendant que tu étais triste dans ton collège. Tiens, mets-la à ta boutonnière, que je fleurisse sur toi. »

J'essaie de trouver la boutonnière, mais je n'en ai pas. Je garde la rose à la main, tout empêtré. Edmée m'embrasse sur les deux joues, chacune à son tour ; moi, à moitié rétracté, puis me fondant en elle. En somme, l'accolade consacrée, mais c'est bon. Edmée, je l'aime.

Finalement, je suis très satisfait d'avoir été ainsi distingué, et je regarde autour de moi. Les deux sœurs ont l'air de ces poules effarées qui, se tenant sur une patte, se grattent la tête de l'autre — pourtant elles sont dégourdies d'habitude, ces dames. Dans quelle comédie

Edmée me fait-elle entrer ? En tout cas, elle n'en a pas fini avec moi de ses manigances.

« Dis, Lulu, je ne t'ai donné que des bagatelles. Maintenant, je veux te faire un beau cadeau, un vrai cadeau qui vienne complètement de moi, qui corresponde à tes vœux les plus secrets, que j'irai acheter pour toi, en pensant à toi. Dis-moi ce que tu désires le plus. »

Alors, sans réfléchir, de toute ma force, je dis :

« Une belle montre en or... C'est ce que je veux... Une montre très belle et très chère. »

Aussitôt, Anne Marie intervient :

« Lucien, tu es grossier. Sois un garçon bien élevé. Excuse-toi auprès d'Edmée et laisse-la choisir pour toi un gentil souvenir. »

Mais Edmée est pollen, source des grâces, magnanimité universelle.

« Anne Marie, je vous demande pardon. Lulu m'a bien comprise. Je souhaitais un cri de son cœur. Eh bien, Lulu, tu l'auras ta montre en or, elle t'accompagnera toujours. Elle sera belle, elle sera chère pour te montrer que je t'aime beaucoup. »

Edmée va me libérer du temps. Jusqu'à présent, il s'écoulait autour de moi comme une matière invisible, incolore, inexistante, oppressante, écrasante, qui m'étouffait. Un temps que je ne mesurais pas, qui généralement n'en finissait pas, se prolongeant toujours plus lourd, une éternité d'angoisse, d'attente, qui, parfois, s'emballait, au terme d'un répit, d'une joie brève, me précipitant alors, inopinément, dans le gouffre où je me tortillais. Temps, long ruban de l'infinie tristesse, menace rongeante de mes bonheurs, condamnation à une déchéance tellement proche encore, celle des Sources. Le temps me tenait, il m'aveuglait. Parfois il y avait des signes qui m'indiquaient un peu où était le temps. Il se laissait deviner par des sons, des échos, des lueurs, les mûrissements de la lumière, des cris, des têtes connues, grains interminables du chapelet de la solitude. Soleil, étoiles, ténèbres, aubes et crépuscules, ombres et pénombres, nuages gris, nuages crevant, crépitement de la pluie, verdures de l'été, feuilles et herbes crissantes, grincements des insectes, voix dès maîtres, ordres tombant des lèvres, punitions, sales petites figures menaçantes, coups, minuscules besognes exténuantes, les timbres annonçant la classe, les raclements des plumes sur le papier, les pas sur les planchers, les pas sur les graviers, les mêmes visages, tant de choses répétées, tout cela me faisait percevoir que le temps passait, mais si imprécisément qu'il me semblait qu'il ne s'épuiserait jamais. Le temps, gangue noire des humeurs sinistres... Maintenant, Edmée va me rendre le possesseur, le détenteur du temps. Temps, je le réglerai à ma volonté. Je ne le supprimerai pas, mais j'aurai ses repères, je saurai où il est, comment il est, je le prendrai à bras-le-corps et je triompherai de lui pour être toujours auprès d'Anne Marie.

Hélas ! j'ignore encore qu'Edmée me fera un cadeau empoisonné, que de connaître le temps ne servira qu'à l'aggraver. Les aiguilles de la montre seront des chaînes encore plus cruelles que les tentacules mous avec lesquels le temps me ligotait auparavant. Toujours, les Sources reviendront.

Elles sont là : Anne Marie, Edmée, mes chéries ; et André aussi, sérieux dans son costume rayé. Il est debout entre ces dames assises, Anne Marie sur une chaise, Edmée toujours à moitié allongée sur sa bergère.

Le crépuscule s'est épaissi, faisant des êtres des ombres plus noires que les choses du salon. Ombres qui trempent leurs lèvres dans des coupes, car le valet de chambre a apporté l'apéritif, champagne ou porto, sur un plateau. De cette semi-obscurité, monte un bourdonnement, celui du petit cercle, celui de la cour, dominé par la voix d'André qui se laisse aller aux artifices du bavardage, tandis qu'Edmée batifole. Autour d'eux, pas de gloires, pas de ces Claudel, de ces Giraudoux, de ces Paul Morand, tous gens du Quai, dont André était le mécène. Pas le Gotha. Pas les maîtres de l'univers, ni ceux de l'argent, ni ceux du pouvoir. Dans le cénacle, uniquement des initiés obscurs, petites gens traînant un relent d'art et de littérature. Pourquoi les Masselot, dans leur saint des saints, dans leur auguste privé, ont-ils recours à ces utilités ? C'est qu'elles font bien leur travail de panégyristes exercés, qui époussettent les coins et recoins des vanités masse-

lotiennes. Dur métier. Anne Marie, que fait-elle
là ? Et moi, le petit Lulu, comment suis-je
là ?

Ce soir, la bande est joyeuse et innocente.
J'observe comment dames et messieurs remplissent leur rôle. Apparemment pas des bouf-
fons à gages, mais des amis très chers qui se
divertissent sans contraintes.

Le groupe se livre aux anecdotes, aux potins,
aux bons mots, aux souvenirs, à une écume
pétillante, marquée d'un « certain esprit »
connu pour être celui des Masselot. Ces gens
fonctionnent une fois par semaine, depuis très
longtemps, pour le délassement du Couple
atteint par la maladie de la Grandeur et qui
cherche à s'en soulager. Les Masselot ont
modelé ces anciens et ces anciennes au fur et
à mesure de leur ascension, ils sont mûrs.
Seuls le lieutenant de vaisseau et Anne Marie
sont jeunes, sans rides.

La voyante simplicité de tous a abouti à un
chic spécieux, élaboré, le labyrinthe des para-
doxes. Ces commensaux ne se livrent à un rire,
à un trait, qu'après l'avoir soupesé. Brillance,
spontanéité, amitié, extérieur précieux et relâ-
ché. Faux rustres rusés connaissant les dessous, d'une prudence extrême dans leurs abandons. Ils sont passés par le feu, ils ont su
rester fidèles, ils ont fait leurs preuves. Ce sont
immémorialement les mêmes, habiles à éviter
les pièges et les chausse-trappes du passé et
du présent. Ils savent, ces compères et ces
commères, ne pas commettre d'erreurs, tout en

frétillant de la queue, comme des chiens et des chiennes bien dressés. A la moindre faute, les yeux d'André se noircissent tandis qu'Edmée, pour réparer les dommages, papillonne.

Leur animation de bon aloi est une dentelle de grâces et d'ironies. C'est aussi le tribunal, présidé par André le Superbe, André le Modeste, André le Hautain, André le Juge Suprême, tribunal où sont passés en revue la société, la politique, la philosophie, le monde, les grands et les petits événements, le sang et les comédies d'alcôve. Hautes sentences et potins. C'est le procès des pauvres hommes, des pauvres femmes du gratin, ces malheureux qu'André aime et méprise, procès du bout des lèvres, léger, d'autant plus cinglant. Dérision des excellences, des ministres, des duchesses, des théâtreuses qu'André, avec impassibilité, domine de sa stature, marionnettes dont il a tiré les ficelles — ces ficelles qu'il va bientôt reprendre en main.

Il s'est placé à quelques mètres d'Edmée et d'Anne Marie, pour mieux trôner — lui-même étant son propre trône, car il reste debout, dans son attitude austère, mais suffisamment narquoise pour descendre jusqu'à ces courtisans. Il cueille les hommages. Il est entendu, dans ces soirées, qu'Edmée n'est que sa vestale. Quant à Anne Marie... La bonne engeance la soigne, la couve, la respecte, l'aime, son rejeton aussi, elle s'y prendra avec doigté, on peut lui faire confiance. Compagnons, ne découvrez pas les squelettes enfournés dans les tiroirs de l'histoire d'André et d'Edmée. Maintenant, il y a Anne Marie, attention...

Le cénacle, ce soir, est le déversoir d'un André au sommet de sa causticité. Bonnes gens, il ne vous reste plus qu'à bien vous pénétrer des mille facéties de la superbe andréienne, en être les enfants de chœur qui agitent les sonnettes et font les répons. Amis, dégustez ce régal royal, béatifiez-vous, marquez votre jouissance par des approbations en demi-teintes, des airs surpris, des grimaces expertes, des guimauves. Soyez au comble de la ferveur et cependant n'exagérez rien : tout est en nuances.

Parfois, André se tait, c'est son entracte, alors vieux protagonistes, entrez en scène. Contentez-vous d'amuser. Ayez de l'invention, de l'imagination, lancez-vous dans des historiettes piquantes, des mots drôles, des cocasseries ingénieuses. Amusez-vous, mais évitez les écueils : ne soyez pas des clowns, jamais de grossièreté, un mot cru n'est pas défendu, mais doit être amené, mis entre parenthèses, il prend alors toute sa valeur. D'autre part, que cela ne sente pas l'effort, l'huile, ne soyez pas oiseux, ne tombez pas dans l'ennui — une touche d'ennui peut être introduite, parfois, rarement, mais comme un bref sommet oratoire. Ne faites pas de fausse note, elle assourdirait les oreilles d'André. Soyez sincères, même querellez-vous... Dans certains cas la fleur bleue est autorisée.

Que chacun reste dans le personnage qu'il

s'est depuis longtemps composé, qu'il ait ses mines, ses gesticulations propres, ses spécialités, ses numéros, plus ou moins réussis selon les jours — auxquels André, par les chiffres qui se dessinent sur ses tempes dégarnies, donne des notes, de zéro à vingt. Renouvelez-vous constamment et cependant ne trahissez pas vos compositions. Que Rose soit la douairière avant l'âge — elle a dépassé de peu la quarantaine —, la bénisseuse, la susurreuse, la complaisante, la maman, la dadame assidue aux mondanités, mariages et surtout enterrements. Que Diane soit la virago, une volaille parée, poule savante, donnant dans l'adulation ampoulée ou l'imprécation égosillée, sous l'œil toujours un peu craintif de sa sœur. Que le rapin soit un rapin bien culotté, garanti artiste par sa rusticité cauteleuse, nature, très nature, pipe de bruyère et toiles façon Monet, si nature qu'il en soit simplet avec ses fausses naïvetés et ses étonnements mijotés.

Mais le lieutenant de vaisseau, que fait-il dans vos grotesqueries ? Il est trop beau, trop blond, ses yeux sont trop bleus, son visage est d'un modelé à la pureté trop parfaite, traits harmonieux et réguliers, fins et fermes, la géométrie du charme. Et la peau si tendre... Son uniforme blanc. Il y a en lui quelque chose de fragile, de touchant, et aussi d'insolent. La troupe bavassière, coquetière, qui s'ébat autour de lui ne lui importe pas, il la voit à peine. Il répond poliment, avec timidité et une sorte de rage, aux amitiés que lui prodigue le vulgaire, montrant qu'on l'aime. En somme, on lui fait la cour... Mais lui, sans cesse, son regard va d'André à Edmée, avec désir, dans la crainte de déplaire, dans la recherche de plaire, dans la quête du moindre signe de l'un ou de l'autre... Et pourtant, Edmée le couve, maternellement coquette, maternellement adorante, fondante. Elle le bichonne, elle le flatte, elle le gamine, elle le plaisante, l'agace, l'appelle, lui rit au nez, le pelote, joue avec lui, se joue de lui, lui fait des clins d'yeux. Maternellement, mais aussi avec une sorte de volupté, avec son art des poses idylliques, une grâce ruisselante d'amour. De quelle sorte d'amour ? Au moindre de ses appels, il accourt, lui embrasse les mains, lui rend de petits services tendres, mais il reste tendu, inquiet... Il sursaute, une sorte de haut-le-corps d'obéissance, quand André l'interpelle. André prend possession de lui par un regard, lui donne de menus ordres bourrus, comme à un enfant : « Va me chercher une coupe de champagne », « Allume-moi une cigarette ». Le bel officier de marine apporte la coupe, frotte l'allumette contre sa boîte, donne du feu jusqu'à ce que s'enflamme le bout de la cigarette qu'André s'est plantée dans le coin de la bouche. Il est zélé, appliqué, un peu tremblant, fier d'être aussi humble. André aspire, floconne, le lieutenant se retire pour reprendre sa garde, être prêt au moindre désir d'Edmée ou d'André. L'un et l'autre le tutoient, l'appellent par son prénom « Hector ». Il est vraiment de la maison, chez lui. Je sais vaguement des bruits qui courent à son sujet. Sa naissance est mystérieuse, quelque secret que connaît toute la petite bande.

Ainsi fonctionne le cénacle. L'officier de marine n'est guère une gêne. La vraie difficulté, c'est de garder le juste équilibre entre André et Edmée. Parfois, celle-ci néglige le discours andréien pour faire l'école buissonnière, tenir sa propre chambrée, toute différente de celle de son mari. Avec les compères et surtout les commères qu'elle a aimantés autour d'elle, c'est la cour des froufroutages, des volutes volubiles, des légèretés, des linges et des chiffons, l'appréciation des toilettes, les moqueries de certaines « grandes dames » du monde, des « dindes » selon Edmée qui n'est guère tendre pour la gent féminine — à moins qu'elle ne soit représentée par des princesses, des reines, des milliardaires.

La situation devient délicate, grave même, quand André pythonise, exigeant la suprême dédication de tous, et qu'Edmée, dans une feinte frivolité, met une insolence ingénue à bourdonner de son côté : à qui se joindre ?

Parfois, Edmée lâche bien fort quelque énorme incongruité, qui met André à la mort. Embarras pour les élus : s'abîmer dans le silence en tâchant de se faire oublier ? Mais pareil mutisme est périlleux. Ou, au contraire, se mettre à pérorer comme des fous, sur n'importe quoi, pour noyer le poisson ? André, colère glacée et contenue, regarde intensément ses pieds. Quel problème pour les courtisans !... Jusqu'à ce que le maître, sans autre reproche, lève les yeux sur sa femme et murmure : « Edmée... » Alors, aussi inopinément qu'elle s'était rebellée, Edmée cesse son schisme, et, l'air concentré, se remet à l'audition d'André, lequel reprend son bâton de pèlerin du verbe, et ratiocine.

Edmée, quand elle s'en donne la peine, est capable d'apprécier les raisonnements les plus sérieux, les développements les plus ardus, avec une intelligence aiguë — qu'il s'agisse de la politique allemande de la France ou des maladresses d'un de nos chefs de gouvernement. Elle distille, pour compléter André, des commentaires pertinents. Elle peut faire des descriptions désopilantes d'une assemblée internationale ou même, avec une rare pénétration, lancer des mots drôles, des mots justes, brosser le portrait d'un homme d'État éminent et tout à fait à la mode. André est content, son Edmée est digne de lui... Ainsi marche le cercle intime depuis des lustres, toujours avec les mêmes règles et les mêmes participants.

Certes, l'entrée en force de ma mère dans le cénacle comme membre de plein droit — maintenant flanquée de son rejeton, membre honoraire — met du flou là-dedans. Qu'est-elle ? La dulcinée d'André ? Sa protégée ? Une nouvelle vestale ? Y a-t-il quelque chose de plus ? Un arôme subtil, indéfinissable, rien de vulgaire, donnent à croire qu'il ne s'agit pas d'une commune intrigue. De quoi s'agit-il donc ? André a une certaine façon de la fixer, de se pencher vers elle quand il parle, comme s'il se fiait plus à son jugement qu'à celui d'Edmée. Anne Marie est une donnée supplémentaire et peut-être capitale, susceptible de modifier le grand jeu. Déjà, dans la routine du groupe, quelques rites ont été ajoutés à cause d'elle. Il faut la traiter spécialement, pas comme une « travailleuse », à la façon de Rose ou de Diane, mais comme une entité au sommet, presque l'égale d'Edmée, peut-être l'égale d'Edmée.

Edmée a engagé avec Anne Marie une conversation enjouée.

« Moi, dit-elle, j'aime la mode moderne, qui dégage le corps. Quoique ses excès... ces sacs où l'on vous enfourne, moi qui aime plutôt le vaporeux, le vague et les drapés. Enfin... Et vous, Anne Marie ?

— Cela ne me déplaît pas. Mais j'apprécie beaucoup ce qui est net, simple, vous savez...

— Anne Marie, vous vous habillez à merveille, toujours si sobre, si élégante. Vous avez tellement de goût, un goût si sûr...

— Je vous remercie

— Et que pensez-vous, pour les cheveux ? Me les faire couper ?... Je suis tentée... Et vous ? »

Anne Marie rougit un peu.

« Je demanderai son avis à Albert. Mais, s'il

me répond qu'il est d'accord, je n'hésiterai pas. »

Moi le rejeton, ma boîte de chocolat arrimée sur les genoux, dans les jupes de ces dames, je me demande ce qu'Albert vient faire là. Anne Marie ruse, fait l'innocente. Elle est donc résolue à se faire couper les cheveux. Quelle peine !... Quand elle dort, avec ses cheveux sous la tête, coussin des nuits heureuses, je chéris sa chevelure aux sombres reflets. Le matin, dans sa chambre, encore en chemise de nuit, lorsqu'elle la soigne, j'en perds la tête... Sa toison lui coule, longue traînée douce, jusqu'aux hanches. Ma mère est belle, mais trop maigre, elle ressemble à une libellule, efflanquée d'une certaine façon, un peu pitoyable et encore plus émouvante à cause de cela. Sa tignasse me fait oublier sa maigreur, l'enveloppe, lui donne de la chair. Elle la ratisse avec un peigne d'ivoire chinois, indéfiniment. Souplesse. Longues herbes aquatiques, fleuve dont elle est amoureuse. Le peigne devient pirogue qui monte et descend, s'abandonnant au courant ou le contrariant. Et son geste, toujours répété, m'hypnotise, me perd dans le temps, me capte, me plonge dans la douceur, la tendresse. Pure, impure, je ne sais, moussue, terrestre, limon des choses, jardin ombreux.

Mon amour pour Anne Marie aux cheveux coupés ne sera plus le même. Elle sera anguleuse, rêche, sèche. Ressortira d'elle cette dureté que je n'aime pas, lui manquera ce mystère pulpeux, source et sève, l'impénétrable, l'admirable, l'attirante, l'accueillante forêt de sa crinière.

Cheveux, verdure charnue, charmilles, frondaisons. Jeux de la lumière et de l'ombre dans les cheveux-branches. Incertude de l'ombre épaisse, luisante. Incertitude de ce que deviendra Anne Marie née de l'humus d'Ancenis, des feuilles, des racines emmêlées, mal discernables, de la province. Il n'y a plus de frontières... Le verger des cheveux d'Anne Marie est plein de pêches où planter mes dents, pêches juteuses, veloutées dont elle me parlait goulûment, les pêches d'Ancenis.

Sans ses cheveux, il ne lui restera que ce mystère faux qu'elle s'est façonné, sa prétendue perfection ; Anne Marie, mannequin de la perfection.

Ma mère et Edmée parlent frivolités. A elles se sont jointes, laborieuses abeilles qui butinent chaque instant, Rose et Diane au comble de leurs grâces. Ma mère est présente et pourtant elle est ailleurs, dans son rêve, elle se laisse prendre par la légende, par l'aura des grandes légendes dont André est le chevalier. Mystères de l'Histoire, secrets splendides, orages superbes et nuées noires. Je sais qu'Anne Marie est exaltée mais son visage n'en montre rien.

Enfin, dans un semi-silence qui s'était installé, le larbin, de sa voix impassible, comme s'il ne mesurait pas l'importance de ce qu'il proclame, articule : « Madame est servie. »

Le cortège se forme. Ma mère en tête, puis Rose et Diane, puis Edmée, aimablement condescendante, Mme Edmée... puis le rapin, André, mystérieusement un peu voûté, le lieutenant de marine derrière André. Moi, par faveur spéciale, je trottine devant, à côté d'Anne Marie, puisque je suis son petit Lulu. Je voltige comme un jeune hussard, comme un enfant de chœur, je fleuris comme un lys : c'est moi qui mène la procession, je bats les fourrés, je cogne les cymbales, je suis grave.

On descend en bon ordre un escalier en colimaçon, car la salle à manger est au rez-de-chaussée, de plain-pied avec un petit jardin. Au bas de la courbe, sur le mur, un tableau étrange, une tête de gorgone, une tête régulière, magnifique et terrible de régularité, tête un peu large aux lèvres épaisses entrouvertes par une respiration sans souffle. Cette tête de solennelle gravité s'exprime par des yeux éclatants de peur, des yeux figés dans une éternelle intensité. Tête presque androgyne mais tête de femme quand même. Avec, pour cheveux, des serpents qui dégoulinent vivants, grappe maudite frétillante. Ce sont les pensées affreuses qui habitent cette tête, serpents de l'angoisse nés d'une cervelle égarée ; les années passant, j'apprendrai son histoire.

Ce tableau était l'œuvre de la sœur inconnue d'un dramaturge, poète du grandiose et du familier, de la grâce et du péché juteux, poète hanté du Dieu des bonnes gens et des cathédrales gothiques, du pain, du vin et de l'hostie. L'homme était solide, sain, de l'équipe chinoise d'André. Dans les après-midi dominicaux, il venait et voulait amener à Dieu André qu'il aimait. Il le harcelait, le bousculait, le suppliait. André, avec un sourire amusé, refusait. Santé de cet homme pieux, goulu de la terre, goulu du ciel. Mais il y avait une déchirure dans son hygiène : cette sœur à qui Dieu n'avait pas accordé sa pitié, que la chair avait trahie et qui, sombrement hantée, avait dessiné cette tête effrayante. Elle avait trop aimé, non pas le Très-Haut aux consolations pour elle dérisoires, mais une créature du monde de la matière, un peintre de génie, qui mettait sur ses toiles la chaleur de la volupté innocente et païenne. La passion de cette très belle femme fut hagarde. Elle eut un enfant, fut abandonnée, tomba dans les abîmes de la démence — partout des serpents. Elle fut enfermée dans un asile où elle mourut après beaucoup d'années, très vieille, réfugiée dans le néant de l'oubli, ignorée de tous, honnie même. Car jamais il ne fallait prononcer son nom, rappeler son existence. Mais André a tenu à ce que l'œuvre de son désespoir soit là, chez lui, pour avertir que la folie guette, toujours prête à s'introduire dans la moindre fissure des crânes.

Ce soir-là, dès que j'ai vu la face, je l'ai sentie, la Folie... J'ai eu un élancement de peur vers ma mère, peur de la voir sombrer dans le délire qui est proche d'elle, qui est sa couronne invisible, la poussant dans des illusions trop heureuses qui risquent de crever comme des bulles. Elle aura les mêmes yeux brillants que je lui ai vus parfois quelques secondes, quelques minutes. Peut-être qu'un jour, cette brillance demeurera...

Pour le moment, en bas de cet escalier, en passant sous la tête sinistre, nous nous préparons aux réjouissances. Mon cœur bondit, j'exulte.

D'abord, par les portes-fenêtres grandes ouvertes, je regarde le jardin à l'aridité duquel s'accrochent les restes du jour. C'est un coin resserré entre de hauts murs couverts d'un lierre sombre. Cette végétation est d'un vert épais. Son ombre me semble contenir du temps et aussi de la sécheresse. Temps et sécheresses qui se dégagent des vieilles pierres cachées par le feuillage. Elles sentent l'antiquité, une odeur de poussière, de lichen brûlé, de mousse fossilisée. Cavernes des murs, murs de lierre, draperies, quelle durée là-dedans ! Et aussi la senteur de la lumière finissante, de la chaleur amassée, conservée dans des creux, dans des niches sous les feuilles. Dans le jardin, des allées de graviers qui doivent crisser sous les pieds des promeneurs, quand ils font des rondes autour de cet enclos, repos de prison. Des gazons, un calfeutrage d'herbes pas coupées ; anarchie des graminées, de leurs cosses, de leurs gousses, de leurs graines duveteuses, de leurs vrilles, de leurs petites et impérieuses fleurs sauvages. Pourtant cette nature abandonnée à sa luxure, dans sa richesse, me paraît pauvre. A peine deux ou trois parterres de fleurs civilisées, mal soignées, laissées à elles-mêmes. Le soir, tamisage, derniers oiseaux, derniers insectes... Cet abandon produit un maigre filet d'eau, qui sort de la bouche d'une statue, une femme nue, mangée par les intempéries, avec de grandes taches. L'eau retombe dans un bassin mal récuré. Pourtant, certains soirs, je le saurai bientôt, l'apéritif se prend là, autour de tables rondes en fer, à la peinture qui s'écaille, les gens sont assis sur des chaises en bois, écaillées aussi et branlantes. André, Edmée, des visiteurs, parfois un personnage important, Anne Marie, moi, alors nous sentons couler le crépuscule, en paix, contents, riant du rire qui signifie que l'existence quotidienne, somme toute, est bonne.

Si le luxe est absent du jardin, il éclate dans la salle à manger. C'est la salle à manger d'Edmée.

Edmée, bien en chair et bien en os dans sa quarantaine, s'apprête à occuper sa place de reine. Mais une Edmée encore plus vivante présidera ce repas. Une Edmée dans la fleur de sa jeunesse, à peine plus de vingt ans. Elle est là, sur un tableau, au-dessus de la desserte, en plein milieu du mur principal. Elle est représentée parmi une nature aqueuse, estivale, dans la plénitude de l'été, un été très ancien, où tout est brumes, tout flotte, tout est fondu. Il n'y a plus de lignes, de limites précises, de choses exactes, de mots pour les qualifier. C'est une abondance, une surabondance d'harmonies qui se dissolvent dans la sensation d'elle. On peut discerner des détails toutefois : une forêt, un étang, plus loin un moulin aux ailes tournoyantes sur une butte. Écharpes mêlées de verdâtres, de bleutés ; du blanchâtre aussi, de l'incertain, avec des pointes plus marquées, boutonnières rouges ou jaunes. Cela existe intensément et c'est délavé, cela s'élance et se confond. Ce paysage sera toujours ainsi, dans son poids, et pourtant il est fugace, ouvert au constant changement, aux flux et aux reflux. Déliquescence, effondrement, disparition, mais continuations, renaissances. Jouissance et vanité. Cette jouissance et cette vanité naïve et sûre imprègnent l'Edmée d'antan.

Elle est assise, contemplative, son corps dans les fougères, toute sa partie animale cachée par elles. N'en émergent que son buste, ses bras, sa tête, elle... Son cou se dégage d'une robe simple, rose très pâle, à peine bouffante sur la poitrine. On devine ses seins plutôt qu'on ne les sent, non pas offusquants mais d'une gracilité pleine, légères mamelles de ce qui peut naître — tendresse, amour, passion — de tout ce qu'Edmée peut provoquer et qu'elle provoquera. Pas de colliers de perles irisées qui sont devenus son blason pour cacher les empâtements un peu ridés de son cou. Pas de bijoux, elle n'en avait aucun besoin. En fait de bijoux, elle se contente, brodées sur sa robe légère, autour de son décolleté rond, de deux rangées de petits pois blancs, simples taches claires en collier. Un de ses bras potelés, dans sa manche ample serrée au poignet, coule de l'épaule et vient déposer une de ses mains sur son giron enfoui dans la buyère. Le second bras, accoudé sur son genou également dissimulé, servant d'arc-boutant, porte son autre main jusqu'à sa tête qu'elle soutient gracieusement. Les doigts, disposés en une sorte d'ajouré, sont pour la plupart repliés sous son menton, l'un d'eux au contraire remonte sur un côté de sa figure jusqu'à l'orée de ses cheveux. Elle semble sage, d'une sagesse qui n'annonce pas la volonté, les orages surmontés et les victoires de l'avenir, toute cette carrière ! Là, on ne voit pas encore la grande dame terrible et maniérée, sincère et feinte, la fausse étourderie et l'aiguë lucidité. Sa tête d'antan, celle du tableau, est, au sommet de son échafaudage, grave, belle, d'une beauté souriante et mélancolique, d'une expression paisible et profonde. Eaux calmes... Des yeux qui contemplent beaucoup, mais quoi ? Ils contemplent la trame de ce qui est alors, pour elle, l'avenir ignoré et le présent dont elle semble contente. Pourtant ses yeux interrogent... Sa bouche n'est pas vraiment sensuelle mais attirante, d'une gaieté pensive, un peu d'ironie dans ses coins légèrement soulevés. Pourtant sa bouche interroge... Y a-t-il, lovés dans les tréfonds de son calme, les tourbillons de l'ambition féroce ? Mais ses cheveux rassurent : sereins, tellement sereins, artistiquement sereins. Déjà, malgré sa rusticité seyante, elle est artiste de sa beauté, elle se calcule. Sur le milieu de sa tête, une raie très prononcée, un sillon, partage sa crinière, la coupant en deux, la rejetant de chaque côté de son front, l'entourant de deux champs de cheveux, des champs égaux, unis, moissons étales, sans luxuriance mais riches de simplicité, couleur d'épis mûrs, d'un blond doré, un blond roux, un blond de céréales — loin des torsades sombres, des coulées vertigineuses, des architectures flamboyantes d'Anne Marie. Par-derrière, on suppose que les moissons de ses cheveux entassent leurs grains dans le grenier d'un chignon, contre sa nuque.

Ainsi était Edmée, l'émanation d'un paysage de l'Ile-de-France. Pas une fioriture, pas une garniture, pas un accessoire, pas une ornementation ne sont peints, seulement son esprit, une permanence brumeuse et nette.

En réalité où était alors Edmée ? Dans cette quiétude ou dévorée de désirs ? Que faisait-elle ? Elle ne connaissait pas André, c'était avant lui. Mais qu'était-elle, au temps de ce tableau ? Le rapin le sait, mais il est taciturne, jamais il ne révélera rien. A propos, ce tableau, n'en serait-il pas l'auteur ?

Les sœurs savent aussi beaucoup du passé d'Edmée, mais elles n'oisellent pas là-dessus ; ces piailleuses, ces caqueteuses, ces roucouleuses, ces marchandes de menus et grands propos, connaissent la valeur du silence. Savoir parler, savoir se taire, règle première, essentielle, des parasites, la loi de leurs bourses avides. Quant à André, il sait tout. Les secrets d'Edmée sont bien gardés.

Si Edmée est là, dans la salle à manger, telle qu'elle a été et telle qu'elle est, la grandeur d'André est là aussi, accrochée à un autre mur. Pas sa grandeur exactement, celle d'un sage de la Chine ancienne emplissant une estampe. Il ne ressemble pas à André, il est bouffi, replet. Sa sagesse est une bonhomie qui comprend tout, résout tout... Le sage est assis, enveloppé d'une robe blanche, sorte de houppelande tellement obèse qu'elle absorbe son obésité édifiante. Les vérités — pas vraiment les vérités car il n'y en a pas, les vérités affirmées sont trop tranchantes, donc fausses —, les approches de la vérité, il les dispense à ses disciples qui le vénèrent et s'abreuvent à sa source. Le sage, dont les amples draperies dissimulent les matières trop matérielles de son corps, a son séant posé sur un siège qu'il englobe aussi, devant un panneau où, sous les formes de méandres confus, le Yin et le Yang s'opposent et s'allient pour exprimer l'instinct vital, celui qui fait qu'on est, que tout est ; la vie plus forte que le néant. De cet inestimable personnage enfoui, seule la tête est vue, rotondité pateline, garnie d'une sorte de coiffe bizarre posée sur la calotte de ses cheveux raréfiés qui se terminent dans le retroussis d'un petit chignon. Un sourire flotte sur son visage, indéfinissable, pas énigmatique cependant, pratique même, béat plutôt. Il indique la béatitude de l'être supérieur et sans peur devant le mal menaçant, cherchant par ses sentences, ses conseils, ses aphorismes, son dire, à montrer la voie salvatrice, aux hommes, à leurs multitudes s'éteignant et se reproduisant. Il leur permet de supporter ainsi leur vie provisoire, cette échelle de bambou posée entre le vide et le vide. La voie qu'il trace mène à l'ordre, seule ressource et seule consolation, mais elle n'est pas droite. La voie sur laquelle l'humanité traquée chemine vers le mieux-être incertain est tortueuse, il lui faut franchir des passes, des défilés, des contours, les récifs des océans et les abrupts des montagnes qui sont les contradictions, apanage périlleux des existences. Heureusement la voie, étroite et tortillante, est bien marquée désormais par les panonceaux où sont inscrits les avis augustes du sage, destinés à être les repères des siècles, des millénaires futurs, des générations se succédant jusqu'à l'extinction des temps.

Ce sage, n'est-il pas le Confucius tant aimé d'André ? André, ne se prend-il pas pour Confucius ? N'est-il pas le Confucius français de l'univers moderne, troublé, incertain, en proie à l'anxiété, à de frêles espoirs, à d'insolubles interrogations, cet univers déjà infesté de fléaux redoutables, alors que l'abominable Grande Guerre vient à peine de s'achever ?

Les convives prennent place à table. Cela se passe avec une aimable familiarité, dans un brouhaha léger, dissimulant un protocole et des rites méticuleux. Edmée est Circé, matrone et douairière. André présente son bras à Anne Marie, pour la conduire à sa chaise, qu'il lui présente afin qu'elle s'asseye. Cela sans dire un mot. Edmée, debout, immobile, de l'autre côté de la table, contemple cette amabilité faite à Anne Marie, comme si celle-ci était la favorite reconnue. Les autres convives s'installent automatiquement devant leurs couverts, selon les préséances établies. Toujours le même dispositif. Anne Marie ancrée à la droite d'André, Diane à sa gauche. Encadrant Edmée, Rose et le Rapin. A un bout, Hector : et moi à l'autre, face à lui. Tout est paré pour le repas mais rien ne s'anime. André ne regarde pas Anne Marie, il ne regarde personne, sans doute regarde-t-il en lui-même. Tant qu'André ne bronche pas, personne ne bronche. C'est un rite.

Silence. Sérénité. Au-dehors, la nuit des étés de France s'est couchée sur la terre. De grands candélabres illuminent la table, jetant des reflets apaisés sur les visages. Tout est douceur. André a sa mine d'enjouement muet, Anne Marie son demi-sourire, Edmée sa malice de faunesse. Ils se taisent, donc le reste de l'assemblée s'applique à se taire aussi. Un recueillement presque religieux, une méditation, une sorte de bénédicité laïque. Moi je me tasse dans mon coin, je suis emporté par

des impressions puissantes, étranges, envoû-
tantes.

Cette salle à manger séparée du reste de
l'appartement, face à ce jardin qui s'enferme
dans les ténèbres, n'est-elle pas hantée ? L'Esprit est là, mais aussi voguent des fantômes
familiers. Ne suis-je pas dans une crypte, dans
un antre, dans une caverne vouée aux âmes
mortes et vivantes ? Mystères qui se dévoilent.
Légendes. Ce sont les légendes que ma mère a
aimées en André, c'est par elles qu'elle a été
éblouie, attirée. Elle ne cessait d'écouter, d'entendre, de se faire répéter par Albert la trame
grandiose des épopées qui avaient porté André
à sa gloire, qui avaient fait de lui l'Archange. Et
moi, à travers mes parents, j'ai aussi palpité de
ces récits.

Ce soir, dans ces premiers instants où les
convives semblent des statues, le merveilleux
est autour de moi. Je me laisse aller à lui, il
surgit, remonte, me remplit. J'entre moi-même
dans le merveilleux. Je songe... Légendes sans
lesquelles rien de ce qui se passe, se passera ce
soir, n'est explicable. D'abord la plus ancienne,
la plus vénérable, celle qui a fait d'André un
prédestiné, celle qui, par son ampleur, par
poids, nous prédestinait à être là, tels que nous
sommes, hiératisés, adeptes d'un culte. Personnages de l'histoire, malgré nous.

Légende du père d'André, du grand Félicien,
un savant. Le Savant — et alors un savant,

c'était immense. Un vrai savant illuminé par les lois cosmiques, le bienfaiteur de l'humanité avec ses cornues et ses alambics, dont les fruits étaient la chimie organique, la matière dominée, la matière au service du progrès, la matière sous ses nouvelles espèces, l'acide formique, le méthane, l'acétylène, les enzymes, apparemment d'usage vulgaire mais apportant prospérité, bien-être.

Tout ce qui faisait la prestance de mon consul de père, tout ce qui faisait que les broderies de son uniforme me semblaient d'or pur, tout ce qui donnait à sa casquette officielle une allure de couronne, c'était le legs de Félicien. Car les mots de ses discours, ceux qui disaient la France moderne, la France à l'avant-garde, la France géniale, la France heureuse, il les devait à Félicien. Mon père incarnait la France de Félicien.

Usines florissantes, commerces diligents, familles vertueuses dans les chaumières, foires, agriculture, arts et industries, les mains calleuses jointes, les prières sans Dieu, boutonnières décorées, ministres pérorant, vive la France !

Le changement de la nature et même de la nature humaine. La planète, la Terre, promise à une vie meilleure et à un espoir sans bornes. La Science sans limites. L'homme accédant à la Justice, le frontispice « Liberté, Égalité, Fraternité » devenant succulente pièce montée, pâtisserie saint-honoré, seins de Marianne nourrice du monde. Le faisceau de licteur est la gerbe des moissons. La fin de la misère et

de la pauvreté. Le code Napoléon : une douceur, les tribunaux : une concorde. Les prisons
fleurissent, tout carillonne. C'est l'éternel printemps. Les bébés sourient, les femmes sont
belles et vertueuses. L'infini des épis mûrs.
L'abondance, l'abondance, la virginité et les
somptueuses grossesses, le petit vin fruité et le
Mouton-Rothschild. Il faut aussi des riches
mais qui soient bien bons. A bas la calotte, le
Crucifié au chômage. La déesse Raison, le
14 juillet et ses guinches, dansez, bonnes gens
du peuple, valsez marquises. Pantalons ga-
rance et défilés militaires, car ça chauffe le
cœur, une bonne armée. Instruction publique
laïque et obligatoire, méritants instituteurs,
amour de la patrie. Corps constitués. Les sen-
tiers sentant la noisette, beuglements des
vaches bucoliques, l'amour toujours, Philémon
et Baucis. Rincez-vous la dalle, c'est ma tournée ! Veuves éplorées des cimetières consola-
teurs, consolez-vous. Regrets éternels, noces et
banquets, à s'en péter la sous-ventrière. Les
disciples respectueux et les maîtres. Fleurs des
champs : bleuets, marguerites et coquelicots.
La Gaule gauloise. La distribution des prix. Les
autos, ça roule, ça roule énormément. « Aux
Dames de France », la dot et le trousseau,
Monsieur le maire. « Vous êtes cocu, monsieur »,
ratapoil, rataplan ! Lustrine et manches de
celluloïd — encore une invention de Félicien.
  Les emprunts russes, les colonies, les bons
« Sénégalais » et les tirailleurs algériens, la
mission civilisatrice de la France, chapeau

pointu, turlututu, ma Tonkinoise. Les Messageries maritimes. Les zouaves et le pont de l'Alma. La revanche et la ligne bleue des Vosges, les Teutons et la bonne Allemagne. Goethe. Le petit père Combes et les tours de Notre-Dame, l'Exposition universelle. Le péril jaune. Les guêpières. La divine Sarah. Le casque pointu de Guillaume II, l'Alsace et la Lorraine, le pensez-y-toujours et n'en parlez jamais. Le capitaine Dreyfus est coupable, le capitaine Dreyfus est innocent. Le french-cancan, Liane de Pougy et la belle Otéro, les beaux messieurs, les bordels à papa, la java, les bords de la Marne et les canotiers moustachus. Les châteaux et les masures. La fleur au fusil. Les éloquentes barbes blanches. Les « mouches » assassines. Jaurès, *La Marseillaise* à toute volée, *L'Internationale* aussi. La Sainte Russie. Aimez-vous les uns les autres, au nom des hommes sans Dieu, chantez, chantez, poitrines mâles et chœurs de pucelles, chantez le Progrès, le Bonheur. Le Bonheur et même le socialisme — rouge détrempé, bonne franquette, digestion humanitaire.

Alors l'Espoir ! réjouissez-vous, bonnes gens, conscrits et midinettes, employés, ouvriers, humbles, exploités, écrasés, pauvres, tous les pauvres, vous aussi mendiants, gueux, hôtes des asiles et des ouvroirs — la charité s'il vous plaît — réjouissez-vous, masses, masses, fanfares, musiques et discours, l'Espoir est au-dessus de vous.

Félicien croit en la marche en avant de

l'humanité au nom de l'éprouvette, du micros-
cope pénétrant l'infime, et des espaces vain-
cus par le petit bout de la lorgnette. Champs
des étoiles, chants des étoiles, doux murmures.
Étoiles, vous n'êtes plus effrayantes, les cligno-
tantes du vide, les petites lampes du néant
monstrueux. Car le néant n'est plus monstrueux. Réjouissez-vous, hommes : si vous
n'avez pas d'âmes, vous vivrez éternellement
quand même, la mort n'existe pas. L'humanité
toujours durera, féconde, chaude, généreuse,
fraternelle, vivante, vivante... Pas de prêtres,
maigres ou gras, pas de bonnes sœurs à
cornettes, croa, croa tous corbeaux ou corneilles.

Pas d'opium du peuple mais les yeux pers de
la Philosophie. Platon avec Félicien, dans leurs
banquets. Athènes au fond du cœur de Félicien, Athènes avec le hibou de Minerve, oiseau
de la vraie sagesse aux yeux dorés qui l'interroge : « Et toi, que fais-tu de toi ? Travailles-tu
pour le Bien ? » Une Athènes pure et forte,
avec, en plus, la chimie, la physique, les sciences expérimentales, les mathématiques. Une
Athènes qui serait la France de la République
Idéale. Utopie ? Certitude.

Et pourquoi n'aurait-il pas de certitude, Félicien ? Le monde est bon, la vie est bonne, il l'a
rendue encore meilleure pour les gens. Alors,
qu'il en jouisse. Il est gaillard, il a la soixan-
taine verte, il croit au Progrès, il est récompensé,
toujours récompensé, encore plus récompensé.
C'est le temps des grands esprits qui laisseront

leurs noms sur les plaques de tant de rues de villages, de bourgs, de faubourgs, de villes de France. Combien de rues au nom de Félicien, plus tard...

Les coupoles de l'Institut, le Collège de France, l'Académie française et même le Panthéon ! Il en sera, Félicien, il sera de tout ça, sénateur inamovible, ministre, quantité de fois ministre !

Félicien au sommet des consécrations reste maigre, infatigable, sans recherche, courant comme un lapin, sortant l'été avec un chapeau de paille déchiré, on l'aurait pris pour un jardinier. Parfois, il revêt un uniforme, un bicorne et une épée, et, sur une estrade auguste, il devient le symbole, non seulement de la Science mais de la République victorieuse dont il est le patriarche innocent et roué.

La République... son enfantement douloureux, Félicien l'a connu dans l'insurrection, les affres, la mort. Il est né au cœur de Paris insoumis et grondant, au cœur de la Cité, place de Grève, dans la « maison de la Lanterne », face à l'Hôtel de Ville, près de la tour Saint-Jacques-de-la-Boucherie. Son enfance pleine du bruit des fusillades, des canons, des barricades, des émeutes du temps de Louis-Philippe... son propre père, médecin du bureau de bienfaisance, soignait les blessés de la rue Transnonain. Temps épiques... Mais les temps des justes bénéfices étaient arrivés, Félicien les avait ramassés, il était roi, roi républicain.

Roi heureux chez lui.

Les parents Masselot étaient unis par un amour profond, pur et pudique. La mère était une protestante, belle et austère, issue d'un vieux fond huguenot, moraliste. Elle croyait, mais en un Dieu désincarné, le principe de la Justice et de la Liberté, le Dieu des cœurs propres et des âmes hautes. Pourtant elle était joyeuse, gaie même, d'un rayonnement apaisant, surtout quand survenaient les épreuves, il y en avait eu beaucoup dans l'épopée apparemment aisée de Félicien. Elle aimait Félicien, même dans ses faiblesses car il n'était pas tellement saint, Félicien. Quand elle parlait, elle était la mère, la sœur, l'amante de Félicien, son âme, sa chair aussi, sa chair immaculée et sa chair voluptueuse. Elle était à chaque seconde la compagne de ses nuits et de ses jours, de ses travaux. Elle le devinait, elle participait à ses désirs, à ses revers, elle le soutenait, mais sans mièvrerie : « Félicien, tu es fatigué, il est tard, viens te coucher » ; « Félicien, ne te décourage pas, travaille encore, tu vas trouver... » Sa présence, son ombre sous la lampe des veillées laborieuses, et ensuite leurs têtes côte à côte, lui roux et osseux, elle brune et d'un délié moelleux, sur l'oreiller-sanctuaire, l'oreiller-autel, l'oreiller de l'amour et du repos de l'amour.

Ainsi, pour elle, s'étaient écoulés les ans, étaient venus la vieillesse, les rides, les cheveux blancs, un certain épuisement à l'époque où Félicien était prospère. Ce foyer lourd, bien tenu, ce Félicien exigeant et trop complaisant pour lui-même, ces enfants, quatre fils et une fille.

Elle les avait élevés dans une sévérité jamais grondante, jamais punissante, leur rappelant sans cesse qu'au-dessus d'eux, il y avait la conscience, ses lois. Mais tous, très rapidement, avaient su qu'ils étaient les rejetons de Félicien le Grand.

La petite fille, avec ses yeux graves et ses grandes nattes, ressemblait beaucoup à la protestante, elle avait, elle aussi, une voix intérieure. Les garçons, en grandissant, avaient remporté tous les prix, tous les concours, sauf André... Ils étaient de bons jeunes gens, bien appliqués, brillants même, mais de pâles copies de leur père. Seul André ne faisait rien, ne voulait rien faire.

Les Masselot, quand ils se rassemblaient autour de la table des parents, constituaient une dynastie superbe. Ils avaient le don de pénétrer n'importe quoi en un instant, de faire surgir en quelques phrases une théorie nouvelle, un paradoxe ingénieux, une trouvaille surprenante, feux d'artifice où ils ne s'éblouissaient pas. N'étaient-ils pas tous des Masselot ? Le globe à eux, la mappemonde des idées, des techniques, de la science.

Félicien béat, et pourtant, avec le temps, éprouvant une insatisfaction secrète, dont il s'entretenait ensuite avec sa femme. La race des Masselot ne s'éteindrait-elle pas bientôt, la sève n'en était-elle pas tarie ? Car ses garçons s'obstinaient à ne pas convoler. Le grand Félicien n'avait pas de petits-enfants. A part ceux de sa fille méditative et bonne épouse, mère abondante, mais dont les rejetons ne porteraient pas le patronyme fameux de Masselot, ils s'appelleraient Dubois, comme leur excellent père, brave homme plein de savoir et pas bête du tout, mais auquel manquait la marque du clan. Félicien demeurait un colosse unique et irremplaçable, tellement géant qu'il ne pouvait avoir de vraie succession. Malédiction des géants !

La protestante, en dépit de la sérénité de son visage, se demandait s'il n'y avait pas en ses fils une forme de dégénérescence. Surtout André dont elle disait, comme pour l'excuser : « Ce n'est pas mon enfant le plus doué, mais il est si gentil... » L'aimait-elle plus que ses autres fils, ou déjà le comportement d'André la rongeait-elle, sans qu'elle s'en plaigne ?

André, son fils, est roi lui aussi. Mais que fait-il de sa royauté ? Il la dilapide. Il inquiète son père quand, jeune homme oisif et comblé, il parade avec ses gilets de peluche grenat fermés dans le dos, ses redingotes grises et moirées, ses hauts-de-forme clairs, son monocle de dandy. Comment cela est-il possible !

Le silence d'André commence à devenir gênant. Il en sort pour dire : « Bon appétit, mes amis ! » Cela signifie que la fête des langues est ouverte. J'entends des gazouillis. Ce ne sont pas les oiseaux endormis du jardin. La volière du dîner a pour volatiles principaux Rose et Diane, qui se dévouent. Le Rapin contribue à ce ramage par des grognements de vieux corbeau. Ce chatouillis de sons est dominé par les rires d'Edmée.

Au milieu du concert apparaît le larbin avec une carafe de cristal contenant un vin sombre. Cérémonieusement et selon l'ordre hiérarchique, il emplit les verres. Anne Marie est servie la première. Ruissellement, coulée du vin. La voix d'Edmée devient une cascade de notes exubérantes. Anne Marie se tait toujours, un peu lointaine. André continue à ne pas prononcer un mot. Les convives, sous la houlette d'Edmée soucieuse d'extraire André de ses ruminations et de les lui faire exprimer, se mettent à le louanger frénétiquement, se transforment en coucous sortant de leurs horloges à toute minute, à toute seconde, pour reconnaître et proclamer : « André, le Grand André, est le Digne, le plus Digne, le seul Digne. Et la délicieuse Edmée partage sa sainte dignité. » Les adulations sortent de partout, des nombrils adipeux, des fesses révérencieuses, des joues ridées sous leur peinturlure, des nez pareils à des truffes-encensoirs.

Ce n'est pas encore le moment du grand numéro d'André. Il regarde l'assemblée d'une telle façon, avec une insolence si fulgurante, à peine marquée mais terrible, que chacun tombe dans son assiette. Silence. Encore plus de silence que tout à l'heure. Edmée prend un visage dur que je ne lui connais pas et qui, cependant, ne m'étonne pas, ce visage est dans ma mémoire.

Mémoire d'enfant... Qu'est-ce que cette mémoire, mer où flottent des branches que je tire et qui amènent avec elles, qui font surgir, comme autant de gros poissons pêchés, des hommes, des femmes, des passions, des situations, des caractères, des imbroglios de joie et de tristesse, de certitudes et d'incertitudes qui appartiennent à une vie antérieure à la mienne ?

Mémoire d'une histoire très ancienne, quand j'étais encore dans le magma des choses que j'ignore et que pourtant je sais, je sens, j'en suis pénétré, j'en possède l'ensemble et les détails. Histoire-souche, histoire-arbre dont je serai plus tard, après bien d'autres événements pas encore en bourgeon, le fruit. Peut-être que, toute cette trame antérieure à moi, je la crée, je l'invente, qu'elle est mon imagination. Et pourtant, j'en suis sûr, Félicien était comme je l'ai écrit, et aussi la protestante, et les frères et la sœur, et Edmée jeune. Tout s'est passé ainsi que je le raconte, j'ai, pour faire mon récit, un savoir supérieur, confus, diffus et cependant très précis, accumulé en moi dès ma naissance et qui s'accumulait, avant, en mes parents. Connaissance exacte et mystérieuse, commencée dans le puits de mon non-être d'où j'ai émergé plein de science andréienne et edméienne, dont je me repais ce soir, pendant que les assiettes attendent les mets. André et

Edmée vivants, aussi vivants que mon Anne Marie.

Dans la salle à manger, la matière de la mémoire m'apparaît. Ce sont les Choses. Celles qu'Edmée et André ont jadis rapportées de Chine, grâce à Albert. La pièce est pleine de « chinoiseries ». Outre la gravure du sage Confucius, il y a là d'autres objets célestes, sur lesquels Edmée règne. D'abord, près de la porte de l'office, deux dressoirs, deux hautes barques immobiles, longues et étroites, incurvées en leur milieu, ciselées à leurs bouts. Ils portent des bols, des vasques, des assiettes et aussi des plats de la Compagnie des Indes, à la pâte tendre et aux motifs nébuleux. Des vitrines encadrent la cheminée de marbre, niches profondes tapissées de glaces où se reflètent des pierres dures, des jades, des ivoires ajourés. Sur les murs, d'antiques miroirs d'argent, des estampes aux personnages aimables qui cheminent dans la douceur de paysages bucoliques. Somptuosité d'un grand tambour de bronze et d'un brûle-parfums. Deux vases ventrus, chacun d'une seule couleur éclatante, l'un d'un incarnat flamboyant et l'autre d'un bleu de ciel pur, enferment dans leurs cols étroits des fleurs de France solennelles, lilas blancs et glaïeuls. Tous ces objets affirment avec Edmée que l'existence est bonne. Mais sur la cheminée un bouddha dit non. Il est assis sur lui-même, immuable. Ses traits forts et réguliers, ses yeux presque clos, sa bouche à moitié fermée par la méditation, attestent que la vie est mauvaise, la douleur permanente, qu'il faut atteindre la consolation du néant, disparaître dans le vide éternel. Ce bouddha se trompe puisque jadis, en Chine même, Edmée a définitivement conquis et retenu André par sa joie, ses plaisirs, ses promesses de jouissance. L'histoire fabuleuse de leur couple me revient précise, nette, elle s'enroule autour de moi.

Mémoire, brouillard, trou d'où émergent toutes sortes de choses qui racontent, des choses effacées, ignorées, inconnues même, et qui pourtant surgissent. Mémoire, grenier de la fulgurance qui s'incruste, grenier où j'amasse les souvenirs de l'avenir, tant de récoltes.

Moi, à dix ans, la vie entière d'André est en moi, immergée en moi, elle m'appartient. Je suis imprégné d'elle, infusé en elle. C'est bien au-delà de ma conscience que se passe ma communication avec André, c'est dans l'essence, dans le sens de la vie qu'il me donne là, chez lui. A cause de ce qui émane de lui, de ces effluves déposés dans mon berceau par Dieu sait quels mystères de la sympathie. Il est mon père spirituel. Il m'a formé sans le savoir, sa maison est mon gîte.

Tant de voix parlent, et parleront de lui, lui d'abord, inlassable à son propre sujet, et puis Anne Marie, Albert, Edmée, Diane et Rose. Voix nombreuses, voix courtisanes, et aussi échos vagues, bruits, potins, et même calomnies, voix de la ville, voix anonymes, voix de la foule, du monde. L'univers, à cette époque, est une voix pleine de lui.

André, dans sa jeunesse, a senti que le génie qui lui était propre ne ressemblait pas à celui de son père. Alors il lui a fallu se composer un personnage. Mais lequel ? Longtemps, il ne sut pas, il tâtonna. La solution, ce fut de ne se prêter à rien de consistant, d'être une bulle, de travailler l'imprévu, l'inclassable, toujours fluant et étonnant le monde — Alcibiade plutôt que Platon, dont il tenait pourtant le goût de Félicien —, faisant avec méthode dans l'insolence et le brio. Il ne voulait entrer dans aucune ornière, aucune routine, ne se lier à rien, ne s'attacher à rien, ne rien faire : rien n'était digne de lui, de sa capable incapacité. En badinant, par défi, il se remplissait la tête du Savoir tant révéré par les Masselot, en dilettante. Il cultivait l'art de la dissipation, de la turbulence, de la taquinerie, de la désobéissance, de la provocation... La dérision en guise de philosophie.

Félicien, diverti par ce rejeton apparemment si dissemblable de lui, laissait faire paternellement, persuadé que le gamin jetait sa gourme, qu'il se rangerait ensuite. André, lui, profitait sans pudeur de cette bénévolence amusée, se permettant tout, avec des voyous élégants de son acabit, bien choisis, tous fils de génies, tous vêtus comme des muscadins, usant et abusant de leurs géniaux pères respectifs.

Qu'était alors André ? Où allait-il, pas neurasthénique, mais sans espoir, s'enfonçant dans ses singularités calculées ? A continuer à « faire le jean-foutre », comme se mettait à ronchonner Félicien, enfin alarmé, n'allait-il pas vers la déchéance ?

Pour finir, Félicien, poussant une gueulante, obligea André à se soumettre : qu'il fasse le diplomate ! C'était ça ou la porte !

Cela serait aisé pour le fils Masselot, avec son nom, son intelligence, ses dons — sans compter le soutien très matériel et très pratique de son père —, de passer le grand concours des Affaires étrangères.

André s'y présente à deux reprises, et il est, chaque fois, recalé. Honte, stupeur, incroyable, un Masselot recalé. André le prend de haut — seuls les crétins peuvent être reçus. Mais Félicien, lui, quelle colère ! Quel affront pour le Grand Masselot ! Son ire, il n'en frappe pas André, mais il enrage contre les châteaux, le gras clergé, toute la France des particules et des prie-Dieu, encore puissante dans certains recoins, par exemple dans ceux du Quai justement. L'engeance des sombres confessionnaux et des donjons moyenâgeux, d'où sortaient tant d'ambassadeurs confits de rancune, s'était vengé des Lumières, de luï, Félicien le Grand, le Républicain, en accablant son fils.

Félicien, avisé, se contenta, par un tour de passe-passe, de « caser » son rejeton quand même. Officiellement, Marianne triomphait partout, et il y avait aux Affaires étrangères, comme ministre, un falot et insignifiant personnage, radical bon teint, qui s'arrangea pour faire entrer André dans la maison, par la petite porte : aux consulats. La glorieuse carrière d'André commence !

Un jour le bruit a couru dans Paris qu'André, déjà au Quai d'Orsay, mais encore fils à papa de mauvaise réputation, André le gandin, pour qui les femmes n'étaient que des grimaces enjouées ou perverses, au plus des quilles à renverser, qui n'avait eu que des aventures, des passades, de faciles conquêtes, le bruit s'est donc répandu qu'André s'était mis en ménage avec une « pas grand-chose », une mijorée à froufrous, faussement évaporée, une Eve dangereuse, ambitieuse, cupide. Intéressée non seulement par le profit immédiat, en francs-or, en cadeaux, mais surtout par André lui-même devenu son jouet, sa proie, son bien. Elle le voulait, mais elle ne lui voulait pas forcément du mal, il lui fallait sa réussite... Elle se rêvait reine ! Elle s'appelait Edmée.

Pour elle, André a commis le sacrilège : il a résisté à ses parents, il a résisté aux remontrances irritées et accablées de Félicien, il a résisté à la tristesse de la protestante, il a résisté aux réprobations de ses frères et surtout à celles de sa sœur. Non seulement il a résisté aux siens, mais il a essayé de leur imposer son Edmée.

André tenait à Edmée par les sens, mais bien plus par un besoin essentiel, irrésistible, d'équilibre. La santé d'Edmée lui faisait du bien, apaisait, soulageait son éternel mal d'être.

Il s'obstinait. A la moindre occasion, dès qu'il se trouvait en tête-à-tête avec les siens — pas Félicien, avec lui il n'osait pas — il se mettait à plaider la cause d'Edmée. Par amour pour lui chacun de ses frères et même sa sœur avaient accepté de la voir. Tour à tour, il la leur avait donc présentée. Chaque fois, cela avait été l'échec : l'amabilité d'André, les minauderies maladroites d'Edmée étaient tombées dans le désert. André avait persisté. Il y avait eu d'autres vaines entrevues, et même il avait tenté, avec Félicien, une « explication » de bon fils injustement accusé essayant d'éclairer le père dans son autorité intransigeante. Ça avait très mal tourné. Félicien avait tempêté, il était devenu rouge, rouge apoplectique... La mère avait assisté silencieusement à l'exécution de son fils et dès que Félicien avait déguerpi, elle avait seulement dit : « André, mon fils, mon fils aimé ! »

Alors, les jours suivants, André l'avait assiégée, comme si elle était une place forte à capturer. Il s'était démené auprès de la protestante, l'encerclant de tous ses dons de séduction jusqu'à ce qu'elle laisse tomber doucement : « Puisque tu le veux, je la rencontrerai, ton Edmée, j'irai chez toi... »

Et elle, qui n'avait jamais rien caché à Félicien, s'était rendue secrètement, comme pour un adultère, chez son fils, où Edmée, bien décidée à vaincre, bien décidée à ne pas

391

sentir le soufre, ayant ôté les festons et les vrilles de sa grâce enlaçante, s'était harnachée sur le trente et un de la simplicité, avait mis les petits plats de la modestie dans les grands plats de l'esbroufe. Elle avait finassé — trop, probablement — car, en un instant, la protestante s'était convaincue qu'Edmée était une créature mauvaise. Pauvre André ! D'autant qu'au premier abord, sa mère avait traité Edmée comme sa fille, elle lui avait donné sa chance, elle avait plongé ses yeux, temples de pureté, dans les yeux mordorés d'Edmée, où se jouaient des irisés, et puis, après un long examen, elle lui avait parlé avec bonté :

« Ma fille, André m'a dit de quel amour vous l'aimiez. Alors, inspirez-vous de cette passion dont je ne doute pas, même si le sacrifice que je vous demande est cruel. Donnez-lui la plus grande preuve qui soit de votre attachement. Vous désirez son bien avant tout ? Alors, renoncez à lui, renoncez... car, autrement, malgré vous, vous lui feriez du mal. »

Edmée, accablée mais courageuse, sans révolte ni colère, avait murmuré :

« Non, je ne crois pas que je puisse nuire à André... Non... non.

— Ma pauvre petite... »

Et, sans s'attarder à d'autres mots, la protestante a disparu comme si elle n'avait été qu'une apparition, une voix, un ordre du Ciel. Le pauvre André console Edmée.

« Je ne t'abandonnerai jamais. »

Il est las, fatigué, contrit, plein de remords envers Edmée, envers les siens. Mais, malgré ses mines bravaches, ses serments, toute la kyrielle de ses protestations, il est capitulard : c'est trop contre lui, tous les Masselot et surtout sa mère.

Félicien choisit ce moment pour convoquer son fils. Il l'accueille bien, le traite avec une bonhomie de pater familias heureux :

« André, j'ai une bonne nouvelle à t'annoncer. Sois content, mon garçon. Tu vas connaître une aventure rare. Je sais depuis longtemps que la Chine t'attire, eh bien, le ministère t'a choisi pour une mission de confiance dans ce que tu appelles l'Empire Céleste... Tu es intéressé, je le vois à ta mine, tu es impatient de savoir. Voilà : le Quai t'envoie là-bas pour une grande inspection de nos postes diplomatiques et consulaires, ce qu'il en reste après la tourmente des Boxers. Il faut que tu te rendes compte de la situation de nos ressortissants qui ont survécu aux massacres, et que tu analyses la position actuelle de la France sur ces territoires. En somme, ce qu'on veut de toi, c'est un rapport complet de l'état actuel de la Chine et du jeu que maintenant doit y mener la France... une tâche énorme et minutieuse, digne de toi et de tes capacités. Les renseignements sont confus et contradictoires, éclaircis tout... Il te faudra un ou deux ans pour mener à bien ta mission. Tu es content, mon garçon ? Évidemment, tu iras seul. »

André n'a pas bronché. Félicien n'a pas prononcé le nom d'Edmée, et pourtant c'est elle, la raison de cette grande expédition, où André fera son petit Marco Polo, tout ça est cousu de fil blanc. C'est clair pour tous, il s'agit de le détacher d'Edmée.

André s'incline. Il dit « oui » aussitôt, se cassant en deux pour remercier Félicien, lui sacrifiant Edmée l'innommée, l'innommable. Il est lâchement soulagé...

Félicien a deviné juste, la Chine et ses sortilèges sont un appel irrésistible pour André. C'est mieux qu'une femme.

Edmée apparemment soumise, triste de la grande tristesse, celle du creux profond, mais acceptant l'inévitable, accompagne André à Marseille où il s'embarque.

La dernière nuit. Les adieux. Edmée dit : « Je t'attendrai. »

Lui :

« L'absence est une illusion. Tout est dans le cœur, et le mien t'est fidèle.

— Tu m'écriras ?

— Non. C'est inutile.

— Tu penseras à moi ?

— Non. Il faut se consacrer à ce que l'on fait. Et pourtant à mon retour, tu me retrouveras inchangé, à toi. »

Yeux froids d'André. Face à eux, le visage un peu embrumé d'Edmée, indéchiffrable.

André, du haut de son paquebot, engoncé en lui-même, apparemment impassible, regarde Edmée sur le quai, petite tache, petit minois qui ne pleure pas, avec un drôle de sourire qu'il n'aperçoit pas, il ne voit que ses bras qui s'agitent comme des fanfreluches de danseuse, comme des écartèlements de séma-phore, ultime comédie, tout est vanité.

Le navire d'André vrombit et siffle, s'ébroue, ses hélices commencent à baratter les flots, en font de la crème fouettée. Le bâtiment crache par sa cheminée de la fumée et aussi un son meuglant, il s'éloigne lentement, puis plus vite. Il emmène André vers la grande odyssée des royaumes lointains.

Il est rempli d'une exaltation réprimée et pourtant maître de lui. Immense, et merveil-leux sentiment de l'inconnu. Appuyé sur la rambarde, calme, il regarde Edmée s'effacer, rentrer dans le sol de France, s'y enfoncer, s'y incruster, disparaître dans le trou de leur amour mort. Edmée quittée, laissée sur le quai de Marseille, avec son drôle de sourire qui présage... mais que présage-t-il ? Nul ne le sait encore, sauf Edmée qui a déjà tout combiné.

Sur son bateau qui le mène vers l'Orient, André vogue. Trente nuits, trente jours. Durée parsemée d'escales qui sont les marches d'un escalier où ses sens et son âme montent vers l'aventure, vers la magie, la volupté, l'abomi-nation qu'il trouvera, où il se plongera tout entier en les dominant. Ne pas se perdre dans leur tournoyant vertige, mais découvrir d'au-tres lumières, une autre sagesse.

Le bâtiment progresse, coulée de temps, de destin, les hélices sont les roues de la vie qui tourne. Maintenant les grosses étoiles du sud ont percé les couches de l'éther, elles sont les yeux des cieux qui pèsent sur la terre, la soulageant et l'oppressant, fastes et néfastes, yeux célestes dont les émanations dominent le monde. André sait que le Fils du Ciel capte ce qu'elles ont d'excellent et le déverse sur les peuples qui prospéreront. C'est sa fonction, son saint office, au Fils du Ciel. En Chine, la géomancie est partout. Pourquoi la Chine se débat-elle tant ? Pourquoi ces confusions, ces abominations, tout ce mal ? André ne le sait pas, ou, du moins, ne veut pas s'avouer que ce sont les Barbares blancs, les Barbares français aussi, qui la souillent et que c'est pour retrouver sa pureté qu'elle est entrée dans de telles transes. André, même s'il admire la sagesse céleste, est là pour achever sa destruction, aveuglé qu'il est par la grandeur de la France.

Au fur et à mesure qu'il approche de l'Empire Interdit ouvert à coups de canon par ses frères blancs, il est saisi d'une appréhension. Des poissons volants s'abattent sur le pont de son navire, sous ses yeux, ce sont les oiseaux de la fatalité. Mais se sont-ils posés pour lui apporter un bon message ou ont-ils chuté devant lui, asphyxiés, en signes néfastes ? Mystère. L'immensité des mers, les odeurs nouvelles, douceâtres et épicées. Des terres se profilent au loin, îles et caps d'abord, comme les avancées du corps de l'Asie, puis les lignes sombres du rivage, les côtes de palmes. L'étrave du bâtiment coupant le bleuté profond des flots entraîne André, seconde après seconde.

Une nuit, cela a été comme la fin du monde, des forces surnaturelles se sont déchaînées. Tout d'abord, les étoiles ont disparu, mangées par quelque géante bouche, d'énormes nuages noirs ont noirci les ténèbres, en ont fait de la glu, de la poix, et puis cela a été la tornade, l'ouragan, on ne sait quoi, il n'y a pas de terme pour cela. Les vents comme des lames, les lames comme des montagnes à l'assaut. Bruits de la fureur démentielle, chaos des éléments révoltés : la Chine défendait ses approches.

Pendant ces heures opaques, André contemple la bataille du navire — cette chose fabriquée par des hommes capables, cette chose de métal, de fer et d'acier, née des simples épures de l'intelligence abstraite — contre le pandémonium des forces déchaînées de la matière brute. Le bâtiment est mené par quelques silhouettes impassibles, à leurs postes, intenses d'application et de connaissances sûres, devant leurs cartes, leurs boussoles, leurs compas, leurs aiguilles aimantées, leurs barres, leurs timons et leur gouvernail. Ils sont les maîtres des chevaux-vapeur et des machines soumises. Le bateau se joue de ce cataclysme où il semblerait devoir sombrer et où il ne sombre pas, victorieux de l'univers en furie. Que peut la Chine contre les mathématiques des Barbares ? André regarde et jouit, spectateur calme face aux furies asiatiques.

Au petit matin, la tempête s'est calmée, le navire tangue et roule sous les embruns, grosse balle insubmersible avançant vers la Chine qui combat inutilement. Les passagers réapparaissent, blêmes, sentant la bile et le vomi. André est net, tiré à quatre épingles, il salue les dames défaites.

Maintenant, chaque heure le met davantage en contact avec le sol céleste, que le paquebot longe. Il va l'aborder pour en savourer les charmes, et les horreurs, ce qu'il ne déteste pas. Mais c'est la saison des pluies, une énorme brouillasserie s'abat, averses diluviennes et nuées opaques, une chaleur moite, détrempante, d'étuve, tout semble être du coton souillé. La mer devient sale, rien ne s'aperçoit. Monte cependant, de plus en plus épaisse, une odeur, celle de la Chine même, celle qu'il apprendra à déguster, l'odeur de la merde. Qui peut aimer la Chine sans aimer sa merde généreuse, fécondante, ruissellement de bonne pestilence ? Il pleut, il pleut. Sans cesse le paquebot, qui va très lentement, tremble et mugit. Corne de brume, lourds sons étouffés, solitaires et puissants, tristes aussi, pour écarter les coquilles de noix des hommes, leur multitude sur des planches, sur des barques. Où va le bâtiment d'André, a-t-il un but, le mène-t-il nulle part, vers un néant larvaire, une prolifération de fantômes ? Rien n'existe. Tout est confondu. Où est la terre, où est la mer ? Vaguement des rives, vaguement un estuaire étroit, des boues sans contours, un vide prolifique. Et soudain, avec une brutalité fantastique, dressé contre l'incertitude, le Défi de l'Occident : Shanghaï, bouquet monstrueux de buildings.

André est à Shanghaï depuis quinze jours. Vitalité chinoise. Capacité nerveuse de produire des bruits, des lumières. Palpitation frénétique. Apreté à vivre, à jouir. Soies et haillons. Pour André, c'est une révélation, un choc. Et pourtant il n'y participe pas, il reste l'étranger, il sent que la Chine se refuse à lui.

Difficiles entretiens d'André avec les sommités, polies mais réservées, grosses huîtres, chats fourrés, qui l'assomment de hautes considérations et de dossiers à chiffres, qui quémandent, qui quémandent, inassouvissables. Et les curés sournois qui se méfient du rejeton de Félicien la Lumière. Et même les diplomates, qui sont vexés d'être subordonnés à ce gamin, arborent leurs mines plus que jamais cirées de courtoisie. Réceptions, galas. Lassitude. André est déçu, irrité, mécontent, tout lui déplait, la Chine lui échappe, la Chine n'est qu'un bazar, qu'un caf'conc', qu'un coffre-fort, qu'un antre à magots, avec du biscornu laid, des pagodes comme du nougat tordu. André distant, dégrisé, trouve là encore plus de mesquinerie qu'ailleurs. Confettis occidentaux et pétards chinois. Tseu Hi la pute et Confucius le radoteur.

Il ne pense toujours pas à Edmée, il ne lui a pas écrit, elle est disparue à jamais, au moins la Chine a servi à cela. Mais, sans elle, la vie est incolore. Sensation de vide qu'aucune curiosité, aucun goût, aucune joie, aucune excitation ne peut combler.

Edmée, sans avoir prévenu, sans un télégramme, a pris le bateau qui est parti après
celui d'André, avec ses malles, son sourire et
son destin, mais en deuxième classe. Elle
débarque à Shanghaï, blonde anonyme, sous
une immense capeline, dans une légère robe
blanche décolletée. Une femme que personne
n'attend, une de ces aventurières qui, comme
des mouches ou des taons, viennent se cogner
au verre d'une lampe allumée. Dans la prodigieuse ville, Edmée s'est mise en quête d'André et l'a trouvé, semblable à lui-même, juste
adapté aux tropiques par un complet de tus-
sor. D'abord, André n'a pas un geste vers elle.
Il contemple cette personne qui se trouve
devant lui, il réfléchit. Il a un sourire amusé,
un peu ironique, il est le maître de la situation. Edmée est là, avec un air de petite fille
fautive, elle est en train de jouer sa vie sur un
pile ou face. Elle a confiance, elle le connaît,
elle connaît surtout son emprise sur lui, elle
sait qu'il est ému jusque dans ses fibres par la
marque fantastique d'amour qu'elle lui donne.
Edmée attend, elle ne doit rien faire, rien dire,
jusqu'à ce qu'André rende son arrêt. Qui survient. Ce n'est pas vraiment un arrêt, c'est un
égaiement : « Je savais que tu viendrais,
Edmée. » Puis, d'autres mots, juste quelques-
uns, une simple constatation : « Je suis content
que tu sois là. » La brèche s'est faite à travers
André emmuré. Alors émane d'Edmée une
vapeur, une aube avant la journée qui durera
toute la vie, toute une vie où elle sera éprise

de lui : « Je t'aime, André. » Victorieuse, elle joue à être vaincue. André : « Moi aussi je t'aime. Plus jamais nous ne serons séparés. »

Dans le débordement de son amour, André se trompe en croyant pouvoir soumettre Shanghaï à Edmée. Car aussitôt la nouvelle se répand dans la bonne société qu'une « créature » l'a rejoint. C'est l'indignation de la bonne conscience des honnêtes gens mêlée au venin, une excitation mauvaise qui détraque les nerfs des Blancs sous les tropiques. Toutes les bouches sont pleines des bulles du fétide bouillonnement : « Il a osé... », « Sa poule, une mocheté qui vient du ruisseau... », « Une grue, je vous le dis, une grue... », « Ce petit monsieur déshonore la France qu'il représente... », « Honte ». Honte, infamie. Généralement, ces messieurs et dames ne font pas tellement la fine bouche devant les coucheries de fesses et de fric... mais là, tout est dit : la Patrie, la belle, la grande patrie est souillée par ce petit poseur et sa blonde.

André sent cette hostilité, il veut la briser, il veut qu'Edmée soit acceptée, reçue, c'est cela : « reçue ». Il n'y a pas d'affronts éclatants contre lui, contre elle, on ne s'y risquerait quand même pas, mais tous deux sont englués dans une mélasse hypocrite.

Autour d'Edmée, c'est le vide ou plutôt un espace rempli de faces qui se détournent, qui chuchotent. André reçoit toutes sortes d'invitations dues à son rôle officiel : elles ne portent jamais le nom d'Edmée et il lui faut, la rage au ventre, y aller seul.

Edmée blottie sur elle-même, devant ses robes inutiles, fait des scènes à André. Elle s'ennuie, elle reste dans sa chambre, elle pour qui Shanghaï est une tentation, une démangeaison, une envie pas croyable, elle qui aimerait tellement caracoler au milieu de ses fêtes, de ses luxes, de ses folies, de son clinquant, ce clinquant tarabiscoté qui est son élément. En attendant, André besogne et Edmée bâille. Les bruits de la cité enragée lui parviennent, l'assiègent, l'obsèdent. Même les ferraillements des tramways — qui étaient la morne pauvreté des matins glacés de son enfance à elle, Edmée — ont pris dans cette agglomération insensée un air exaspéré et presque débauché, celui de l'Occident plongé dans le gai tumulte chinois, dont elle voudrait jouir.

Toujours le silence.

Les convives, poliment, trempent leurs lèvres dans leurs verres remplis, avec prudence, sans pétiller. André boit une gorgée, d'un air lointain, désintéressé. Évidemment, comme lui, Anne Marie boit, sans paraître goûter. Encore une fois Edmée fuse d'une note de gaieté, qui retombe sans entraîner de vraie conversation, juste de petits essais de la part de Rose. On se méfie, on attend. Malgré la gêne de l'assemblée, Edmée, même lâchée, reste la souveraine du lieu. Sur sa peau blan-

che, ses éternelles rangées de perles clament
sa gloire — chaque perle est une victoire.

Le ronronnement de Paris est lointain, un
bourdonnement, un grésillement, une rumeur,
un fluide, un fleuve qui coule sans arrêt, avec
ses tournoiements noyés dans la nuit. La capitale, qui vit dans sa léthargie agitée, dans sa
monotonie bruyante, s'est estompée. Les hommes, l'univers n'existent plus pour nous. Nous
sommes prisonniers dans notre antre. Le jardin, on ne sait par quelle magie, s'est rapetissé,
avance sur nous, il n'y a plus d'herbes, rien
que des graviers. Les murs marchent, ils approchent de nous, ils nous enferment, ils sont la
grille et la clôture, un rempart qui attaque,
sépare et défend. L'escalier, lui, d'où vient-il,
de quel monde oublié ? Inéluctablement, quel
que soit son point de départ, il ne peut déboucher que là, dans cette salle à manger, il ne
peut aboutir qu'à cette impasse, à ce cul-
de-sac, à la gésine, à la matrice où nous sommes, nous, la fermentation du monde.

Des grenouilles coassent, je n'entends
qu'elles. Il me semble qu'elles remplissent l'espace de leurs gargouillades. Elles se taisent et
je retrouve dans notre caverne les figures
connues, normales.

Anne Marie, furtivement, regarde Edmée qui
la regarde furtivement. Les yeux de ma mère
ont accroché sur l'épaule d'Edmée une lueur
rouge, un rubis. Le premier cadeau important
d'Albert, à Shanghaï, quand il a appâté Edmée.
J'en ai assez entendu parler de ce rubis :

« Vous ne m'avez jamais fait un cadeau pareil ! » « Ma chère, il fallait ce qu'il fallait. » Anne Marie se sourit à elle-même intérieurement.

Dans mon enfance, à Tcheng Tu, quand ma mère était de mauvaise humeur envers mon père, elle lui jetait avec mépris : « Votre stratagème ! Un vrai pitre, et je suis polie, je n'oserais pas employer le mot qui conviendrait à votre personnage, à votre misérable manigance... »

A force d'écouter aux portes, j'ai fini par tout savoir de la rencontre d'Edmée et de mon père en Chine, autrefois, il y a bien longtemps...

L'ennui que ressent Edmée à Shanghaï, c'est la chance de mon père.

L'avenir d'Albert est sur un plateau, un plateau d'argent, où est déposée sa carte de visite, une très belle carte glacée, sur laquelle est richement gravé : « Albert Bonnard, expert en objets précieux de Chine et d'Asie. » Un boy la porte à Edmée qui, négligemment, lit le nom et le titre, et qui, dans sa lassitude, heureuse d'une visite — même si c'est celle d'un simple vendeur de « curios » — fait signe qu'on introduise chez elle le quidam. Le personnage apparaît, il est comique. Ce qu'elle aperçoit d'abord c'est, au bout d'une main tendue, un bouquet immense, de roses rouges, sous papier transparent. Les roses sont rares en ce pays où elles ne poussent pas, elles ont donc dû coûter très cher, bien plus cher que des fleurs exotiques qui, même odorantes et magnifiques, sont jugées ordinaires à Shanghaï, indigènes quoi — elle sait déjà ça, Edmée, ce genre d'affaires, elle les sait où qu'elle aille et tout de suite. Derrière l'écran de roses, elle discerne un monsieur cassé en deux, un monsieur qui, lorsqu'elle s'empare de la gerbe, se redresse respectueusement. Il est jeune, pas mal du tout, un beau brun, dans le genre briqué, sérieux mais coquet, vêtu d'un costume sombre, un alerte nœud papillon sur le col dur, et des boutons de manchettes en or, croquignolets, pour bien mettre en valeur sa main d'homme à femmes. Edmée sait juger les mâles avec un flair infaillible et elle décide que celui-là est un gaillard à succès, pas trop fat, bon gars. Des moustaches coquines, des yeux noirs sachant être veloutés, une belle raie toute droite au milieu de la chevelure, l'allée des badinages.

Somme toute, il lui plaît plutôt, cet inconnu qui a le culot de se présenter à elle avec sa carte et son bouquet. Que lui veut-il ? Peu importe, s'il la distrait. Elle attaque brusquement :

« Monsieur, vous désirez sans doute me vendre un objet précieux de Chine ou d'Asie ? »

L'individu se confond en protestations, mettant ses mains devant lui en un geste de dénégation plein de confusion. Il a une belle voix virile, le langage ampoulé, la peau bien lavée et il sent un peu le sexe.

« Que non, madame, que non... Mais je vous ai aperçue hier et, permettez-moi de vous le dire, aussitôt je vous ai admirée, oh ! madame, respectueusement, avec tous mes respects. Je sais que votre époux, M. Masselot, est très absorbé, alors j'ai pensé, j'ai osé penser à vous offrir mes services désintéressés, madame, tout à fait désintéressés... J'ai eu l'idée de me constituer votre cicérone dans cette ville qui contient des tas de curiosités, beaucoup de spectacles pittoresques et divertissants. Je suis à votre entière disposition, madame, usez de moi à votre guise. »

L'Albert Bonnard se propose carrément, en tout bien tout honneur — comme il aurait pu dire dans son jargon galimatieux. Edmée reprend son interrogatoire soupçonneux. Elle lui fait croire qu'elle va refuser alors qu'elle est déjà consentante :

« Qui vous envoie ? »

Presque indignation vertueuse chez Albert Bonnard, qui fait un rond de sa bouche.

« Personne, madame, je vous assure sur l'honneur, personne. J'ai éprouvé simplement le sentiment que je pouvais vous être utile, que c'était même mon devoir, je ne dirais pas de vous assister, vous n'en avez pas besoin, mais de vous aider de mon mieux, respectueusement, dans la limite de mes faibles moyens. Je connais très bien Shanghaï qui, je vous assure, vaut la peine... comment dirais-je, d'être explorée. Mais si ma démarche... »

Edmée rit, charmeuse.

« Non, non... si votre démarche m'avait déplu, vous seriez depuis longtemps à la porte, j'aurais même pu me plaindre au consul de France. Quand même, vous avez de l'aplomb... c'est bon, je crois à vos bonnes intentions. Mais vous vous êtes à peine présenté à moi ; présentez-vous donc un peu davantage. »

Albert, alors, pose sa voix et se met à déclamer son curriculum vitae presque comme une profession de foi.

« Madame, je suis un être sans importance, peu de chose, je suis un rien du tout. En fait, madame, je suis ce qu'en termes professionnels on appelle un « acheteur ». Je réside depuis quelques années à Shanghaï, et j'ai parcouru toute la Chine, je la connais comme ma poche. Somme toute, madame, mon métier, c'est de me procurer, pour les firmes les plus renommées de France, les maisons les mieux achalandées, ce que l'Empire Céleste contient de meilleur, des soies, des bijoux, des œuvres d'art, des antiquités, des pièces uniques. J'ai l'œil, madame, et le bon. Je m'occupe aussi de produits à première vue moins appétissants, mais très cotés sur les marchés mondiaux. Par exemple, il m'arrive de me rendre jusqu'au Tibet, pour en ramener du musc, cette sécrétion de petits animaux, malodorante et même dégoûtante, mais qui donne à nos parfums de Paris leur fragrance inimitable. Pourrais-je vous dire, madame, que vous sentez le musc... »

Voilà le genre d'esprit qu'apprécie Edmée, elle s'épanouit.

« Mais vous venez de me dire que ça sent mauvais ! »

Lui, doctoral, doctoralement parlant :

« Non, madame, le musc, après avoir été distillé, a un arôme, un arôme... Madame, votre arôme... votre senteur, cette senteur qui émane de vous... »

Lourde galanterie, compliment pesant, épaissi par la recherche d'une métaphysique finesse de plomb. Il s'écoute, il fait de l'éloquence. Il tâche d'en jeter. Mais tel qu'il est, le sieur Albert Bonnard émoustille Edmée. Certainement, il sera un consciencieux mentor, il respire la bonne conscience, cet homme. Il peut même être providentiel, ce petit Aladin de la cave aux trésors, s'il n'est pas un imposteur, un complet menteur. Mais le flair d'Edmée, toujours alerté, lui indique qu'il dit, sinon toute la vérité, du moins une bonne partie. Il se donne du mal, il s'est lancé dans une entreprise sérieuse. Laquelle ? Quel est le vrai dessein de ce bon jeune homme français ? Cela serait facile à savoir, mais en fait, Edmée s'en moque, puisqu'il va servir ses envies. De toute façon, il n'est pas dangereux car elle sait aussi repérer la racaille, et le malin monsieur n'en est manifestement pas, même avec ses arrière-pensées, juste un roué innocent. C'est décidé, elle le prend pour ses menus plaisirs, poste capital, puisque les menus plaisirs sont le sel de son existence.

Albert ne sait pas encore qu'il est agréé, il est inquiet, son estomac se pince, il se demande s'il n'a pas été trop pétulant, s'il n'est pas allé trop loin dans l'églogue. Pour se rattraper, il abandonne le plaisant, il en remet sur sa virginité, son intégrité.

« Madame, je suis un honnête homme, estimé, apprécié, connu sur toute la place, qui n'a pas ça à se reprocher, qui n'a jamais nui à son prochain. Renseignez-vous... Je dispose de quelques loisirs, je les mets à vos pieds... et à ceux de M. Masselot, si jamais je peux lui servir à quoi que ce soit, bien que, certainement, il n'ait aucun besoin de moi. »

Edmée se pâme de ces naïvetés.

« Vous êtes bien présomptueux. Alors, vous croyez que, moi, j'ai besoin de vous... ? »

Yeux ronds et effarés d'Albert.

« Madame, je n'ai jamais voulu signifier...

— Allons, monsieur, ne vous troublez pas ainsi. On peut rire. »

Albert reste solennel, un monument de gravité.

« Madame, je dépose mes hommages respectueux et fervents auprès de votre vénérée personne. »

L'émotion l'égare, il ne sait plus ce qu'il dit. Edmée est en transes de rigolade et, pour se gausser de lui gentiment, elle fait semblant de montrer des yeux-griffes.

« Je ne suis pas l'impératrice de Chine, ni même une vieille dame... »

Albert est abasourdi, mais, comprenant soudain le jeu de furet d'Edmée, il reprend son équilibre et sa pose humblement avantageuse, comme un bâtiment bien lesté.

« Madame, veuillez agréer mes hommages. Et si vous daigniez consentir à ce que, avec mes modestes talents, je vous montre Shanghaï, le plus beau des Shanghaï, je serais heureux. »

Finalement, constate Edmée, l'escogriffe ne se démonte pas. Il est fortiche, plus « ficelle » qu'il n'y paraissait, tant mieux... Il est bien dressé pour un manant. Sans qu'elle s'en rende compte, cette vulgarité sous roche correspond à la sienne. Il y a en eux des choses communes qui s'accrochent. Ils pourraient s'entendre, et puis elle en fera ce qu'elle voudra. Naissante complicité. Alors, décidément, Edmée adoube Albert.

« Vous êtes bien aimable, monsieur Bonnard. Mais j'ai peur, en acceptant, d'abuser de votre temps.

— Madame, vous me comblez. Je suis désormais à votre disposition, à toute heure. »

Brusque retournis d'Edmée, soudain suzeraine, qui ordonne :

« Revenez cet après-midi à cinq heures. Vous commencerez à me montrer votre Shanghaï.

— Et M. Masselot ? Son avis...

— Quels scrupules, mon ami ! Ah ! ah ! beau garçon, vous vous inquiétez aussi des maris... J'espère que vous n'avez rien de malséant dans la tête. Mais je vous fais confiance. Mon mari, comme vous dites, ne sera que trop satisfait qu'un homme respectable veuille bien s'occuper de moi qui m'ennuie. Je serai de meilleure humeur avec lui, ce qui lui conviendra fort bien. A tout à l'heure. »

Le pacte est signé. Edmée, d'un petit geste des doigts, donne son congé provisoire à Albert qui, après un baisemain pieux, se retire sur la pointe des pieds, à reculons et disparaît, un sourire béat, long d'une aune, en travers du visage. Mais, dès qu'il se retrouve seul dans la rue grouillante, le sourire s'efface, il a sa figure circonspecte des supputations — ayant réussi au-delà de toute espérance, il s'agit maintenant pour lui de tirer le meilleur parti de ses premiers avantages si heureusement acquis. Dans quel but, dans quel but ?

Le crépuscule s'approche de Shanghaï, la lumière est rose sur toutes choses. Quand Albert vient chercher Edmée, c'est l'heure où profiter délicieusement, pacifiquement, des restes du jour en attendant que la fête commence dans les ténèbres illuminées, quand les reflets des gibus et les relents de l'alcool honorable seront la récompense des cliquetis de l'or.

Avant les joyeusetés de la nuit, avant de « s'habiller » pour les galas, il y a pour jouir de la fraîcheur tiède du soir, le ballet des belles dames et des beaux messieurs au parc de la Source Pétillante, une vasque d'où l'eau sort comme du soda, avec des bulles. C'est Hyde

Park ou le bois de Boulogne à l'exotique, des allées onduleuses et ombreuses se tortillent, non parmi les marronniers ou les platanes mais au milieu des bosquets de bambous et des massifs de flamboyants. Illusion de l'Europe élégante, malgré un pont bombant son dos vers le ciel et un étang à nénuphars. Chorégraphie des calèches. Le gratin de Shanghaï est là, par couples légitimes, dans des attelages conduits par des cochers chinois en livrée qui semblent exister bien moins que leurs chevaux. Tout ce monde est préoccupé à se reconnaître ou pas, selon les critères les plus exigeants du snobisme de Londres ou de Paris. Que sont venus faire en ce haut lieu Edmée et Albert, côte à côte dans leur voiture de location, Edmée avec son décolleté, frimoussante, Albert avec son canotier sur l'occiput, eux les impurs, la pécheresse et le petit Blanc ? Car évidemment, les yeux du Tout-Shanghaï les contemplent avec une stupéfaction fascinée. Scandaleux... shocking. Il semble que le parc de la Source Pétillante ne soit qu'un chuchotis autour d'eux, un vent d'exclamations, d'appréciations outragées, avec mines à l'appui. Mais Albert, pas gêné du tout, soulève son canotier en une goguette respectueuse, chaque fois qu'il aperçoit quelque couple qu'il a l'honneur et l'avantage de connaître. Ainsi montre-t-il à Edmée que lui, même s'il n'est pas tout à fait « up », est quand même quelqu'un qui a des relations. Ensuite se rengorgeant tout en replaçant sur sa tête son couvre-chef de paille tressée, il se penche vers elle pour lui dégorger les horreurs cachées sous les apparences morales de chaque ménage respectable. Poubelles de Shanghaï sortant de la bouche d'Albert qui ne manque pas d'ajouter ce commentaire philosophique : « Ah ! l'humanité n'est pas belle... »

Albert se demande longuement où produire Edmée sans trop de dommages. On sait que la réflexion, c'est son fort. Il pèse, soupèse. Pas le britannique Shanghaï Club, cet immense temple à pilastres, à colonnes, à frontons victoriens où, dans une profusion de salles cossues, sombres, lourdes de meubles en cuir trop confortables, une centaine de salles au moins, les gentlemens se livrent aux « entertainements » convenables, à commencer par l'ivrognerie, art sérieux et appliqué, protégés par les fanions des régiments britanniques des Indes et par les coupes d'argent ayant récompensé des victoires au cricket. Mais Albert se ferait refouler, car il n'a jamais pu être membre de ce club. Et puis, d'ailleurs, Albert se méfie des Anglais qui, dans leur flegme, sont capables de tout...

Alors il ne reste que le Cercle Sportif des Français. Là c'est la bonne franquette, la jovialité, les engueulades, les tournées. Ça brame et ça se congratule, ça se chamaille et ça se bécote, ça se fâche et ça se réconcilie.

Leur arrivée fait l'effet d'une bombe. La

compagnie présente, dans un premier temps, est réduite au mutisme, elle reste bouche bée et les gobe des yeux. Puis, quelques murmures : « Vous savez, c'est Albert le fricoteur et la pépée à Masselot... Quel culot ! » Mais l'inévitable consul général de France, qui avait pourtant jusque-là évité Edmée, s'interrompt de siroter et, sans vergogne, se précipite vers eux. Maintenant que la poule de Masselot est là, il a intérêt à lui faire des ronds de jambe car ce gêneur de Paris peut mettre le nez dans ses affaires pas méchantes mais quand même un peu malodorantes... Donc, il se rue sur Edmée, s'adressant à elle comme s'il ne voyait pas Albert : « Madame Masselot, madame Masselot, quel honneur pour moi et la colonie française ! Veuillez accepter de venir à ma table où je vous présenterai quelques personnalités de notre concession, M. le président de la Cour, M. le directeur de la Banque d'Indochine à Shanghaï, M. le chef de la Sûreté... »

Albert est furieux. Heureusement, Edmée, avec son ingénuité — ah ! l'ingénuité d'Edmée ! —, vient à son secours d'une voix douce : « Je vous remercie beaucoup, monsieur le consul général, mais je suis en compagnie de M. Albert Bonnard, qui a eu la générosité de prendre soin de moi... » Et vlan ! Le consul général en reste comme deux ronds de flan, il bat piteusement en retraite, sans insister.

Albert se dit que tout cela est absurde, absurde, absurde... il ne manquerait plus qu'il se brouille avec le consul.. mais il ne faut pas renoncer. Moins que jamais. C'est son devoir, sa chance aussi. Et puis, Edmée lui plaît. Autour d'eux, les « amis » pètent de plaisanteries, tous s'y mettent, et elles sont lourdes. Albert accablé, la mine pincée, manifestement pas content, leur fait de petits signes de discrétion. Ils prennent Edmée pour sa « blonde ». Edmée, pas du tout offusquée, hilare, a la réplique. Il émane d'elle une sorte de complicité maligne et un peu veule. Et elle boit, elle boit, elle trinque et ça trinque autour d'elle. D'une certaine façon, elle les domine, ces mal élevés.

Enfin, soulagement, elle donne le signal du départ. D'abord gerbe des « Au plaisir, madame », des « Mes respects, madame », lancés par les « amis » ricanants sous prétexte de politesses. Puis le Cercle Sportif à traverser, tous les yeux sur eux, entre l'approbation et la désapprobation, des murmures flatteurs, d'autres beaucoup moins, quelques « C'est indécent » provenant de douairières emperlousées. Mais cela s'arrange grâce au consul général qui vient les saluer sur le seuil. Il a repris ses esprits, il dit : « Madame, vous voyez qu'à Shanghaï, les Français sont encore plus Français qu'en France. »

Dehors. L'épaisseur de la nuit, des milliers, des millions de lanternes trouant l'opacité. Edmée est étalée dans un pousse-pousse, Albert dans un autre ; tous deux roulent de front dans le grincement des roues de bois, tirés par des coolies au torse nu où coule la sueur. Edmée et Albert, séparés mais côte à côte, avancent dans Shanghaï au rythme de leurs chevaux humains, carcasses d'hommes efflanquées et inépuisables, qui trottent sans qu'on entende aucune respiration. Parfois, ils poussent des grognements animaux pour disperser les cohues et poursuivre leur lancée — vers où ? Edmée se sent loin... Albert prend soin de guider les coolies en leur jetant les mots d'un dialecte chinois, sans quoi ils iraient éternellement, vers nulle part. Edmée, qui n'apprécie, pas longtemps les nostalgies, se réveille et apostrophe Albert, de véhicule à véhicule.

« Albert, je vais vous faire une déclaration sincère — vous savez c'est une faveur, je suis rarement très sincère et puis je ne fais pas de déclaration. Eh bien, pour moi qui ne vous connais guère, depuis quelques heures à peine, vous êtes désormais un ami, un grand ami, ne disons pas pour toujours, on ne sait jamais, mais pour longtemps. Je vous aime bien. Mon amitié est précieuse, c'est une valeur sûre. »

Albert n'est plus qu'un ballon de débordements.

« Madame, chère madame, je ne peux que...

— Allons, Albert, calmez-vous. Appelez-moi Edmée.

— Madame... Edmée, Edmée, je suis si ému...

— Allons, mon bon Albert, remettez-vous. Mais, mais, je vous apporte plus que moi. André sera votre ami aussi, je vous le garantis.

Vous l'amuserez, vous vous entendrez bien. »

Albert croit rêver. Il n'avait pas espéré tant ! Les coolies trottent toujours, jambes-chenilles. Les voilà arrivés. Un Albert plein de lui, radieux, entreprend, en homme fort et sûr, de faire ralentir ces robots en guenilles, ce qui n'est pas facile tant ils semblent déterminés à poursuivre toujours leur course, en gueulant de tous leurs solides poumons. Enfin ils s'arrêtent, ruisselants, haletants, exagérant leur épuisement dans l'espoir de recevoir plus. Une fois qu'ils ont abaissé leurs brancards, Albert leur jette quelques sapèques qui tombent sur le sol gadouilleux. Avec une avidité affamée, ils s'accroupissent dans la boue, pour les ramasser, et ils se relèvent transfigurés de bonheur, avec des sourires humains, car leur récolte a été bonne. Il ne faut pas croire qu'Albert ait agi ainsi par méchanceté, mais il ne veut pas attraper une sale maladie par le moindre contact avec ces charognes en proie à toutes les lèpres. Et puis les Blancs agissent comme ça, plus mal souvent, payant à coups de poing, de pied, de canne, de stick. Albert est bon, Edmée l'a bien vu.

Edmée et Albert sortent de leurs engins respectifs, faits pour le vil populo, devant la somptueuse résidence d'Edmée, où des portiers chamarrés, stupéfaits, accourent vers eux comme pour les laver de toute contamination en les savonnant de respect. Edmée resplendit. Baisemains. Elle recommande avec un souffle appuyé, insistant :

« Revenez demain matin. Revenez chaque matin. Je compte sur vous, mon ami.

— Demain je serai là, tous les jours je serai là... »

C'est le grand serment, la tisane d'amour. Edmée s'échappe, elle disparaît non sans s'être retournée un instant sur le seuil pour envoyer un mignon petit baiser.

Après s'être assuré qu'elle était rentrée chez elle, Albert s'éloigne en sifflotant une chanson leste, il allume soigneusement un gros cigare, il rajuste sa cravate, il gratte d'un ongle le devant de sa veste pour en enlever une tache, il se secoue, on dirait qu'il veut chasser de lui des odeurs indiscrètes, en somme il se livre aux petites maniaqueries purgeantes qui concluent le plaisir et l'ennui d'une conquête. Mais il sait que ce n'est pas ça, c'est tellement mieux, tellement plus important. En une journée, une seule, il s'est acquis le statut d'Ami, avec hypothèque sur André...

Dans la salle à manger, la conversation reprend, mornement gaie. Elle porte sur les bourdes mondaines de l'épouse d'un ambassadeur noble et surtout très riche grâce à ses alambics distillant un alcool qui fait voir trente-six chandelles et qui se vend à travers l'univers — c'est ainsi que ce monsieur contribue le plus, bien davantage que par ses titres, à la renommée de la France. Sa femme, quant à elle, quelle disgrâce !... Elle fait rire les salons des quatre continents où l'on boit l'élixir de son mari. Donc, à notre table, chacun de narrer, plus par devoir que par conviction, les mésaventures de cette dame qui, auparavant, avait été une cantatrice volumineuse, célèbre, mais plus par sa stupidité que par ses contre-ut. André hoche la tête avec indulgence. « Au moins, elle a bon cœur. Il lui sera beaucoup pardonné. D'ailleurs si l'on passait en revue les dames de nos diplomates... Hé, hé... » Petit rire désabusé. Anne Marie lance un coup d'œil vers Edmée.

C'est alors qu'apparaît une soubrette, en tenue complète de soubrette : tablier coquin, coiffe amidonnée de dentelle sur la tête et manchettes amidonnées de dentelle aux poignets. C'est un mastodonte, un corps de grenadier, un amas solidifié de poitrine, un bastion de postérieur, des jambes en colonnes. Avec cela, d'âge canonique, une matrone chignonesque, roussâtre de tignasse, blanchâtre de peau. Sa figure est effrayante, une surface aplatie, aux traits écrasés, aux yeux lavasses. Elle n'a pas d'expression ou plutôt son expression est celle d'une indifférence solide, contenant une colère qui se perçoit à petits relents. Elle n'est donc pas avenante du tout, revêche même, malgré un permanent sourire contraint et faux. Dans sa placidité dangereuse, elle ne daigne distinguer qui que ce soit, ni Anne Marie, ni Edmée, ni même André. C'est Eugénie, la fameuse Eugénie, une fine mouche, au service des Masselot depuis toujours, connue du monde entier et connaissant le monde entier. Une vigilance, une ruse, un instinct, un flair, une expérience formidable de la vie ! Mille oreilles à la fois.

Je la crains un peu, beaucoup, Eugénie... Mais ce soir, elle n'est pas trop maussade, et surtout elle apporte un gigantesque amas d'asperges — ce que je préfère au monde — posées sur un lourd plat chinois de porcelaine, où des bleutés caracolent, taches confuses qui s'emmêlent. Ces asperges sont énormes, entassées dans le même sens, les unes à côté des autres, avec leurs corps blancs et leurs têtes violettes. Eugénie fait parfaitement son service. Elle commence par Anne Marie... J'attends mon tour, le dernier, avec impatience mais ma joie est déjà si voyante qu'André me demande avec une lueur amusée dans les yeux :

« Tu aimes ça, Lulu, hein ?

— Oui, j'aime ça... Je n'en ai plus mangé depuis Tcheng Tu... »

Tcheng Tu... La Chine...

Cinquante ans, et plus, après ce dîner je me rappelle jusqu'à quel point tout, chez les Masselot, baignait dans la Chine ; y compris ceux du cénacle qui n'y avaient jamais mis les pieds mais qui, pour faire leur cour, chinoisaient, tant les souvenirs célestes d'André et d'Edmée restaient sacrés.

S'il y a un petit garçon heureux sur la terre, c'est bien moi. Je suis fou de bonheur. Tout me plaît dans ce dîner. Du coup j'éprouve de la tendresse pour mon père : c'est grâce à lui que je suis là.

A Shanghaï Albert ne manque pas de pousser ses avantages. L'affaire est trop belle, c'est l'affaire de sa vie. De plus, sa vanité est flattée : il plaît à Edmée. Il se dit qu'il ne faut pas trop penser, qu'il vaut mieux se fier à son instinct. Il a confiance.

Le deuxième jour, obéissant, il est arrivé chez Edmée avec un nouveau bouquet de roses, qu'il lui tend cérémonieusement. Où a-t-il trouvé l'argent pour acheter ces fleurs qui valent une petite fortune ? Enfin... peu importe ! Edmée est satisfaite, elle s'empare des roses, les presse contre elle, les respire, les dispose dans un vase à côté du vase contenant les roses de la veille, qui ne sont pas encore fanées, juste un peu plus odorantes et épanouies.

« Vous faites des folies pour moi, Albert, des folies. Que vous êtes gentil ! Je suis bien contente que vous soyez venu, je vous attendais. Figurez-vous que j'avais peur que vous n'ayez oublié. »

Protestations indignées d'Albert.

Edmée n'oublie pas la promesse de la veille.

« Tenez, je vais vous présenter à André. »

Le moment tant attendu par Albert — sa convoitise ! Dieu, Dieu, faites qu'il plaise à Masselot. Edmée appelle André qui travaille dans une pièce voisine. Il note, il annote. Il s'arrête d'écrire, il se lève, il arrive avec ses plis de charme au coin des lèvres, les moustaches remontant vers les joues effilées de bonne humeur, les yeux pétillants sous le léger bombé du grand front, la main prête à se tendre. Il s'amuse. Albert se courbe, se redresse. André est devant lui, à peu près de sa taille, encore jeune, bienveillant, un bon sourire sur son visage. Le cœur bat à Albert. Serre-mains pendant qu'Edmée pépie :

« André, c'est M. Albert Bonnard qui, hier, a bien voulu me sacrifier son temps. Grâce à lui, tu le sais, j'ai passé une délicieuse journée. Il veut aujourd'hui encore s'encombrer de moi. Remercie-le. »

André remercie, et même il trousse un compliment à sa manière.

« Cher monsieur Bonnard, vous avez su distraire Edmée. C'est une qualité précieuse car ma femme est difficile. Alors croyez non seulement à ma gratitude, mais à mon estime. »

André reste un instant à regarder Albert éperdu de bonheur, avec une sorte de papelardise, il le déguste. Il a déjà jaugé son homme — il correspond exactement à ce que lui en avait dit Edmée : « une bonne pâte ». Évidemment, il n'est pas désintéressé, mais il n'est pas dangereux, ni même compromettant. Et puis il ne va pas s'arrêter à cela, lui, André Masselot. Cet homme lui convient, il appartient à la race rare, qu'il apprécie assez, des fripouilles qui voudraient bien être honnêtes. Certes, il se renseignera mais par acquit de conscience. Avec lui, Edmée ne risque rien, il va bientôt être son chien. Il sera soumis, sage, et gardera sa prudhommerie de séducteur. Sa vulgarité solennelle divertit André. C'est curieux comme lui, le parangon de toutes les distinctions, est attiré par certaines vulgarités ; celle d'Albert lui agrée, lui tape dans l'œil, c'est une curiosité, un bibelot unique dans son genre.

Ainsi donc, condescendance chaleureuse d'André, bégaiements d'un Albert trop ému, joyeusetés d'Edmée. Soudain, elle éclate, elle fuse :

« Sais-tu, André, que les gens me prennent pour la petite amie d'Albert ? Si tu avais vu leurs têtes au Cercle Sportif ! Ils étaient si crétins, si vilains, que je me suis amusée à les faire marcher un peu. Vous me pardonnez, Albert. »

Albert ne sait que penser, il est aux abois, si jamais André... Il n'arrive qu'à ânonner comme la veille :

« Mais madame... Chère madame, je vous assure que non, ils vous respectent, ils vous respectent... »

André, d'abord silencieux, a un petit rire un peu irrité, puis il tranche sur un ton désabusé :

« A Shanghaï, que voulez-vous que ces pauvres hères puissent imaginer d'autre ? Il n'y a pire espèce d'imbéciles que ceux-là, ceux qui réussissent en affaires. Et ils réussissent...

Edmée, vous avez eu bien raison de vous amuser d'eux. Excusez-la, monsieur Bonnard. »

Silence. André reprend comme pour lui-même :

« D'ailleurs, c'est sans importance, aucune importance... Je réglerai ça. »

Albert se sent dans ses petits souliers. Mais André se met à le pommader, à le rassurer, il daigne s'enquérir de lui, comme s'il n'était pas un «petit Blanc » douteux. Albert débite, avec une modestie qui se veut à l'aise, son pathos, les fariboles qu'il a déjà déversées à Edmée : il est acheteur... les joyaux... les plus illustres maisons de France... André prodigue des marques d'approbation au fur et à mesure qu'Albert semble croire davantage à ce qu'il dit, semble croire qu'on le croit, ce qui ne fait que confirmer ce qu'il est : un « faiseur » aussi. Pas d'importance, pas d'importance. Rien n'a d'importance ! Mais là où André tend l'oreille, là où il est surpris, c'est quand Albert, mine de rien, révèle qu'il pratique couramment le mandarin, sans compter cinq ou six autres dialectes célestes, qu'il connaît déjà cinq à six mille caractères — non seulement il les lit, mais il peut en peindre un grand nombre. André est interloqué, ça, par exemple, c'est important ! Albert se lance :

« Oui, à Tcheng Tu, dans la province du Sseu Tchouan où j'ai longtemps séjourné, car c'est le grand marché du musc au pied du Tibet, j'habitais chez un lettré ruiné, mais de la plus vieille école, qui m'a enseigné la beauté de la calligraphie. »

Albert entre dans les détails techniques, comment il a appris à délayer jusqu'à la bonne consistance le bloc d'encre noire solidifiée, comment il a déformé sa main pour tenir un pinceau, comment il est parvenu à dessiner les traits — toute une minutie avant d'atteindre l'élan inspiré qui jaillit en une seule coulée, celle de l'âme, celle de la vie. Albert ne ment pas, il parle avec amour, il est même éloquent. Il remonte de mille pieds dans le jugement d'André. La conversation s'engage sur Confucius, Bouddha et le Nirvana, Lao Tseu et le Tao, la Voie... Albert n'est pas un savant, mais il est familier de ces génies, il a pratiqué leurs leçons millénaires avec des mandarins, des bonzes, des mystiques. Du coup André l'invite à déjeuner. Repas intime. Là encore, Confucius, Bouddha, Lao Tseu. Edmée bâille, elle s'étire, à la fin du déjeuner, elle demande :

« Aujourd'hui, Albert, montrez-moi quelque chose d'extraordinaire. »

Ce soir-là, lorsqu'il reconduit Edmée, il est prié de la suivre. André est là.

« Avez-vous passé une bonne journée ? »

Edmée raconte : Albert l'a emmenée au Grand Monde, la métropole du jeu. Et puis, ils sont retournés au Cercle Sportif où le consul général lui a renouvelé ses offres de service. André grommelle :

« Cet homme, je l'ai peut-être mal jugé. Au début, il était réticent, offusqué par moi, pris de peur. Son dossier secret comporte des réserves. Il m'est facile de le faire dégommer. Qui est-il vraiment, Albert ?

— Un excellent consul général. Mais il craignait sans doute que vous ne mettiez le nez dans certaines de ses petites manigances.

— Oui, je sais vaguement... mais dites.

— Oh ! rien... Comme c'est son devoir à Shanghaï, il est au mieux avec tout le monde, y compris avec les honorables gangsters.

— Vraiment ?

— Ce sont des gens d'ordre. Le consul sait les utiliser. Il est malin... Mais il redoutait que vous ne compreniez pas... Il sait maintenant que vous comprenez tout. »

André jette un coup d'œil amusé sur Albert.

« Oui, oui, je comprends tout... »

Ce consul fripouille, il doit avoir des accointances avec Albert, mais ça n'a pas d'importance, aucune importance, au contraire.

Dès lors, tout va bien pour Albert, tout ira très bien. Chaque matin, il se pointe avec un bouquet de roses, il distrait Edmée, il parle de la Sagesse avec André.

C'est bien joué, Albert. Il est l'ami, l'intime du couple.

Les semaines passent. Les mois passent. Puis arrive le moment des derniers bouquets, des dernières balades : les Masselot vont quitter Shanghaï pour s'enfoncer dans la vaste Chine, vers les petits postes français perdus là-dedans.

Albert veille au grain, il faut que son dessein s'accomplisse. Il n'a plus de temps à perdre. Alors, pour pousser ses pions, pour s'approcher de son but maintenant qu'il connaît bien Edmée et qu'il sait comment le mieux l'appâter, il lui offre un cadeau amusant : une veste et un pantalon de « petite fleur », un ensemble très simple, moulant, l'uniforme du devoir et de la science des travailleuses du plaisir. Avec, en plus, une calotte tressée brodée de perles.

Edmée, sur-le-champ, s'est habillée en fille de joie chinoise, elle s'est contemplée, ravie, dans les miroirs de l'appartement et elle en est arrivée à cette conclusion extasiée :

« Ça me fera une petite tenue d'intérieur très agréable. »

Alors, Albert a dit à Edmée, en penchant un peu la tête de côté, avec son air sérieux, qui se voulait détaché :

« Chère Edmée, je sais qu'André doit se rendre dans la vallée du Yang Tse Kiang où les Anglais, après la déroute des Boxers, sont en train d'installer leur imperium en force. Ça inquiète Paris, et André est chargé d'examiner ce que les Français pourraient faire. »

Edmée le regarde, rusée, divertie, sentant que son excellent Albert va enfin dévoiler un peu ce qui l'agite. Il en est à son préambule. Elle se borne à attendre, et devant son silence, il reprend :

« Je dois aller à Tcheng Tu, tout au bout du Fleuve, près du Tibet pour le musc. Si nous partions ensemble, je continuerai à vous rendre service, à André et à vous, de mon mieux, je crois que mon expérience pourrait vous être utile. Je voudrais même vous faire connaître Tcheng Tu. Là-bas, Edmée, je vous trouverai des œuvres d'art uniques, des trésors.

— Ah ! Albert, vous êtes impayable, impayable... »

Albert ne se démonte pas.

« Et puis, je présenterai à André tous les lettrés qu'il voudra. »

Elle s'amuse beaucoup.

« Ah ! Albert, Albert... vous avez du culot... C'est promis, je parlerai à André. »

Le soir, devant Edmée, André pose sur Albert son regard spécial, pas dupe, cynique, amusé.

« Désormais, appelez-moi André. »

André sait tout d'Albert, évidemment, et Albert sait qu'il sait tout. Ce bon apôtre de consul général aura « déballé » ses « tuyaux », il en connaît sur lui, le bougre. Mais c'est sans importance, aucune importance — comme dirait André —, Albert en est sûr. En effet, sans explication superflue, André, par une petite phrase un peu sèche, règle le problème :

« Edmée m'a dit que vous désiriez vous joindre à nous et même nous emmener à Tcheng Tu. C'est d'accord. »

Voyage éblouissant. Albert se dédoublant, se multipliant, pour ouvrir les portes de la Chine devant André et Edmée. Le Fleuve d'abord, ses folies, ses splendeurs, pendant trente jours, jusqu'à Tchoung King. Et puis la caravane de chevaux et de mulets pour s'enfoncer dans le Sseu Tchouan jusqu'à Tcheng Tu. Albert épuisé mais radieux — parce que ça marche bien. Il prévoit tout. Errance magnifique d'un roi et de sa reine, organisée de main de maître par le factotum Albert. Divagation amoureuse aussi, car Albert Bonnard s'y connaît en voluptés chinoises et il les leur offre toutes.

Succès complet, c'est à Tcheng Tu qu'Edmée s'empare définitivement d'André, qu'André prend la décision d'épouser officiellement Edmée. Triomphe de la vertu !

A Tcheng Tu, le consul de France a décampé, tellement il a eu peur quand Tseu Hi a ordonné l'hécatombe des Barbares. Mais ce n'était pas un vrai consul, juste un agent consulaire, quelque Levantin inclassable, grec, turc, arménien, ou n'importe quoi, qui couvrait du drapeau français ses trafics. Albert a installé André et Edmée dans la demeure du poltron, un beau yamen abandonné auquel aussitôt il a rendu la vie, trouvant des serviteurs et tout ce qu'il faut. Puis, il a fait hisser l'étendard tricolore comme s'il était consul lui-même. André a laissé faire. Alors, tout satisfait, Albert leur a livré la ville.

Tcheng Tu. Albert enfonce André dans la Chine, dans ses secrets.

Premier soir : audience du vice-roi. Edmée n'est pas là. André dans sa tenue chamarrée de diplomate et Albert en frac. La nuit. Des murailles franchies, un labyrinthe, des salles, des torches, des visages entraperçus, des hallebardes. Un trône. Le vice-roi dans ses atours ressemble à un singe. Il grimace, il émet des sons. Albert traduit. Puis un long repas composé de choses visqueuses. La voix du vice-roi fait des bruits de hoquet. Elle éructe dans les sourires et les salutations. C'est pour célébrer l'amitié éternelle de la France et de la Chine. André répond avec toute sa dignité. Alors reprend l'essoufflement cliquetant du vice-roi : il est en train de purger la surface de la terre des exécrables criminels qui ont voulu attenter à la vie des hommes blancs, ces bienfaiteurs de l'Empire Céleste. Ensuite l'Ordre Éternel régnera à nouveau... Albert dodeline de la tête pour approuver, André est majestueux face au petit bonhomme simiesque qui est encore plus majestueux que lui dans sa haine qui se sent. Duplicité. Tout ment. L'obscurité ment. André en éprouve une jouissance.

Quand il retourne auprès d'Edmée, à le voir tellement impressionné, elle rit. L'Empire Céleste ne l'épate pas, elle. Il la rend encore plus sensuelle, c'est tout.

Les jours passent, radieux. Visites, achats, excursions, Albert : un miel. A-t-il un secret ? Parfois, il se met à entretenir André de considérations politico-économiques, sans avoir l'air d'y toucher. Il y revient souvent, obstiné. Toujours, dans sa bouche, les ressources du Sseu Tchouan, son innombrable population, l'intérêt pour la France de construire un chemin de fer depuis l'Indochine jusqu'à Tcheng Tu. La première fois, André répond avec une approbation un peu ennuyée :

« Je sais, je sais. Ça préoccupe nos autorités d'Hanoï. Au Quai nous sommes au courant, nous y pensons... C'est aussi pour ça que je suis venu ici, mon cher Albert. »

Albert sursaute. Il est surpris, il est satisfait. Alors il se met à insister plus lourdement et André s'embrume. Albert est inquiet, Edmée elle-même souligne :

« Albert, ne soyez pas trop sérieux. Vous devenez embêtant. »

Mais arrive un jour, le jour... André, avec l'imprévu qu'il prend plaisir à sécréter, son amusement à forger le destin, son caprice royal, revêt son sourire intérieur et, à l'improviste, d'une voix posée, dit, comme s'il s'agissait d'une chose banale :

« Albert, Edmée vous adore. Je vous apprécie. Nous vous devons beaucoup. Je n'aime pas être en dette... Alors, demandez-moi ce que vous désirez, je vous exaucerai dans la mesure de mes moyens. Je peux beaucoup... Je vous le permets, réclamez-moi l'impossible. »

Albert, dans un élan incontrôlé, le fond du fond de ses souhaits même pas formulés à lui-même tellement c'est énorme, tellement ça lui semble irréalisable, s'entend répondre :

« J'aimerais entrer aux Affaires étrangères, devenir un diplomate. »

André sourit. Il s'attendait à cette requête. Il sait, et même il jouit de savoir qu'Albert n'est qu'un petit espion payé par l'Indochine, que c'est sur ordre, avec des instructions précises et des fonds spécialement débloqués qu'il a approché Edmée et lui. Il sait que ce minable les a ensuite courtisés, pour les amadouer, les influencer, les entraîner au Sseu Tchouan, dans le but, sur place, de mieux lui « vendre » le chemin de fer. C'est cela, la vérité d'Albert, somme toute, juste un « flicaillon ». Toute cette intrigue, André a pris plaisir à y entrer, à la laisser se développer comme s'il était aveugle. Mais la conscience professionnelle d'Albert lui sied. Et aussi, d'une certaine façon, Albert s'est mis à les aimer. André est sûr que, s'il le veut, il peut s'attacher Albert complètement, en faire un bon agent. Enfin André est tenté par un vice, celui du pouvoir. Il peut tout. Prendre pour lui, pour Edmée, ce tâcheron, ce besogneux et le métamorphoser en diplomate. Oui, il peut ça, André... Et puis cela fera plaisir à Edmée.

Albert est sûr qu'André connaît son double jeu. Et pourtant il n'est pas honteux, il n'a pas peur. Car d'une certaine façon, il n'a pas abusé, il n'a pas trahi. Il aurait pu avouer, mais cela aurait été contraire à sa conception du devoir. Et c'est beaucoup mieux comme ça. André et Edmée l'ont bien deviné, ont compris qu'il leur était acquis. Certes, André pourrait, sur-le-champ, le réduire en cendres : quoi, le Quai pour Albert le fouinard, pour Albert le prétentieux. Retourne donc à ta savate, savetier ! Mais Albert, finaudier, sent qu'André l'a à la bonne. Et puis, dans l'état où en sont arrivées leurs relations, ce fleurissement, cette intimité, ce serait d'une mesquinerie à laquelle ne s'abaisserait pas le fier André. Mais de là à ce qu'il lui ouvre carrément les portes du paradis !

Et pourtant :

« Eh bien, mon cher Albert, c'est entendu. Je vous le promets, vous entrerez dans la carrière... Dès mon retour en France, je ferai le nécessaire. Vous viendrez à Paris pour régulariser votre situation — un concours pour vous seul, candidat unique, et qui sera, je vous le garantis, une simple formalité. De plus, je vous désignerai comme vice-consul à Tcheng Tu, puisque le poste est vacant, pour vous occuper du chemin de fer, officiellement, au titre des Affaires étrangères. »

Il a raison, André, de lui faire confiance. Il va voir ce qu'il va voir, de quoi il sera capable, Albert, dès qu'il aura son costume et son bicorne. Il le fera le chemin de fer. Il complotera, il fomentera des guerres pour lui, monsieur le consul Albert Bonnard !

André rit. Albert rit. Et puis, à nouveau sérieux, il remercie André qui prend un petit air dégagé, pour repousser ses remerciements.

« Vous ne me devez rien. La pensée m'est venue que vous étiez un débrouillard, et que, dans ces contrées difficiles que vous connaissez bien, vous pourriez rendre des services à la France. »

La France a besoin d'Albert ! Il boit du petit-lait.

Ensuite, tout s'est passé comme prévu. Les Masselot sont repartis pour la métropole et très vite après, le consul général annonce à Albert, avec jubilation, l'avis qu'il vient de recevoir pour lui : sa nomination et sa convocation au Quai.

Pour la première fois de sa vie, Albert voyage en première classe. Il coquoriquète.

Accueil merveilleux d'André et d'Edmée.

Concours où, en effet, Albert est seul candidat — reçu, reçu !

M. Albert Bonnard est diplomate, un vrai diplomate.

Exploration du ministère des Affaires étrangères, de ce qui va devenir son antre, son monde, visites et révérences aux « collègues » qui le regardent du coin de l'œil, comme une curiosité, lèche aux excellences et galanteries polies avec les dames secrétaires qui vont, en effet, l'avoir dans leurs petits papiers. Être bien avec les subalternes, ceux de la valise, du télégramme, c'est précieux.

Albert fréquente chez Edmée et André comme s'il était le grand enfant de la maison. Edmée lui apprend à devenir un diplomate. C'est toute une éducation que de se sentir un diplomate, de l'être. Leçons de maintien, de bien parler, de bonnes convenances, avant tout le sens de l'opportunité, comment se comporter intelligemment, comment avoir l'esprit fin et la repartie juste, ne pas exagérer les effets, tout dans la nuance. Savoir être servile avec noblesse et grave avec légèreté. Progrès d'Albert, qu'André constate avec une ironie bienveillante. Albert est au point, le devoir l'appelle, il va rejoindre « son » poste, son premier poste.

Eugénie présente les asperges à Anne Marie avec une vague esquisse de sourire, une face à moitié avenante, ce qui pour elle est le comble de l'amabilité. Et moi qui craignais qu'à défaut d'empoisonner ma mère, elle lui témoigne rudesse et insolence ! Car je sais — tous le savent — qu'Eugénie est l'âme damnée d'Edmée, sa « conseillère » écoutée, son ministre personnel des hautes et basses œuvres. Elle est depuis toujours avec Edmée, depuis sa naissance, elle l'a accompagnée à travers tous ses personnages. Certains disent que c'est Eugénie qui a façonné Edmée. Donc je redoutais de la part de la dragonne quelques sournois affronts envers Anne Marie. C'était ne pas la connaître...

Eugénie, dans son épaisseur, s'acquitte à merveille de son service. Mais, après Anne Marie, elle retrouve son aspect revêche. Elle présente aux dames, à Rose et à Diane, en même temps que son plat, une face butée et fermée. Elle n'ouvre même pas les grilles de sa maussaderie pour sa chère Edmée. Qu'est-ce que cette conduite signifie ? Vraiment la vie me paraît remplie d'énigmes, de ruses, de stratagèmes, de pièges, mais peu m'importe... Car Eugénie, après avoir offert ses asperges aux messieurs, c'est-à-dire au Rapin puis à Hector, arrive à moi — je passe avant André, comme si j'étais déjà un vrai monsieur. Et, pour moi, elle retrouve une gentillesse insoupçonnable, elle m'aide à me servir. A vrai dire, c'est en enfant goulu que je m'empare d'un tas d'asperges, les plus grosses. Je ne suis que mains qui prennent, bouche et ventre à remplir.

Les yeux d'Anne Marie me grondent — elle me surveille, elle veut impérativement que je sois propre et décent. Seigneur, que c'est difficile de manger convenablement des asperges ! Il faut, pour y arriver, une fameuse bonne éducation. Je remarque qu'à table, ça occupe la société entière, tout le monde s'applique laborieusement, en silence — seuls Anne Marie et André sont à l'aise. Je m'escrime. A Tcheng Tu, j'utilisais mes doigts, ici je suis condamné à procéder avec mes couverts. Mais, quand j'avale ma première grosse tête bien décapitée, saignante de sauce blanche et dûment convoyée jusqu'à mes lèvres, je pousse un hoquet de plaisir, je jouis... André est ravi, il reprend sa conversation avec moi.

« Je vois que tu aimes vraiment ça, les asperges...

— Ah ! oui, oui... elles sont presque aussi bonnes qu'à Tcheng Tu.

— Je ne savais pas qu'il en poussait en Chine.

— C'est maman... elle les a fait planter... Les Chinois ne connaissaient rien de pareil, ils étaient stupéfaits et même ils avaient peur. »

André se retourne vers Anne Marie.

« J'ignorais que vous fussiez une aussi bonne jardinière.

— Vous le savez, André, j'ai été élevée à Ancenis. A Tcheng Tu, l'idée m'est venue que les légumes de mon Anjou pouvaient très bien venir dans le potager du consulat. J'ai essayé, avec les asperges, avec les artichauts aussi, les tomates. Ça a réussi.

— Anne Marie, je vous félicite... d'avoir ainsi répandu la culture, je veux dire l'agriculture française, en ce Sseu Tchouan lointain. »

Moquerie tendre d'André. Grâce aux asperges d'ici et de là-bas, Anne Marie et André se regardent plaisamment. Elle rougit, il rit. Puis tous deux se remettent à manger, sans un mot de plus. A nouveau, la figure d'Edmée est dure, très dure.

Moi, je suis parti dans les souvenirs. A Tcheng Tu, presque à l'aurore, nous allions faire notre récolte d'asperges. Bonheur, image tendre, fraîche, la plus heureuse que j'aie jamais eue de ma mère. Comme si, au lieu d'être Mme Bonnard la consulesse, elle était retournée à sa jeunesse, elle avait retrouvé sa terre, une nature douce et belle, les plaisirs simples et tranquilles, les fruits, les champs et les bois. Une Anne Marie inconnue de moi, devinée par moi, celle qui courait autrefois dans les chemins creux, connaissait les secrets des mares et des haies, leurs hôtes, fréquentait grenouilles et écureuils, sans peur des serpents (elle attrapait, paraît-il, les vipères par la queue !). Elle cueillait les bonnes herbes, la menthe et le cresson sauvages, elle ramassait les baies et les champignons. Elle humait l'odeur des saisons, elle goûtait les sons des carillons d'alentour, venant des clochers qui se dressaient comme des aiguilles à travers la contrée, le bocage, le paysage, son paysage.

L'évocation de cette Anne Marie-là ne plaît pas qu'à moi. Elle ravit aussi André. Sa curiosité est éveillée, et il se met à interroger ma mère. Il procède techniquement, comme s'il s'agissait d'un problème important.

« Mais avec le climat, la mousson, les pluies, la chaleur, comment y êtes-vous arrivée ?

— Oh ! à Tcheng Tu, ce n'est pas la vraie mousson ; il y a une saison fraîche. Alors j'ai pensé à faire venir des plants de chez mes cousines Gaudouin, de la Mésangeraie, des vieilles filles charmantes qui ont un potager superbe. Selon mes instructions, elles les ont fait mettre dans des caisses bardées de fer, très solides, capables de résister au voyage. Vous savez que ce n'est pas simple d'arriver à Tcheng Tu. Tout est parvenu à bon port. Le plus délicat a été de convaincre les jardiniers chinois, qui écoutaient mes ordres avec docilité et aussi avec la ferme volonté de ne pas les appliquer. Mais je suis venue à bout d'eux, à force de patience, et de persuasion. »

C'est rare qu'Anne Marie parle aussi longue-ment à André, qui d'ailleurs l'écoute bouche bée, plein d'admiration, bien plus que si elle lui avait tenu des propos prestigieux ou spiri-tuels. Anne Marie consulesse des légumes lui sied — il a pour elle son meilleur sourire, un sourire très long. Edmée est exaspérée, elle s'exclame avec une fausse douceur :

« Anne Marie, vous êtes une fée, vous savez tout faire ! »

Moi je me mets à vanter l'habileté d'Anne Marie dans la cueillette des asperges. Le plus sérieusement du monde, je donne mes explica-tions à André, qui m'écoute avec attention.

« Je suis calé sur les asperges, mais maman... Elles poussent sur des rangées de sable, bien droites, séparées par des creux. Quand nous allions découvrir les pointes qui avaient surgi pendant la nuit, elle les apercevait mieux que moi... elle a le regard vif. Elle remarquait même celles qui n'étaient pas tout à fait sorties du sol, qu'on devinait juste par de petites bosses qui soulevaient la surface. Ensuite il s'agissait de les cueillir... Il fallait plonger un couteau dans la terre, au bon endroit, le plus profond possible. Je voulais le faire, mais maman avait peur que je me coupe. Nous nous sommes disputés pour ça, nous avons ri, enfin elle m'a laissé les ramasser souvent. »

Je suis content de moi. Je viens de tenir un discours à André, qui s'est instruit. Moi aussi, il m'admire.

« Mon petit Lucien, tu sais faire des choses dont je suis incapable.

— André... Une fois, maman a fait servir des asperges à un Seigneur de la guerre, qui les a mangées pour ne pas perdre la face ; mais ensuite il est tombé, il a vomi, tellement il avait eu peur. Nous avons ri... »

André est de bonne humeur. Il contemple Anne Marie comme il ne l'a jamais fait. Il la regarde longuement. Edmée est de plus en plus impatiente.

« Anne Marie, vous étiez comme Marie-Antoinette à Trianon. Vous deviez être charmante. »

Ces grandes personnes, avec leurs histoires, m'ennuient à la fin. Je ne les écoute plus, je n'en ai pas le temps parce que je bâfre, je me goberge. Eugénie me ressert deux fois. Je me régale. André attend que j'aie fini pour annoncer :

« Qu'on m'apporte le gigot. Je veux montrer à Lucien que je sais me servir d'un couteau moi aussi. »

Brusquement il dit à Edmée :

« Puisque des sujets aussi futiles que les asperges vous ennuient, je vais vous parler de sujets vraiment sérieux : les problèmes internationaux tels que je les vois. Je suis sûr que vous serez passionnée. »

Edmée ne répond pas.

Eugénie a déposé devant André un gigot tout grésillant sur son plat en argent. Lui, un énorme couteau à la main, très souverain très garde-champêtre, moustaches drues, se met à découper la viande avec son visage d'extrême gravité, celui des grandes circonstances. Il officie. Cérémonie. On entend la nuit de juillet. André opère, précis, méticuleux, hautain.

C'est fini, André a l'air exténué de l'homme qui a rempli son devoir. L'os est à nu, et Eugénie présente les tranches saignantes, bien alignées sur leur plat, à Anne Marie, sous le regard doux et attentionné d'André. Elle se sent aimée, elle est aimée, les yeux d'André ne trompent pas. Elle se sert de l'entame, pour faire la gamine, une petite espièglerie de son cru. Il la regarde toujours. Eugénie apporte ensuite le plat à Diane, à Rose, à Edmée — celle-ci émet un gloussement moqueur au milieu du recueillement général. Ensuite, les messieurs, le Rapin, Hector et puis moi, qui m'embrouille dans mes gestes et fais dégouliner du jus sur la nappe. Enfin André, lui aussi, est servi. Il mange, tous osent manger. C'est la sainte cène, la communion.

Anne Marie est vraiment en extase, au ciel. Car l'André de ce dîner, c'est son André, le Grand André — pas celui d'Edmée. Elle l'aime, et moi, à ce moment-là, je l'aime aussi.

Je ne sais pas encore que mon laboratoire sera chez lui. Auprès de lui j'apprendrai la France, j'apprendrai les lumières, la raison, et aussi l'État, le service de l'État. Je serai diplomate comme lui. C'est décidé, je le serai, je me tapirai dans un bureau et je soulèverai la terre, comme lui. Il m'apprendra ce qu'est le monde sous son vernis, l'Absurde et le Terrible du monde, tout est grotesque et tout est magnifique. André m'enseignera le dévouement et la dérision, le devoir et la moquerie, peut-être trop de mépris, de dédain, une vanité insensée, un snobisme hautain, une certaine futilité. Car je participais de lui, même dans ses défauts et ses faiblesses. Je le pénétrais, je le connaissais, malgré mon jeune âge, parce que je le respectais, je le vénérais, je l'admirais.

Pendant des années et des années, pendant toute ma jeunesse, je m'acharnerai à connaître jusqu'aux moindres détails de la vie d'André, afin de pouvoir l'imiter.

Comment le mauvais sujet du Quai d'Orsay, le baladin de la Chine, le recruteur d'Albert, l'André d'Edmée, est-il devenu le Grand André qui plane sur l'univers ? Eh bien, grâce à Félicien qui, un jour, s'est retrouvé ministre des Affaires étrangères, au début du XXe siècle, quand tout menace.

Brave Félicien. La France et la Paix. Félicien, gloire nationale, n'a connu que la Paix féconde, la Paix harmonieuse, la Paix d'une France qui se croyait puissante, qui était heureuse, qui était promise à toujours plus de bonheur. A condition toutefois... de venger Sedan, de se venger des uhlans, du casque pointu de Guillaume II, du satanique Bismarck. Intraitable là-dessus, le doux Félicien.

Il est patriote, son cœur est triste de la

France vaincue par les Prussiens en 70, cette France qui avait été son corps et son âme, la France, terre des ancêtres, limon, tant de siècles...

La victoire de la France, la revanche, il l'espère au nom des générations de Masselot obscurs, petitement acharnés, perdus dans la nuit des âges pour qu'en sorte le Grand Félicien, qui préparera la Victoire de la France — la France tellement à lui, lui tellement à elle — sur la barbarie germanique !

C'est qu'à nouveau en ce début de siècle menacent les hordes, furieuses walkyries, sauvages symphonies, sombres brouillards, forêts noires, science pervertie. Sciences des bourreaux, sciences de l'orgueil dément, sciences de la haine, vous serez punies !

Or du Rhin, tu nous reviendras, tu seras à nous. Alsace et Lorraine, filles violées, profanées, nous sécherons vos larmes, vous qui avez tant pleuré. Ah ! quelle joie quand vous vous jetterez dans le giron de la mère-patrie. Ce sera la grande œuvre de Félicien, ministre des Affaires étrangères. Il aura travaillé à la faire venir, à la faire fleurir, cette revanche, cette guerre, Félicien ! Guerre honnie, guerre bénie de la Victoire !

Il tiendra la paix et la guerre entre ses mains, car les nuages, outres à sang, s'amoncellent, peuvent déverser leurs déluges écarlates sur la terre. Ah ! jeunes soldats vous mourrez, vous reposerez en héros dans la mer des blés mûrs ou sur les fleurs du gel. Vous mourrez pour le Bien, car il y a des guerres justes, soldats ! En attendant le sacrifice, présentez les armes à Félicien en redingote passant sur le front des troupes ! *La Marseillaise* retentit, *La Marseillaise* vengeresse, *La Marseillaise* qui clame : « Allons, enfants de la patrie... qu'un sang impur abreuve nos sillons... » Le sang impur des Huns et votre sang pur aussi, soldats.

Félicien est innocent. Il est enivré par la plantureuse poitrine de Marianne, son sourire grave, son front d'où s'élancent les astres. Mourir pour la République est une gloire. Honneur aux tués. L'arme guerrière de Félicien c'est l'encre sur les documents officiels de la mort. Pour la France, pour cette cause sacrée, lui si honnête, si bon, il deviendra retors, rusé, cynique, menteur, il remplira ses paumes de la raison d'État, l'ignoble raison d'État qu'il vouait aux gémonies auparavant, belle âme, Machiavel novice. Il nouera des alliances, des réseaux, des filets, des faux filets d'alliances, des liaisons en tous genres, bons mariages, louches coucheries, adultères, trahisons, sales combinaisons, promesses, dots éventées, petites et grandes escroqueries.

Pactes, pactes. Combien de pactes a-t-il signés au nom de la France, Félicien putassier ? Les nations sont des putains, la France aussi, et pour mieux la servir, il doit s'en faire l'entremetteur sur l'échiquier des grands États, leurs maisons de passes prêtes à devenir des mouroirs universels. Ses mains laborieuses de savant, tachées des acides des laboratoires, il en fait des porte-plume pour préparer des documents dangereux, contenant déjà leurs charges de morts. Il n'a pas tremblé, il n'a pas eu peur en songeant à « ses » cadavres — car ce seront ses cadavres, ces morts qui seront dus à son paraphe. C'est pour la France, il n'a pas de remords.

Sans son fils André, Félicien n'aurait pas su, pas pu. Sa cervelle de génie faite pour les bonnes créations, les bonnes inventions et les bonnes intentions n'est pas façonnée pour les fracas énormes, les incohérences du monde, l'absurde et l'horreur qui arrivent jusqu'à son bureau. Félicien essaie avec bonne volonté d'apprendre les sortilèges immoraux et détestables qui règlent le sort des États, mais il n'en est pas capable. Du moins il n'en serait pas capable sans André — sans les maîtres mots que lui glisse son fils, les vraies clefs des événements effrayants. Félicien au Quai d'Orsay est grand parce qu'André y est déjà grand.

Félicien est récompensé d'être un bon père, un pater paternissime, un patriarche qui aime sa progéniture. Dès qu'il devient ministre des Affaires étrangères, c'est la promotion extraordinaire d'André, son essor. Heureux favoritisme. André, le pied à l'étrier, il est promu secrétaire de troisième classe, il s'envole jusqu'au cabinet du ministre qui est justement son père. C'est ainsi qu'il devient la cervelle de Félicien, qui pourtant en avait tant, mais pas pour cette besogne-là. André, une révélation :

monstre froid, urbain, plein de logique, d'illo-
gique, des subtilités de l'inexorable. André fait
tout pour Félicien, à la place de Félicien. Il est
l'œil et la main du bon ministre. Il est omni-
présent, omnipuissant, dans le bureau de son
père, dans le ministère tout entier, dans les
ambassades de France, et même dans les chan-
celleries et les états-majors du monde, antres
des Ulysses et des Vulcains en uniformes bro-
dés de lauriers, ornés d'épées de carton.

Et puis Félicien est mort de sa belle mort.
Glorieux décès pleuré par tout un peuple. Il a
expiré en odeur de sainteté athée, franc-
maçonne et patriotique. Il n'aura évidemment
pas les triomphes funèbres de l'Église, les
grandes orgues et l'allocution de monseigneur
l'archevêque de Paris, le *Requiem* et les bourdonnements des prières sous les voûtes de
Notre-Dame, mais il aura des funérailles natio-
nales, laïques et républicaines, avec éloquen-
ces en fleuves, gibus des excellences attristées,
l'écharpe tricolore sur son cercueil croulant de
couronnes. Le gouvernement derrière le
savant mort, les savants et les instituts derrière
le savant mort, la République derrière le
savant mort. La foule curieuse regarde passer
le long cortège officiel, le défilé militaire puisqu'il était grand-croix de la Légion d'honneur.
Présentez les armes, tête droite, tête gauche !
Brillez, baïonnettes du respect. Reluisez, sabres
au clair ! Généraux, qui sans doute bientôt
remporterez la guerre à la tête de vos troupes
glorieuses, saluez bien sec, avec révérence !

Généraux, saluez son cadavre qui vous promet la joie, la satisfaction, le plaisir de tant de cadavres ! Félicien vous a bien mâché la besogne, à vous autres étoilés. Les étoiles vont tomber, se multiplier sur vos manches, le ciel en sera vide pour mieux vous consteller. Vous qui plus tard deviendrez maréchaux de France, saluez ! Saluez Félicien, futurs maréchaux !

Après la disparition de Félicien, le chagrin d'André est immense. Mais lui, le fils protégé, au lieu de tomber dans les oubliettes, ne cesse de croître en importance. Il a enfin trouvé son personnage : l'éminence grise, l'anguille sous roche. Secret, acharné, impénétrable, impassible, travailleur inépuisable, sachant tout, se souvenant de tout, des grands mystères et des petits ridicules — les uns et les autres aussi importants pour lui — des potentats et de leurs ballerines qui frétillent dans la farandole du globe.

Jamais il ne se présentera sur le grand théâtre, jamais il n'essaiera d'être président de la République, président du Conseil, ministre comme son père, sénateur comme un de ses frères, même simple député. Ce serait bouffon... Non, il restera dans son glorieux trou de « souffleur ». Après avoir été le souffleur de Félicien, il sera le souffleur de la ronde des imbéciles qui, comme dans un manège de chevaux de bois, se succéderont au gouvernement, chacun dans son petit trou, et qui, aussi gonflés et ignares qu'ils soient, se sentiront le besoin de lui, qui ne veut faire que son métier

447

de souffleur, ascendant irrésistiblement jusqu'au grade d'ambassadeur et au titre de directeur général des Affaires étrangères.

Montée obscure, montée éclatante, montée impérieuse d'André qui saura, avec son orgueil modeste et intransigeant, souple aussi, manier les pantins. Il vivra de leurs suffisances, de leurs insuffisances, de leurs crasseuses ignorances, de leurs nullardes connaissances encore plus dangereuses que leurs ignorances, de leurs petits et grands caprices, de leurs vices mesquins, de leurs rivalités stupides, de leurs querelles de clochers, de leur besoin de gueuler et de donner des ordres puisqu'ils sont des chefs, de leur peur, de leur tremblote, de leur indécision parfois angoissante, de leurs décisions à la va-vite, n'importe comment, sur des humeurs, de leurs fautes impardonnables et pourtant plus que pardonnées — puisque ignorées des peuples moutons —, de leurs palinodies, de leurs gaffes monstrueuses, de leurs malhonnêtetés, de leurs malpropretés, de leurs compromissions, de leur politicaille, de leurs calculs de Café du Commerce, de leurs lâchetés, de leurs trahisons, de leurs saloperies, de leurs accès de folie, car ils sont fous aussi ces médiocres, certains fêlés par le pouvoir.

André, lui, a la Raison, les fameuses lumières héritées de Félicien. Comme son père, il veut le Bonheur et le Progrès. Heureusement pour lui, il sait que sous ses apparences d'infaillibilité, il lui faut tâtonner pour trouver une

solution, sinon la meilleure — il n'y en a
jamais de meilleure — mais la moins mauvaise. Alors il forge des hypothèses, il les pèse, il
les soupèse ; le pour et le contre, il les met
dans la balance de sa cervelle, comme un
boucher jette des morceaux de viande sur les
plateaux de sa balance à carne, pour en mesurer le poids. Mais là, la mesure est difficile à
prendre, tout est incertain, douteux, tout est
risqué. Il choisit parmi les dangers, parfois il
prend le pari extrême, quand, selon lui, il le
faut ; souvent il prêche le compromis. Il sait,
c'est son métier de savoir. Il connaît ses dossiers, comme certains connaissent les menus
des grands restaurants et les répertoires des
cuisses légères. Car les dossiers, bien plus que
des phrases, contiennent des hommes, leur
nature, leurs égarements, jusqu'à leurs manies.
Tout est important dans le concert dysharmo-
nieux des nations, dans la panoplie échevelée
des grands et des moins grands qui, dans
leurs fantasmes, mènent le monde. André
essaie de faire prévaloir quelque sagesse. Il
supporte les ignominies qu'il voit, il s'en
amuse parfois, en tout cas il les met en
équations, comme des données dont il faut
tenir compte. Dans les débats et les conféren-
ces internationales, ces affreux grincements
désaccordés qui annoncent les calamités, il est
là, silhouette sobre, grise, présente, volontairement à l'ombre des péroreurs, dans leur suite
immédiate, n'élevant jamais la voix, agissant
par une note griffonnée, un juste conseil juste

à la seconde voulue, avis discret et décisif donné à l'éminence débordée qui perd la tête, il répare les erreurs in extremis.

André est dur aussi, dur comme un roc, comme un diamant s'il le faut, quand la France est menacée dans sa vie et son honneur. L'honneur, il y croit... Il ne faut pas que la France soit souillée, morcelée, détruite, il faut qu'elle soit grande et belle la France éternelle, vive la France ! Pour ça, il est comme Félicien, s'il y a une guerre, la France la gagnera. Alors, en prévision, il creuse ses sapes, il tend ses pièges. Il soigne aux petits oignons la guerre qui toujours plus approche, qui arrive, qui éclatera bientôt. Avec, pour soutenir la France, l'Alliance russe et l'Entente cordiale. Mais cela ne suffit pas. Il faut d'autres précautions, d'autres traités. C'est l'œuvre d'André, les traités, que contrairement à son père, il ne signe pas lui-même.

Ah ! tous ces traités secrets ou pas, traités d'agression, traités défensifs, traités d'amitié, traités de non-belligérance, traités de neutralité, traités de bon voisinage, traités de commerce, traités de mutuelle protection, traités de légitime défense, traités contre un méchant tiers, traités bilatéraux, traités multilatéraux, traités avec un sens, traités sans sens, traités vagues, traités moins vagues où, sous l'ampoulé, il y a un dessein précis, parfois bougrement précis, traités longs, traités courts, traités à clauses incognito, rajouts cachés qui décident du destin, traités pour ne rien dire — ce qui en dit beaucoup, qu'on n'a vraiment rien à se dire mais qu'on est polis et qu'on se prépare à s'en dire énormément, qu'on n'ose pas encore —, traités fourbes où l'on cache ses intentions, traités fourbes où l'on proclame ses fausses intentions, traités à fioritures, traités en cas de..., traités éperons, pleins de tumulte et de tonnerre vrais ou faux, traités cuisine, traités bonne soupe, traités bon appétit, traités trouille, traités petit poucet devant le grand ogre, traités dents claquantes, traités grand méchant loup affamé, traités colères, traités vociférations, fureurs et menaces, traités demandant réparation avec ou sans coup de poing sur la table verte, avec ou sans mobilisation générale — armées, canons et flottes cirés, briqués, parés, à l'appui du paragraphe tant, alinéa tant —, traités toutes exigences, traités succubes, traités incubes, traités grignotage, petit ou grand grignotage, traités capitulation, traités allégeance, traités de souveraineté, de suzeraineté, traités de soumission, traités pour allécher, pour faire mousser, pour faire jouir, traités du droit de braguette, pour pisser sur les autres ou se faire pisser dessus, traités promettant monts et merveilles, traités promettant enfer et damnation.

Tous ces traités toujours avec des mots bien équilibrés, bien calibrés, bien convenus, chacun signifiant ceci et rien d'autre, plusieurs, selon leur ajustage, pouvant signifier cela et autre chose, toujours ces traités avec des mots-signes, quelques dizaines ou quelques centaines de signes toutes catégories, pour tout exprimer, y compris les cimetières à remplir en attendant les gros profits à venir. Calligraphie, hiéroglyphe, idéogramme.

Enfin la guerre. C'est André l'Éminence grise du Quai, qui préside à la déclaration de guerre. Il est dans le ballet des diplomates, quelques diplomates du verbe et du faux sourire, quelques ambassadeurs à la politesse exquise et à la périphrase désarmante, de ces polichinelles que Félicien avait employés de son vivant, auxquels il s'était frotté de lard à chair — mais ils n'ont pas de chair, ces gens-là. Les diplomates feront donc avec leurs semblables — éminences et excellences de tous les pays, amies ou ennemies, une seule et même confrérie — le ballet des ultimatums. Ultimatums prononcés par leurs lèvres de carton-pâte, avec le pauvre, le précieux et le dérisoire vocabulaire qui annonce la mort. C'est ainsi que les stupides, les criminels, les solennels diplomates, André parmi eux, jetteront les peuples dans l'arène des carnages. Cela fait, ils retournent en coulisses, leurs tables vertes sont remplacées par les verts champs de bataille, car les guerres commencent toujours l'été. Ils sortiront de leurs recoins quand ce sera nécessaire, quand il y aura assez de macchabées pour entamer des négociations.

En attendant, les généraux bon pied bon œil ont pris leurs places. « En avant, chargez, clairons, sonnez l'assaut ! » dit chaque bon petit général au cœur bien sec, bien tanné, belle peau de cuir, beau cœur de cuir, car pour lui, dans sa grandeur militaire, mille morts, un million de morts, qu'est-ce que c'est ?

Paris joyeuse, en pleine fête, sur laquelle la guerre étend ses ailes noires. Paris insouciante, quand enfin elle sait, fait encore plus la grande noce patriotique : « A Berlin, à Berlin... » Farandole qui s'effondre dans les plaines du Nord, dans les tranchées. Boyaux du temps sinistre, catacombes de la mort.

André est l'oiseau des tempêtes au regard fixe, lucide, qui, quand la tourmente se déchaîne, quand l'ouragan cogne, plane, intense d'attention. Il fait son nid de tous les fracas. Sa pensée s'élance, mais son corps reste niché dans son bureau des Affaires étrangères où il reprise sans cesse le réseau des alliances qui craquent, assurant le salut de la France. A cent kilomètres de lui, même pas, les soldats sont saignés à blanc, veines vidées, surabondance de sang, humbles et innombrables sacrifices. La mort broie les armées, la catastrophe est sans cesse menaçante, André besogne avec application.

Autour de lui, les bulles de la légèreté. Jamais la légèreté des grands, des dirigeants, des chefs, des ministres et des généraux n'a été plus grande. Jamais n'ont autant foisonné les intrigues. Jamais n'ont autant proliféré les ambitions.

A l'arrière, la foire, les bas profits, l'assiette au beurre, encore la fête, une fête crapuleuse. Il n'est pas découragé, il sait que c'est ça l'humanité, tant de capacités d'héroïsme, tant de capacités de bassesse. Il besogne. Mais que d'obstacles. Les militaires sont, dans leur obtus, encore plus légers que les civils — les soldats périssent dans l'indifférence. Généraux, André a peur que vous exagériez votre patriotisme à force d'ordres idiots, les plus superbes étant les plus bêtes, que vous exagériez héroïquement dans le cadavre, que vous m'exsanguiez un peu trop la France de la Victoire. Mais, pour les culottes de peau, l'honneur commande, et puis on ne fait pas d'omelette sans casser les œufs, on ne remporte pas de victoire sans sacrifice, elle a meilleur goût — l'omelette de la victoire — si toute une belle jeunesse est fauchée.

Guerre fraîche et pimpante. Massacre d'hommes en pleine force, corps dont le sang dégouline, dont la vie s'en va. Beauté des carcasses, les macchabées jonchant le sol comme des jonquilles fanées, pus des chairs, soupe magmateuse, fumier organique, puanteur, gémissements et râles, tête hideuse de la camarde frôleuse qui arrive en grimaçant. Ce sera ça le prix de la victoire. André est dégoûté. Alors, quand il se rend au quartier général d'un Joffre ou même d'un Foch, il n'enlève pas son pardessus et garde son chapeau melon sur la tête en signe de désapprobation intérieure ; ce sont ses armes. Il s'obstine, il monte la garde, il travaille. Après la victoire, il le sait, ce sera la curée. Il prévoit l'orgie des appétits, les débordements de la brutalité, les assouvissements, la vertueuse hypocrisie, qui se multiplieront et fleuriront quand ce sera la gloire. André cultive la désillusion comme un art.

La Victoire encore plus décevante qu'André l'avait prévue. Les ignobles s'enveloppent du drapeau tricolore, les panacheux, les vains glorieux, les ridicules sont célébrés par les trompettes de la renommée. Les morts sont oubliés malgré la prolifération des monuments aux morts.

Les convives mangent du gigot, ils en ont plein la bouche. Puis le bruit des mâchoires diminue. Le moment approche. Nous savons que nous sommes rassemblés ici pour écouter le message d'André et célébrer son prochain retour au Quai d'Orsay. Il est heureux, Anne Marie est heureuse. Edmée fait semblant de bâiller. On attend.

L'heure est arrivée où vient d'André une éructation sobre, une sorte de petite toux gaillarde, puis un second toussotement réjoui, suivi d'un troisième. Ce sont les coups qui annoncent le spectacle andréien. Au ton, on imagine que ce sera un divertissement plaisant. Il va badiner, André, même si c'est avec des choses graves. Le gravissime dans un certain laisser-aller étudié, les confidences essentielles en négligé, les affres du monde dans la bonne humeur, c'est une de ses attitudes préférées.

Enfin, il dit :

« Ce que l'humanité peut être lâche... Tous ces messieurs du Quai, si longtemps serviles à mon égard et qui, tout à coup, ne me connaissaient plus, font maintenant de nouveau la queue chez moi. Ils m'apportent les dossiers, les rapports, les télégrammes les plus secrets pour la présidence de la République, la présidence du Conseil, les ministres, ils m'avouent leurs embarras, ils se disent orphelins sans moi, ils me supplient de les éclairer, de leur donner des ordres, comme avant... »

Diane lance sa voix de trompette :

« J'espère bien que vous leur mettez le nez dans leur crotte ! »

André hausse les épaules.

« On dirait que vous ne me connaissez pas, Diane. Ce serait leur faire trop d'honneur. Non, je suis bon prince. J'accepte leurs excuses et je veux bien leur apporter quelques conseils, leur indiquer des solutions. Ils ne savent à quel saint se vouer. Ils s'épanouissent quand je leur dis ce qu'il faut faire. Ils me remercient, ils ne cessent de revenir. En fait, quoique toujours révoqué, je suis plus puissant que jamais aux Affaires étrangères. C'est drôle. Le directeur général, qu'on a nommé à ma place, qui me poursuit de sa hargne, ce Corse qui se prétend comte et dont l'avantage principal est d'avoir une figure de condottiere, ne commande plus personne. Maintenant, c'est le vide autour de lui. »

Anne Marie boit André des yeux. Elle s'inquiète quand il ajoute :

« Parfois, ils me demandent d'annoter des papiers ultra-confidentiels. Pour que ce monsieur corse, son ministre, un suppôt de Poincaré, et Poincaré lui-même, ne reconnaissent pas mes gribouillages, je dicte à Edmée, qui écrit à ma place. »

Edmée est enchantée. Oui, oui, elle fait ça pour André... L'assemblée, par de petits signes imperceptibles, opine son ravissement. Anne Marie essaie de cacher son dépit. Pauvre Anne Marie...

Diane sonne de l'olifant, pas comme Roland à Roncevaux pour appeler au secours, au contraire, pour clamer victoire. Elle va commettre une gaffe, c'est sa spécialité de faire des gaffes bénéfiques. Elle ne doit pas les rater : quand elles ne tombent pas juste André en est irrité. Mais quand elles sont réussies, ça sert de tremplin au maître, ça lui permet de bondir en avant, en faisant le saut de l'ange, après avoir réprimandé Diane avec bienveillance.

« André, dans quelques jours Poincaré découvrira son erreur et il vous rappellera lui-même. »

Il hoche la tête dubitativement, en maître penseur qui connaît les choses.

« Ah ! Diane, vous ne comprenez rien... C'est plus difficile que ça. Je ne reviendrai pas au Quai tant que Poincaré sera au pouvoir ; c'est lui, en personne, qui m'a chassé. »

Anne Marie entreprend sa chance dans son domaine, celui de la justesse, avec en surplus son don d'observation pratique et sa pointe de bon sens d'origine paysanne.

« Mais, André, les gens du Quai ne s'empresseraient pas autour de vous s'ils n'avaient pas reconnu vos qualités, s'ils ne vous savaient pas indispensable, s'ils n'étaient pas sûrs de votre proche retour. Poincaré lui-même se rendra compte...

— Chère Anne Marie, vous ne savez pas qui est Poincaré. Je ne lui en veux même pas, d'une certaine façon, il n'est pas méchant. Il est comme ça. Il croit qu'il ne se trompe jamais. Il est minéral. Il m'a sacrifié en toute bonne foi, parce que ça lui paraissait nécessaire pour la France. Cet homme, c'est la perfection, c'est tout... c'est grave. »

Anne Marie ne comprend pas qu'on ne s'incline pas devant le mérite d'André.

« Mais enfin, ce Poincaré, s'il est sincère, il s'apercevra de ses torts à votre égard !

— Anne marie, il ne s'apercevra de rien du tout. Il croit que ma politique est mauvaise et que la sienne est bonne. C'est là le fond du problème. L'affaire de la Banque commerciale de Chine n'est qu'un prétexte — il s'en est servi sciemment pour me couler... Il a sa conscience pour lui, il a toujours sa conscience pour lui. L'honnêteté, c'est redoutable, bien plus que la malhonnêteté. »

Anne Marie a son sourire pas tout à fait convaincu. Que quelqu'un, même Poincaré, ne souscrive pas aux vertus d'André lui paraît impossible. Elle conserve donc sa certitude, avec un pli un peu sceptique au coin des lèvres, montrant que, pour une fois, elle ne prend pas pour argent comptant ce qu'André, ne mesurant pas toute sa valeur, lui dit. Cette confiance totale, cette foi mystique de ma mère plaît à André, c'est même ce qu'il goûte le plus chez elle. Il se penche vers elle pour lui expliquer longuement, en absorbant sa silhouette du regard.

« Chère amie, ce n'est pas parce que les polichinelles du Quai d'Orsay, que je méprise depuis trente ans tout en ayant été leur chef indulgent, viennent à résipiscence que Poincaré me rendra justice. Ce serait pour lui admettre qu'il a manqué de jugement à mon sujet, ce qui est tout à fait inconcevable. Je vous le répète, il détient la vérité en tout et pour tout — c'est sa force, cette conviction-là. Sans elle, il s'écroulerait. »

Diane non plus n'abandonne pas la partie. Elle reprend ses éclats triomphants, comme si ses fards étaient les cuivres de son orchestre.

« Mais enfin, l'opinion se déclare pour vous. Partout j'entends chanter vos louanges, partout on blâme Poincaré.

— L'opinion, Diane, Laquelle ? Celle d'un petit monde à Paris ? C'est un signe, c'est sûr, mais... Non, Poincaré a l'approbation et la confiance du grand public, des braves gens ; s'il m'a fait disparaître, c'est qu'il a ses raisons, c'est qu'il a raison... Et je dirais même que le public a lui aussi raison, car Poincaré est un homme sérieux. »

Diane est catastrophée. Elle retombe crête basse. Ses yeux myopes battent vaguement.

Rose, portant en avant ses globes oculaires, troubles mais pleins d'énergie, lui signifie ainsi de ne pas s'évanouir. Diane se redresse, revient à la réalité. André rit.

« Cela ne veut pas dire que Poincaré ne sera pas battu aux élections prochaines. Car, d'une autre façon, ce public pour qui il est une institution, est fatigué de lui et de son Bloc National. C'est un personnage, c'est vrai, que la France admire, mais l'admiration est usante et s'use. Le Cartel des gauches a toutes les chances de l'emporter, et alors je reviendrai... Je me méfie d'Herriot, mais Briand... »

André s'épanche devant son cercle intime. Curieux ce besoin des grands de se confier à leurs valets. Mais c'est ainsi. A l'annonce de l'accord d'André avec Briand, les visages reluisent. Seule ma mère le contemple avec une tendre et fervente pitié.

« André, parfois vous devez être las. Toutes ces petitesses... »

Anne Marie frappe au bon endroit, celui de la vanité flattée, celui qui va permettre à André de faire un nouveau numéro. Pas si maladroite que cela, ma mère ! En tout cas, André l'apprécie comme si elle était sa dame ; il reprend son envol, l'aigle royal, l'attitude du prince.

« Absolument pas, Anne Marie. Certes, depuis longtemps, j'éprouve le dégoût des milieux politiques, de leurs sinistres mufleries. Mais j'ai accepté ça. C'est parmi ces bassesses que je fais mon métier. Celui de fonctionnaire.

Je ne veux être que fonctionnaire et servir. C'est mon sort et je l'ai choisi. »

André pousse un soupir stoïque. Confession.

« Croyez-vous que je ne sois pas parfois tenté après un écœurement trop fort de me retirer, de prendre une retraite agréable en écrivant un livre de philosophie ? Mais je ne le peux pas. Je dois me sacrifier à mon devoir, tirer les ficelles des pantins, en faire des mannequins honorables... Quel travail ! »

Edmée tripote les perles suspendues à son cou, elle s'amuse vraiment. Elle regarde André avec une sorte de tendresse féroce, pour le dévorer en douceur. Elle se moque de lui, avec des fleurs.

« Mais non, André, tu n'aimes que ça, jouer avec tes marionnettes, leur faire faire ce que tu veux. D'ailleurs, tu y arrives souvent... »

André est satisfait de ce compliment ironique.

« Parfois, j'ai des résultats, c'est vrai. Parmi ces larves, il y en a de plus ou moins bonnes. Mais c'est toujours difficile, parfois même périlleux. Tenez, Poincaré... lui, c'est quelqu'un, cependant j'ai été obligé de lui faire quelques remarques pour son bien. Eh bien, c'est ce qui m'a condamné. Il ne supporte pas qu'on lui glisse le moindre avis, c'est douter de son infaillibilité, c'est un crime... »

Brouhaha exprimant l'indignation. Ce Poincaré, quel malotru ! Ne pas apprécier l'opinion d'André, se venger aussi bassement.

André, ayant laissé s'enfler le chœur,

reprend la parole quand le bruit atteint son paroxysme. Aussitôt le calme s'abat et le verbe du maître s'élève : il s'exprime avec une sorte de commisération.

« En plus, Poincaré a ses petitesses. En fait, il me déteste pour une autre cause, minuscule et capitale : je n'aurais pas dû assister à une certaine scène... humiliante pour lui. »

Silence total : celui de la curiosité avide. Les veines palpitent, les visages se tendent devant la révélation imminente. André prend son temps.

« En 1914, quand Paris était menacé par les armées allemandes, le gouvernement s'était replié à Bordeaux... Lui aussi, Poincaré, comme président de la République. Je l'accompagnais... Or il se trouve qu'après la victoire de la marne, il a tardé à remonter à Paris. Le bon petit père Joffre, qui n'est pas si bon que ça, qui est même très dur, est venu l'engueuler, l'accuser de lâcheté. Ça s'est passé devant moi... Jamais Poincaré ne m'a pardonné d'avoir été le témoin de sa mortification... »

Bruits divers. Protestations. Anne Marie adule. Le Rapin se déchaîne. Les sœurs gigotent. Rose en tapinois regarde Edmée pour se comporter comme elle. Étrangement, Edmée a pris une pose distraite. Devant son air lointain, revient le calme, comme une marée basse.

Cependant, quelqu'un doit dire quelque chose. André attend, dans sa sérénité impatiente. C'est Diane qui sonne le carillon des louanges congratulatrices et émues.

« Mais enfin Poincaré aurait au moins dû respecter en vous l'auteur du traité de Versailles dont il se gargarise. Et c'est vous qui l'avez fait, tout le monde le sait... »

André, avec un petit ricanement, désavoue cette paternité complète, il rétablit la vérité avec une simplicité tout à son avantage.

« Mais non, mais non... J'ai laissé dire, jamais je ne serais descendu jusqu'à démentir ces rumeurs... elles m'indiffèrent, je ne vois pas pourquoi je me serais donné cette peine... »

Anne Marie est stupéfaite, accablée même. Le traité de Versailles, c'est André ! Combien de fois Albert le lui a répété, et elle l'a cru. C'était une étiquette collée sur le front de son grand homme, pour en indiquer le prix fabuleux, inestimable. Et maintenant lui-même se met à se démonétiser, à se dévaluer... Elle est déroutée par la coquetterie andréienne. Ce n'est pas possible, il lui faut savoir. La mine altérée, chavirée, ouvrant des yeux immenses, le front plissé, elle lance sa voix vers André.

« Mais enfin André, André, vous avez tant de fois répété... »

André l'interrompt, pour l'empêcher de dire une bêtise, car ce n'est pas son rôle, de bêtiser. Elle est faite pour comprendre, ou pour paraître comprendre, elle est la prêtresse sachant recueillir les émanations sublimes dégagées par les circonvolutions d'André, dans leur infinie variété et richesse. Alors il lui importe de ne pas la laisser commettre le moindre impair, qui la dégraderait dans sa charge. Il va donc à son secours, et, la fixant de ses yeux bons, il l'éclaire.

« Non, le traité de Versailles a été fait par Dutastat, un sbire de Clemenceau. En fait, ce Clemenceau, à qui maintenant on tresse des couronnes, a profité de la guerre pour se refaire une virginité. Mais c'est un quidam dont toute la vie a été plus que douteuse, louche même, il s'était compromis dans toutes sortes de sales affaires, des tripotages. De plus, Clemenceau est vendu à l'Angleterre. Maintenant il est le Père la Victoire... Mais son traité de Versailles n'est pas bon... »

Anne Marie fait effort pour s'élever à la nouvelle situation, pour s'arrimer aux circonstances. Comme consulesse, elle, l'ancienne provinciale toute simple, avait été l'élève d'Albert, qui vivait de patriotisme forcené. C'est désormais pour elle la chute des idoles. C'était déjà fait pour Poincaré, puisqu'il avait été méchant avec André. Maintenant, c'est au tour de Clemenceau de choir. Eh bien, il choit. Anne Marie s'adapte vite, aveuglément, aux méandres de la géographie andréienne. Et, ce soir, elle se trouve devant une évidence : il ne reste qu'André, seul et unique héros de la France.

Edmée, elle, n'est pas dupe d'André. S'il rejette le traité de Versailles, alors qu'il le revendiquait comme sien il n'y a pas si longtemps, c'est qu'il ne lui convient plus tout à fait. Edmée sait bien que c'était elle qui forçait André, jouant la chattemite et retranché en lui-même, à reconnaître en public qu'il l'avait fabriqué, ce traité — ça faisait partie de ses devoirs, à Edmée. Pourquoi ce changement au cours du dîner ? Elle ne se sent plus maîtresse de la situation et elle est sans doute irritée par la concurrence d'Anne Marie cette dinde, elle se fait insinuante, douce pour persifler André, sous prétexte de le vanter.

« Tu y as bien un peu contribué, mon cher André, au traité de Versailles... Je t'ai vu t'acharner sur ses clauses, des nuits entières, les rédiger, les reprendre sans cesse, jusqu'à ce que tu aies trouvé la formule satisfaisante. Tu me lisais ça et même tu me demandais mon avis, non que je sois très intelligente, mais tu te fiais un peu à mon instinct... Tous ces mois fébriles, ces cérémonies où parfois je t'accompagnais, et puis la folie des discussions, des délibérations, des négociations avec un tas de gens qui t'exaspéraient, tes déceptions, tes rares satisfactions. La plupart du temps tu étais nerveux et je tâchais de t'apaiser. Te souviens-tu comme Wilson t'agaçait quand il semblait te réciter la Bible ? Et Lloyd George que tu détestais... »

Ainsi, perfidement, Edmée se rehausse elle-même face à une Anne Marie un peu perdue, soudain douloureuse. En effet André rend hommage à Edmée.

« Je me souviens, Edmée. Comme toujours vous avez été admirable... »

Une fois ce satisfecit donné à Edmée, André revient à lui-même, et aussi à Anne Marie qu'il semble considérer comme son témoin privilégié. Il parle pour l'éblouir, ce qui n'est pas difficile.

« Ma tâche, dans l'élaboration du traité, a été, si je peux dire, de réparer la porcelaine. Autant que j'ai pu, j'en ai corrigé les vices, j'en ai comblé les lacunes. Hélas ! Je n'ai réussi qu'à l'améliorer un peu, tant étaient insurmontables les obstacles : la mauvaise foi des Alliés, l'étroitesse d'esprit de Poincaré, les toquades de Clemenceau. Le traité, je n'ai pu que le rendre un peu moins mauvais. »

Anne Marie est une statue de l'extase, Edmée exécute de petits gigotis avec une sorte d'impatience, à nouveau elle triture ses perles, par à-coups saccadés. André s'étale avec satisfaction devant les deux femmes qui trahissent leur rivalité. Devant son superbe aveu d'impuissance en ce qui concerne le traité, l'assistance joue à être médusée, ce qui lui évite de trop prendre parti entre Edmée et Anne Marie. En somme, pour lui, l'effet est atteint sur tous les plans. C'est le moment d'exécuter une variation. Il revient aux temps présents.

« Actuellement, de tous nos zèbres, Briand est de loin le meilleur. Il est assez intelligent pour connaître son ignorance noire mais il comprend aussitôt tout ce que je lui explique. Avec lui, mes discours ne tombent pas au fond d'un puits... Crasseux, voûté, nonchalant, toujours pétillant aussi, avec sa mèche sale qui lui coupe le front et son éternelle cigarette au coin des lèvres il gouaille : « Ah ! bien, vous « voulez parler ? Parlez... » Puis il réfléchit une

seconde et enlève son mégot pour me lâcher :
« D'accord. » Ça se passe presque toujours
comme ça. »

Edmée, cette fois, se met à taquiner vraiment. Elle a l'art du fiel.

« Mais, André, quelle tête tu fais quand, par
hasard, il ne suit pas un de tes avis. Tu es
furieux, tu trépignes, tu es accablé, tu boudes
comme un petit garçon, comme Lulu, tiens !
N'est-ce pas, Lulu, que tu es boudeur, sans
doute tu tiens ça d'Albert. »

Toute l'attention s'est reportée sur moi. Je
suis content. Anne Marie me dévore des yeux,
pour m'intimer l'ordre d'être prudent. Elle est
inquiète de ce que je vais répondre. Moi :

« Ah ! oui, papa boude souvent quand
maman lui donne des conseils. Moi aussi, je
boude quand elle n'est pas gentille avec moi.

— Je suis sûre que ta maman est toujours
gentille avec toi, crois-en ton Edmée. Et si tu
penses qu'elle ne l'est pas parfois, c'est qu'elle
a de bonnes raisons, que tu as fait une grosse
sottise et que tu mérites d'être grondé.

— Je boude quand maman me met à l'école
des Sources, pour être seule à Paris et s'amuser. »

Tout le monde plonge son nez dans son
assiette, sur les restes du gigot. Anne Marie me
lance un regard noir. Edmée éprouve le besoin
d'envenimer la situation.

« Mais non, ta maman t'aime. Tu sais que
c'est pour ton bien qu'elle s'est séparée de toi
et t'a envoyé à l'école. Elle avait beaucoup de

, peine... même si elle s'amusait bien avec nous.

— J'aime maman. »

André toussote. Est-ce pour détourner l'attention de ce petit incident, ou est-il simplement pressé de reprendre le Verbe ? Il toussote, il toussote, le cercle intime est à nouveau mobilisé, en état de vigilance.

« Briand est très remarquable. Et pourtant, même lui, parfois, se montre stupide. Savez-vous ce qu'il m'a proposé, croyant me consoler, s'imaginant bien faire, quand Poincaré m'a mis en disponibilité ? De me présenter aux prochaines élections dans une circonscription sûre, je serais député et je deviendrais son ministre des Affaires étrangères quand il serait appelé à la présidence du Conseil. Il a été tout étonné quand je lui ai répondu : « Non. Je « veux seulement être votre directeur général « aux Affaires étrangères. » Il a été encore plus ébahi quand je lui ai dit : « Je veux bien « touiller la boue. Je ne veux pas être « dedans. » Il n'a su que marmonner : « Vous « êtes modeste. » Il a eu un éclair dans l'œil quand je lui ai assené : « Moi, modeste... non. « Au contraire, orgueilleux. » Alors, il a souri : « Pour vous, je suis un bouseux ? — Oui, mais « pas trop sali... moralement. — Au physique « mes pellicules, mon costume taché et le « reste... — Oui, mais ça vous va bien. » Eh bien, Briand ne m'a pas gardé rancune de mon insolence. D'ailleurs je me l'étais permise parce que j'étais sûr qu'il n'en serait pas vexé, amusé plutôt — c'est un homme qui sait s'amuser, ce qui est rare. Au contraire, il m'a dit, en souriant du regard : « C'est bien. Vous serez mon directeur général « aux Affaires étrangères. Et, à ce titre, « vous me ferez la politique extérieure de « la France... »

Subjugation générale. La grande nouvelle, la grande annonce, la grande espérance, chacun pénétré par la révélation, la joie trop intense pour être bruyante. Les bouches qui s'ouvrent en « o », qui font des bulles commes les poissons chinois. Juste Diane grince du métal de ses cordes vocales désaccordées. « C'est merveilleux, c'est... » Elle s'arrête devant le regard glacé d'André — pas d'exagération. Anne Marie n'arrive pas à réprimer ce petit cri : « Oh ! André... » Elle a droit à un sourire d'André. Seule Edmée fait un peu la mauvaise tête, enfin son admiration est réticente, Edmée est sous les armes, à la tête des bataillons de son propre plaisir, loin du traité de Versailles.

André assume soudain un air épuisé, las, un peu amer, souffrant même, d'une souffrance stoïquement surmontée. Il paraît résigné à son sort.

« Ne croyez pas que je sois heureux. Je suis inquiet. Car, avec Briand, je vais avoir le sort de la France entre les mains, et, à nouveau, elle est en péril. Enfin, je ferai de mon mieux. »

Il pousse un soupir qui semble remonter du fond de son âme, le soupir de l'homme face à la destinée grandiose et douloureuse, celle de se charger du monde.

« Je vais vous confesser une conviction pénible qui s'est installée en moi peu à peu. J'ai lutté contre elle en vain, elle est là. Jamais je ne l'ai avouée, je ne l'avouerai pas à d'autres que vous, mes amis, mes très chers amis... Écoutez-moi. Hélas ! j'ai acquis la certitude que la France, qui n'a jamais été aussi grande aux yeux de l'univers, n'est plus qu'une nation épuisée, saignée à blanc, dans la lie des fatigues, usée de toutes les usures, une nation trop vieille, déjà une nation de second ordre. Personne ne reconnaît cette déchéance, le pays tout entier se noie dans une alacrité factice et nerveuse. L'État comme les citoyens vivent à bride abattue, on fanfaronne, on plastronne. Et cependant, sans qu'il soit reconnu, le doute s'est installé en nous, dans les esprits les plus clairvoyants. C'est déjà pourri quelque part à l'intérieur... Moi, cependant, je ne doute pas de la France, mais ce sera une entreprise terrible de la sauver. En serai-je capable, en suis-je digne ? »

André balaie de sa main la tempête des protestations. Et aussitôt reprend :

« Autour de ce pays qui s'esbroufe, qui joue à cache-cache avec lui-même, c'est pourtant à nouveau la montée des menaces, un monde dangereux, plein de passions sombres, ardentes, brutales, étrangement mystiques. La Russie des Soviets qui, par la révolution, ne veut pas seulement détruire les vieilles civilisations, mais changer l'essence même de la vie sur toute la planète. L'Italie de Mussolini, un pays-hyène. Mussolini, un clown tragique... Le Japon, cet archipel qui veut ingérer l'énorme Chine dans son petit ventre, et même plus. L'orgueil dément, l'appétit monstrueux des samouraïs modernisés... Et surtout, à côté de nous, face à nous, l'Allemagne vaincue, occupée, en proie à l'inflation mais déjà tentée par ses anciens démons, déjà tentée par Wotan. L'obscure Allemagne d'où peut surgir le pire. Devant elle, la France qui s'accroche à son traité de Versailles avec une sorte de rage sénile, un traité déjà à moitié démantibulé, à la fois son bouclier et sa croix. La France se débat, la France est terriblement seule. »

Silence à couper au couteau. Les « parasites » du cercle intime savent tout recevoir décemment, même les grands sentiments, les visions fulgurantes. Ils ont une gravité de saints de cathédrale. Ces êtres laids, aussi bien mâles que femelles, sont devenus beaux dans leur dépouillement. Intensité.

Le gigot est achevé, et Eugénie, qui, elle, est au-dessus des contingences par trop platoniques, après avoir desservi, bien bourrue, revient avec sa vérité, qui est dans les fromages. Elle les présente crûment à Anne Marie qui, tirée de son somnambulisme, retombe dans la réalité sous la forme d'une portion de gruyère dont elle se sert avec une sorte de gaieté. Elle est comblée, exaucée, joyeuse, grâce à André — jamais il ne lui a paru aussi « grand » que dans cette prestation d'apocalypse. Mais elle a une telle confiance en lui, avec lui tout ira bien. Anne Marie rassurée mâchonne une première bouchée. Le reste du cénacle, sorti lui aussi de son engourdissement extatique par Eugénie, se met avec discipline, à retomber sur la terre des bries, camemberts, cantals, pont-l'évêque, ingurgitant avec une application sérieuse, pour se remettre... Mastiquages. Le Rapin produit même un bruit de salive, lui qui est pourtant un rapin qui sait manger bien. Edmée, elle, bâille ostensiblement, puis elle se met à sourire, avec un peu de provocation gentille, à Hector, le lieutenant de marine qui, à son bout de table, face à moi, n'a pas dit un mot jusque-là, toujours pâle, beau, un peu fantomal. Il rougit, plutôt il rosit.

André, après avoir soigneusement humé un roquefort, en découpe une portion mouchetée. Il déguste soigneusement, puis il claque — oui, il claque — sa langue pour goûter un doigt de chablis. Il est restauré, il est prêt, il reprend sa harangue — les couteaux et les fourchettes ont été déposés comme des armes inutiles.

« La grandeur de la France, c'est déjà une chimère. Certes, je l'entretiendrai, je la cultiverai, cette chimère ! Mais quel est le pouvoir de l'illusion ! Nos chers alliés en sont abusés, ce n'est pas croyable. Nous avons gagné la guerre grâce à eux, et cette France pantelante et claironnante de la victoire, ils la voient comme une ogresse aux desseins carnassiers. Alors que, seulement, nous avons peur... Loin de voir les nuages noirs, les nouvelles tempêtes, qui se préparent sur la planète, ils sont uniquement obsédés par nous, ils sont hantés par notre puissance, ils la combattent âprement, au moment même où, sous nos oripeaux glorieux, elle n'existe plus guère. Le monde change si vite... Tenez, les États-Unis... Leur maladie, c'est le puritanisme, avec ses accès purulents : l'horreur de l'univers, le jugement d'en-haut... Ils sont sortis de leurs coquilles pour écraser la mauvaise Allemagne pécheresse de Guillaume II. Maintenant, ils sont retournés dans leur sanctuaire, mais comme des escargots qui nous tirent les cornes. Et là, dans leur bonne conscience inoxydable, ils en sont revenus à la bonne Allemagne de Goethe et de Beethoven — Beethoven nous fait beaucoup de mal. »

André prend un air gourmet pour se pourlécher les babines avec un bout de langue.

« Moi seul avais prévu... Quand l'Amérique est entrée dans la guerre, il n'y avait eu en France qu'un cri de joie : « C'est la certitude « de la victoire ! » Moi, j'avais prédit à nos gouvernants béats : « C'est la certitude de la « défaite au-delà de la victoire, car il ne faut « pas oublier que les trois quarts des Amé- « ricains sont des Allemands. » J'avais raison évidemment. »

André, toujours dans l'auguste silence de ce grand moment, se met à mâchonner longuement un éboulis de roquefort. Quel soin il prend à manger alors que personne ne mange ! Il reboit une gorgée de chablis. Et il se remet à déguster, mais cette fois ses propres paroles.

« L'Angleterre c'est le contraire. Le réalisme du bouledogue. Hélas ! l'Angleterre est bête, elle a toujours été bête. Tout au cours de l'Histoire, elle n'a cessé de se jeter, par pure stupidité, dans les pires catastrophes. C'est quand elle est bien acculée qu'elle retrouve une clairvoyance et une fortitude extraordinaires ; et elle ressort du gouffre, magnifiée et grandiose. Mais c'est là un jeu dangereux. Une fois le miracle pourra ne plus se reproduire. Maintenant, elle est en pleine idiotie, John Bull est coriace dans sa hargne obsessionnelle contre nous. Comme si la France était redevenue celle de Louis XIV ou de Napoléon. L'Angleterre nous taille des croupières, elle ne cesse de nous rabaisser. Pour elle, les Allemands ne sont plus des Huns et les Français sont redevenus de maudites grenouilles qui sont trop méchantes avec les cousins germaniques considérés subitement comme des gentlemen décents. Oui, Albion risque, par une rancune séculaire, datant de la guerre de Cent Ans, de nous entraîner dans des drames épouvantables, où elle écopera comme nous — mais, pour le moment, elle ne veut pas y croire, elle ne veut rien entendre. »

Ces propos sont récoltés par le cénacle comme le saint sacrement. Edmée n'en a cure, elle commence à démontrer qu'elle trouve le temps bien long, qu'elle s'ennuie. Alors elle se met à agacer plus sérieusement Hector, elle lui fait de l'œil, elle a de petits rires, elle minaude. Hector répond à ces avances, timidement, par un demi-sourire furtif — il lui faut plaire à Edmée sans offenser André. Edmée insiste, Hector lui répond par une deuxième esquisse de sourire, et tout aussitôt reprend son aspect sage de communiant. Yeux purs, eau limpide. Edmée pouffe pour lui montrer qu'elle n'est pas dupe de sa prudence, mais qu'elle ne lui en tient pas rigueur... André ne s'est aperçu de rien, ou n'a pas voulu s'en apercevoir. Aussi reprend-il gravement :

« Nous ne pouvons compter que sur nous-mêmes face à l'Allemagne qui n'accepte pas sa défaite. Même vaincue, elle est déjà plus puissante que nous : fumées des usines et placidité de roc, une placidité tumultueuse sur les visages d'aigles des Prussiens et les lourds visages carrés des Rhénans. L'Allemagne, quelle solidité, quelle volonté... Alors, que faire ? Poincaré, ce Cosinus implacable, fils de mathématicien, mathématicien lui-même, ramène la vie à des théorèmes. Ce gringalet effrité a les lèvres minces de la logique coupante et les yeux perçants des C.Q.F.D. Ce vieillard dignement miteux est notre homme fort, et il a pourtant la réaction des faibles : profiter de notre hégémonie militaire actuelle, sans doute transitoire, hisser nos voiles dans le vent de la victoire, comme si ce vent soufflait encore, pour obliger l'Allemagne à accepter notre loi, notre talon de fer, l'ergot du coq gaulois. L'occupation de la Ruhr... nos généraux bornés à l'élégance pète-sec se prennent pour des conquérants... *La Marseillaise*, usée, n'est plus un hymne de liberté mais une rengaine d'asservissement dans le silence des populations rhénanes méprisantes. Où tout cela nous mènera-t-il ? Nous avons le monde entier contre nous, nous semons des haines qui fermenteront, et l'Allemagne, la raisonnable Allemagne, dans sa folie, ses fureurs, plutôt que de capituler, préférera prendre une attitude suicidaire et sombrer dans un chaos où nous nous enliserons aussi... Oui, j'ai beaucoup réfléchi à tout ça. Poincaré a tort. Il manque de perspective, c'est ça, d'imagination. C'est un homme à court terme. »

Maintenant, Eugénie a apporté une giclée rouge, un tas aux reflets sombres. Des cerises ! Les lèvres d'Edmée sont faites pour manger des cerises. C'est pour elle toute une occupation distraite et intense. Cela l'absorbe complètement, semble-t-il. Les douces lèvres d'Edmée s'accordent en une ronde suceuse pour aspirer, une à une, chaque pulpe qui semble être de la même matière que sa bouche. Correspondance des fruits et de la femme. Sa petite bouche s'en empare, mignon gouffre calme, juste de la taille de la proie à aspirer, tour-billon immobile décortiquant suavement les chairs pour ne rejeter que le noyau. Cruelle nature, cruelle Edmée. Sa férocité ne se voit pas, elle se sent à sa façon conquérante, et, en un sens, richement économique, sans efforts, d'anéantir les cerises. Il y a en elle, dans sa grâce, quelque chose d'effrayant, un pouvoir monstrueux.

Pour les cerises, à côté d'Edmée, Anne Marie est prosaïque. Elle est plutôt chirurgicale, son ingestion est nette, bien faite, élégante. Vraiment, les cerises sont sans importance pour elle. Elle est ailleurs, dans une concentration un peu bovine, elle digère. Oh ! non pas la nourriture dont elle s'est abondamment servie au cours du repas, qui a disparu prestidigieusement dans son corps maigre — on se demande ce qu'elle fait avec tout ce qu'elle mange... Non, non, elle digère les idées nouvelles et extraordinaires qu'André vient de répandre sur elle. Car dans son discours, il semble spécialement s'adresser à ma mère, il ne cesse de la regarder au fur et à mesure des phrases. Elle, elle avale tout ça à la façon de l'autruche. On voit les idées entrer par ses oreilles, descendre par petites secousses et légères enflures le long de son long cou, pénétrer dans l'œsophage pour enfin déboucher dans l'estomac où elles deviennent un beau bol alimentaire. Ruminations tandis que des vapeurs imprègnent la cervelle. Ces idées, ainsi assimilées, font désormais tellement corps avec Anne Marie qu'il semble qu'elle les ait toujours eues, qu'elles sont depuis longtemps son bagage nourricier. Elle se régale d'André.

Au cours d'une pause, André ne voit pas — quoiqu'il la voie fort bien — Edmée qui, ostensiblement, colifiche d'une main avec les grosses perles rouges des cerises qu'elle porte à sa bouche, tandis que, de l'autre, elle tripote les perles éblouissantes suspendues à son cou, ces grains solidifiés de lumière. Edmée dédaigne André pérorant... Mais André s'étant, d'un long regard, abreuvé d'Anne Marie gorgée de lui, se sent assez fort pour repartir, barytonnant, dans ce qui semble être une péroraison.

« Que faire donc face à l'Allemagne dangereuse ? J'ai beaucoup réfléchi. Je ne crois pas à l'emploi de la force, à la contrainte violente, aux menaces, aux ultimatums et aux troupes, je ne crois pas au *manu militari*. Cette France des poilus, des anciens de Verdun, des maréchaux à gros bâtons et à maigres flammes, cette France de « l'Allemagne paiera » et des « boches à faire rendre gorge », elle est d'une fureur étique, elle est veule. Il faut plus de courage. Il faut le courage d'arriver à se réconcilier durablement, sincèrement avec l'Allemagne... Ce sera mon œuvre, j'y suis résolu. Car je crois qu'entre l'Allemagne satanique, qui existe certainement, et la « bonne Allemagne » dont on rêve, il y a une Allemagne réaliste, à gros bon sens, avec qui je pourrais m'entendre, au moins pour maintenir la paix. Cette Allemagne-là, je suis sans illusions, est coriace, rapace, elle veut se débarrasser du traité de Versailles et de ses contraintes. Ce traité blesse son orgueil. Avec ça, il lui faut du « substantiel », de la prospérité à dividendes cossus, de la bière épaisse, des plumes de faisan pour ces chapeaux tyroliens, du Siegfried à plein opéra, de la lourde plaisanterie et du respect à talons claqués. Entre les fureurs teutoniques et les exaspérations françaises, la voie est étroite. Je ne devrais ni céder, ni taper du poing sur la table, car je crois que cette Allemagne craint l'incertitude d'une guerre de revanche, c'est sur ça que je jouerai. Jouer, c'est ma vie. »

André s'arrête. Il halète. Sa face est crispée. Il n'est plus un personnage placé sous le globe de sa superbe, dans l'espace où il manœuvre le balancier de l'imperturbable contrôle de lui-même avec les impondérables de l'ironie, de l'indulgence, du cynisme, du mépris. Cette fois-ci, contrairement à ses principes, il est emporté par une passion, il la laisse s'enflammer, on la voit, on la sent, elle est chaude. Son long nez frémit, André vit.

« Oh ! j'irai jusqu'au bout de moi-même. Je mourrai à la tâche s'il le faut, d'un vaisseau éclaté dans ma tête ou d'un arrêt du cœur, mais je réussirai. Moi seul le peux. Pour amadouer cette Allemagne-là, il ne suffit pas du violoncelle de Briand, ni des bonnes dames de Genève : la S.D.N. En plus, il faudra une patience infinie, la connaissance parfaite d'un labyrinthe où je ne me perdrai pas. Chaque jour il faudra prendre un des milliers de problèmes insolubles, le rendre soluble, échouer, recommencer. Mais d'abord créer une certaine bonne volonté à négocier, un désir d'entente, d'aboutissement... Face à moi, j'ai une Allemagne pacifique, qui est un piège. Oui, j'ai affaire à des interlocuteurs germaniques amicaux, mais que vaut leur amitié trop proclamée ? Je n'ai pas perdu mes contacts et je les reprendrai, officiellement, en plus grand, beaucoup plus grand ; quelle entreprise ! Guttmann surtout, ses courbettes raides, son corps trapu ! Il est si musculeusement graisseux que ses vêtements, pourtant solennellement coupés, tombent mal, comme s'ils n'étaient pas ajustables. Est-il ajustable lui-même ? Puis-je lui faire confiance ? Son front de buffle, d'une stupidité rusée, ses gros yeux à fleur de peau, son crâne énorme, ses salutations mellifues dans leur rigueur, les bourrelets derrière son cou, ses poignées de main comme des secousses... Parfois, je me demande quelles finasseries dangereuses, quelles obstinations perverses sont cachées dans son guindé bouffi. Dans son humilité arrogante, je pressens en lui un sentiment de supériorité, de mépris. Je pense qu'il me roule. Et pourtant je lui fais confiance. Oui, oui... »

Brusquement, il tremble, il est en sueur, traqué par lui-même.

« En France, on m'a accusé de défaitisme, d'être un lâche... Ce n'est pas vrai. J'ai voulu la victoire de la France. Mais, après tout ce que j'ai vu et vécu, je crois encore aux hommes, à leur ardeur à vivre, je crois à la France à condition qu'elle s'entende avec l'Allemagne. Sinon, ce sera bientôt le malheur, le cauchemar... Je ne veux plus de guerre, plus jamais. Je donnerais ma vie pour qu'il n'y en ait plus jamais. J'y consacrerai mon âme, mes facultés,

480

mes forces entières jusqu'à ce que je m'écroule, que la mort me prenne. Mourir pour la paix... Mais plus de millions de morts, plus toutes ces horreurs, non, non, non... »

André s'arrête, en équilibre, comme une pythie, sur son trépied, qui a sondé l'insondable avenir. L'avenir-gouffre. Il est épuisé, pâle vaincu. Et puis son panache lui revient. Sa tranquillité dominatrice. Sa majesté au sourire ironique. Il attend les hommages des féodaux. D'une certaine façon, il quête l'approbation.

Elle ne met pas longtemps à venir : ses sujets de la petite tablée tombent en transes, ils grelottent de ferveur. La morve en est venue au nez du Rapin qui se mouche avec un mouchoir à carreaux. Les sœurs tressaillent, Diane est une Jeanne d'Arc qui bigle de rimmel, transpercée par la lance de la foi, encore une fois elle rend l'âme. Rose, que d'habitude rien n'émeut, sinon les bons petits ressentiments personnels et les feintes compassions aux bons moments, fait donner presque indécemment sa poitrine, qui se met à osciller, signe d'exaltation sans pareille. Miracle, car les avantages de Rose, loin d'être négligeables, constitués même par de la brave grosse chair, sont en général brimés, écrasés, savamment effacés. Hector, lui, ne sait trop où se poser, il devient inexistant à force d'être anxieux, de ne pas pouvoir exprimer son enthousiasme. Il craint de déplaire par manque de ci ou de ça, de ne pas être à la hauteur.

Edmée, elle, au contraire, s'est, pour l'occasion, réincarnée, elle est redevenue olympienne, elle donne son aval à son Zeus. L'affaire est trop sérieuse, elle ne peut plus persifler. Les ombreuses allées de ses cils laissent entrevoir un regard de pervenche fraîche. Elle penche la tête longuement, comme si elle était trop lourde à porter, trop chargée d'André et de pensées andréiennes. Pourtant, elle conserve un petit sourire, elle laisse le culte et les bondieuseries à Anne Marie, engagée pour cela, la bonniche de la sacristie.

Ma mère est transfigurée, mais dans un halo de placidité, dans une sérénité sanctifiée. Anne Marie infuse dans la liqueur du sacrifice andréien : une madeleine imprégnée, une meringue trempée. Sourire métaphysique, elle que la métaphysique n'a jamais effleurée. Sourire cataleptique, elle qui a bon pied bon œil. Anne Marie est désormais pour l'Allemagne d'André, de son complice Briand, de son compère Guttmann. Elle n'a pas tellement l'habitude des grandes causes, des grandes idées, alors elle avale de tout son cœur, congrûment, sans problèmes. Anne Marie se retrouve dans le « pacifisme », elle qui avait été jusque-là une petite dame des colonies, un peu patriotarde. Il est vrai qu'elle avait le droit d'être comme ça car André, malgré son péché mignon pour Confucius et les philosophies orientales, est, en ce qui concerne les terres lointaines, tout à fait conquérant, y allant du chemin de fer et de la banque, proclamant que, si l'Indochine était perdue, c'en serait vite fait de l'Algérie et des contrées marquées, sur les cartes de géographie, de la couleur rose de la possession française. La France réduite à elle-même, sans prolongements, ne ferait pas le poids face à l'Allemagne. Tout cela est un peu embrouillé pour Anne Marie, mais elle ne cherche pas à démêler, elle ne réfléchit pas. D'ailleurs, elle n'est pas faite pour réfléchir à ces choses. Elle suit, elle avale, elle admire.

Et moi ? Les épanchements d'André m'ont marqué à jamais. Il m'a fait peur ce soir-là, et il me fera peur d'autres soirs semblables, car il se répétait souvent pour se persuader qu'il avait raison. Jusque-là, j'étais douillettement installé dans la grandeur et la gloire de la France. Petit enfant né dans le fin fond de la Chine, je me sentais protégé car j'appartenais à un pays fier et civilisé, le plus grand du monde. La grandiloquence de mon père avait été ma berceuse.

Le 14 juillet de monsieur le consul, tout ce faste, Albert empanaché célébrant les charniers de Verdun, où avaient poussé les fleurs de la gloire ! Et les collections de *L'Illustration* que l'on me donnait à feuilleter ! C'était là que j'apprenais à lire, en pleine épopée. Je regardais les images, je me rappelle celle du défilé de la Victoire à Paris ! Tous les grands du monde, leurs visages célèbres, rassemblés autour de Poincaré et de Clemenceau — les dominateurs, les maîtres —, et aussi les maréchaux. A l'entour la foule en délire, les acclamations, le déchaînement du bonheur malgré les morts, les veuves, les mutilés. Devant eux passait la belle armée française, avec ses attirails et ses uniformes, ceux de la boue des tranchées, ceux des régiments à falbalas, parés des turqueries de l'exotisme : l'Afrique soumise avec ses turbans et ses noubas, l'Asie soumise avec les chapeaux pointus des tirailleurs annamites. Et puis, ensuite, splendides aussi, mais moins que la nôtre, venaient les armées alliées, avec leurs bigarrures et leurs étrangetés, les cornemuses et les peaux de tigre de l'Angleterre, les chapeaux de scouts des Américains. Tout ça dans la perspective de l'Arc de Triomphe, ajoutant la gloire napoléonienne à la gloire présente. Paris, la capitale de l'univers...

Cette France-là m'apaisait. Désormais, André m'apprendra qu'elle est un faux-semblant, un château de sable. Oui, ses propos, ce soir-là et les autres soirs, répétés au cours des mois et des années, devaient marquer ma jeunesse, mon adolescence d'un reflet inquiet. Je les ai interprétés lugubrement, eux qui se voulaient rassurants. Pourquoi en moi ce tour d'esprit ?

L'Allemagne ! l'Allemagne, je n'entendrais plus parler que d'elle, je la sentirais approcher, d'abord lentement, venir à pas de loup, puis marcher bruyamment, avec ses pancartes, ses « Heil Hitler », avant d'éclater dans le flamboiement des croix gammées. Par miracle, je ne serai pas tué...

Mais le drame privé et le drame des événements ne viendront que plus tard, beaucoup plus tard, après quelques semonces de mauvais augure. Pour l'instant, je suis sous des ailes bienveillantes, au bercail d'André et d'Edmée, près de ma mère. Je suis encore si gosse que je ne comprends pas bien ce que dit André... Je n'ai que l'intuition des échecs du futur.

A ce dîner, entre les fruits et le café, André se remet à pérorer, il n'a pas fini son propre panégyrique — il y met une modestie qui le rehausse, il est capable de se reconnaître certaines erreurs. Le meilleur *Te Deum* n'est-il pas un certain mea-culpa ?

« Le traité de Versailles, je suis obligé de le maintenir. D'ailleurs, n'en suis-je pas en partie responsable, même s'il n'est pas tout à fait celui que j'aurais désiré ? Sans lui, un certain monde que j'ai voulu s'écroulerait. Mais que de charges il nous impose. Parfois il me gêne aux entournures. »

Edmée a repris son air d'ennui. Ses mains égrènent ses perles, ses yeux ne se posent sur rien... Anne Marie de nouveau est au garde-à-vous, brillante d'attention. Les autres se tiennent dans l'expectative de l'imprévu.

« Tenez, je vais parfois jusqu'à me demander si je n'ai pas eu tort de découper l'empire d'Autriche-Hongrie comme si c'était une grosse volaille. Je le haïssais, il était pour moi le monument de l'injustice et de l'oppression, la nuit des peuples. Avec ses ailes et ses pattes bien tranchées par le coutelas de ma plume, j'ai créé, recréé d'heureuses nations, du moins je le croyais. Avec quel amour j'ai procédé à son démantèlement, avec quel soin aussi je me suis plongé dans les archives anciennes. J'ai dépouillé des tonnes de documents poussié-reux et froissés, en caractères gothiques, sou-vent presque illisibles. Tout ça pour tracer les nouvelles frontières de la vérité. Hélas ! les nations que j'ai appelées à revivre sont main-tenant mesquines, médiocres, abusives, ne sachant que réclamer, qu'exiger... et sur quel ton ! Sans cesse à mes basques... incapables d'aucune générosité. Déjà égoïstes et corrom-pues jusqu'à la lie, toujours dans des chamail-lages insensés et avides. Une grande déception pour moi. Déjà prêtes à trahir. »

André, de ses yeux justiciers, cherche à accrocher les yeux d'Edmée comme s'il voulait régler quelque compte avec elle.

« Tiens, je n'ai jamais autant cette impres-sion que quand les Petusky sont là. Savez-vous qu'avant ses nouvelles dignités d'ambassadeur qui lui sont tombées du ciel, il était un avocat marron à New York ? Et elle, une ancienne chanteuse de caf'conc' ? Ils suent la bassesse. Ce sont vos très chers amis, Edmée... »

Edmée n'a pas entendu. Sa bonne solidité est devenue évanescente. Elle est au loin... Par contre, Anne Marie est là, muette mais vigilante. Les convives sont tout petits, rencognés devant ce qui s'annonce être une scène.

« Remarquez, depuis ma mise à pied, j'avais au moins l'avantage de ne plus voir ces Petusky. Eux qui me devaient tout, ont disparu et se sont mis à amadouer Poincaré. Ils ont dû en manigancer des avances, des fioritures, pour nous renier ! Je dois reconnaître que Poincaré n'est pas très sensible à ce genre de cour... Mais, depuis quelques jours, les revoilà, tout sucre, tout miel, lui, maniant le compliment avec sa lourdeur habituelle, et elle, folle, folle de vous, Edmée. Évidemment, moi je suis un peu de glace, mais vous, Edmée, quels transports ! Ce sont vos amis, il est vrai. Et vous aimez vos amis. »

Edmée est de plus en plus absente. Elle se sourit à elle-même, comme si elle se trouvait dans quelque paradis lointain.

« Ce qui m'agace avec les Petusky, c'est qu'ils amènent toujours des olibrius dorés sur tranches, des nouveaux riches épouvantables, des milliardaires de basse cuisine. Souvent des Français — à se boucher le nez. Avant-hier, quand ils sont revenus en grande pompe, ils avaient avec eux M. Petrel, ce gros jeune pachyderme qui se vautre dans toutes les mares puantes. J'étais d'autant plus contrarié de le voir chez moi qu'on le soupçonne d'avoir alimenté, en Syrie, la révolte des Druzes contre nos troupes, en leur vendant quelques milliers de fusils... Mais il vous plaît, Edmée, ce M. Petrel, et vous avez été aimable avec lui. Averti par les Petusky que vous collectionnez les assiettes de la Compagnie des Indes, il s'est cru permis de vous en offrir une douzaine, rien que ça ! Et vous alliez accepter... si je n'avais pas refusé pour vous. »

Edmée s'aperçoit soudain de l'existence d'André.

« Tu as été grossier.

— Non, je suis toujours très poli. »

C'est tout. La scène est terminée. Cela ne va jamais plus loin. Dans l'assistance, personne n'a rien vu ni entendu, personne n'a bronché. Anne Marie est lointaine. André se tait.

C'est alors qu'Edmée — une manière de mettre au rebut André et ses discours — plonge ses yeux dans ceux d'Hector. Tendresse, ironie, fermeté, la bonne maman marivaude un peu son enfant, avec une voix de câlinerie douce-amère.

« Alors, Hector, dis-moi. Tous ces jours-ci, je t'ai à peine vu. As-tu fait de nouvelles conquêtes ? »

La peau blanche d'Hector fleurit comme une pivoine. Ses yeux balbutient, à la fois inquiets et vaniteux :

« Edmée, ce n'est pas intéressant. Je vous assure, rien...

— Hector, je n'aime pas que tu me caches tes aventures. Tu en as toujours. Ne te défends pas, ce n'est pas ta faute, tu ne les cherches pas, tu séduis malgré toi, les femmes te tombent toutes dans les bras. Ah ! je les comprends, tes amoureuses, tu es si beau, si mignon, tu es irrésistible, rien qu'à te voir, on a envie de te toucher. Hector, dis à ton Edmée...

— Non, Edmée, non, je ne peux pas, je me sens, eh bien... je me sens gêné.

— Oh ! le vilain ! Quoi, des secrets pour moi ! Tu ne parles pas. Alors, je vais t'interroger. Dis-moi, ta toquée si riche, un peu tapée, court-elle toujours après toi ?

— Marguerite est charmante...

— N'est-ce pas elle que son premier mari, au cours de leur voyage de noces en Afrique, a jetée de leur bateau tellement elle l'assommait ? En plein lac Tanganyika, au milieu des crocodiles qui ne l'ont pas mangée parce qu'elle devait être trop coriace. »

Sirupeuse et susurreuse, Rose croit utile de s'immiscer dans la conversation, jouant son rôle de dame de compagnie, non sans avoir jaugé André qui ne semble pas contrarié, juste un brin condescendant.

« Ah ! je vois, Marguerite... Il s'agit de la personne qui, en secondes noces, a épousé un Levantin assez laid, très vieux et cousu d'or, qui faisait de mystérieuses affaires à Beyrouth ? Elle a tellement mangé de rahat-loukoum qu'elle a pris quarante kilos... Il paraît que pour échapper à la graisse et au monsieur, elle s'est enfuie... avec un petit pactole.

— Oui, oui, c'est celle-là, Rose... Ensuite, elle a jeté son dévolu sur un Américain excentrique, pas de la première fraîcheur mais très milliardaire, le roi de je ne sais plus quelles saucisses. Elle l'a conduit devant un pasteur et sa bible. Une fois mariée, elle a bien voulu s'apercevoir qu'il n'aimait que les poupées, pas de chair, mais seulement de cire, il en avait la plus belle collection du monde, il faisait avec elles des choses, mais des choses... Naturellement, ça l'a dégoûtée, et elle a déguerpi, cette fois en emportant le gros gros paquet... Enfin, la vertu est récompensée, elle mène grand train à Paris, et, en toute honnêteté, elle tâche de se faire un salon sous ses lambris. Sans trop de succès. Savez-vous qui en est l'ornement ? Notre Hector ! Elle le traque, elle le couve, elle est éprise de lui que c'en est touchant. Pour lui plaire, elle fait la petite fille, et Hector ron-ronne. N'est-ce pas que c'est vrai, Hector ? »

Cette tirade, c'est de l'Edmée tout pur, tout craché, en pleine forme. Rose se trémousse, elle est enchantée. Elle se félicite d'avoir lancé Edmée dans son envolée. Là table n'est que gaieté, le petit cercle se délecte de l'esprit d'Edmée si vif, si primesautier, alors que tout à l'heure, avec les somptueuses et graves disser-tations d'André, eh bien, c'était vraiment du travail. André, revenu de ses grandes pensées, est ravi de sa femme, il a son sourire indulgent et appréciateur. Ah ! Edmée a toujours le don de l'amuser. Seule Anne Marie reste réservée quoiqu'elle se force à un sourire de conni-vence. Elle, c'est André, André le Grand qu'elle apprécie.

Hector est indigné. Il entre dans le jeu, ses protestations ne font qu'apporter de l'eau au moulin d'Edmée.

« Edmée, que dites-vous ? Vous allez faire croire que je suis un gigolo. Ce n'est pas ça. Marguerite, c'est vrai, est très gentille avec moi mais elle est seulement une amie, une exquise amie, qui a des sentiments beaux, délicats. »

Edmée pouffe. Tout le monde a pris des airs entendus. Hector, jouant à l'indignation, est satisfait. D'ailleurs Marguerite est à jeter, enfin c'est un sujet épuisé. Au tour d'une autre. Edmée y va carrément.

« Bravo, mon petit Don Quichotte, tu défends l'honneur du beau sexe, quoique, dans le cas de Marguerite... enfin, tu sais mieux que moi, mon chéri... Mais il paraît que tu es aussi assailli par la dame qui a fait scandale à Lyon, cette jeune épouse, mère de famille évidemment, issue de la plus respectable tribu lyonnaise, une tribu dans la chimie, la banque, les textiles, les médicaments, le caoutchouc, dans je ne sais quoi... qui s'est fait bêtement pincer avec un amant. Figurez-vous, Rose, qu'on l'a expédiée en exil à Paris, sous bonne garde, avec l'obligation de bien se conduire. Et j'ai entendu dire que c'est avec toi qu'elle se conduit bien... n'est-ce pas, mon mignon ? »

Rose hume l'atmosphère et croit bon d'ajouter de la sauce au ragoût d'Edmée.

« Ah ! oui, je vois. Ça a été terrible, tout Lyon en a tremblé. La pauvre, maltraitée comme elle l'a été, je comprends qu'elle cherche des consolations, et Hector est si charitable ! »

Rose est trop longue. Edmée la réduit au silence.

« Mon petit Hector, fais quand même attention. Jacqueline est surveillée et si elle se fait prendre avec toi... elle aurait encore des ennuis, et peut-être toi aussi. »

Hector, cette fois, montre plus de véhémence dans ses dénégations.

« Jacqueline donne de petites réceptions innocentes et convenables. Elle tâche d'attirer des écrivains, des artistes, tout un milieu qu'elle ne connaît pas et qui la distrait, la change de sa province étouffante. Elle veut respirer, pas plus... Moi, il m'arrive de paraître à ces soirées, c'est tout. Je la plains. Malgré ses malheurs, elle s'efforce de faire bonne figure, d'être gaie, elle a beaucoup de courage. Je la respecte. Je vous assure que...

— Ta, ta, ta... Je te la laisse, puisque tu sembles y tenir. Mais, à propos, et ta lady ? Celle-là, c'est une empoisonneuse, une bêcheuse, elle se répand partout avec ses grands airs, elle fait la dédaigneuse au nom des ancêtres qu'elle n'a pas, puisqu'à l'origine, c'est une couturière ou quelque chose comme ça. Tu te souviens quand je l'ai rencontrée chez les Da Silva... tu lui servais de chevalier servant, elle m'a regardée du haut de sa grandeur, cette pécore, tu étais bien ennuyé. J'espère que tu t'en es débarrassé — ou tu continues à être son humble serviteur ?

— Edmée, vous le savez, tout ça est sans

importance, je vous le promets. Pourquoi me taquinez-vous sans cesse ?

— Allons, Hector, tu es gentil, tu as de la pudeur, tu me raconteras tout en détail, comme tu le fais chaque fois... quand nous serons seuls... et moi, j'en ferai profiter tout le monde. »

L'assemblée jubile. André regarde Hector avec une sévérité gâteuse, qui fond, qui n'est qu'indulgence. Tout se passe comme si Hector était le fils prodigue, Edmée la bonne maman, André le bon papa, le cercle intime constituant le cercle de famille.

Soudain Edmée tend sa tête vers Hector, avec une expression que je ne lui ai jamais vue, une vraie souffrance. Elle est une mère inquiète, une amante douloureuse, une femme amoureuse.

« Et cette créature, mon Hector, tu ne l'aimes pas, dis ?

— Laquelle ? demande Hector, effronté.

— Tu le sais bien, la petite actrice hongroise qui est dans ta vie depuis deux ou trois ans. Celle qui ressemble à un écureuil, cette roulure, avec sa figure de casse-noisette. Elle t'adore, je te l'accorde, elle vient de te prendre comme témoin à son mariage avec le petit marquis, ce voyou de marquis. Tout ça a un air bien gentil, mais attention. Dis-moi, Hector, cette femme, tu ne l'aimes pas ?

— Évidemment je ne l'aime pas ; je l'aime bien.

— Hector, mon petit. Je t'assure qu'elle n'est

pas du tout ce qu'elle prétend être avec son drôle d'accent, sa maigreur cocasse, ses grands yeux ; elle n'est pas du tout une gaie luronne, une bonne complice. Ne te laisse pas duper, Hector...

— Arlette n'est pas méchante, elle est bonne fille, elle aime rire... Je m'entends bien avec elle.

— Fais attention, Hector, sous son apparence futée, elle est mauvaise, elle est noire, vraiment noire. Elle est méchante. Je me demande quel pouvoir elle a sur les hommes. Je ne comprends pas, elle est si facile à percer à jour... Et pourtant, elle les mène par le bout du nez, jusqu'à ce qu'ils s'aperçoivent que... Et ces imbéciles, au lieu de la quitter, c'est tout ce qu'elle mérite, eh bien, ils se suicident pour elle. Tu le sais, elle en a volontairement poussé trois à se tuer, c'est son tableau de chasse, elle s'en vante.

— Des racontars. Si vous saviez comme Arlette n'est coupable en rien dans toutes ces histoires.

— La pauvre enfant ! Laisse-moi rire... »

Hector est soudain pris par une sorte d'amusement.

« C'est vrai qu'Arlette est un peu garce, comme toutes les femmes. Mais elle ne me jouera jamais un mauvais tour, je ne risque rien avec elle, vous ne comprenez pas...

— Mon pauvre Hector, tu es de la race de ces grands jobards idiots à qui certaines femmes font faire ce qu'elles veulent. Et ton

Arlette est une de ces femmes, une sale petite bête qui te mènera jusqu'à ta perte.

— Je ne sais pourquoi vous vous acharnez contre Arlette, vous êtes jalouse, c'est ça, vous êtes jalouse d'elle...

— Moi ? Jalouse... de cette... de cette ordure ? Oh ! Hector... Mais si tu ne m'écoutes pas, fais attention à ce qu'un jour, à cause d'elle, toi aussi tu n'appliques le canon d'un pistolet sur ta tempe et n'appuies sur la détente. Fais attention... C'est tout ce que j'ai à te dire. »

Autour de la table, un grand silence. Hector est livide.

Pressent-il Hector, que cela arrivera, dans pas tellement longtemps — trois ou quatre ans —, que ce que lui prédit son Edmée offensée et malheureuse se produira, que sa main portera un gros revolver à son front, qu'il se foudroiera d'une balle, que son corps tombera dans les éclaboussures de sa cervelle et les jaillissements de son sang, qu'il expirera tout seul — tandis que, pas loin de là, Arlette, qui aura manigancé un traquenard, soudain paniquée par son œuvre, refusera de faire un pas pour le voir ?

Edmée connaît tout d'Hector, la trame de son passé, le secret de sa naissance, déjà dans le suicide et la démence, le secret qui peut le destiner au malheur malgré l'amour qu'elle lui porte, son incroyable dévouement. Pourtant elle aurait eu bien des raisons de le détester.

Tragédie ancienne. La forêt de Fontaine-
bleau. Dans une clairière, une bâtisse trapue,
une sorte de forteresse en grosses pierres,
couverte de lierre. C'est la demeure d'Amédée
Riën, étrange nom pour un personnage qui fait
retraite dans la splendeur, qui se croit un
seigneur de la Renaissance. Un géant à collier
de barbe rousse, qui tonitrue dans le fantastique et la gaieté. Un ameublement écrasant et
bizarre, des flambeaux massifs, des armures,
des tables immenses et des bahuts ouvragés.
Partout des livres, des tableaux, des sculptures,
des tapisseries, des chefs-d'œuvre angoissants
et baroques. Un monstrueux four pour percer
les secrets de l'alchimie, d'autres plus petits,
plus rouges, où il fond des métaux précieux
destinés à fabriquer des bijoux épais et scintil-
lants, comme en portaient les princes d'antan.
L'Art, l'Art, l'Art obsède Amédée, l'art de
l'Italie surtout, au temps des Borgia, Lucrèce
et César, de Machiavel, du Titien, de Michel-
Ange, de Raphaël, des condottieri, des saintes,
des courtisanes.

Il est riche, aussi a-t-il ramené des trésors de
Rome, de Florence, de Venise. Un rococo
cruel, démentiel et pourtant joyeux. Car Amédée est gai, avalant la vie à grandes lampées,
d'une extraordinaire puissance physique et
morale, très instruit, mais toujours en quête de
plus de connaissance et de beauté. Insatiable.

Glouton et civilisé, entouré d'autres hommes de bonne bourgeoisie, tous curieux, étranges, un peu mystiques, savants, eux aussi à la recherche de quelque chose. Table ouverte. Bohème sacrée, pas de petite rapinerie ou de gensdelettrerie miteuse.

Comment Edmée a-t-elle abouti dans cette galaxie ?

A dix-huit ans, menacée d'un mariage médiocre par des parents petits boutiquiers, elle avait révélé sa trempe, elle s'était enfuie vers la ville, vers les lumignons de Montmartre et de Montparnasse, vers les tanières et les repaires des peinturlureurs, des barbouilleurs, des tripatouilleurs de glaise, une faune dans le dénuement, hantée d'espoir et de joie. Elle était devenue modèle, allant d'atelier en atelier, parfois de lit en lit, toujours avec une retenue charmante. Ses abandons étaient d'une ingénuité délicieuse, spontanés et calculés. Elle avait de l'ambition, elle voulait « arriver ». Temps dur, long cheminement, volonté de conquérir le monde... Sa première étape importante avait été le Rapin, alors jeune homme raisonnable, tout à fait organisé, malin et prudent, doté de solides vertus bourgeoises venant de ses parents cossus et honorables. Quand Edmée a commencé à trop peser sur son porte-monnaie et sur son cœur, très intelligemment, il a su passer la main à qui il fallait...

C'est donc par le Rapin, qui avait des relations, qu'Edmée a connu Amédée. Auparavant,

497

le Rapin l'avait prévenue : « Attention, c'est un excentrique, un original, généreux, riche, il vit dans ses bois, il s'adonne à je ne sais quelles chimères, il se prend pour Benvenuto Cellini... Il te conviendrait bien. Ne le rate pas. » Edmée ne l'avait pas raté. Il était tombé en arrêt devant elle, le coup au cœur, la dévorant de sa barbe, de ses yeux, avec avidité, avec tendresse aussi.

Elle jouait à être son enfant. Lui, comblé et ravi, barbon resplendissant, l'avait gardée dans sa grande demeure de la forêt. Elle était devenue la Bien-Aimée, l'Adorée, l'Unique. Amédée ne se contentait pas de se repaître d'elle, il l'avait façonnée, il en avait fait un chef-d'œuvre. Père incestueux, il l'avait enseignée, lui donnant de précieuses leçons. Edmée avait été une excellente élève, elle apprenait, sans jamais être déconcertée. Elle n'était pas surprise par les façons de la demeure. Elle s'habituait à la fortune, aux manières des fortunés, elle aimait ça. Elle s'était composé un comportement, un style, une attitude, une certaine allure naïve, proche, charnelle et pourtant vertueuse, candide et rouée, éthérée et terre à terre, innocente et tirant toutes les ficelles. « C'est ma Joconde », disait Amédée, quand même surpris de l'étendue de ses progrès, et qui lui forgeait de rutilants bijoux, avec lesquels elle paraissait être une princesse des eaux et des prés. Elle s'était façonné une langue, des mots, des expressions, des gestes et un habillement. Métamorphose... Jusqu'à ce qu'elle ait décidé de se faire épouser par Amédée. Pas seulement par ambition, mais par passion. Elle aimait vraiment son ogre. A partir de ce moment-là ses moyens ont diminué, elle est devenue maladroite, elle a commencé à faire des scènes ; cela effrayait Amédée... Longtemps, lui plutôt bon, ennuyé, ne disait pas non, accordait des promesses vagues, tergiversait. Il se lassait, il se plaignait d'Edmée à ses amis.

Il a suffi qu'apparaisse un jour une créature superbe, sculpturale, une aurore boréale — de longs cheveux de lin, un immense front galbé, des yeux d'opale, des traits suavement camus. D'elle, émanait une douceur parcourue par de violents éclats de joie, de vie. Son rire. On savait qu'elle était Scandinave, une Viking fortunée, libre, ayant plus ou moins été mariée, à l'existence assumée à travers orages et caprices — elle parcourait la terre au gré de sa fougue, comme ses ancêtres se lançaient sur les mers, à bord de leurs drakkars. En quelques secondes, Amédée fut totalement possédé d'elle... Edmée n'existait plus.

Pauvre Edmée accablée ! C'est alors qu'intervient André Masselot.

Depuis un certain temps, André le Dandy, frotté de lettres et d'arts, était un habitué de la demeure des bois. Il devint assidu, trop assidu. Il changea : André le Roué, le Sceptique, l'Impertinent, qui s'imaginait bardé contre le cœur, les sentiments, les émotions, les chaleurs du sang, les soupirs de l'âme, avait succombé aux charmes d'Edmée. Il était devenu, avec l'approbation d'Amédée, son soupirant attitré. Il ne se décourageait pas : des cadeaux, encore des cadeaux, que d'efforts pour déployer sa séduction, son intelligence, ses attraits, son verbe, ses sourires ! Pétards mouillés, feux d'artifice trempés, Edmée bâillait, sa pensée était ailleurs, elle ne l'aimait pas. André ne l'aurait jamais conquise s'il n'y avait eu la Nordique, Edmée supplantée, et Amédée tapant sur son épaule, éclatant d'un gros rire plantureux : « Mon garçon, c'est très bien. Vous avez bon goût, Edmée est une fille remarquable... Partez avec elle, emmenez-la, je vous donne ma bénédiction. Edmée ne peut être entre de meilleures mains que les vôtres, vous la rendrez heureuse, elle vous comblera de satisfactions et même, je la connais, elle vous aidera à faire votre chemin. » Sacré Amédée qui, pour se livrer à ses délires avec Dora, se débarrasse de sa maîtresse, la case avec André, ce niquedouille d'André... Edmée fait un triomphe de sa déchéance, elle montre sa grandeur. Elle accepte la proposition d'Amédée : elle va vider les lieux avec André. Elle sourit à André, désormais elle se l'approprie. Edmée est lucide, volontaire, guérie des infirmités du cœur.

Ensuite, tout lui a été facile.

Dans la grande maison laissée par Edmée, le malheur n'a pas tardé à arriver. D'abord, cela n'a pas été tellement grave. Parfois, lasse, Dora se tait, elle passe des heures, des jours d'abattement, allongée, lointaine, le visage voilé de brouillard. Quand Amédée essaie de l'approcher, de la consoler, de la raviver, elle grogne, elle a de terribles colères, elle hurle comme une chienne. Ses traits s'altèrent, elle est égarée. D'autres fois, elle se soûle et se lance dans des danses possédées. Amédée fait le gros dos. Il s'acharne, et il lui vient une idée magique : il veut l'épouser. Elle accepte.

Le soir des noces commence la grande crise, la démence...

La cérémonie a été gaie à la petite mairie du bourg voisin. C'était l'été. Monsieur le maire, son écharpe tricolore autour du ventre, son petit discours bien senti. Amédée passe la bague au doigt de Dora qui n'a jamais été aussi resplendissante. Et puis le banquet, à la maison. A la demande générale, Amédée veut donner un baiser à Dora, mais elle le repousse, elle trépigne, ses yeux sont hystériques. Toute la compagnie se tait, craignant le pire. La face de Dora se tord et, brusquement, avec une violence inouïe, sans qu'on ait le temps de l'arrêter, elle jette à Amédée, en plein visage, la bague du mariage. Elle glapit en un français barbare qui sort du nord, des espaces scandinaves, éternité de forêts gelées et de toundras venteuses : « Je suis libre, libre, libre... »

Amédée ne sait que murmurer : « Calme-toi, Dora, calme-toi. » Fureur dans les pupilles de Dora. Et, de ses mains folles, avec rage, elle arrache ses vêtements par morceaux. Nul n'a eu le temps de l'en empêcher, quelques secondes ont suffi, elle est nue, complètement nue. Dora, avec une sorte de triomphe sur la figure, écarte peu à peu les jambes ; elle est prise de spasmes effrayants. La crise. Remontée des instincts morbides dans ce qui semblait, au début, une explosion bachique, une furie charnelle. Elle s'acharne à tout détruire, elle a la tentation du néant, elle ne veut plus être.

Le paroxysme est passé. Elle n'est plus qu'anéantissement. Elle se tait, elle se referme, elle est pâle, ses yeux sont clos, elle vacille, elle va s'effondrer. Amédée la recueille dans ses bras encore costauds et l'emporte, inconsciente, la bouche un peu baveuse. Après un long moment, il revient vers la noce. Il ne sait que dire : « A force d'amour, je la sauverai. »

La suite. La descente dans l'abysse... Dora reste tranquille des heures entières, gentille. Mais dans la journée vient toujours un moment où elle se met à boire, jusqu'à ce qu'elle soit d'une ivresse exaspérée, jusqu'à ce qu'elle soit une pocharde errant à travers les pièces, trébuchant. Il faut cacher les bouteilles, mais elle les trouve toujours. Amédée s'y perd. Il imagine de se poivroter avec elle, d'être avec elle dans les paradis et les transes de l'alcool. Soûleries communes. Vain remède. Dora déteste ce compagnonnage. Elle sort, elle va seule dans les bistrots du village proche, et elle s'arsouille en faisant ses numéros. Elle paie des tournées à tous les soifards et puis elle se déshabille. Il faut appeler les gendarmes, leur remettre cette folle... car, dans le pays, on n'appelle plus Dora que « la folle ».

Mais souvent au lieu de la maréchaussée, c'est Amédée qui survient. Un silence à son apparition. On le plaint. Il trouve Dora nue ou à demi nue, il sait ce qu'il doit faire. Il s'approche de sa femme et dit : « Viens. » Parfois, elle obéit. Parfois, elle hurle. Alors les gens l'aident à transporter Dora devenue cette femme pitoyable et immonde.

Quand ça empire encore, il se décide à la garder dans la maison où elle fracasse tout. Plusieurs fois elle tente de s'évader, mais Amédée est bon geôlier, elle ne lui échappe pas. Seulement, elle dépérit, elle se consume, elle se dessèche, elle se fane, elle n'est plus que l'ombre d'elle-même, elle déambule dans les pièces, elle emploie de drôles de mots. Sans cesse elle marmonne : « L'étang... — Quel étang ? — Tu le sais bien... — Non, dis-moi ? — C'est mon secret. » Amédée n'en tire rien de plus. Des étangs, il y en a beaucoup à l'entour. Amédée, obsédé, sûr que Dora est capable de sa mort, se fait garde-chiourme, il la barricade. Toutes les portes sur le monde extérieur, celui des eaux, des mares, des rivières, sont donc verrouillées.

Un jour, il doit s'absenter. Avec encore plus de précautions, il a tout fermé, il a multiplié les recommandations aux amis et aux serviteurs. Mais, quand il revient chez lui, il a un pressentiment. De toutes ses forces, il crie : « Dora, Dora ! » Autour de lui, des mines atterrées. Elle s'est sauvée.

Prenant au plus court, Amédée se rue

comme un sanglier vers la région des marais. C'est l'automne, les branches à demi dénudées cassent sur son passage. Tout est détrempé. Il ne voit pas la tristesse ambiante, il est à sa hantise. Dora, Dora, arriver à elle. Il est maintenant certain de l'étang qui a attiré sa femme ; ce ne peut être que le plus petit, mais le plus profond, le plus noir. Les gens du pays l'appellent le « trou aux trépassés ». Il approche. A travers les troncs et ce qui reste de feuillage, il distingue Dora. Elle se tient debout. Elle est totalement immobile, ses pieds sont dans l'eau, là il y a un rebord à peine submergé et elle contemple devant elle, juste devant elle, la tête un peu penchée en avant vers le trou. L'étang est une auge abrupte, aux berges nues de terre cisaillée, se refermant sur une eau nue, couleur anthracite. Rien ne bouge, pas un bruit, la surface est sans rides, unie, épaisse. Rien. Juste, par-ci, par-là, les taches de rouille de feuilles qui sombrent, rejoignant dans les tréfonds d'autres choses décomposées. Amédée arrive, faisant des « flocs » avec ses pieds bottés martelant le sol spongieux, respirant bruyamment dans l'épuisement de ses poumons, faisant rouler de toutes ses forces la machinerie de son corps vers Dora. Elle ne se détourne pas, elle le nie. Elle reste dans son royaume sombre. Ses yeux sont ouverts et pourtant ils ne voient pas. Amédée a peur. « C'est moi, Amédée. Entends-moi, entends-moi, tu vis... » Peu à peu surgissent des signes de l'existence de Dora. Elle sort de son néant lentement, elle revient de loin, elle murmure : « Je vis... — Oui, tu vis, Dora, c'est fini, ton tourment... Je te rendrai heureuse. — C'est fini. Amédée, tu es arrivé à temps. J'aime la vie... Je t'aime. »

Longueur des semaines et des mois. L'univers n'est plus que brouillasses. Il n'existe pas de cial, il n'est qu'un écrasement mou, une chape épaisse et indistincte. Sans arrêt, il pleut. Et puis soudain il ne pleut plus. Sur l'univers lavé arrivent le gel et les grands froids. La nature est crispante, coupante, faite de cristaux. Dureté des ornières, résonance des sons, limpidité de l'air, tout devient trop visible sous les caparaçonnages de la glace. Enfin... c'est la neige et ses floconnades. Ce qui existe est amorti. Dans le ciel une grisaille de fer et sur la terre une blancheur étouffante. Il semble que plus rien ne vive, sauf les loups. Cet hiver-là a été très dur.

La maison d'Amédée est une arche solidement ancrée au milieu des tempêtes. Jamais la bâtisse n'a paru plus solide, plus cossue, plus douce, plus chaleureuse — il y fait bon vivre. Dans les hautes cheminées, les flambées crépitent et, à travers les pièces, on entend les éclats de rire d'Amédée. Pendant que dehors c'est le froid, Dora lui est revenue dans son éclat irradiant, dans sa saveur captieuse, comme si elle n'avait jamais été en proie à ses noires hantises, à ses tristesses saumâtres, à ses morbidités rongeuses.

Elle s'est épanouie. Il a rajeuni. Entre elle et lui l'amour à nouveau, dans sa flamboyance et sa familiarité, avec les petites privautés de l'intimité, les épanchements du cœur, les jaillissements de la volupté.

Comment croire que Dora a pu être folle alors qu'elle préside la tablée des amis revenus ? Même André et Edmée sont là. Tout est rentré dans l'ordre.

Amédée pousse au blanc ses grands fours où il fond et cuit les métaux. Il crée pour Dora des émaux merveilleux. Il brasse l'or, l'argent et les couleurs.

Dora éprouve des malaises. Un rondouillard docteur paterne, l'examine, prend à part Amédée et lui dit dans une jovialité congratulante : « Mes félicitations, monsieur. A votre âge... Votre femme est enceinte. » Qu'importe la vulgarité du bonhomme. Amédée a rugi de joie en entendant l'annonce. Rien au monde n'aurait pu lui procurer un pareil bonheur. Avoir un enfant de Dora... Un enfant qui sera Dora et qui sera lui. Il sera beau, il sera merveilleux. Un enfant, ce cadeau inouï, cette bénédiction.

Dora est restée neuf mois sur son lit, pas révoltée, inexistante. Son corps se gonfle peu à peu mais elle n'a plus d'âme. Elle est bien-portante, elle fait docilement tout ce qu'on lui dit de faire — elle dort, elle se réveille, elle boit, elle prend les médicaments prescrits. Amédée, qui la veille jour et nuit, lui parle avec patience, avec tendresse. Il essaie de susciter en elle une étincelle. Efforts vains. Elle est belle dans ce travail où sa vie, au fond d'elle-même, crée une autre vie. Mais elle est sans désir, sans envie.

Le printemps. L'été. Le cycle des femmes suit le cycle des saisons. Dehors le soleil flamboie, la nature croupit sous ses rayons. L'allée des marronniers ne fait pas d'ombre.

En plein midi, Dora accouche. Amédée, dans le salon voisin, attend, tout bête comme le sont les hommes dans ce cas-là. Il reste, deux heures durant, entre ses peurs et une joie craintive. Enfin il entend des vagissements, on l'appelle auprès de Dora. Elle repose, très calme, très tranquille, déchargée de son fardeau. Elle ne semble pas éprouvée, tout s'est très bien passé. Le docteur se lave soigneusement les mains. La sage-femme apporte à la mère son bébé nettoyé. Dora le voit pour la première fois. Il est tout petit. C'est un garçon, c'est Hector. Si menu qu'il soit, vieillot et froissé, encore congestionné, il est beau — il a déjà des yeux aussi bleus que ceux de Dora, un teint très clair et, en guise de cheveux, un duvet doré. Il ressemble à Dora, ce petit Viking qui se tortille avec une force incroyable. Un élan emporte Amédée vers son fils, mais il se retient. D'abord il faut qu'il sache : comment Dora va-t-elle le recevoir ? L'accepter, le rejeter ?

Dora, appuyée sur des oreillers, prend doucement son enfant dans ses bras, l'embrasse, l'étreint, le serre contre elle. Elle paraît heureuse. Mais Amédée sent que ce sont des simagrées. En Dora, il n'y a aucune flamme, juste un semblant, quelque chose de contraint.

Réjouissances pourtant. Tous les amis sont accourus dans la maison de la forêt. Edmée est venue avec André. Edmée fait la follette, bécote Dora comme du bon pain, lui prodiguant des avis de matrone ; elle qui n'a pas d'enfant se donne beaucoup de peine.

En fait, elle est là pour voir. Le Rapin qui habituellement espionne pour elle ne lui suffit pas en pareille affaire : le bonheur se serait-il installé dans la maison de la forêt ! Elle est rassurée par le comportement d'Amédée. Elle trouve qu'il en fait trop, qu'il en ajoute, que sa gaieté sonne faux, qu'au fond, cette frénésie exultante cache de l'inquiétude, de l'angoisse même. Elle est satisfaite, sûre que le malheur plane toujours.

Tout le mois suivant, les auspices sont excellents. Dora s'est relevée de ses couches, elle est à nouveau une Dora merveilleuse, encore plus touchante parce qu'elle pouponne, madone et materne. Elle aime son enfant, elle aime Amédée, elle aime la vie, elle aime l'univers... apparemment. Le baptême est splendide. Les cloches, les dragées jetées à la volée, sur le seuil de l'église, aux enfants du village, toutes les bonnes gens contemplant le beau cortège qui regagne à pied la maison. Il y a évidemment un festin...

Dès le lendemain, le Rapin rapporte, un peu contrit mais honnêtement, ces festivités à Edmée. Elle n'a pas eu le cœur d'aller à la cérémonie, se doutant que ce serait la grande liesse. Elle a donc écrit une lettre désolée, mettant son absence sur le compte d'André, tenu d'assister à une conférence internationale et qu'elle ne peut laisser. Mais elle a envoyé des présents royaux, un cœur en ivoire accroché à une chaîne d'or et toute une layette ancienne, précieuse, pour Hector.

Une fois son rapport terminé le Rapin se tait. Silence. Edmée médite. Enfin elle pose la question : « Dora est-elle guérie ? » Le Rapin délibère en lui-même, roule une cigarette pour se donner du temps, et, après mûre réflexion, répond : « Non, je ne crois pas. J'ai remarqué en elle quelque chose de mécanique, d'artificiel, on dirait une poupée bien remontée, une femme-automate. » Un flot de contentement emplit Edmée, elle ne s'est pas trompée. Quelque chose va arriver à Dora, quelque chose de sinistre. Elle n'a qu'à attendre.

Elle n'a pas attendu longtemps.

Tout en faisant l'époux et le père comblés, Amédée reste l'âme sombre. Lui aussi a observé le côté machinal de Dora — elle agit comme si elle était hypnotisée, accomplissant tout parfaitement et pourtant absente. Sans en avoir l'air, il la surveille, il est sûr qu'elle s'en aperçoit. Guerre des ombres qui se sourient et s'embrassent, pendant qu'Hector piaille. Et un jour, comme auparavant, Dora disparaît. Cette fois, Amédée est certain de la catastrophe, mais différente, sans doute au loin. Il reprend quand même la routine : parcourir la maison, se ruer vers l'étang, ameuter les gens qui battent la contrée fourré par fourré, rocher par rocher, grotte par grotte. Pas de Dora, vivante ou morte. Il faut appeler les gendarmes pour qu'on fouille, une fois de plus, les marécages, surtout le petit étang sombre et noir. Mais pas de Dora.

Dora est ailleurs. Où ? Amédée se trouve dans un état étrange, à la fois d'une lassitude extrême et plein d'espoir. Fou d'espoir. La découvrir vivante avant qu'il ne soit trop tard. L'énergie le remplit. Amaigri, les yeux insomniaques, il s'habille pour la ville, pour le Quai d'Orsay. Il trouve un André précis, sec, décidé, bref, aimable, qui a vite compris.

« Je fais le nécessaire auprès du ministère de l'Intérieur et j'alerte nos ambassades. Rentrez chez vous. »

Trois jours après, André se présente chez Amédée. Le visage impassible. Aussitôt Amédée devine.

« Dora est morte. »

André incline la tête en signe d'assentiment.

« Elle s'est suicidée ?
— Oui.
— Où ?
— A Vienne, en Autriche.
— Comment ?
— Voici le télégramme. »

Là-bas, Dora est arrivée par le train. Elle est descendue dans un hôtel minable, du quartier populaire. Elle est restée enfermée dans sa chambre pendant vingt-quatre heures. En

510

pleine nuit, elle a ouvert la fenêtre et s'est jetée dans le vide, du quatrième étage. Elle s'est écrasée dans la rue. Tuée sur le coup.

André prend un aspect humain.

« Amédée, croyez à ma peine. Celle d'Edmée est immense.

— Merci, André. Remerciez Edmée. Maintenant, laissez-moi.

— Qu'allez-vous faire ?

— Aller chercher son corps et l'enterrer ici, dans le parc.

— Comptez sur moi pour vous faciliter les démarches nécessaires. Je vous obtiendrai aussi l'autorisation pour la sépulture de Dora dans votre domaine. »

Amédée part pour son périple. Il ne pleure pas, comme s'il ne pouvait plus avoir de larmes. Il est tout à sa résolution. Il a encore maigri, encore vieilli.

Vienne. La recherche à la morgue. Le cadavre de Dora à peine reconnaissable. Amédée fait mettre ses restes dans un cercueil plombé. Bureaucratie, formalités, le commerce des pompes funèbres... Enfin Amédée se trouve dans un fourgon de chemin de fer avec sa caisse mortuaire. Seul. Il est perdu dans un autre monde. Il ne pense pas à Dora, pas à lui, pas à Hector, il ne pense à rien.

Quand il retrouve la maison de la forêt, il renvoie tout le monde. Une bonne emporte Hector, qu'il n'a même pas regardé. Amédée reste seul avec Dora. Il est devenu hagard, la barbe et les cheveux ont poussé, sont des herbes folles, ses traits sont des cartilages où brillent trop les yeux, il ne pèse presque plus rien, réduit à un squelette qui flotte dans ses vêtements. Il se met à la tâche avec ses jardiniers, il porte Dora jusqu'à un trou creusé dans la partie la plus sauvage du jardin, pleine de ronces et d'orties. Une fois le cercueil amené jusque-là, ils le descendent dans la fosse. Ils jettent des pelletées de terre qu'ils tassent avec les pieds. Dora est intégrée à la nature, d'où elle renaîtra sous d'autres formes, encore plus belle.

Amédée se traîne jusqu'à la maison. Il est épuisé, malade — sa maladie est un désespoir blanc, sans convulsions, sans crispations, sans hantises, sans douleurs accablantes. Il s'enfonce dans l'ouate étouffante d'un immense chagrin imprécis, informulé. Dora est loin, son image n'est même plus dans sa pensée et dans son cœur. Il ne veut plus voir Hector : n'est-il pas la cause du drame de Dora ? Il ne veut plus voir personne. Qu'on le laisse à son étrange paix. Les semaines passent. Sa sœur, Jeannette, une vieille fille exubérante et hommasse, très bonne, le veille et s'occupe de l'enfant, relégué à l'autre bout de la résidence.

Encore un mois. Amédée traîne. Il n'est plus qu'une ombre. Tant qu'il a un semblant de raison, il se tait. Puis il se met à délirer avec une voix aigrelette, minuscule et aiguë, qu'on entend à peine à cause des grands souffles qu'il fait pour arriver à parler. Sans cesse, il appelle Dora, il la croit vivante, il la veut auprès de lui : « Viens, viens, pourquoi n'es-tu pas là ? » Dora, Dora, ce nom sans arrêt, de jour et de nuit. Enfin Amédée expire.

Plus de vingt ans de cela... Quels sont les cheminements qui ont fait d'Hector cet officier de marine racé et séduisant, le chouchou d'André et d'Edmée, l'enfant de la maison, assis au bout de la table, en face de moi, de l'enfant hanté que j'étais ?

Pour répondre à cette question, il faut pénétrer plus avant dans l'âme Edmée. Tout d'abord, après la catastrophe qu'elle avait tant souhaitée, elle n'a pas pensé à Hector, elle l'a oublié avec aisance, comme elle peut le faire pour toute chose pénible et qui ne lui procure aucun avantage. Hector était élevé par la sœur d'Amédée dans l'hôtel particulier qu'elle possédait à Passy. Que connut-il de la tragédie de sa naissance ? On ne sait. La maison de la forêt avait été vendue et nul ne lui parlait jamais de ces événements anciens. Au salon, il y avait un magnifique portrait de son père en seigneur de la Renaissance ; mais rien de sa mère.

Quand il atteignit ses dix ans, l'excellente Jeannette, débordée, le trouvant trop malingre, trop nerveux, de caractère ombrageux et imprévisible, eut l'étrange idée d'appeler Edmée à la rescousse. Celle-ci faillit refuser de recevoir la grosse tante et son neveu, visite qui avait une forte chance d'être un ennui, une corvée, puis, prise par un retour de curiosité, elle accepta.

Dès qu'elle voit Hector, son cœur fond, elle se rappelle Amédée, le seul homme pour qui elle a eu un sentiment vrai ; depuis cet amour malheureux, elle n'agit que par calcul, caprice bien dirigé et plaisir vaniteux. La saveur d'Amédée et de ses baisers barbus lui revient ; elle la projette sur son rejeton, quoiqu'il ne ressemble guère à son père. Mais elle a aussi des comptes à régler avec Amédée, même posthumes. Elle éprouve une délectation perverse à l'idée de prendre l'enfant qu'il a fait à une autre. Enfin, outre ces considérations d'ordre sentimental, Edmée a une autre raison de s'emparer d'Hector : l'offrir à André. Car un des dangers de sa situation, c'est le regret d'André de ne pas se reproduire en un André numéro deux. Certes, il n'a qu'à s'en prendre à lui-même, ce n'est pas la faute d'Edmée. Le sujet est délicat, douloureux. Les susceptibilités d'André... Pour l'instant, Edmée tient bien son homme, mais on ne sait jamais ce qui peut arriver dans l'existence. Donc elle doit s'attacher André encore davantage en le « paternisant » grâce à un lien de plus, et très fort, celui de l'enfant, cet Hector. Nul autre gamin ne pourrait faire mieux l'affaire que ce gamin-là.

Ainsi est Edmée. Mirifique dessein conçu en quelques instants et aussitôt appliqué. Si elle sait attraper les hommes, elle sait aussi pêcher les gosses, même le petit Hector. Edmée courtisane, mêlant aux petits trucs du métier les divinations du cœur.

Ensuite, elle s'est attachée à l'enfant et il s'est attaché à elle, comme si elle lui donnait la vie. Elle devient plus qu'une mère, une compagne pour Hector. Elle joue avec lui, elle le séduit. Ils se devinent de tous leurs gestes et de tous leurs mots, ils ne font qu'un. Hector est devenu gai, il sourit et rit. Edmée l'embrasse encore et encore, elle le caresse, il la caresse.

Edmée, qui ne fait rien au hasard, n'a pas essayé d'imposer Hector à André. Il était trop jeune pour l'intéresser vraiment. Jusqu'à ses quinze ans. Alors seulement André se met à deviser avec lui des Lumières, il lui apprend à goûter le monde du grand savoir, de l'art, de la science. Et en même temps il communique au garçon sa philosophie de la vie, le scepticisme, le mépris et la charité.

Cela dure des années... Hector est le fils d'Edmée, le fils d'André, de chacun des deux, ils s'unissent pour le protéger, elle en femelle à griffes, en lionne ronronnante, lui plus secrètement, mais de tout son pouvoir.

Pourtant André est préoccupé. Il est même déçu par Hector, sans se l'avouer. Qu'a-t-il retenu de sa grandiose conception de l'univers ? Sera-t-il jamais son successeur, son fils ? Est-il intelligent ? Jamais rien de fulgurant dans ses paroles, juste de l'esprit, toujours le mot qu'il faut accompagnant le geste qu'il faut, mais, de la hauteur sereine que lui prêchait

André, il n'a gardé qu'une arrogance. Il n'est qu'un homme de charme et il a aussi d'étranges faiblesses, il ploie l'échine, il se soumet à tout être fort. Cependant, tel qu'il est, André l'aime.

Quant à Edmée, elle, elle fait la guerre au souvenir de Dora, Dora la suicidaire. Dora la suicidée. Elle a peur du suicide d'Hector. Elle l'aime comme s'il était son fils, elle ne veut pas en être privée. Hector a raison en lui jetant à la face qu'elle est jalouse. La vérité, Hector, perceptif comme tous les écorchés vifs, l'a bien sentie : Edmée est jalouse. Jalouse. Jalouse de sa propre mère, mais il ne le soupçonne pas. La rivale d'Edmée, sa somptueuse et exécrable ennemie, c'est Dora, ce n'est pas Arlette.

Du passé sont remontés les fantômes des tragédies anciennes, fantômes nocifs, menaçants et séduisants. Dora est attirante, ombre ressuscitée.

Il faut qu'Edmée répare le mal qu'elle a commis, c'est elle qui, par sa jalousie, par sa peur, a déterré Dora ce soir. Elle est coupable, elle doit réparer, faire que Dora s'efface. La vraie douleur est là, pour la première fois depuis tant d'années, gravée sur les traits d'Edmée, creusée dans son visage. Sa chair a vieilli, ses larmes sont prêtes à couler ; qu'elle ne se laisse pas aller !... Par un grand effort, elle se reprend, elle dit avec un enjouement qui cache sa tristesse :

« Hector, mon petit Hector, je ne sais pas ce

que j'ai dit, je suis folle... tu sais, je t'aime tellement... peut-être que je suis un peu jalouse, mais je ne t'ennuierai plus... je veux te garder. »

Une dignité lui est revenue. Elle relève la tête et dit gravement :

« Hector, je n'ai jamais voulu que ton bien. Je crois que tu nous dois beaucoup, à André et à moi... »

Sans transition, avec une déconcertante rapidité, Hector se trouve exorcisé. De nouveau, il est le bel officier de marine. Il est charmant, comme si rien ne s'était passé, il câline Edmée de sa voix.

« Edmée, je vous dois tout, à vous et à André. Je vous suis reconnaissant, je vous aime plus que tout... Je ne comprends pas ce qui m'est arrivé. Cela ne se reproduira plus jamais. Plus jamais, vous entendez, mon Edmée ! »

Edmée entend. Et elle aussi se métamorphose sur-le-champ. Elle n'est pas faite pour le lourd chagrin.

« C'est vrai, Hector, nous nous aimons tant. Forcément, nous avons nos petites scènes. Oh ! ce n'est rien, juste une brouille, il ne faut pas recommencer. Tu m'as fait un peu, un tout petit peu de peine... »

Alors Hector se lève et va vers Edmée, exactement comme un gamin qui n'a pas été gentil et vient demander sa grâce à sa mère. Il est un grand gosse, mais dans sa façon de faire le gosse, il y a aussi le séducteur. Ils s'embrassent, c'est fini, fini.

Les convives sont soulagés, ils respirent. Ils se remettent du choc. Ce qui est arrivé est tellement inconvenant, si contraire à la courtoisie du groupe. Ils étaient recroquevillés dans leurs coquilles d'escargots. Maintenant ils sortent leurs cornes, ils retrouvent leurs têtes, leurs bras, leurs corps. Ils se reconstituent. Jamais personne n'aurait pu imaginer pareille horreur dans ce petit monde où l'adulation subtile est l'unique denrée constamment offerte à la déesse Edmée et au dieu André. Seule, la folie peut excuser...

Mais qu'en pense André ? Sans doute tout cela a dû lui paraître d'un tel mauvais goût que, pour marquer sa désapprobation, il va assener à Hector, peut-être à Edmée, à moins que ce ne soit aux deux, une de ses petites phrases sèches, sa spécialité. Il s'est tu jusque-là, il se tait toujours, il réfléchit, il faut attendre sa décision pour que chacun puisse y adapter son attitude.

Dans l'assemblée, soulagement donc mais prudence. André demeure enfermé en lui-même. Cela ne peut durer. Les sœurs se dévouent, c'est leur office. Courageusement, Rose se lance dans des appréciations sur une pièce de théâtre à la mode, l'œuvre d'un très cher ami — Diane, d'un éclat de trompette, la déclare mauvaise, mièvre, ennuyeuse. Mais la conversation ne repart pas, les sœurs se sont sacrifiées en vain. Le silence réinstallé est rompu par un bruit insolite. Le Rapin tout à l'heure a été si effrayé que, maintenant, ses intestins noués se relâchent, il n'a pu retenir un vent de son ventre. Un pet, quoi. Le Rapin rougit, c'est-à-dire que son teint de brique frise l'apoplexie. Edmée éclate de rire... comme si c'était une bonne farce. Hector, trop distingué pour rire, daigne sourire avec complaisance. André jette autour de lui un coup d'œil sombre, désapprobateur, et se remet à contempler, avec intensité, sa tasse à café vide. Ça semble le fasciner... il est muet. A nouveau le malaise.

Anne Marie demeure calme, paisible. Depuis longtemps, elle a installé sur ses lèvres un petit sourire distant, un peu méprisant. Elle a tout observé, et avec quelle attention ! Pour cela, elle a hissé sa tête tout au bout de son cou, immobile, rien n'y bouge. Elle a sa mine circonspecte qui est à la fois une de ses armes et un de ses attraits. Je la connais, elle cache sa joie.

Moi aussi je pense. Ma pensée s'élargit, elle s'étend à Hector. Même suicidaire, même dans ses égarements, je l'envie. Je voudrais être lui. Qu'importe s'il est parfois dément, Edmée et André n'en sont que plus tendres pour lui. Ne suis-je pas dément aussi ? Je m'y connais en folie, je suis doué, autant qu'Hector, peut-être plus. J'ai un tel mal à vivre... ces envies étranges, ces vertiges, ces désespoirs, ce poids du temps, l'accablement de l'ennui, pire que l'angoisse. Le dégoût, la lassitude. A côté de moi, Hector est privilégié... D'abord, de lui-même, la plupart du temps, il est gai, séduisant, il profite de tout tellement plus que moi. Et quand il est en proie à la tentation de sa destruction, immédiatement le secours est là, avec Edmée, avec André. Il a chaud de leur chaleur. Moi, quand je succombe à la morbidité, je me débats en vain, Anne Marie me repousse, oui, elle me repousse. Je voudrais qu'Anne Marie soit comme Edmée, au moins un peu.

Quelle saveur, ce que m'a donné Edmée : ses baisers, ses caresses, ses guirlandes de mots gentils, rien pourtant à côté de ce qu'elle a prodigué depuis tant d'années à Hector !... Mon penchant, mon attirance pour Edmée. Elle est saine, robuste, au point qu'elle peut affronter et vaincre l'excessif. Extraordinaire santé d'Edmée ! Elle me sauverait, elle, si elle le voulait, alors que je vais me perdre avec Anne Marie, sa logique chimérique, ses raisons égarées et égarantes. Je ne trahis pas Anne Marie, je l'aime à en être fou. Sans doute sa folie — que je pressens, que je redoute — attire-t-elle irrésistiblement la mienne, celle qu'elle m'a donnée...

Soudain, je suis ramené à mon personnage tel qu'il apparaît au monde, jeune garçon renfermé, sans remue-ménage, par un vigoureux « hum, hum » sorti des moustaches d'un André gaillard. Il a décidé que rien de fâcheux ne s'était passé.

« Hum, hum... et maintenant, au mahjong ! »

Brouhaha. Ça s'est remis à caqueter puisque, selon les ordres d'André, il n'y a rien eu d'extraordinaire, jamais rien eu. Il faut que les choses se passent comme à l'accoutumée. Maintenant, là-haut, dans le salon, le mah-jong... Donc, gaiement, les convives repoussent leurs chaises et se lèvent pour remonter l'escalier. Eugénie restera maîtresse des lieux que vont abandonner ses pensionnaires gavés. Tous ont bien mangé, ils sont encore imprégnés du prêche d'André, ils se sont nourris de ses mots sublimes sur la France qu'il sauvera à force de grandeur d'âme. Ils ont digéré complètement la démence d'Hector, il n'y en a plus trace.

Brouhaha donc, mais léger, édifiant même ; piété devant le sacré du jeu imminent, la société est séraphique. Je trouve les joueurs bien différents des Chinois qui, à la fin des énormes gueuletons, au contraire, se laissent aller à leurs bidons rebondis, à leurs peaux luisantes, à leurs yeux égrillards d'alcool, à leurs rots, pour se sentir l'esprit encore plus délié et subtil en vue des affrontements du mah-jong. Plus ils sont poussahs débonnaires, en plein débraillage, plus ils sont dangereux — monsieur le consul mon père y a laissé des plumes, je veux dire d'énormes liasses de billets, dans ces parties-là, tandis qu'Anne Marie haussait les épaules devant l'incapacité congénitale de son époux à comprendre les subtilités du jeu.

Chez les Masselot, rien de semblable. Les

chairs ne se vautrent pas afin de mieux préparer l'essor des spiritualités. Cela me rappelle
plutôt les Sources quand, dans l'église, professeurs et élèves assument leurs mines pieuses
en se mettant en rangs pour aller communier.
Il est vrai que nous allons célébrer la messe du
mah-jong.

Dans le petit cercle, s'impose la mystique
andréienne du jeu. Le Jeu selon André.

Pour lui, le jeu est le triomphe de la raison
pure et désintéressée... Certes, dans la vie des
êtres comme dans celle des peuples, tout est
jeu et enjeu, chaque seconde, pour l'amour et
le désamour, pour le plaisir et l'ennui, pour la
joie et la tristesse, pour la prospérité et la
calamité. Mais quand il était directeur général
au Quai d'Orsay — et il en sera de même
quand il y retournera — il ne pouvait dominer
le cours des événements dans le sens qu'il
aurait voulu, il ne pouvait que l'influer un peu,
beaucoup, selon... Le grouillement des faiblesses, des imbécillités, des passions ne dépendait
pas de lui. Mais avec des cartes ou des dés, il
en va différemment. Dès que le jeu est seulement le jeu, quel qu'il soit, celui des milliardaires ou celui des voyous, le baccara ou la belote
— et évidemment le mah-jong — André
impose la supériorité de son cerveau et de son
caractère. Dans le jeu les êtres sont réduits à
leurs données essentielles, ce qu'ils ont de pire
et de meilleur, à leur nature profonde, et, en
tout état de cause, lui, homme dépassant tous
les autres hommes, est sûr de triompher. Sim-

ple affaire d'application, d'attention et de volonté. Là, l'existence atteint la grandeur et lui, par sa seule raison, domine ses adversaires et même dompte le destin, ce que l'on appelle la chance. Le gain n'est qu'un prétexte, il ne peut appâter que les mesquins, André le méprise, même si des fortunes sont à perdre ou à gagner. Il n'a jamais daigné profiter... Son élégance, c'est, avant de s'en aller, de reperdre ostensiblement, volontairement, les profits amassés, en un coup ou deux, comme s'il les jetait.

Ainsi le petit mah-jong qui termine la soirée doit être un tournoi pur et parfait, et les mises de quelques sous sont aussi importantes que des plaques de casinos.

Être admis au mah-jong chez les Masselot est une consécration, un honneur. Le mah-jong se pratique régulièrement chez eux depuis quelques années, y participer est une des dignités, secrètes et enviées, du Tout-Paris.

Le cortège se reforme dans le même ordre que tout à l'heure pour descendre vers la cène et les oraisons andréiennes. Mais maintenant c'est pour regrimper, par l'escalier en colimaçon, vers le salon transformé en temple du Jeu — jeu de la Raison Épurante, des Lumières Philosophiques, du Destin Maîtrisé, des Intelligences dans leur sobre travail. Je ne gambade pas comme à aller, je suis à côté d'Anne Marie, pénétré de ferveur. Car je vais jouer, je suis un des huit élus. Chiffre consacré, déterminé par l'effectif nécessaire à deux tables de mah-jong, quatre par table. Je suis admis de plein droit à la partie. Je suis heureux, je n'imaginais même pas qu'on puisse atteindre pareil bonheur.

Rituel du mah-jong. Deux tables de jeu légères, au tapis vert, sont dressées. Chacune entourée de quatre chaises simples, où s'asseyent les participants selon un ordre hiérarchique. L'une des tables est l'autel principal où André sert de pontife. Il prend place sur une chaise, et, en face de lui, privilège reconnu, droit régalien, se pose Anne Marie. Elle est son adversaire, elle est son partenaire, de toute façon, c'est sa place, son rang. Au mah-jong, elle est la Femme d'André. Comme assistants, sur les deux autres côtés, Hector et Diane. Silence, mouvements précis et mesurés d'André. Au centre, la belle boîte en ébène d'un mah-jong. La main d'André en fait coulisser un côté, découvrant plusieurs plateaux superposés où sont rangés les pions, leurs dos caparaçonnés de bambou. D'un geste plus brusque, André les renverse sur la table, ça cascade, ça croule, ça s'écoule, ça se tasse, beaucoup sont à l'envers, montrant leurs faces d'ivoire avec leurs signes. Gestes augustes d'André, son visage hiératique. Les mains de tous s'avancent, brassent et je reconnais ce bruit incessant, voluptueux, rire de la matière, heurts continus, claquements, marée qui hantait les nuits et les jours de Tcheng Tu.

On construit les remparts d'une citadelle carrée, une brèche y est faite, les doigts se servent, le Jeu commence. Chaque fois qu'André ramasse un pion et en rejette un autre, il annonce son écart d'une voix de veilleur de nuit. Les autres, quand c'est leur tour, annoncent aussi, mornement. Où est l'excitation céleste, où est l'intelligence comme un éclair ? Ici, c'est la sainte oraison. Messe basse, voix égales, régulières, presque ennui. André réfléchit, il est à ses calculs, à ses combinaisons. Anne Marie est plus naturelle, mais méditative, d'une précision langoureuse, et pourtant je l'ai déjà vue au mah-jong, tenir tête à des dames chinoises qui étaient des tempêtes piaillardes et avides. Mais là elle fait l'ange penseur. Elle a les plis de la pensée aux lèvres. A la table d'André chacun pense, lui surtout. Chacun construit son jeu, chacun étale précautionneusement les figures réussies. Carrelage bariolé, lente construction. C'est plus du devoir que de l'amusement, il s'agit de conscience professionnelle. André a les yeux mi-clos, sa figure de pain rassis, d'où, quand c'est son tour, s'émiettent les mots pour le jeu. Annonces, c'est tout... Les siennes, Hector, avec cette ferveur lisse qui fait son charme, il les susurre. Quant à Diane, après avoir bien louché sur ses pions pour les reconnaître, une fois sûre de ne pas se tromper dans les figures, elle les clame... Tous s'appliquent, mais c'est Anne Marie qui joue avec le plus de facilité. Sans mal, comme si c'était une conclusion nécessaire, elle prononce « mah-jong ». Elle a gagné une fois de plus, elle gagne souvent, André perd... Il est un peu dépité, mais il sourit à Anne Marie, elle lui sourit. Au travail, André s'acharne de toutes ses facultés, il pense encore plus, il s'assombrit de pensée, plongé en lui-même. En vain. Anne Marie fait toujours mah-jong. Gentiment, il constate : « Ce soir, chère amie, vous êtes invincible. » Ses yeux sont bons sur elle, il est content, il l'admire, elle est flattée. Est-ce de l'amour, de l'amour entre eux ?

A la table d'Edmée, c'est plus gai. Ça joue tout à fait sérieusement, mais ça chuchote, ça papote. Edmée murmure des mots drôles à Rose, qui accuse réception de son menton et de sa poitrine pour ne pas faire de bruit. Parfois, elle se croit obligée de donner une réplique, mais comme si elle n'avait pas de cordes vocales. Messes basses... lorsque le ton s'élève un peu, si un rire perle, André, de sa table, lance un regard courroucé et se remet au labeur... au travail... au travail. Moi, je suis à côté d'Edmée, sa chair, ses yeux, ses parfums m'inondent, ses bracelets tintent, elle me grise quand elle me dit des petits mots d'amour : « Mon Lulu »... Mais, en même temps, elle m'agace par son manque d'ardeur au mah-jong. Elle a toujours envie d'une distraction. Je voudrais la réprimander, moi aussi. Elle me devine, elle me fait les yeux doux, elle me taquine : « Lulu, que tu es sage. Tu es tout au jeu, mon petit Lulu. Oh ! tu joues, tu joues bien, tu aimes ça, mon chéri. Alors, nous jouerons toujours ensemble. Lulu, et tu me prendras beaucoup d'argent. » Je deviens fou de bonheur quand elle me parle comme ça.

Oui, je suis fou, je suis ivre de plaisir, même si cela ne paraît pas, car je suis tout au jeu. Je me sens un géant, je domine le monde, ma pensée est l'éclair, mes gestes foudroient. Ma chère Li, je la remercie de m'avoir initié au mah-jong lorsque j'étais tout petit ; tant d'heures avec elle et les autres amahs, misant des sapèques trouées, frénétiques de passion. Quelle exaltation ! Tout est merveille, tout est merveille. Quelle joie ! Maintenant, dans ce salon, avec Edmée, Rose et le Rapin, je la retrouve en moi, cette intensité puissante, extraordinaire. Je veux gagner, je veux gagner absolument, moi le petit Lulu, être le grand vainqueur, triompher. Viens à mon aide, Li, guide-moi de ton visage plat, de tes yeux bridés. Je vais adresser aux bons génies du mah-jong la grande invocation que tu m'as apprise et qui assure la victoire. Sans que mes lèvres se desserrent, je les appelle. J'appelle les figures du mah-jong. Je veux les meilleures. Je sais précisément le sens et la valeur de chacune d'elles, la richesse de leurs conjonctions.

Les bambous signifient la nourriture, les moissons, la fécondité, les corps satisfaits, les ventres pleins, les masses heureuses.

Les cercles sont les roues de la vie : la roue de la fortune et celle de la chance qui apportent à chaque homme, le temps de son existence sur la terre bénie, les bonheurs de la prospérité.

Les caractères sont représentés par les chiffres de un à neuf qui se nouent dans les symboles et commandent la réalité. Chiffres d'or, clefs permettant de percer les mystères de la condition humaine, surtout le trois et le quatre, les maîtres nombres de toutes les harmonies.

Au-dessus des figures — les bambous, les cercles et les chiffres — qui régissent au nom du ciel Tout Ce Qui Est, voguent les dragons de la destinée, ceux de la Guerre et ceux de la Paix.

Ils sont de trois espèces : le dragon blanc, l'invisible, le non-existant, surface nue, immensité immaculée présageant l'avenir inconnu. Le dragon vert, sphinx dénouant les énigmes de la mouvance des choses qui, par ses pouvoirs magiques, transforme le chaos, gésine de Tout Ce Qui Naît, événements et masses d'humanité, en un ordre bienfaisant. Le dragon rouge, bête magnifique et redoutable qui, de toute sa force secourable, supprime le Mal aux aguets, le dragon rouge est le gardien de la Chine dans sa gloire et sa magnificence. Respect à lui, Serpent de feu.

Des confins inconnus du monde parviennent les Vents. Ils franchissent les remparts de la Chine de leurs souffles furieux, mais pour la servir, pour être ses vassaux dociles. Vent du nord, surgissant des neiges et des glaces du Septentrion. Les suaires gelés de ses nuages, en heurtant les massifs du Toit du Monde, se fracassent et s'écoulent en ruisseaux purs et limpides, en fleuves de l'abondance. Vent d'ouest, né dans les steppes et les déserts du Gobi, drainant dans ses tourbillons les poussières qui retombent en voiles granuleux sur la terre qu'elles enrichissent, s'y accumulant généreusement pour constituer le loess fertile d'un jaune purulent, un tohu-bohu où s'accrochent les hommes et les moissons. Vent du sud, issu des jungles de la sauvagerie, ses nuées sont porteuses de germes néfastes et d'esprits maléfiques, mais leurs ventres sinistres crèvent en cataractes nourricières, il est le mal qui devient le bien. Vent d'est, le grand vent des mers asiatiques, le vent de la mousson, le vent suprême de la Chine suprême, le maître de tous les vents, le vent qui clame de ses tourbillons la domination éblouissante de l'Empire Céleste aux Barbares puants qui essaient en vain de l'abattre.

Telle est la science que Li m'a enseignée. Je n'ai rien oublié et ça marche ! Sous mes doigts, les pions les plus précieux s'accumulent, les dragons s'ébattent, cohortes obéissantes, les vents me transportent dans les cieux... Je réussis les plus splendides combinaisons, je suis l'Empereur Jaune. Je recueille les moissons, j'engrange et, à intervalles récurrents, j'étale les troupes, les armées magnifiques de la prestigieuse victoire et je prononce « mah-jong » avec la modestie qui sied à un vainqueur. Et ça continue ! Edmée est épatée : « Oh ! ça, mon petit Lucien, tu es un fameux joueur. Tu es un fameux joueur. Tu sais y faire, tu es un gros malin, tu vas me ruiner... » Rose et le Rapin surenchérissent. Leurs voix me fêtent en héros mais moi, évidemment, sous ces louanges, j'assume mon maintien le plus retenu.

Il se fait tard, plus de minuit. Dans leurs aquariums, les nageoires des poissons sont immobiles, et leurs gros yeux saillants sont pénétrés d'une ombre. Petits corps en flottaison, suspendus dans leur sommeil. Mais les pupilles des chats, réfugiés depuis longtemps sur des divans lointains, continuent à nous fixer, insolentes pierres dures jaillissant des pelotonnements de poils. Le valet de chambre, avec autant d'indifférence que ces bêtes de mystère, apporte un plateau de boissons. D'ultimes roulements de pions, raclements que je trouve joyeux, dernières vagues de la partie. Sur sa chaise, André se redresse et, ressuscitant de son recueillement, revient à lui, à sa bonhomie délectable. Il tousse pour signifier que c'est fini. Alors renaît le petit tumulte de la vie ordinaire. Mais d'abord, à chaque table, il faut faire les comptes. André opère à la sienne, le Rapin à la mienne. Et j'entends que j'ai gagné onze francs, somme énorme, incroyable, d'autant plus fantastique que c'est le premier gain de ma vie. Edmée a tout perdu. Elle fouille dans son sac qu'Eugénie lui a apporté, un tout petit sac de soie ravissant, et me tend des pièces que je happe brutalement. Je ne peux contenir ma jubilation. Je saute et, renversant mon siège, bousculant tout sur mon passage, je me rue sur Anne Marie avec une fureur heureuse. Anne Marie qui est en train de saisir, sans émoi, le ridicule et grandiose argent qu'André, pénétré, le plus sérieusement du monde, comme s'il s'agissait de milliards, lui présente. Car elle, comme moi, a tout gagné, et André, comme Edmée, a tout perdu. Moi, je bondis au cou de ma mère. Là, suspendu à elle, mes bras autour d'elle, je perds la raison, j'exulte, j'embrasse ce qui s'offre à moi, son front, ses joues, ses cheveux. Elle chancelle, elle me repousse. Ma joie demeure et, dans mon extase frénétique, je crie : « Maman, j'ai gagné onze francs, onze francs, regarde-les... » Je desserre ma paume, qui contient le trésor. Face à moi, Anne Marie a son visage doucement réprobateur. « Lucien, tiens-toi bien. Ne sois pas excité comme ça. Ce n'est pas convenable. Que vont penser André et Edmée de toi ? » Je bats en retraite. Autour de moi, les gens rient gentiment. Edmée m'appelle. Elle me flatte en prenant des mines déçues.

« Alors, Lucien, tu es content ? Embrasse-moi, mon chéri. »

Sous les yeux d'Anne Marie indifférente, j'embrasse Edmée, je le fais froidement, frottant juste le bout de mon museau contre son nez.

« Allons, embrasse-moi mieux », me dit Edmée.

Je frôle sa bouche de la mienne. Edmée rit.

« Lucien, tu n'as pas tellement envie de m'embrasser. »

C'est vrai. Il n'y a qu'Anne Marie que j'aime. Tellement, tellement...

Les adieux traînent. Je suis pelotonné contre ma mère. C'est long, ce départ. Les sœurs jouent leur rôle. Elles minaudent à plusieurs reprises, reprenant chaque fois plus haut : « Ah ! quelle excellente soirée, il n'y en a jamais eu de meilleures. » Chœur des approbations, des remerciements, auquel Anne Marie se joint avec sa coutumière mesure. André et Edmée se sont rapprochés l'un de l'autre pour reconduire leurs hôtes jusqu'au seuil de leur appartement. Encore des salutations, des tergiversations. Hector va rester un instant de plus auprès d'André et d'Edmée.

Enfin, nous nous en allons, les sœurs, le Rapin et moi. L'air de la rue nous saisit. Le Rapin s'enfonce seul dans la nuit, à pied, rustaud, rejoignant son logis-magasin. Les sœurs, Anne Marie et moi, nous nous entassons dans un taxi. « Merveilleuse soirée », soupire encore Rose, reprise aussitôt par Diane. Ma mère approuve. Je suis pressé que les sœurs nous déposent au Regina Palace. Il me tarde d'être seul avec Anne Marie.

III

JE rêve que je vais me réveiller. Mais je suis dans une oppression, une lourdeur, un malaise. J'attends... Que les secondes sont longues, les dernières secondes dans mon refuge, bientôt je ne serai plus moi. Dans quelques instants, les battements de la cloche fracasseront ma cervelle, me tireront du sommeil protecteur. Flugman hurlera de sa voix bovine : « Allons, allons, dépêchez-vous, levez-vous, plus vite que ça ! » Et les garçons du dortoir, certains se frottant les yeux pour chasser leurs débris d'assoupissement, la plupart vifs et rigolards, heureux de s'ébattre, de faire les petits diables, de commencer une nouvelle journée, vont s'agiter, sauter hors de leurs lits, s'interpeller, se dépêcher, courir, grouiller. Le Ravon sera rempli d'un frémissement de pas, de voix, d'occupations hâtives : rabattre les draps pour aérer les lits, se ruer aux douches, s'habiller. Bousculade. Déjà des rires, des moqueries, et Flugman assenant les sommations : « Eh ben, le Chinois, tu roupilles encore. Bouge-toi ou je te secoue les puces ! » Je me mettrai debout, je me secouerai, je ferai les gestes nécessaires, je me mêlerai à la foule bruyante et excitée... mais presque en somnambule. J'ai du mal à accepter ce qui m'attend, ces heures pénibles, interminables, la routine de ma vie de pensionnaire avant de me retrouver de nouveau dans le berceau de la nuit où je m'évaderai dans la torpeur qui fait tout oublier.

La cloche va sonner, le temps s'écoule, et elle ne sonne pas. Tout à coup, dans l'assoupissement qui m'enveloppe, jaillit l'idée — une sensation fulgurante et merveilleuse, incroyable, impossible et pourtant vraie, la porte même du paradis : la cloche ne retentira pas, ne me déchirera pas, elle se taira longtemps. L'extase, un émerveillement, un bonheur, la flèche du bonheur, je suis transpercé par le bonheur. Est-ce possible, une pareille félicité, est-ce que je ne me trompe pas ? Mais non, je n'ai rien à redouter, la cloche est morte, Flugman est mort et moi je vis, je ne suis pas aux Sources, au Ravon, dans le dortoir, je suis au Regina Palace, près d'Anne Marie qui, dans la chambre voisine, dort encore.

Il est très tôt, cinq heures du matin, je résiste à la tentation de me rendre auprès d'elle. Tout à l'heure. Au lieu de cela, je vais jusqu'à ma fenêtre, j'écarte les rideaux, je m'inonde de jour. La ville dort aussi, tout dort. Je retourne à mon lit, je ferme les paupières, une somnolence me reprend, légère, bienfaisante, une sorte de douce ivresse. Le temps, un temps enchanteur est devant moi. Je peux m'y laisser aller, jouir de chacun de ses grains, de chacune de ses particules. Je m'accorde, avec un sentiment de luxe inexprimable, la permission de me rendormir. Je sens encore le temps, les secondes, les minutes, mais il est d'une substance délicieuse, il est volupté. Je me vautre, je me retourne, je bâille, je m'étire, sans me réveiller tout à fait, et sous les paupières accourent des images floues, je suis trop engourdi, trop paresseux, je me délecte trop de ma paresse pour leur donner une précision, leurs contours sont d'harmonie et de paix.

Peu à peu certaines rumeurs arrivent jusqu'à moi, celles de l'hôtel, celles de la cité, qui s'éveillent. Dans les couloirs proches, des roulements de chariot apportant les petits déjeuners, des pas de voyageurs qui partent, des raclements de valises, des sonneries grêles, signifiant que des clients appellent... enfin le téléphone. Du grand dehors, monte un sourd et insistant vagissement, une clameur constante, à moitié étouffée mais toujours persistante et même enflante, un bruissement fait de millions de bruissements dominés par quelques sons coupants, ferraillements de trams ou klaxons d'autos. Paris s'accouche d'elle-même. La vie autour de moi ; elle m'envoie une nappe de soleil qui me recouvre, berce ma figure, un soleil encore frais, déjà chaud. Je me réveille vraiment. Je retourne à la fenêtre, j'aperçois, à l'infini, des toits, des terrasses, des balcons, des maisons, des rues, et tout ça frémit, vibrionne.

Une impatience me prend, celle d'Anne Marie. Aucun écho ne vient de sa chambre. Le poids, la légèreté de son silence. Je voudrais courir à elle, la réveiller, lui crier : « C'est moi, Lucien. » Elle ouvrirait les yeux. Elle me sourirait. Mais je chasse mon envie de la surprendre — à la vérité, je ne suis pas sûr qu'Anne Marie m'accueillerait aussi bien que ça, elle pourrait pimbêcher, maussader, car elle est vraiment dormeuse quand elle dort. Elle me fait un peu peur, ma mère. Je me mets à délibérer et je m'impose de patienter une demi-heure, une longue demi-heure, avant de me risquer sur la pointe des pieds dans sa chambre. Le carillon d'une église du quartier vient frapper les huit coups de huit heures. Et je sais qu'il indique chaque moitié d'heure d'un bref et unique battement. Quand je l'entendrai, il sera huit heures et demie et, à ce moment-là seulement, pas avant, surtout pas avant, j'irai voir ma mère. C'est vers cette heure-là qu'Anne Marie se réveille. J'attendrai donc.

Évidemment, avec une montre que je lirais constamment, dont les aiguilles progresseraient sous mes yeux, grignoteraient l'intervalle pénible me séparant de l'heureux moment, ce serait bien moins éprouvant, et même, ça pourrait devenir un jeu que je saurais rendre agréable. Je les verrais, les aiguilles, se rapprocher de l'instant unique où je me dirigerais vers Anne Marie. Le cœur battant de désir, je me dirais : « Plus que dix minutes, plus que cinq minutes, plus qu'une minute, plus que trente secondes, plus que cinq secondes... » Ainsi, j'avancerais vers la joie.

La montre, je pourrais la demander à Anne Marie, mais c'est Edmée qui doit me la donner et je ne peux la refuser. Faut-il qu'Edmée soit toujours entre Anne Marie et moi ? Ce matin Edmée est une pensée gênante, elle m'apparaît dans une brume offusquante, comme tout ce qui s'est passé la veille au mah-jong. Cette soirée dont je me promettais tant, qui d'ailleurs m'a comblé, me laisse maintenant dans la bouche une amertume, des regrets. Tout y a été trouble. Impression de vivre avec des fantômes, d'être emprisonné par l'Histoire et par les histoires... et surtout, j'ai trahi un peu Anne Marie, avec Edmée, et Anne Marie m'a trahi un peu, beaucoup, avec André. J'ai honte pour moi, pour elle, cela n'était pas digne de nous, de notre extraordinaire amour.

Une demi-heure devant moi. A nouveau, je m'allonge sur mon lit, les yeux bien ouverts. Le soleil me caresse, ma chambre avec ses vieux meubles me dorlote. Je suis bien. L'attente devient un délice. Le temps est un espace où je plane, plein de songes qui seront ensuite la trame heureuse de la vie.

Deux mois et demi ensemble, seuls, presque seuls, c'est-à-dire un temps qui ne s'achèvera jamais, nous ne nous séparerons plus. Deux mois et demi sont un temps dont la fin est si éloignée que je peux la reléguer dans l'impossible, la nier. Tellement de temps à nous où je me consacrerai au bonheur. Que ferons-nous, Anne Marie ? Elle me l'a dit, un voyage, un grand voyage tous les deux à travers la France. Nous découvrirons, nous explorerons la France. Notre carrosse sera la voiture que nous irons acheter bientôt et dont le cocher sera le chauffeur chinois qui doit arriver incessamment. Quel équipage ! J'imagine ma mère, belle dans l'écrin de l'automobile, avec moi à ses côtés, son fils, son mari, son amant, son chevalier de toutes les façons. Elle, harnachée en grande dame, moi en petit garçon, nous en verrons, nous en ferons des choses, tout sera surprise et joie. Nous irons d'île en île, d'étape en étape. Et le Chinois ? il aura une drôle de bobine. A nous trois nous épaterons le monde.

Nous débarquerons d'abord à Vichy, où Anne Marie mondainera avec des messieurs qui ne seront pas André, je serais tellement content si elle oubliait André. Je la surveillerai, je serai là, son petit enfant, son gardien jaloux aux yeux et aux oreilles éveillés, qui lui fera des mines, des observations pour qu'elle reste sage, avec juste un petit peu de coquetterie.

Après une longue traversée de pays sauvage, nous ferons escale à Hossegor. Il faut bien qu'elle puisse cancaner un peu, elle aime tellement ça, sans avoir l'air d'y toucher ! Elle s'assouvira de ragots avec les sœurs Rose et Diane. Elle perruchera avec les perruches perruchantes. Mais je veillerai, je serai toujours là, aux aguets, son ombre, son double, avec ma présence attentive, méfiante, que je saurai, s'il le faut, rendre lourde, chargée de reproches muets. Je ne veux pas qu'avec ces péronnelles, elle se gargarise trop d'André. Je sais comment je m'y prendrai avec ma mère ; elle sentira mon regard jaune peser et, comme elle me connaît bien, cela la retiendra. S'il le faut, je ferai des caprices bizarres et stupides, elle comprendra et je la musellerai. Quant aux sœurs, je les ferai taire par un jeu de mines sombres et coléreuses, celles des princes qui se fâchent, je leur signifierai par mes grimaces : « Vous n'êtes pas en service, vos maîtres ne sont pas là... alors, ne vous souciez pas d'eux, moquez-vous-en. Pour le moment, vous n'avez aucun avantage à attendre... » Et comme Rose et Diane sont des domestiques, elles entendront mon langage ou je me fâcherai vraiment. Ainsi je serai le seigneur obéi, l'exorciste qui chassera les fantômes dont je ne veux pas. Pour le reste, qu'Anne Marie jacasse, jacasse...

Mais j'exigerai aussi d'elle des heures pour moi seul, où nous aurons des mots innocents, où je l'embrasserai. Et puis, pour passer le temps, je jouerai avec le Chinois qui certainement connaîtra des tours et qui, de toute façon avec sa trogne surmontée d'une casquette de chauffeur, fera la stupéfaction des populations. Ah ! quel voyage, Anne Marie... Nous nous paierons toutes nos fantaisies, nous jouirons de tout, nous nous divertirons de tout.

Après ces farces, ce sera Ancenis. Là j'arriverai avec ferveur. Je vais aimer être avec elle à Ancenis, sa source ; elle m'en a parlé, elle vénère sa bourgade. J'aurai là une famille, un terroir, je ne serai plus un enfant ballotté, tiraillé, une branche flottante, un petit garçon épars arraché à sa Chine nourricière, emprisonné dans les souffrances des Sources, déjà corrompu par les intrigues, les guerres d'un Paris où ma mère n'est plus tout à fait innocente. Anne Marie, je la veux dans toute sa grandeur, au-dessus des petitesses de ce monde, où même l'orgueil est de la boue, je la veux resplendissante. Je l'imagine dans quelque paysage doré et bucolique, où la lumière franche et suave apporte paix et bonheur aux coteaux, aux vignes, à la Loire, aux êtres. Anne Marie, dans cet Ancenis où nous irons ensemble, me donnera un vrai pays, une vraie terre, de vrais parents, toute cette tripotée de vieux, de vieilles, de jeunes de toutes espèces, semblables pourtant dans leurs us et coutumes d'un autre univers — tous plus ou moins tontons, tantines, cousins, cousines, tous ayant gardé des saveurs anciennes que je respirerai avec émerveillement. A Ancenis, Anne Marie sera ma mère pleine d'amour, dans la vertu et la beauté de sa jeunesse.

Je me laisse emporter. J'oublie le temps, je vogue avec ma mère dans notre prochaine randonnée. Soudain, au carillon de l'église, la demie de huit heures a sonné. C'est l'instant, le rendez-vous que je me suis fixé avec elle. En moi douceur et angoisse, comme devant quelque chose de trop désiré, de trop facile, de dangereux aussi. Cela tient à la fois des épousailles et du défi, m'obliger à un acte que je veux et que je redoute. Mon cœur bat. Dans l'existence, y a-t-il la joie parfaite sans les prémices de la crainte ? Pourvu qu'Anne Marie soit bonne... Quand elle ouvrira les paupières, je serai, sur ses yeux, la première image de la journée, elle constatera que c'est moi qu'elle voit d'abord, avant toute chose. Pourvu que les couleurs de ses prunelles soient chaudes, qu'elle m'accepte dans leurs profondeurs aux teintes ambrées, qu'elle ait aussitôt son petit déclic de plaisir à la charnière de sa mâchoire et de ses joues, celui qui ouvre sur sa joie, sur ses charmes.

Je vais. Et je me rappelle que j'allais ainsi le matin de mon dernier jour avec elle, le matin de mon premier exécrable départ vers le collège. Je voulais lui demander sa pitié et je savais qu'elle ne me l'accorderait pas. Aujourd'hui, alors que tout semble faste, j'ai quand même les intestins noués, la peur au ventre. Je suis entre le bonheur et le malheur.

Je vais. Comme le matin du départ pour l'école, j'ai exactement la même démarche prudente, feutrée, aux aguets, celle d'un Indien sur le sentier de la guerre. Je marche sur la pointe des pieds, j'évite le moindre bruit, je me glisse parmi les meubles, les bibelots, mais mes pieds sont des marteaux-pilons, mon corps une immense maladresse. Le silence tinte, le silence va exploser, je suis perdu. Non, je suis sauvé, presque sauvé. Il me reste encore à tourner la poignée de la porte, à pousser la porte. Tout se passe bien. Je vois Anne Marie, elle dort. Elle est vivante, mon Anne Marie d'aujourd'hui, et semblable à celle de mon mauvais souvenir. Toute pareille. Je pourrais la décrire avec les mêmes mots, elle est inchangée dans son repos, propriétaire de son sommeil, belle, en paix. La minceur respirante de son corps, sa tête assoupie dans sa douceur, sa chevelure amassée comme un coussin de velours, son repos est la digestion des joies de la veille, la préparation des joies du lendemain. Elle est heureuse, mais est-ce que je fais partie de son bonheur ?

Le soleil déverse une lumière poudrée. Elle perçoit certainement mon approche, mon regard, l'intensité de mon désir, ma présence soucieuse de ne pas peser sur elle car elle bouge pour se débarrasser d'une gêne qui ne peut être que moi. Et puis elle accepte que je sois là. Elle ne se réveille pas brusquement, ses paupières, sans se séparer encore, semblent devenir translucides. Elle sent ma proximité, mais elle ne proteste pas. Elle m'accepte. Elle ouvre les yeux sur la journée commençante, elle les ouvre à l'intérieur d'elle, sur les pensées logées en elle, elle les ouvre à l'extérieur d'elle, sur les objets qui s'offrent à elle, et sur moi. Ses yeux m'englobent, comme si j'étais moi-même un objet. Elle me reconnaît, sans hâte ni précipitation, sans émoi, posément, gentiment. Elle se redresse sur son lit, elle s'appuie sur son chevet, collant le dos contre lui. D'un geste coutumier, elle remonte sa chemise de nuit sur ses épaules maigres, aux omoplates coupantes, sa poitrine se devine à peine. Elle procède donc avec plaisir à la recherche d'une position agréable et dominatrice. Tout cela achevé, enfin, dirigeant son regard sur moi, elle me dit :

« Bonjour, Lucien.

— Bonjour, maman.

— As-tu bien dormi ?

— Oui, maman...

— Viens près de moi et embrasse-moi. »

Je vais près d'elle, contre elle, je me hausse vers elle, je dépose un baiser sur le front qu'elle me tend pour que ce soit plus commode. Je ne me contiens plus, je me jette sur elle, et surtout j'enfouis mes mains dans ses cheveux défaits, qui maintenant coulent, noirs, derrière sa nuque. Ses cheveux, ma joie, mon amour, ma luxure. J'y enfonce les doigts, je m'enfouis dans leur source. Quelle tendresse et quelle volupté, ces longs cheveux que mes doigts triturent, chevauchent, peignent, la sensation de leur souplesse, de leur luisance, de leur masse. Anne Marie n'est pas choquée, mais, comme si elle ne comprenait pas ma sensualité, elle me réprimande sans sévérité :

« Tu es fou, Lucien... calme-toi. »

Anne Marie est-elle insensible ou hypocrite ? Insensible, je pense. Je fais juste partie de son bien-être.

Seul son bien-être lui importe ce matin. Elle veut m'en faire profiter. Elle sonne pour le petit déjeuner — le breakfast je devrais dire. Le garçon, poussant son chariot, apporte la commande et dispose une table. Anne Marie, qui a été mettre à la hâte sa robe de chambre, s'assied sur une chaise à un bout, moi à l'autre. Anne Marie, soyons tous deux amoureux, comme des pinsons, des écureuils, des petites bêtes qui folâtrent. Folâtrons... Pas question. Anne Marie a sa mine de gourmandise britannique, à la fois appliquée, compassée et savourante — une lady peut très bien avoir de l'appétit. Elle se nourrit, cérémonieusement. Les rites du thé dans toute leur rigueur. Avec une dignité ferme et preste, elle étend sur un toast du beurre et de la marmelade. Gestes précis, une certaine bonne franquette « dignified », les grandes dames peuvent se le permettre. Elle se ressert, boit plusieurs tasses à petites gorgées, et mâche toast sur toast. Gymnastique buccale... Eh bien... Anne Marie, moi je trouve ça dégoûtant... cette façon de savourer, indéfiniment, cette maniaquerie des bonnes manières masticatoires. Elle mange, elle est heureuse de manger, elle n'est qu'un estomac à écusson, je n'existe pas à côté du thé, du pain grillé et de la confiture d'orange. Ma mère est absorbée par son égoïsme bouffatoire. Oh ! Anne Marie, ce petit déjeuner, partageons-le, soyons ensemble, dégustons-le en nous amusant, en riant, en plaisantant, vivons. Hélas ! je suis seul avec mes œufs à la coque.

Elle ne voit même pas mes saletés. Elle doit penser, mais à quoi ? Elle est lointaine, prise par des considérations supérieures, à moins que ce ne soit par le néant bienheureux que procure la nourriture. Je ne sais. Je produis de petits bruits pour attirer son attention. Elle ne m'entend pas, pas plus qu'elle ne me voit. Enfin, sortant de son silence, qu'il soit méditatif, philosophique, stratégique ou seulement digestif, elle m'aperçoit et me fait part de cette haute réflexion :

« Tu ne sais pas quel mal j'ai eu avec cet hôtel pour obtenir du bon thé et de la vraie marmelade... J'ai réclamé au personnel pendant quinze jours, inutilement, j'ai dû me fâcher et exprimer mon indignation au directeur lui-même avant d'avoir satisfaction.

— Maintenant, c'est très bon. Je me suis régalé.

— Ne dis pas que tu t'es régalé. C'est vulgaire. Où as-tu appris cette façon de parler ? Pas aux Sources, j'espère ?

— J'ai voulu dire que j'ai trouvé ça délicieux. C'est meilleur que le porridge de l'École.

— Ne dis pas de mal du porridge, on en sert à Eton et à Oxford, et je suis heureuse d'apprendre qu'il y en a aux Sources, c'est vraiment une bonne école. Pourquoi n'en prendrais-tu pas ici chaque matin ?

— Maman, maman, non, je t'en supplie, je n'en ai pas besoin pour devenir un gentleman. »

Anne Marie sourit avec une indulgence amusée. A croire qu'elle avait eu une crise d'absence, et qu'elle me retrouve. Elle devient même expansive, une gaieté dans l'œil.

« Tu ne sais pas ce que nous allons faire cet après-midi ? Nous allons acheter une automobile, une Renault, m'a-t-on conseillé. Pas très grande mais jolie. De quelle couleur ? Noire, je pense.

— Oh ! non, maman, jaune, comme un palanquin...

— Allons, Lucien... Ta Chine... Non, noire, c'est ce qu'il y a de plus sobre.

— Noire, maman !... Le noir c'est pour les morts, en France. Non, jaune... et combien de chevaux ?

— Mais je n'en sais rien, Lucien. Ce qu'il faut...

— Au moins vingt, sinon ça fait moche. Aux Sources, tu sais, certains parents ont des voitures de trente, quarante... cent chevaux. C'est épatant ! »

Ma mère rit.

« Pour toi et moi, nous n'en avons pas besoin d'autant. Et puis ton père...

— Oh ! papa, il est avare.

— Il ne faut pas parler comme cela de lui. Ce n'est pas sa faute s'il est économe... Il est regardant, voilà tout. »

Je renifle de mépris. Je le sais, Albert se saigne aux quatre veines — comme il dit — pour maman et pour moi.

« Tout à l'heure, nous irons choisir la voiture. Nous irons ensemble, et elle sera à moi comme à toi, rien qu'à nous deux. Je choisirai avec toi, pour toi. Je m'y connais mieux que toi. Aux Sources...

— Ça suffit, Lucien. Oui, tu m'accompagneras, mais moi, je déciderai, moi seule.

— Je t'accompagnerai, je t'accompagnerai partout, je serai partout avec toi... et le chauffeur chinois ?

— Il arrive dans deux jours. Nous irons le chercher à la gare de Lyon. Tout est arrangé. Un Père des Missions étrangères s'occupera de lui à Marseille et le mettra dans le train.

— Ce sera amusant. Ce ne sera pas difficile de le reconnaître, il n'y a pas de Chinois ici... Il nous fera des lays, comme ça, au milieu des gens. Je veux que ce soit un Chinois au visage plat, qui m'appellera « petit seigneur » en français. J'espère qu'il sait le français.

— Oui, très bien. Je te l'ai déjà dit, il a été recueilli et élevé par nos religieux de Shanghaï. Il s'appelle Chi.

— Je ne veux pas que ce Chi me parle chinois. Jamais, jamais, le chinois... c'est une langue de singes... Mes camarades aux Sources me traitent de macaque, de ouistiti, ils se moquent de moi parce qu'il m'en vient encore des mots.

— Comme tu voudras, Lucien. Le chinois, tu n'en auras pas besoin quand tu seras diplomate, tu auras des interprètes. Par contre, soigne bien ton anglais. Plus tard, je t'enverrai à Oxford. »

Oxford. A ce nom magique, Anne Marie, heureuse, sourit. Son Lucien à Oxford, son rêve... Par la fenêtre, j'aperçois le ciel pur et bleu de l'été en France, cet été avec Anne Marie qui durera toujours. Je suis à la joie. Je veux me donner à toutes les joies.

« Tu sais, maman, Chi, il arrivera certainement avec une longue robe blanche de serviteur. Tout de suite, tu lui feras faire une tenue de chauffeur, et tu lui apprendras à nous saluer à la française, quand il ouvrira les portières, en portant sa main à la casquette. Je voudrais que les camarades de l'École me voient ! Même si notre auto est petite, ils en resteraient comme deux ronds de flan... eux, quand ils montent dans leur de Dion-Bouton, ils n'ont pas de chauffeur chinois. On va jeter un de ces jus ! »

Anne Marie, elle non plus, ne trouve pas ça déplaisant. Je le vois. Elle se croit quand même obligée de me faire les gros yeux, elle a un bon prétexte.

« Lucien, je suis étonnée. Vraiment, aux Sources, on t'apprend des gros mots. Je m'en plaindrai à ton chef de maison la prochaine fois que j'irai te voir là-bas. »

La prochaine fois qu'elle viendra me voir... Elle ne se rappelle même pas qu'elle n'est jamais venue. Elle n'a jamais vu M. Massé, elle ne lui a jamais parlé de moi !

Le garçon dessert. Elle se remet sur son lit à peine défait par sa nuit tranquille. Elle s'étire, paresseuse. Elle a le temps, tout un long temps

548

heureux devant elle. Mais moi, je suis pressé.

— Dis, nous irons chercher l'automobile après le déjeuner, c'est sûr ?

— Je te le promets. André m'a donné un mot d'introduction pour le directeur du plus grand magasin de Paris, Avenue de la Grande-Armée. Il paraît qu'il y a toutes les marques, tous les modèles. Ce monsieur nous conseillera. »

André, André, qu'il nous laisse en paix ! Que vient-il faire dans l'achat de notre auto, l'auto d'Anne Marie et de moi, l'auto de notre amour ? Il me gâche déjà mon plaisir.

Anne Marie a vu mon expression changer. Interprète-t-elle mal mon humeur jalouse ? En est-elle mécontente ? En tout cas, elle me dit ce qui peut me blesser le plus :

« Je me demande, Lucien, si tu ne t'ennuies pas un peu avec moi. Au fond, tu regrettes tes petits camarades des Sources. Ils te manquent, tu t'amusais bien avec eux. »

Comment peut-elle proférer des choses pareilles ? Elle le sait bien que je déteste ces garçons. Mais peut-être qu'elle ne se rappelle même plus mes lettres. A moins qu'elle ne fasse sa coquette pour que je lui répète que je n'aime qu'elle. Mais je n'ai pas envie de le dire pour l'instant. Je prends ma mine détachée.

« C'est vrai, ils me manquent. Il y en avait des gentils, avec qui je m'entendais... »

Je mens. Et elle sent que je mens. Elle se moque de moi. Je suis incapable de mentir davantage.

« Maman, tu le sais bien que je les déteste. Je n'aime que toi, je veux être avec toi, toi seule. »

Et là-dessus, je me mets à renifler, je m'essuie le nez d'un revers de main. A nouveau je me précipite sur Anne Marie, je l'embrasse. Elle ne me repousse pas, elle se laisse faire, elle s'attendrit même.

« Mon petit garçon... mon petit garçon... tiens, mouche-toi... »

A ce moment, le téléphone sonne. Alors, comme inconsciemment, comme mue par une force supérieure et toute-puissante, d'une main elle m'écarte tandis que de l'autre elle décroche le récepteur. Ce sont les sœurs... Anne Marie est ravie, mondaine. J'ai disparu pour elle.

Ça dure longtemps, près d'une demi-heure de conversation au sujet du dernier livre à la mode et d'autres babioles de ce genre. Anne Marie prend des airs, elle se croit dans un salon de thé. Maintenant, elle s'y connaît en écrivains, en peintres, en musiciens, elle va souvent au théâtre, aux expositions, aux concerts. Ma mère est désormais une vraie dame parisienne, à l'esprit supérieur... Maintenant, elle aussi, elle juge, elle a son opinion, elle donne son point de vue, elle maintient, elle défend. Où est l'époque où elle s'inclinait devant les sœurs ?

Et ce n'est pas fini. Le téléphone, encore le téléphone ! C'est Edmée. « Anne Marie, vous allez me donner un conseil. Vous avez si bon goût... oui, oui, tout le monde le reconnaît, vous avez un goût merveilleux. Je suis embarrassée, je ne sais comment m'habiller pour ce soir. Il me faut quelque chose de sophistiqué et de simple à la fois. J'ai absolument besoin de votre avis... » En fait, Edmée ne la laisse pas parler. C'est à elle-même, pas à ma mère, qu'elle pose la question : quelle robe mettre pour être chic sans ostentation ? Elle se sert d'Anne Marie pour énumérer le contenu de sa garde-robe... Edmée feint des inquiétudes, et Anne Marie est censée la rassurer : « Oui, celle-là vous siérait tout à fait. Mais cette autre... » Elle ne peut pas achever ses phrases, Edmée est déjà repartie dans son discours, elle se vautre dans ses soies, ses mousselines, ses bijoux, elle voudrait être dans toutes ses robes à la fois, mais il lui faut bien se contenter d'une seule... Laquelle ? Anne Marie évite de faire un choix, car elle devine qu'Edmée est presque décidée. Elle pense particulièrement à une robe noire moirée, au décolleté rond et au corsage moulant, s'évasant vers le bas en un nuage de mousseline, d'où pleuvent des gouttes luisantes. Ma mère opine que ce sera du plus délicieux effet, cette ondée légère et mystérieuse. Edmée hésite, il y a aussi un fourreau rose. Anne Marie approuve, approuve, avec un sourire de plus en plus finaud, un sourire de paysanne au marché, qui roule ses chalands. Elle n'émettra aucun jugement, elle s'en gardera bien. Elle est certaine que, grâce à ses silences, Edmée en reviendra à la ridicule averse de mousseline. C'est fini. Embrassades. Edmée apprécie l'avis d'Anne Marie... Embrassades encore.

Téléphone. Téléphone de nouveau. Parfois ma mère appelle. Toujours des dames, elle en connaît beaucoup. Une fois ou deux, elle tombe sur les messieurs de ces dames, légers embarras, excuses, compliments. Avec les épouses, ce sont de longues conversations emberlificotées, des tendresses infinies, des potinages qui n'en ont pas trop l'air, même quelques considérations. Telle est la société que s'est constituée Anne Marie, dont elle fait la revue complète et détaillée le matin au téléphone. La société à laquelle elle m'a sacrifié. Je vais casser le téléphone.

De petits coups sont toqués à la porte. Un groom de l'hôtel apporte deux enveloppes. — elles viennent du Quai, où elles ont été acheminées depuis le Sseu Tchouan par la valise diplomatique. Deux lettres de mon père. Albert semblable à lui-même si j'en juge par son écriture méticuleuse, pointue, hérissée, chaque mot à sa place, chaque indication toute nette sous l'en-tête bien connue « Consulat de France à Tcheng Tu » et sous le faisceau des armes de la République. Je n'ai pas de plaisir à retrouver l'Albert éternel avec ses manies, ses susceptibilités, l'ordre qu'il met dans ses susceptibilités, ses faiblesses cachées. Il fait des adresses comme des sommations, quitte à mettre à l'intérieur de l'enveloppe son magma de ruses, d'ampoulé, de plaintes, de vanités, de prétention, de courage et de faux courage, de prudence, de peur, de lâcheté et de souffrance vraie, car, je le sais maintenant, il souffre à cause d'Anne Marie. Tout cela cousu de fil blanc et pourtant roublard. Un ton pompeux, à la fois criard et gémissant. Pauvre Albert ! Que vient-il faire au milieu de mon bonheur avec Anne Marie ? Je ne veux pas de lui, moi aussi je suis cruel, Anne Marie m'a appris à l'être.

Évidemment une de ces lettres, la mince, est pour moi avec, de sa main, mon nom comme si j'étais un monsieur : « Monsieur Lucien Bonnard. » A contrecœur, je l'ouvre et me mets à lire. C'est bien le radotage auquel je m'attendais, un prêchi-prêcha, rien d'intéressant. Il a reçu mes notes du mois dernier, qu'Anne Marie lui a fait parvenir par un télégramme du Quai (un télégramme officiel, ça me flatte). Il constate qu'elles ne sont pas fameuses, mauvaises même. Il n'est pas content de moi et se tresse à lui-même des louanges. Quand il avait mon âge, lui, un garçon pas gâté, sans le sou, il travaillait de toutes ses forces, insensible au dénuement, surmontant ses détresses, il s'appliquait tant qu'il était le premier de sa classe et remportait tous les prix. Tandis que moi, son fils, un vrai coq en pâte, je me montre déplorablement léger — léger est souligné de trois traits. Léger dans son vocabulaire, est le pire adjectif, le plus condamnable, la légèreté, c'est la perdition. Après ce sermon, il se radoucit. Il sait que je suis un brave garçon, aux sentiments honnêtes, et intelligent. Et puis ma mère se porte garante de moi, elle veillera à ce que je progresse. Elle est une mère admirable, trop indulgente... Enfin Albert me dit qu'il m'aime et qu'il m'embrasse. Dans un post-scriptum, il ajoute : « Profite bien de ton été avec ta mère avant d'entamer une nouvelle année à l'École, où j'espère que tu donneras toute satisfaction. Et surtout n'oublie pas de faire tes devoirs de vacances. C'est très important ». Cette fois, important est encadré au crayon rouge.

J'avale la lettre comme une purge. Toutes les lettres d'Albert se ressemblent, elles ne signifient rien — sinon de me rappeler qu'il existe, même s'il est au fin fond de la Chine et qu'un jour il débarquera en France. Il compliquera cette situation où il y a déjà André, Edmée, les sœurs et tutti quanti, cet embrouillamini qui parfois me plaît, parfois me déplaît, auquel je vais échapper en enlevant Anne Marie pour moi tout seul pendant août et septembre, août de mon soleil et septembre de mes pampres. Enfin, Albert est actuellement inoffensif, dans son Tcheng Tu pour encore un bout de temps, beaucoup de temps j'espère. Anne Marie saura bien l'y faire rester le plus longtemps possible. Il est vrai qu'Albert me fait vivre, fait vivre Anne Marie aussi, jusqu'au jour où André... Plutôt Albert... Quelle ratatouille que tout ça !

Anne Marie s'est à nouveau allongée sur son lit, un peu flottante, sa tête appuyée sur une de ses mains, pour parcourir dédaigneusement des yeux les feuillets de mon père, particuliè-

rement nombreux, toute une liasse. Généralement, c'est à peine si elle va au bout de la
prose amoureuse et plaintive, fanfaronnante et
humble qu'Albert rédige pour elle — elle sait
repérer dans cette mélasse les quelques para-
graphes financiers qui l'intéressent. Cette fois,
malgré son apparente négligence, elle est particulièrement allumée. Il lui tarde de parvenir
vite à l'endroit où, après de longs préambules
ennuyeux et boursouflés, il acceptera, faisant
contre mauvaise fortune bon cœur, et se
parant des plumes du paon, de la satisfaire.
Elle a, d'avance, son sourire dédaigneux et
victorieux.

A mon incroyable surprise, Anne Marie est
mécontente dès la première page, son visage
devient d'abord un museau, il chafouine, se
rétracte sur les rides de l'insatisfaction, et elle
froisse nerveusement la feuille, elle en fait une
boule qu'elle jette. Sa bouche s'avance pour
bouder. Elle n'en est qu'au mépris, au grand
mépris. Mais au fur et à mesure qu'elle avale
la littérature d'Albert, les commissures de ses
lèvres se serrent, son regard durcit et sa main,
aux jointures crispées, chiffonne de plus en
plus violemment les pages qui jonchent le sol
au pied de son lit. On dirait qu'elle voudrait
les anéantir. Maintenant, elle est assise, dressée dans sa chemise de nuit, le buste droit, le
cou tendu, la tête haute, les mâchoires faisant
saillie pendant que ses yeux dépouillent avec
une sorte d'exaspération contenue ce que ce
lamentable Albert se permet de lui écrire. Elle

est figée dans une attention coupante, parfois se marmonnant des mots que je n'entends pas. Elle se met à frissonner un peu, très peu, mais sa respiration halète, il y a dans ses yeux une lueur étrange, et j'ai peur, je crains qu'elle ne sombre dans une de ses crises. Soudain elle rit, d'un rire bruyant et fort, qui balaie, détruit. Un cri de bataille. Elle est solide de sa colère. Elle siffle :

« Le malotru, le malappris, le goujat... »

Je sais que pour Anne Marie, ce sont là les expressions de l'extrême insulte, qu'elle n'emploie pour ainsi dire jamais, surtout devant moi. En tout cas, jusque-là, je n'ai jamais entendu Anne Marie les appliquer à Albert. Et même, que ce pauvre Albert soit capable de la courroucer à ce point, c'est très étonnant.

Elle reprend :

« Le malotru. L'infâme personnage. Je croyais qu'il manquait avant tout d'éducation, mais qu'il soit capable d'une pareille bassesse... ce chantage éhonté... »

Les pages sont innombrables, c'est un vrai roman-fleuve qu'Albert a envoyé.

Anne Marie a achevé la lettre, éparpillée dans sa chambre en boulettes froissées. Soudain elle change d'attitude. Elle tombe en entier sur son lit, comme morte. De nouveau, j'ai peur, je me souviens de l'impression affreuse qu'elle m'avait donnée à Tcheng Tu. Elle est inerte. Rigide. Ses yeux se sont fermés. Je vais appeler au secours... Mais elle rouvre ses paupières, elle pose la tête sur l'oreiller, maîtresse d'elle-même. Elle se met simplement dans la meilleure position pour réfléchir — et elle réfléchit intensément. Elle bat la mesure de ses pensées par de légers mouvements de cils. Son regard a pris une couleur indécise et s'est perdu dans le plafond, fixant une sorte de macaron en plâtre que manifestement elle ne discerne pas. Elle est en elle-même. Elle reste ainsi plus d'un quart d'heure. Moi, aussi figé que possible, dans la frousse extraordinaire de la déranger, je me fais petit, assis sur le rebord de ma chaise. Jusqu'à ce que je sente ses yeux sur moi. Ils sont gais, taquins, moqueurs, mais ce n'est pas de moi qu'elle se moque. Elle a pris une décision qui lui plaît. Anne Marie triomphe... Elle est satisfaite d'elle-même et me fait part de sa satisfaction.

« Ton pauvre père... il croit me rouler. Ses ridicules machinations, ses grotesques prétentions, ses exigences incroyables ! Tu ne peux pas imaginer ce qu'il veut de moi. Il va voir de quel bois je me chauffe. Oh ! pas tout de suite, pour le moment je veux d'abord un appartement. »

Par quelle aberration me prend-elle, moi, son fils de dix ans, pour confident de ce qu'elle a de plus secret ? C'est vrai qu'elle m'a donné l'habitude de me raconter ses affaires et que j'aime ça, je me sens alors plus que son fils. Pourtant, cette fois, je suis gêné, je sens qu'entre mon père et elle, il s'agit de choses intimes, tout à fait intimes, que je devrais ignorer, qui me répugnent. Mais la curiosité me brûle. Elle m'en a trop dit... et pas assez. Je devine vaguement. Il me faut en connaître davantage malgré une envie de vomissure en moi, il me faut aller plus loin dans le monde où se débattent mes parents. Il le faut...

Elle est contente de ce qu'elle prépare et que je m'arrangerai bien pour savoir. D'ailleurs, elle ne m'en fait pas mystère.

« Je vais faire ma toilette. Attends-moi ici, je t'aiderai à t'habiller. Tu ne sais toujours pas boutonner ton pantalon. Tu n'as même pas appris à l'École à fermer ta braguette. Ta Li te manque. Je demanderai au chauffeur chinois de la remplacer, il sera ton amah. »

Anne Marie est ainsi. Souvent, à mon égard, elle montre un grain de salacité, elle a parfois des mots crus qui m'étonnent. Son Ancenis sans doute... la poésie de la Loire et la familiarité des étables, la proximité des bêtes. Moi, pour elle, je suis un petit veau, qu'elle aimerait voir primé, aux comices agricoles d'Oxford, petit veau pomponné, petit veau gentleman.

Elle a déjà repris ses airs de princesse, et je suis son prince à qui elle précise :

« Je n'en ai pas pour longtemps. »

Pas pour longtemps, tu parles... au moins une heure, plutôt une heure et demie. Chaque matin, il me faut patienter ce temps-là pendant qu'elle se récure dans la salle de bain dont, désormais, elle ferme soigneusement la porte.

J'ai le temps. Le cœur me bat, elle ne doit pas me surprendre. J'ai mon idée, je suis résolu. Je vais ramasser les feuilles d'Albert, chiffonnées mais pas déchirées, et je vais les lire. Je me mets à quatre pattes. L'émotion cogne en moi. Je tends l'oreille, pour m'assurer que la cérémonie de la toilette se déroule selon les rites, qu'il n'y a aucun son incongru, aucun signal d'alarme. Non, tout se passe comme à l'accoutumée. Je rassemble l'archipel des pages éparpillées. J'en ai plein les mains. Mon butin, ces loques, je les déverse en tas sur un fauteuil et, à genoux, avec un soin dont je ne me croyais pas capable, je défroisse les pages sans un seul crissement. J'obtiens une couche épaisse de feuilles à peu près décabossées, je les range en ordre — opération facile car Albert les a numérotées dans le coin supérieur, à droite, à l'encre rouge, en entourant chaque chiffre d'un cercle. J'obtiens une sorte de cahier. Je m'assieds sur le fauteuil, et je me décide à lire, sachant que je commets un sacrilège, que je pénètre dans le domaine le plus secret de mes parents.

Je plonge dans cette mer de mots. Je les avale par poignées entières ou un à un, parfois me contentant du sens général, parfois déchiffrant péniblement, à la fois obstiné et aux abois. J'entre dans le temple obscur des instincts qui relient Anne Marie et Albert, mari et femme devant la loi et devant Dieu. Je suis, que je le veuille ou non, Lucien Bonnard, fils d'Albert Bonnard, consul de France de première classe à Tcheng Tu (Chine) et d'Anne Marie Greffier, son épouse. Mais de quelle manière sont-ils unis, mes parents, dont je souhaite la désunion, tout en la craignant ?

Je lis. Lui d'abord hurle son humiliation. Je suis étonné car, de toutes les humiliations qu'elle pouvait lui infliger, je ne m'attendais pas à celle-là. Pourtant c'est écrit par Albert en lettres moulées. Il clame à Anne Marie qu'il lui a fait le plus grand des sacrifices, le plus pénible, en lui cédant. Il n'en dort plus. Comme elle lui avait répété sur tous les tons : « Vous n'êtes qu'un imbécile. Prenez modèle sur les autres... » maintenant l'argent, tout l'argent qu'elle voulait, il l'a. Mais il souffre. Oui, il a touché cinq pour cent du Seigneur de la guerre de Tcheng Tu pour le contrat de vente d'armes conclu sous ses auspices. Désormais, il a perdu ce qu'il a de plus précieux, son honneur — honneur est souligné en rouge. Il s'est vendu... Il n'ose plus regarder personne en face. Il lui semble que les Chinois à uniformes et à robes lui sourient avec une lueur maligne et satisfaite dans leurs yeux bridés se disant : « Celui-là aussi, on l'a eu. » Lui, Albert Bonnard, l'intègre consul de France, s'est vendu à eux. Ils profiteront de lui, ils abuseront de lui, où cela l'entraînera-t-il ? Il gémit : « Mimi, vous avez été la tentatrice, la corruptrice, que de fois ne m'avez-vous dit et redit que ces Jaunes me trouveront seulement moins bête, plus intelligent, qu'avec eux ça s'arrange toujours. Peut-être, mais, face à eux, je ne me sens plus supérieur par le rang et la race, j'ai honte, j'ai sali ma dignité. »

Ce sont surtout les compatriotes, les Français, les Blancs de Chine qui l'inquiètent. Il est sûr que les gens ne le regardent plus de la même façon. Ça doit jaser... Les cancans tournoient autour de lui comme des cerfs-volants. La rumeur s'étendra à Shanghaï et partout, faisant la joie des dîners, des réceptions, des cocktails, se répandra dans les clubs, les banques, l'import-export, les ambassades. Bientôt on ne se gênera plus avec lui, on lui tapera sur l'épaule familièrement, on lui fera des clins d'œil complices, on lui lancera de fines allusions, d'amicales plaisanteries, des margoulins lui apporteront des propositions. Cela atteindra Paris, le Quai sera au courant, et André aussi !

Albert pleure : « Anne Marie, Anne Marie, quand je vous refusais de me compromettre, vous me regardiez durement, vous haussiez les épaules, vous me hachiez de votre voix, m'assenant qu'une concussion de gentleman n'avait jamais entravé aucune carrière, au contraire, qu'elle était admise, tolérée, bien vue même... Vous me citiez de nombreux exemples... vous m'affirmiez qu'André serait indulgent... C'est peut-être vrai, mais ma conscience ? J'ai mal à ma conscience au point de ne plus pouvoir me regarder dans la glace. Je me sens sale, sale. Mimi, que m'avez-vous fait faire ! » Là-dessus, Albert de reprendre le vieux refrain de sa vertu incorruptible, même dans les années de ses débuts en Asie, où il n'était rien, moins que rien, un de ces agents sans titres qu'on chargeait des basses besognes. Lorsque, pour le bien de la patrie, il devait remettre des enveloppes à des personnages officiels importants, il n'avait rien « palpé », rien « touché ». Et c'était maintenant qu'il représentait la France, qu'il avait la Légion d'honneur, c'était maintenant que... à cause d'elle, Anne Marie.

J'arrête de lire. Je remarque que la ligne « remettre des enveloppes à des personnages officiels importants » a été griffée par Anne Marie, comme si elle en avait été furieuse, offensée. Pourquoi ? Je raisonne — et je me souviens. Albert n'a-t-il pas voulu insinuer là certaines choses à propos d'André et d'Edmée, lors de leur randonnée en Chine, quand il s'était si bien occupé d'eux ? Sa récompense n'avait-elle pas été d'être nommé consul ? Quoi qu'il en soit, les ongles d'Anne Marie ont, juste là, déchiré le papier...

Toujours le remue-ménage de la toilette d'Anne Marie. Elle entre dans son bain... je peux continuer. Cinq pages durant, sans que cela m'intéresse beaucoup, Albert se plaint d'Anne Marie qui l'a contraint à la malhonnêteté. Et soudain, le ton change. Il n'a plus l'honneur aussi pointilleux, il ne criaille plus sur sa fortune mal acquise. Mais, au nom de tous ces dollars impurs, cent mille et plus, il attaque. Pour la première fois de sa vie, il menace Anne Marie, il la met en jugement. Il n'est plus une bête rampante qui mordille, il est le tigre qui feule — ce qui n'est guère dans sa nature. A vrai dire, avant de la dévorer, pour se mettre en appétit, il fait le malin. Il ironise. Cette ironie trop épaisse, qui lui sert à s'indigner, annonce le verdict, non de sa force, mais de sa faiblesse. Pauvre fauve qui s'étourdit ainsi :

« Quand, avec votre exquise délicatesse, ma chère amie, vous avez fait allusion, avant votre départ de Tcheng Tu, au triste sort qui vous attendrait, vous et votre fils, s'il m'arrivait quelque fâcheux tour dans cette Chine dangereuse, j'ai compati. En effet, si j'étais décapité sur ordre d'un quelconque Seigneur de la guerre ou si je pourrissais des intestins, que j'ai fragiles, jusqu'à en rendre le dernier soupir, je vous laisserais sur la paille. Que je vienne à décéder d'une façon ou d'une autre, quel sort pénible serait le vôtre, veuve vouée aux voiles noirs — car vous m'aimez trop pour jamais vous remarier —, quel dénuement, quelles privations seraient les vôtres ! En effet, la pension que vous verseraient les Affaires étrangères serait bien maigre. Vos préoccupations, si pénibles qu'elles eussent pu être pour moi à certains égards, me paraissaient légitimes. Malgré les défauts que vous me reprochiez souvent, je suis un homme juste, surtout un tendre époux et un bon père. J'ai réfléchi que je ne pouvais prendre le risque de vous condamner à la pauvreté. Je devais vous assurer un capital. Pour cela, et toujours selon vos avis judicieux, j'ai fait ce qu'il fallait... mes scrupules foulés aux pieds. Ce que j'ai pris sur moi, ce qu'il m'en a coûté, vous le savez... n'en parlons plus. Une fois le marché conclu, j'ai été très content, submergé par une vague de joie, en pensant à vous. J'étais rassuré pour vous. Oui, je l'avoue, j'ai été heureux, encore plus qu'autrefois, quand, avant de vous épouser à Ancenis, je reconnaissais, par acte authentifié devant notaire, que j'avais reçu de vous une dot qui, évidemment, et pour cause, n'avait jamais été versée. Il se trouve donc que, par deux fois dans ma vie, je vous aurais enrichie... Mais, contrairement à celui de votre dot, l'argent de votre veuvage — permettez-moi de souhaiter qu'il ne se produise pas trop tôt — existe bel et bien, un beau magot tout prêt à tomber entre vos jolies mains au cas où je décéderais et où vous ne me suivriez pas aussitôt dans la tombe, morte de douleur. J'oubliais, vous ne pouvez pas, vous avez des devoirs envers votre fils... Résumons-nous. Donc, si je disparaissais, l'argent vous reviendrait et vous pourriez mener une existence dispendieuse malgré votre immense chagrin, vous souvenant chaque jour de moi, parlant de moi à Lucien et bénissant mon nom... que je peux être naïf !

« Chère Anne Marie, souvenez-vous ! Vous qui êtes si facilement au-dessus des contingences financières, cette fois, juste avant de me quitter à Tcheng Tu, vous m'aviez, de vous-même, suivi dans mon bureau et vous vous étiez mise à discuter avec moi, vous montriez une vigilance, une sagacité, une attention qu'en général vous n'accordez pas à mes affai-

564

res. Vous vous préoccupiez, avant tout, de déterminer avec moi le meilleur usage à faire du pactole de ma corruption. Car vous le teniez déjà pour acquis, vous ne doutiez pas que je succomberais. Vous aviez raison, vous avez toujours raison, ma chère... Ce soir-là, dans mon bureau, vous teniez des propos précis et sensés sur la façon de placer les dollars qui allaient pleuvoir sur moi — en effet, ma malhonnêteté vaut cher. Vous ne vous trompiez pas, Anne Marie... Si je m'en souviens bien, vous vouliez que nous acqué-rions des valeurs sûres, vous avez même employé l'expression de « valeurs de père de famille », qui vous rapporteraient des revenus réguliers. Je revois vos lèvres quand vous avez prononcé « valeurs de père de famille », je n'ai pas bronché, pourtant vos actions et obliga-tions si rassurantes étaient, dans votre esprit — je n'ai pas pu m'empêcher de le remarquer — avant tout destinées à une famille dont le père, c'est-à-dire moi-même, ne percevrait aucun dividende, puisque je serais dans l'autre monde. A moins que vous ne fussiez restée assez chinoise pour faire brûler à mes âmes des sapèques en papier... Je plaisante... Mais vous étiez diantrement sérieuse. Vous m'avez même proposé vos bons offices pour consti-tuer un portefeuille offrant toutes garanties. Vous me faisiez remarquer, sans vous moquer, juste comme un fait établi et dont il fallait tenir compte, que je n'étais pas très ferré en matière de Bourse et que, chaque fois que je m'y étais risqué, j'avais pris des culottes. Je n'avais pas contesté, parce que c'était vrai, trop vrai. Je ne sais que servir l'État et à la rigueur le voler — du moins cela vient de m'arriver pour la première fois sous la forme de ce pourboire que j'ai touché pour vous complaire. Autrement, c'est toujours moi qui me fais voler. Si je suis malin quand il s'agit de tractations diplomatiques, même portant sur des négoces aussi douteux que les armes ou l'opium, il est certain que, dès que je ne me sens plus recouvert par le drapeau tricolore, je deviens un jobard, un vrai jobard. Comme vous me l'aviez fait ce soir-là si justement observer, sans méchanceté aucune je le répète, je ne suis pas un de ces vastes génies doués pour tout, pour le grandiose et pour l'ordinaire que, d'ailleurs, il rend grandiose. »

Les ongles d'Anne Marie ont saccagé ces dernières phrases. Ce doit être à ce passage-là que, tout à l'heure, elle a reniflé de mépris.

Moi, tout sage, bien tranquille, élève modèle dans mon fauteuil, je reconstitue avec application les mots abîmés... Il me faut deviner. Anne Marie a dû être exaspérée par le mot « génies » qui ne peut désigner que le seul, l'unique génie reconnu chez les Bonnard : André. Mais pourquoi mon père s'en prend-il à son cher André à qui il doit tant et dont, certainement, il attend beaucoup ?... Albert parfois, lui aussi, est double, il ne peut s'empêcher d'envoyer à ses dieux des flèches empoisonnées, tout en les mêlant de louanges quand ils l'enquiquinent. Je réfléchis... Que lui a fait André ? Il y a du nouveau. A Paris, il se passe actuellement quelque chose qui le tarabuste, avec André dedans. Edmée aurait-elle averti Albert ? Mais de quoi ?

Dans sa salle de bain, Anne Marie barbote, les robinets éructent, j'ai tout le temps de poursuivre, mais il faut que je me dépêche.

« Ma pauvre Anne Marie, je ne suis qu'un tâcheron. Je ne sais — sauf quand vous intervenez — gagner ma vie qu'à la sueur de mon front. Je suis seulement capable de faire de petites économies en comptant sou par sou, en ne dilapidant pas, c'est ce que vous appelez ma radinerie. Mais le peu que j'arrive à mettre de côté, malgré vos « dépenses somptuaires », je le perds, on me roule... j'accorde ma confiance à des gens qui savent s'y prendre, qui me font des sourires, qui me flattent... et je me retrouve tondu, complètement ratiboisé. Fréquemment même, vous m'avez dit : « Mon « pauvre Albert, vous êtes né dindon. »

« Ce soir-là, je vous devinais fiévreuse malgré vos airs détachés, d'autant que vous aviez ce léger sourire de désinvolture qui est chez vous le signe de la passion. Je savais qu'il s'agissait pour vous de traiter d'une question qui vous était essentielle et que vous vouliez obtenir de moi un accord. Je vous connais plus que vous ne le croyez, Anne Marie, je suis moins bête à votre sujet, moins aveugle que vous ne le pensez. Il restait un point à régler pour que votre plan soit satisfait... Vous m'aviez déjà arraché votre départ pour la France avec Lucien. Vous m'aviez chauffé à fond pour la ristourne de cinq pour cent, vous étiez sûre de moi là-dessus, vous pouviez vous en aller tranquille. Donc, qu'est-ce qui vous chiffonnait tant ? Je m'en doutais — et je ne me trompais pas. Je vous voyais venir, ma chère amie... Vous m'accordiez de l'intérêt par intérêt. Un dernier détail, en fait bien plus qu'un détail, à régler, un ultime et énorme désir à assouvir avant de me laisser en plan à Tcheng Tu. Il s'agissait de la manne céleste qui, grâce à vous, je le reconnais encore une fois bien volontiers, allait nous échoir... la mousson des dollars... vous la vouliez nette et intacte pour vous et cela me paraissait normal puisqu'elle vous était, par principe même, destinée. Il me semblait tout à fait convenable, décent, soulageant même, que vous interveniez pour assurer la protection, le bon usage et le plein épanouissement de votre bien. Comme je vous l'ai écrit plus haut dans cette lettre, vous m'avez offert, je pourrais dire imposé vos services afin de placer judicieusement votre fortune. Bien que vous paraissiez être au-dessus de ces vulgaires matières de sous et de gros sous, il se trouve qu'en réalité le bon sens ne vous manque pas, pas du tout, le bon sens paysan d'Ancenis, et même une belle cupidité. Si vous avez de la folie, et je vous crois par certains aspects un peu folle, mais c'est un charme de plus chez vous, en réalité, vous savez très bien, remarquablement même, administrer ce qui vous fait plaisir ou ce à quoi vous tenez. Par exemple, jouer à la consulesse dans votre consulat — parfois on dirait qu'il est plus à vous qu'à moi. Il est vrai que maintenant vous avez trouvé mieux, un plus beau théâtre, une scène plus splendide, vous gérez à merveille votre personnage parisien, paraît-il, et j'en tressaille de fierté. Mais je me perds... nous y viendrons tout à l'heure.

« En effet, je m'égare, je vais mettre de l'ordre dans mes réflexions. Retournons à ce fameux soir à Tcheng Tu. Au fur et à mesure que vous vous proposiez de vous dévouer au magot, à "votre" magot, je me sentais libéré, sans être le moins du monde vexé, je me sentais vraiment débarrassé de cet argent mal acquis et surtout de la corvée redoutable, délicate et gênante pour moi, de m'en occuper, étant donné son origine et en raison de toutes les rumeurs qui ne manqueraient pas de courir à son propos. Anne Marie, vous me soulagiez, vous m'enleviez une fameuse épine du pied. Je vous bénissais, Anne Marie, d'autant plus que j'étais persuadé que vous seriez une possédante exemplaire, sans aucun remords — des scrupules vous en avez, et même beaucoup, mais noblement placés, dans les matières quintessenciées où vous évoluez comme une déesse. Admirable Mimi... Je vous savais capable de parfait "management", comme disent vos chers Anglais — tous ces gentlemen dont, à votre avis, je ne suis pas et ne serai jamais — surtout s'il s'agit de sous à vous.

Pardonnez-moi, Anne Marie, hélas! ces millions, je ne les tire pas de mon nom et de ma famille, je les attrape en vilain. Mais que ne ferais-je pour vous!... Je suis le vilain dans votre manche, longue, longue manche qui va à l'autre bout du monde, à Tcheng Tu. Mais peut-être avez-vous mieux en vue que moi... Qu'est-ce que je raconte, Anne Marie, c'est moi le fou à lier, vous me garderez toujours, enfin encore longtemps, comme fournisseur, vous aurez du mal à en trouver un meilleur, aussi complaisant. »

De la salle de bain vient le bruit d'un glissement d'eau. L'eau se fend pour laisser émerger Anne Marie qui, par des mouvements saccadés et précis, sort de sa baignoire. Elle arrache du bain son corps tout humide. Et, avec l'énergie qu'elle met en ces choses-là, elle se frotte à grands coups de serviette, elle se sèche pour se préparer à s'encroûter de ces onguents qui, finalement, lui redonneront lustre, douceur et grâce. J'ai encore beaucoup de temps, je peux lire, lire, lire...

« Nous étions donc dans mon bureau. J'ai accepté. Tout était convenu... C'était vous qui, en France, en temps opportun, deviez prendre les dispositions nécessaires. J'étais d'autant plus persuadé que vous vous acquitteriez parfaitement de la tâche à laquelle vous vouliez vous atteler que vous m'aviez raconté toute une histoire, qui se tenait très bien.

« Vous le rappellerais-je, ma douce amie aux ergots d'or ? Je m'étais permis de vous donner quelques conseils de prudence, j'avais peur que vous ne tombiez dans certaines chausse-trappes cachées dans les salons bienveillants d'André. Je vous avais dit de ne pas vous adresser à lui pour une fois. Il pourrait quand même tiquer en découvrant le pot aux roses... Certes, il s'exécuterait immédiatement, le plus gentiment et le plus efficacement possible, sans rien marquer, si vous lui réclamiez ce service, mais, mais... il serait peut-être contrarié secrètement dans son instinct très particulier de ce qui se fait et de ce qui ne se fait pas. Les cinq pour cent il s'en moquera, mais il trouvera peut-être indélicat que vous lui en parliez, vous qui tenez désormais une si haute place dans son... estime.

« Ainsi, à Tcheng Tu dans mon bureau vous prodiguais-je des conseils. Maintenant que vous constituez une des parures du salon d'André et d'Edmée, vous vous êtes certainement mieux rendu compte de leur bien-fondé. Mais déjà, dans mon bureau, vous saviez... vous souriiez finement. Vous m'avez jeté un de vos longs regards coulissants, puis de votre voix la plus modulée, la plus musicale, l'œil amusé pourtant, vous m'avez dit : "Je ne suis pas sotte. Mêler André à notre petit arrangement, vous n'y pensez pas, Albert. Moi, je n'y ai pas songé une seconde. J'ai quelqu'un de toute confiance et de très compétent, qui agira pour moi par pure amitié... quelqu'un que vous connaissez, mais qui n'appartient pas du tout à l'entourage d'André et d'Edmée."

« Dans votre tête, vous aviez déjà tout préparé. Vous vous êtes tue une seconde, me regardant avec malice. Moi, un peu étonné, déconcerté, je me grattais le crâne de mon index, de ce mouvement que vous n'aimez pas. Ce soir-là, vous avez supporté patiemment cette petite incorrection. Du reste, vous étiez charmée par vous-même. Mais, ayant jugé que vous m'aviez surpris suffisamment longtemps, vous m'avez dévoilé votre projet. "Vous souvenez-vous de ce monsieur d'une quarantaine d'années qui, il y a trois ou quatre ans, était venu à Tcheng Tu, appuyé par le gouvernement général de l'Indochine ? Réservé, courtois, célibataire, fils d'un banquier possédant un de ces établissements de crédits provinciaux, aux vieilles traditions, qui gardent volontairement une certaine obscurité. Une firme au nom presque inconnu, et cependant très cotée dans tous les bons milieux boursiers. Sous tant de retenue, un vrai pouvoir et même un goût prudent de l'aventure, comme en témoignait l'acharnement méthodique avec lequel elle faisait défricher la jungle près de Saïgon, pour y créer des plantations d'hévéas. Son père l'avait envoyé s'enquérir sur place de l'intérêt du chemin de fer vers le Tonkin, en vue de participer éventuellement à son financement. Cela vous donnait des espoirs. Vous l'avez logé au consulat. Vous m'aviez prescrit, avec insistance, d'être aimable avec lui..." Ainsi me parliez-vous, Anne Marie, me rappelant cet épisode qui ne m'avait pas été très agréable.

Manifestement, vous lui aviez plu beaucoup à ce jeune financier et il ne vous a pas déplu. Vous aviez bon goût, ce monsieur était aimable, un bel homme, un gentleman d'Auvergne, c'était son pays je crois. Votre envoûtante hospitalité... Les réceptions que vous organisiez pour lui, et puis vous lui montriez Tcheng Tu. J'avais des pincements au cœur, mais je ne vous ai fait aucune observation, du reste je n'étais pas vraiment jaloux — je vous connaissais trop, vous aviez trop d'orgueil pour vous commettre gravement, votre vertu, ce mot est trop mesquin pour vous, je devrais dire votre altière honnêteté, faisait que vous ne commettriez jamais certaines choses, je le savais.

« Ainsi nous entretenions-nous dans mon bureau, avec une sorte de sérénité, presque d'enjouement, de ce qui constituait déjà le passé. J'attendais ce que vous alliez dire sans aucune inquiétude : "C'est ce garçon qui va me servir à Paris. Son père est mort, il a pris la direction de la banque, et il lui a donné un fameux essor. Vous savez, sous ses airs polis, c'est un réaliste, un moraliste strict, puritain, mais à l'esprit cynique. Il aime gagner... je suis sûre qu'il m'aidera sans s'étonner de rien, avec une complète discrétion et la plus grande habileté aussi. Au nom de l'amitié." Chère Anne Marie, j'aurais pu m'étonner, vous demander : "Quelle amitié ?" vous poser des questions, comment se faisait-il que vous fussiez si bien informée sur lui, si vous n'entreteniez pas quelque correspondance secrète ? Je n'étais quand même qu'à moitié content. J'ai proféré avec une mine trop rassérénée, complaisante, un brin suspicieuse : "Ce sera donc lui votre financier ? Vous croyez pouvoir compter sur son appui désintéressé, sans rien donner... en échange." J'étais lourd, vous avez un peu haussé les épaules, mais gentiment : "Oui. J'en suis certaine." Puis vous avez ajouté, pas pour vous justifier, vous n'en aviez pas besoin et de toute façon ce n'aurait pas été dans votre manière : "Albert, il n'y a jamais rien eu entre lui et moi, juste une sympathie passagère que vous connaissez... et il y aura encore moins. Il est l'homme de la situation... un homme délicat." Alors j'ai bougonné : "Hum, hum, bon..." Nous étions d'accord. A la suite de votre explication, j'étais rassuré, je ne sentais plus en vous aucune attirance dangereuse pour lui. Je n'étais plus jaloux du tout. Après son voyage à Tcheng Tu, il avait disparu de vous, vous ne le ressuscitiez qu'à l'occasion, pour votre bon usage et profit. De cela, j'étais sûr... »

Mon cœur est gros. Albert n'est plus méfiant du personnage. Sans doute a-t-il raison. Mais, en lisant ces lignes, j'ai un sursaut de dégoût — le revoir... le rencontrer à nouveau... faire le gentil petit garçon devant lui, je ne le veux pas, je ne le supporterai pas. Si Albert n'est plus jaloux, ce n'est pas mon cas...

J'avais six ou sept ans, je n'étais pas encore le jeune seigneur qui s'en allait sur son cheval, avec son mafou, à travers la cité. Je les ai épiés. Prenant ma mine de gourde, cet air que la

Chine m'avait donné comme arme, je me collais à eux, je les suivais partout. Ma mère cherchait à se débarrasser de moi, elle me jetait, avec impatience : "Va jouer avec Li." Mais je revenais. Je me cachais dans les bosquets du jardin dont ils parcouraient les allées et je les regardais. Je ne comprenais pas très bien, j'étais dans la peur, dans l'alarme, je devinais que ce qui se passait entre eux n'était pas bon pour moi. Ils bavardaient beaucoup. Elle lui parlait, à cet homme, avec des mots veloutés, d'une voix douce, claire, et elle le regardait comme elle n'avait jamais regardé personne — surtout pas Albert, mais moi non plus. Je les ai surveillés, des jours, des soirs, dissimulé dans ma bonasserie ou dans mes buissons. Je voulais les surprendre. Je ne savais rien, même pas que je voulais les surprendre. Les surprendre à faire quoi ?

Et puis un jour, au crépuscule... Tout était calme. Albert, supportant de plus en plus mal la situation, était allé se réfugier dans son bureau, prétextant un travail. Moi, je suivais ma mère et le monsieur, en prenant soin de ne pas me montrer, mais de façon à toujours bien les apercevoir. Dans une lumière, faite du jour mourant et de la lune se levant, une pleine lune ronde et rigolote, ils avaient marché lentement vers l'étang. Ils s'étaient arrêtés. Soudain, ils sont tombés dans les bras l'un de l'autre. Chastement. C'était pour moi effarant ! Ma mère dans les bras d'un homme ! Une catastrophe qui devait amener la fin du monde. Pourtant, le ciel ne les foudroyait pas. Leurs joues étaient posées l'une contre l'autre. Je les contemplais transi, éperdu, fou, rigide à force de regarder et de m'épouvanter. Ils accomplissaient un mouvement lent et étrange. Leurs têtes se sont écartées, pour se rapprocher à nouveau, mais cette fois leurs bouches s'attiraient lentement pour s'unir. Horreur, elles se sont unies ! Jamais les Chinois ne faisaient des choses pareilles. Je me souvenais, j'avais déjà vu Albert tendre sa lippe vers le visage d'Anne Marie, mais elle le repoussait, et avec quelle rudesse... tandis que là, elle n'avait pas repoussé l'homme, leurs lèvres se touchaient.

Dans ce crépuscule qui noircissait de plus en plus le monde, qui commençait à faire disparaître dans une ombre plus opaque ma mère et l'homme assemblé à elle, moi, dans mon fourré, je regardais, empoigné par la répulsion ; la mienne, celle d'Anne Marie, celle du monde, pris par le mal de vivre, l'écœurement d'être. Sentiment pesant et diffus... En même temps j'étais mordu par la jalousie que je ressentais depuis que l'homme était arrivé à Tcheng Tu, mais cette fois elle m'entaillait d'un coup, enlevant de moi un gros morceau, m'éviscérant... Je l'enviais. C'était affreux... Quand cela cesserait-il ? Des secondes et des secondes qui m'ont paru l'éternité, Anne Marie et l'homme sont restés attachés l'un à l'autre. Ils semblaient immuables, grotesquement collés, poétiquement reliés. Je les imaginais morts, puisqu'ils étaient totalement immobiles. Soudain, elle a gémi d'un gémissement que je n'aurais jamais attendu d'elle, une petite plainte profonde, comme celles que poussent, au théâtre chinois, les princesses condamnées. Ensuite, avec fermeté, elle a détaché ses lèvres de celles de l'homme qui, surpris, essayait de retenir son corps. Elle était résolue et, de loin, à plusieurs reprises, par petites secousses, je l'ai aperçue hocher du menton, de biais, de haut en bas et de droite à gauche, c'était sa façon — celle-là, je la connaissais — de signifier « non », et en même temps, d'une main, elle caressait le cou de l'homme, qui avait baissé la tête, vaincu. Le « non » d'Anne Marie était définitif. Mais que refusait-elle ? A quoi renonçait-elle ? Au bout d'un certain temps, sortant d'un accablement, ils se sont remis à marcher dans les allées où leurs pas faisaient crisser les graviers. Au-dessus d'eux, la lune, pleine et dorée, se moquait de leur détresse avec sa grosse face réjouie. Des crapauds-buffles se répondaient dans un concert grossier, entamant l'enterrement de leur aventure ; si grande, si petite aventure. Ils ne se disaient pas grand-chose, sans doute des bouts de phrases tout à fait banales. Ils semblaient se forcer à parler, par politesse. Très peu de jours après, le monsieur avait quitté Tcheng Tu pour rentrer en France. Il n'était réapparu que sous la forme d'une lettre de remerciements où il se confondait en louanges sur l'hospitalité avec laquelle l'avaient reçu Monsieur le Consul de

France et Madame Albert Bonnard. Depuis lors, plus rien, plus une trace, comme s'il n'avait jamais existé. Du moins jusqu'à ce qu'Anne Marie le ressuscite, pour en faire le champion, l'athlète de son pactole.

J'ai fini de parcourir les pages d'Albert sur ce « sieur » — comme il l'appelait. Et moi je les déchire en petits bouts qui tombent sur le tapis. Je viens de revivre, jusqu'à la moindre peine, ce qui a été ma première peur, mon premier dégoût. J'avais tout oublié, et tout m'est revenu.

Je ne voulais pas, absolument pas, qu'Anne Marie revoie ce monsieur, même pour le jouer : elle ferait sa roue, et je la voulais à moi, à moi seul, pure comme elle prétendait l'être et comme elle ne l'était pas. Quitte à la partager avec Albert, son époux, mon père, l'ayant droit, le titulaire, le propriétaire présomptueux et humble, le malheureux qui se poussait du coude dans ses vains privilèges, qui appelait Anne Marie « Mimi » comme si c'était une marque de fabrique à lui, et que je devais appeler « papa ».

Un bruit de siphon me parvient. C'est Anne Marie qui se gargarise après le brossage de ses dents. Elle en a fini avec sa bouche. Elle va maintenant passer à sa peau, à son visage, à ses cheveux.

Comment ai-je pu être assez bête pour déchirer en mille morceaux les trois ou quatre pages qui parlaient du monsieur ? C'est stupide... ces débris vont me trahir tout à l'heure, quand Anne Marie reviendra. Il faut que je les ramasse un par un et il y en a beaucoup. Je me mets à quatre pattes et, avec une rapidité dont je me croyais incapable, je les rassemble. Mais où les cacher, que faire de mon butin ? Les débris sont dans la poche de ma veste. Je les jetterai, à la première occasion, dans les w.-c. ou dans un caniveau de la rue, quand je ne risquerai pas d'être surpris par ma mère.

Je suis réinstallé sur mon fauteuil, je tiens dans ma main les autres pages d'Albert, il en reste énormément. Je recommence à lire ; j'ai le temps, encore une demi-heure ou plus, si je ne vagabonde pas, si je ne me laisse pas prendre par des réflexions, nées de ma lecture, et dont je me repaîtrai.

Avec une puissance incroyable, je suis charrié par le courant qui désormais draine la lettre d'Albert, une crue dévastatrice, une inondation terrifiante. Je lis, et je n'en crois pas mes yeux, je suis stupéfait, ébloui, épouvanté. Albert éclate et tonne de courroux, toutes les vapeurs enfermées en lui explosent, comme jamais ! Il le reconnaît lui-même. Jamais, au grand jamais ! Sur ces pages, sa colère est une tempête, elle est inimaginable. D'où vient l'audace ? Quel fantastique forfait a commis Anne Marie pour le déchaîner ainsi ! Apparemment une peccadille, un rien qui, de plus, devrait plutôt satisfaire Albert. Le crime de ma mère : elle n'est pas allée voir le « sieur », ne veut pas aller le voir, n'ira pas le voir. Elle n'en a plus rien à faire...

« Ma chère Anne Marie, il est temps que nous nous expliquions... Je vais le faire avec la minutie qui me caractérise et que vous trouvez bien piètre. Je ne suis pas du tout d'accord avec vous, et je ne vous céderai pas... Récapitulons encore une fois, excusez-moi, c'est ma manie, ce qui avait été convenu tout à fait à l'amiable entre vous et moi. Je veux bien mettre, bien remettre plutôt, les points sur les i. Je veux dissiper les brouillards qui souvent obscurcissent les rapports conjugaux, les nôtres en particulier, je veux débusquer ces malentendus qui peu à peu constituent la trame malsaine de la vie d'un couple — et notre ménage en est plein, de ces choses informulées, non dites, qui arrivent à constituer un équilibre où toujours un des conjoints pâtit : dans notre cas, c'est moi. Et cela dure depuis des années. Eh bien, cette fois, je ne souhaite plus me prêter à ce jeu, je m'y refuse carrément. Vous êtes en train d'essayer de me faire avaler une couleuvre trop grosse.

« Remémorons-nous donc. A votre départ de Tcheng Tu, nous avions conclu un pacte en bonne et due forme qui, me semblait-il, vous donnait pleine et entière satisfaction. J'avais consenti à toutes vos exigences. Permettez-moi de vous les rappeler.

« Primo. Malgré la peine que cela me faisait, malgré la solitude où vous me laissiez, je m'étais résigné à accepter votre retour en France, sous le prétexte de l'éducation de notre fils — car je suis persuadé que Lulu vous a servi de prétexte. Vous aspiriez à autre chose que moi, vous aviez d'autres envies qui, d'ailleurs, devaient être vagues. Vous partiez à l'aventure, précautionneuse, car vous n'êtes pas hardie, ma chère, vous êtes trop accoutumée à être protégée, essentiellement par moi, votre très digne serviteur. Mais j'avais tout arrangé, tout se faisait sous mon égide, j'étais, moi pauvre imbécile, content de votre contentement.

« Secundo. Ce second point est lié au premier. Il vous fallait, dans cette France que vous ignoriez et où vous étiez ignorée, où vous n'aviez comme attache que votre brave frère, le bon bougre de médecin d'Ancenis, il vous fallait donc, excusez-moi de ce jeu de mots malencontreux, un point de chute. J'ai fait appel, au nom de notre ancienne et excellente amitié, à André et à Edmée, pour vous accueillir, pour vous protéger. Je vous plaçais entre leurs mains. A Tcheng Tu, vous faisiez semblant de ne pas trouver cela extraordinaire, en réalité vous ne vouliez pas me montrer votre délectation, tout ce que vous bâtissiez déjà en esprit là-dessus. En fait, à Paris, vous leur avez plu au-delà de toute espérance, et j'en suis ravi... Mais peut-être avez-vous perdu la juste mesure des choses, vous vous en croyez trop, permettez-moi de vous le dire vulgairement. C'est moi, même absent de Paris, qui compte d'abord pour eux, bien plus que vous toujours nichée chez eux et peut-être abusant un peu, sans même vous en douter, de leur patience, de leur hospitalité. C'est à cause de moi qu'ils vous traitent aussi bien. Ne vous faites pas d'illusions, ne soyez pas chimérique... Au début, en y réfléchissant, malgré que j'éprouvasse parfois une certaine irritation à vos prétentions ridicules, cela ne m'apparaissait, au fond, pas bien grave. Je ne voulais retenir de tout ça que votre succès, qui m'enchantait et me rendait encore plus fier de vous. Maintenant, je suis plus inquiet, vous en avez la tête tourneboulée, vous vous lancez dans des manigances dangereuses pour l'unité de notre famille. Là ça devient sérieux, et là, je vous dis "non" avec toute ma fermeté. Cela nous amène à ma troisième considération... »

J'avais du mal à lire, car de nouveau le papier était hachuré par les ongles d'Anne Marie, mais pas avec une rage aussi heureuse que précédemment, quand Albert, obliquement, osait se gausser d'André, le Génie. Que mon père se laissât entraîner à la raillerie contre son Seigneur prouvait qu'il était « touché », qu'il croyait à l'« affaire » entre André et Anne Marie. Ce n'était pas tout à fait déplaisant pour elle, cette vulnérabilité de son mari. Mais, dans le passage que je venais de lire, il jouait au grand seigneur, c'était elle qui faisait des bulles de savon, sa cervelle était pleine de poches d'air, elle était ridicule dans ses imageries, ses présomptions. Albert ne donnait pas dans ces « chimères » — et cela, Anne Marie ne le supportait pas facilement, c'était même pour elle le pire des outrages:

J'ai peur d'être surpris. Mais ma mère poursuit ses soins maniaques. De la salle de bain proviennent des bruits métalliques, clic, clac. Anne Marie doit être en train de manipuler une pince à épiler pour que ses sourcils dessinent des arceaux parfaits. Sa calme besogne me rassure, et je poursuis, je replonge dans la tempête consulaire dont les vagues déferlent.

« Tertio. Quelques jours avant votre départ, vous sont venus de nouveaux caprices, vraiment superfétatoires, et j'y ai accédé. Vous avez éprouvé le besoin d'avoir, en France, une voiture, conduite par un chauffeur chinois que je devais dénicher et vous expédier par un prochain bateau. Votre idée, pour tout vous dire, m'a paru saugrenue. Je vous imaginais dans votre automobile, en grande toilette, avec à vos côtés monsieur votre fils et, au volant, le très digne Céleste. En France, cela a de quoi surprendre les populations. A vrai dire, dans pareille situation, je le sais d'expérience, car je vous ai déjà vue dans d'autres à peu près identiques, vous trouvez le moyen de n'être jamais ridicule, je vous en admire et je vous en félicite. Vous supportez très bien l'excentricité, vous savez la choisir, dirais-je même la gouverner, de façon à vous mettre en valeur sans tomber dans... le débraillé ou le prétentieux qui vous répugnent, à en croire vos professions de foi. Votre désir, même dispendieux et au bord du déraisonnable, m'a amusé. J'y ai donc consenti, comme à une peccadille ruineuse de jolie femme.

« Si vous en étiez restée là... il n'y aurait pas de différend entre nous. Car, pour la première fois depuis notre mariage, il en existe un, sérieux, et même, soulignerais-je, essentiel. L'appartement ! A première vue, cela ne paraît pas très grave et pourtant cela l'est excessivement. Ce que soudain, depuis la France et en contrevenant à nos accords, vous exigez, me paraît exorbitant et intolérable. Je ne le tolérerai pas. Je vais vous donner mes raisons. »

Actuellement, Anne Marie se fait le teint, de façon à ne pas paraître maquillée. Elle ne se maquille jamais, Anne Marie, dit-on... C'est inexact, je le sais, mais il faut avouer que ça ne paraît pas. Quand elle se présente au monde, elle semble être dans sa beauté naturelle. Je suppose qu'elle est en train de se faire les yeux qu'elle a allongés, en amande, mais qu'elle bride encore plus, comme si la Chine avait posé sa marque sur la paysanne ancenienne. Grâce à un pinceau oriental, elle trace sur ses paupières des cernes invisibles. Ma mère doit s'appliquer avec plaisir. La lettre d'Albert, elle s'en fiche. Je crois qu'il est trop long mon père et que cette longueur est un signe de faiblesse.

« Retertio, chère Anne Marie. Enfin j'en arrive à l'essentiel, à la question capitale, celle où vous dévoilez vos batteries... Mais je ne capitulerai pas, je ne me laisserai pas détruire. Je vous dirai seulement : c'est à vous de choisir. Et, je vous assure, que ce sera de votre part un choix qui engagera nos vies, qui nous fera un avenir commun... ou pas d'avenir du tout. Cette fois, ce sera à vous de vous incliner. Sinon...

« Excusez-moi de vous le redire encore, je vous en ai déjà rebattu les oreilles dans tout le début de cette lettre, j'avais accepté de toucher pour vous les cinq pour cent, ce qui était pour moi le plus grand sacrifice que je puisse faire, celui de mon honneur. Mais l'honneur, qu'est-ce que c'est pour vous ? Vous devez penser que je suis tombé gâteux, à en parler et à en reparler toujours. A votre façon vous en avez de l'honneur, mais faux, vous le confondez avec une certaine élégance, un certain style, somme toute une certaine qualité de snobisme. Passons, vous êtes femme... Avant votre départ de Tcheng Tu j'avais admis — et je crois qu'on ne peut être plus compréhensif et généreux — que, dès votre arrivée en France, vous vous adresseriez à ce "monsieur" avec qui... enfin passons... vous aviez failli manquer à vos devoirs d'épouse. Oui, je vous le répète, vous y aviez presque manqué et je l'ai su. J'avais un bon réseau d'informations par mon personnel... Eh bien, reconnaissez-le, je ne vous ai pas fait un reproche, je ne vous ai soufflé mot de votre conduite, j'ai gardé le silence, j'ai tout enduré secrètement. Vous avez cru que je ne m'étais aperçu de rien, ou de pas grand-chose. J'ai souffert le martyre, mais je ne voulais pas provoquer des querelles qui m'auraient paru mesquines. Quoi que vous prétendiez, j'ai mon élégance. Je me répétais que je devais vous faire confiance. J'ai eu raison. La crise est passée sans trop de dommages sauf que... vous ne m'avez jamais remercié de ma magnanimité que vous preniez pour de la pusillanimité ou de la stupidité. J'ai tout subi sans une plainte, sans gémir... Je m'étends, je m'étends. Revenons à notre affaire. »

Moi, je ferme les yeux, je me mets, derrière mes paupières, à évoquer les jours du « sieur », à Tcheng Tu.

Je revois Albert... il se vante un peu, et même beaucoup dans sa lettre, quand il proclame ne pas avoir gémi. En fait, il avait une façon particulière de ne pas gémir qui était un gémissement continu. Jouant l'hôte gracieux à table, engoncé dans un fauteuil du salon pour l'apéritif ou le digestif, il roulait de ces yeux... ronds, gros et humides... il avait des silences, puis soudain il faisait le plaisantin, spirituel comme un éléphant, bagatellisant et sournois, devant ma mère et le « sieur » gênés qui évitaient de se regarder et de se sourire.

Anne Marie a commencé à se coiffer. Malgré ma curiosité, je m'arrête un instant. J'aime quand elle coule son peigne d'écaille dans ses cheveux, il n'y a pas de bruit — si, il en existe un, mais doux, une sensation plutôt qu'un son qui me parvient même quand je ne la vois pas se coiffer. Je ne me lasserai jamais. Longtemps, longtemps, elle parcourt sa longue toison qu'elle fait pencher sur le côté, une noire tombée que ses doigts chevauchent, avant que, enfin assouplie, docile et soyeuse, elle ne la ramasse sur le derrière du crâne, en un monument tassé et ombreux qui, par son poids, lui redresse la tête, la lui fait porter haute. Quand Anne Marie se coiffe, il y a en elle quelque chose qui tient de l'éternité, un mouvement qui semble ne pas pouvoir s'interrompre et qui s'interrompt pourtant quand, ayant parcouru mille fois jusqu'au bout la longueur de sa crinière sur laquelle le peigne vogue, elle vogue, je vogue, nous voguons, elle s'arrête dans un silence qui me tient en suspens et que, se servant d'épingles qu'elle serre dans sa bouche, elle commence à architecturer son chignon-chef-d'œuvre. Mais elle n'en est pas à cet échafaudage. Pendant que je lis, j'entends qu'elle en est toujours au filage de ses cheveux. Elle y plonge et replonge son peigne pour leur donner leur sensualité.

« Revenons donc à notre affaire. En vous autorisant à rencontrer le « sieur » à Paris, je vous faisais confiance. J'ai eu tort. Je me suis trompé — car vous me trompez, certes pas avec cet individu que vous n'avez même pas daigné rencontrer, ni avec un autre homme (quoique vous ayez commencé à vous fabriquer d'étranges leurres...), vous me trompez avec vous-même, avec ce que vous pensez être votre âme, trop belle pour le « vulgum pecus ». En résumé, vous ne voulez plus de moi — si ce n'est en tant que mari lointain qui vous entretiendrait mais dont la présence gâcherait tout. La preuve : cet appartement...

« L'appartement. Je vous vois venir avec lui depuis un bon moment, en fait presque depuis votre débarquement en France. Vous avez procédé par degrés, par paliers, doucement, progressivement, avant de vouloir me le faire avaler, vous saviez que je trouverais la potion amère. Vous en avez mis du temps avant d'abattre vos cartes. Jamais je n'avais reçu de vous autant de lettres et de télégrammes affectueux. Jamais vous ne vous êtes tant préoccupée de moi, de ma santé, de ma carrière, de mes intérêts. Ce n'était pas naturel, cela m'a mis la puce à l'oreille, vous vouliez quelque chose. Quoi ? J'ai commencé à m'en douter quand vous vous êtes mise à vous plaindre de l'hôtel, cet excellent Regina Palace, qui est pourtant très bien situé et qui jouit de la meilleure réputation. Vous ne parliez que de son inconfort, de ses inconvénients, de son mauvais service, de sa médiocrité, de la quelconque qualité de sa nourriture qui vous a rendue malade, vous qui avez un estomac d'autruche, enfin et surtout de la gêne que vous éprouviez à ne pouvoir y recevoir personne. Je le comprends, c'est un terrible embarras dans votre vie parisienne. Mais vous me présentiez les choses autrement : vous vous tourmentiez de ne pouvoir inviter des personnalités influentes qui pourraient m'aider à obtenir ma nomination aux Douanes chinoises — là, vous en faisiez trop. Cela m'a fait sourire, je l'avoue, cette soudaine sollicitude pour moi. Vous perdiez la mesure. Que n'avez-vous déblatéré contre le Regina Palace, devenu l'objet de votre haine. Il s'y passerait même, vous lamentiez-vous, des choses indécentes. Mais enfin, ma chère Anne Marie, telle que je vous connais, votre pudeur est si bien armée et si inattaquable qu'en général elle ne s'alarme pas facilement de faits qui ne doivent pas être bien graves, qui sont même courants et inévitables dans les meilleurs établissements. Hélas ! le Regina Palace n'est pas, pas du tout, un b... (vous voyez, je la respecte votre pudeur, je n'emploie pas le mot entier), vous ne parviendrez pas à me faire croire que cet hôtel est un b... compromettant pour vous et dangereux pour votre fils. Mais nous parlerons de ce dernier tout à l'heure. Je le connais, le Regina, j'y suis descendu avant vous, avec vous aussi (nous y avons passé une partie de notre lune de miel, ce qui, je le sais, pourrait constituer pour vous un mauvais souvenir, mais je ne pense pas qu'il s'agisse de cela). Quand, à Tcheng Tu, je vous l'avais proposé pour vous y établir, vous étiez contente, et même tout à fait d'accord. Je me suis donc demandé d'où pouvait provenir votre brusque volte-face. J'ai souvent noté que ce qui apparaît chez vous comme un caprice est toujours motivé par une raison puissante.

« Votre but m'est apparu plus clairement quand vous m'avez expliqué en long et en large, avec tous les arguments possibles, et en faisant preuve d'une compétence que je ne vous soupçonnais pas, une poussée de science infuse apparemment, que la Bourse était périlleuse et incertaine, qu'il n'existait pas de valeurs sûres. Quelle prodigieuse découverte !... Vous m'affirmiez que vous étiez bien renseignée, vous ne me disiez pas par qui, mais manifestement pas par votre "sieur" soudain englouti dans le néant. Vous aviez acquis la certitude qu'actions et obligations étaient risquées, que le meilleur placement était la pierre. Ma chère amie, j'ai admiré votre prudence, votre souci pour l'argent qui, en général, n'est bon, pour vous, qu'à dépenser. Quel changement... Vous étiez devenue une financière vigilante, à qui on ne la faisait pas. La pierre, il n'y avait que la pierre... J'ai même observé que vous aviez employé le terme d'"immobilier", que je croyais inconnu de vous, qui fleurait trop la technicité et le prosaïsme pour sortir de votre bouche. L'immobilier ! Vous ne connaissiez plus que cela, c'était l'avenir, il fallait acheter aussitôt, les prix ne pouvaient que monter du fait qu'en France on bâtissait si peu, vous vous chargeriez de tout. Enfin, vous avez lâché la vérité : il vous fallait un appartement. Ce n'était pas pour vous et votre dilection, à vous en croire vous vous sacrifiiez presque, mais c'était un devoir, votre devoir, notre devoir. C'était pour le petit Lulu.

« Là, Anne Marie, vous n'avez pas paru très délicate : votre petit Lulu, vous le mettez à trop de sauces. Souvent vous l'avez déjà utilisé pour parvenir à vos fins, qui ne sont pas forcément, loin de là, les siennes. Il est d'abord pour vous un outil. Une fois de plus, vous l'avez mis en avant, vous l'avez fait donner, comme le chevau-léger de vos désirs. Belle argumentation, ma foi... Il ne suffisait pas, selon vous, qu'il ait été mis dans le meilleur et le plus onéreux collège de France, il fallait de plus qu'il se sente complètement rassuré, qu'il sache, pour son bien et uniquement pour son bien, qu'il a un chez-lui à Paris, un chez-lui qui se trouverait être un chez-vous. Il était impossible de l'élever d'une manière appropriée dans un hôtel, au milieu du passage, dans l'atmosphère malsaine de ce qui n'était même pas un palace. Il importait avant tout que Lulu ait un foyer, un vrai foyer, avec ses lares et ses dieux tulélaires. Remarquez qu'il n'était guère question de moi. Mais je reviendrai sur ce point-là qui pour moi, je dois le confesser, est sérieux...

« En réalité, au moment où vous dissimuliez vos envies derrière votre dévouement au petit Lulu, j'ai appris certaines choses, qui m'ont été pénibles, douloureuses même, elles vous présentaient sous un jour... que je n'apprécie aucunement. Mais n'anticipons pas. A première vue je n'avais pas attaché d'importance à ce que vous vous serviez, une fois de plus, de votre enfant. Je croyais qu'à défaut de moi, vous aimiez au moins votre fils. Et, maintenant, depuis que j'ai été mieux informé, je n'en mettrais plus ma main au feu. Vous êtes... abominable... non, j'outrepasse ma pensée, mais enfin... Raisonnons...

« Permettez-moi d'abord de vous faire remarquer un point précis. Votre fils adoré, l'objet de votre tendresse, à peine aviez-vous mis le pied à Paris avec lui que déjà vous le trouviez de trop. Votre premier soin a été de l'écarter en le fourrant aussitôt aux Sources, avec une précipitation qui a surpris certaines gens bien intentionnées à votre égard, et qui n'ont pu s'empêcher de vous juger bien dure. Il paraît que Lulu s'accrochait à vous, qu'il ne voulait pas vous quitter, qu'il faisait pitié, mais cela ne vous touchait pas. Ces personnes dont je parle ont essayé, courtoisement, dans les limites de la politesse — c'était avant tout votre affaire, pas la leur —, de vous émouvoir en sa faveur, mais vous n'avez pas voulu comprendre. Vous étiez intraitable, vous justifiant par ces mots qui faisaient place nette : "C'est pour son bien, c'est pour son bien..." Vous l'avez conduit à la gare, après l'avoir pourvu d'un équipement luxueux qui prouvait votre snobisme, pas votre cœur. Et quand Lulu s'est retrouvé seul, sans vous, sans moi, nous les parents qu'il n'avait jamais quittés, dans ce collège "smart" — je souligne votre mot —, vous l'avez abandonné, délaissé, alors qu'il vous réclamait à cor et à cri. Vous, si bonne mère, vous n'avez pas été remuée, dans vos entrailles de mère, par ses appels de détresse, vous n'avez pas voulu les entendre. Sourde, vous étiez... vous auriez pu penser, cela ne demandait pas tellement d'imagination, que, pour lui, passez sans transition de Tcheng Tu, où il était un petit roi choyé, à cette institution remarquable, mais où tout lui était étranger, incompréhensible, oui, vous auriez pu penser que c'était pour lui accablant, trop lourd, vous auriez pu vous porter à son secours. Vous n'ignoriez rien, il vous écrivait, paraît-il, des lettres déchirantes. Cela n'est pas un ragot, mais un fait établi car, dans votre inconscience — et cette fois j'emploie un terme faible — ces cris de Lulu, écrits avec des larmes, des jambages fous, des mots maladroits, des fautes d'orthographe et des taches, vous les avez montrés à nos amis. Ils vous ont proposé une automobile, avec un chauffeur que vous n'avez pas acceptés. Vous avez dit un "oui peut-être" qui était un non. Pourtant, l'opinion de ces gens, vous y tenez plus que tout au monde, mais vous étiez, comment pourrais-je dire, butée, tellement butée que, vous d'habitude fine mouche, vous n'avez pas senti combien vous les étonniez défavorablement. Vous disiez avec une douceur péremptoire que cela aurait été une faiblesse de votre part, vous disiez et redisiez que, si vous résistiez à votre désir d'aller voir Lulu, c'était seulement pour son bien, pour qu'il se trempe, pour qu'il se forge. Ah ! vous êtes une fameuse éducatrice. Vraiment votre cœur de mère n'a pas palpité, pas du tout...

« Et puis, au sujet de Lulu, vous avez commis un mensonge, vous m'avez menti de façon... répugnante. Vous m'avez monté la tête contre lui. Vous me l'avez dépeint mou, fantasque, indiscipliné, paresseux, lâche, à moi aussi vous avez affirmé que cela lui ferait du bien de se débattre tout seul... et là, mea culpa, j'ai eu le tort de vous croire. Vous avez habilement tripatouillé de ma corde sensible, car vous savez combien je crains qu'il ne devienne un fils à papa. Je me disais que si vous montriez cette redoutable fermeté, les motifs devaient en être graves, encore plus graves que ceux que vous me découvriez. Je me suis laissé berner par vous, je me disais que l'épreuve que vous lui infligiez lui mettrait du plomb dans la tête. Sous votre influence, je lui ai envoyé des lettres d'admonestations et de réprimandes. Maintenant, j'en ai du remords. Le pauvre gosse... Pourtant, je ne vous ai pas dénoncée et, dans le dernier mot que je lui adresse, et qui a dû lui arriver à Paris en même temps que cette longue lettre, j'ai continué à lui montrer une certaine autorité. Il ne doit pas s'apercevoir que sa mère n'est pas si bonne que ça ; car il vous adore, ce garçon, il vous aime à la passion — il est bien mon fils. Je vous en veux, de tout cela... Anne Marie, je suis quand même éberlué que vous ayez pu être aussi insensible. Moi qui suis seulement son père — un père que vous lui avez appris à mépriser car, reconnaissez-le, depuis des années, je dirais depuis sa naissance, vous l'avez dressé contre moi, ce qui est un chapitre grave de notre contentieux — donc moi qui suis seulement son père, si j'avais été à votre place, dès le premier dimanche je serais allé aux

Sources et j'y serais retourné chaque dimanche, je dis bien chaque dimanche, j'aurais eu trop de peine de la peine de mon fils. Vous m'avez volé le cœur de mon enfant, et vous en profitez pour le faire souffrir. Vous me faites peur, je sais ce qu'il en coûte d'être épris de vous, et Lulu l'est aussi. Je vous en supplie, ménagez-le, il est encore un petit garçon, épargnez-le. »

Je n'entends plus du tout Anne Marie. Si, un bruit encore faible, plus inexistant que le brossage de ses cheveux. Encore une autre impression. Un crissement, un son sec tout petit, un peu crispant, un peu raclant, portant sur les nerfs, comme celui d'une scie. Cela revient monotone, répétitif. Je sais ce qu'elle fait. Elle se lime les ongles avant de les enduire d'un vernis pâle, qui leur laisse une coloration apparemment naturelle.

J'ai encore le temps de lire des pages. Je n'ai pas peur. Et pourtant, les derniers feuillets d'Albert hurlent entre mes doigts — vociférations, clameurs, grognasseries, incriminations, ordures, pêle-mêle, le réservoir à bile d'Albert vient de crever, il m'inonde. J'apprends le passé de mes parents, ce qui est aussi mon passé. Je suis l'enfant d'un chaos de sentiments et de situations mauvaises. Je lis :

« Chère Anne Marie, revenons à votre appartement. Dans votre dernière lettre vous ne vous donnez même plus la peine de mettre Lucien en avant. Il vous faut à Paris, en toute propriété, afin de mener une existence décente, un logis digne de votre auguste personne. Un logis ? Un palais avec de grandes pièces de réception, une vaisselle en or, des larbins et tout le tralala, en somme un luxe inimaginable, et cela évidemment dans le quartier en train de devenir celui du gratin, le plus cher de Paris, près de l'Étoile, si possible avenue du Bois. Vous ne vous mouchez pas du coude. Il n'y a que pour les chambres que vous ne montrez guère d'exigences, deux vous suffiraient, une pour Lucien et une pour vous, mais évidemment vous sans moi — c'est tout juste si vous ne me signifiez pas que je pourrais aller coucher dehors quand j'aurai la malséance d'être à Paris. Et c'est bien là votre intention, je n'exagère pas, puisque vous avez l'audace de me réclamer dès maintenant les collections d'art chinois que nous avons constituées à Tcheng Tu, des années durant, tous les deux. La seule chose que nous ayons faite ensemble dans cette ville. Ces statues, ces bouddhas, ces ivoires et tout le reste, ces pièces uniques, des centaines, peut-être un millier, lentement rassemblés avec amour — notre seul amour commun — car, figurez-vous que ces objets merveilleux, j'y tiens autant que vous, il faudrait que je m'en prive, que je vous les donne, qu'illico je les fasse mettre dans des caisses et que je vous les expédie au galop par la valise, aussitôt que vous aurez une adresse, la belle adresse de votre appartement.

« Et moi, tout naïvement, tout bêtement, qui croyais que ces trésors étaient destinés à notre demeure de Shanghaï, celle que j'aurai comme directeur des Douanes chinoises après mon congé, et où je comptais bien que vous seriez la maîtresse de maison. Désormais, il est évident que vous ne voulez pas y mettre les pieds, que vous refusez de vivre avec moi, que vous ne m'accompagnerez pas dans mon nouveau poste en Chine, que vous êtes déjà décidée à rester à Paris, pour vous y prélasser sans mon odieuse présence, dans le magnifique appartement acquis de mes deniers. Car enfin l'argent — même celui des cinq pour cent — m'appartient, pas à vous... Plus rien d'autre n'a d'importance... vous êtes en transe. Votre appartement, votre appartement, c'est une obsession, un désir fou, une manie à laquelle vous ne résistez plus, pour laquelle vous sacrifierez tout. Le chercher, le trouver, l'arranger à votre goût avec nos « chinoiseries », en somme vous constituer un cadre original où vous tiendrez votre cour, où je ne serai même pas le chien de garde. Moi, que je me tienne à ma place qui n'est pas là... Moi, que je crache au bassinet, que je me montre le moins possible, juste un peu durant mon inévitable séjour en France. Vous ne pouvez me supprimer tout à fait puisqu'il faut que je me décarcasse pour subvenir à vos impérieux besoins. Il ne resterait de moi qu'une moitié d'homme qui ne vous offusquerait pas de sa présence et de ses exigences mais qui casquerait pour les frais et les faux frais de votre grandeur. Vous feriez volontiers de moi un consul prévaricateur, qui couperait les cordons des bourses à sa portée et en verserait le contenu à votre compte en banque. N'oublions pas, vous m'en réclamez un, et un carnet de chèques, et le droit à la signature. Vous m'avez assez compromis, Dieu sait... De plus mes sentiments, vous vous en f... je l'écrirai en toutes lettres, vous vous en foutez éperdument, rien de moi ne vous importe, ni que je me discrédite, ni que je sois malheureux à cause de vous. Le malheur des autres, surtout le mien, même si vous en êtes la cause, vous est indifférent.

« Anne Marie, je vous dégoûte. Certes, je ne suis pas sorti de la cuisse de Jupiter. Mais vous, qui êtes-vous ? Sans moi, que seriez-vous ? Permettez-moi de vous rafraîchir la mémoire. Si je ne vous avais pas "achetée", c'est le mot que vous employez, alors que j'ai été emporté vers vous par un mouvement irrésistible et fou, enfin, passons... si je n'étais venu dans votre Ancenis, vous seriez une pauvresse, une laissée-pour-compte parce que vous n'aviez pas de dot et que, dans votre province, ça ne se pardonne pas.

« Rappelez-vous. Quand je vous ai rencontrée à Ancenis, par un coup du hasard, vous étiez alors la belle « Mimi », la plus jolie fille de toute la contrée. Les garçons, même les plus huppés, s'empressaient autour de vous. Mais, malgré la cour qui vous était faite, lequel aurait voulu de votre main ? Personne digne de vous, vous le savez bien. Votre mère, la diligente veuve, la solide commère, l'inlassable démarcheuse, s'était démenée pour vous caser dès que vous avez été en âge de l'être. Afin de présenter les apparences d'une richesse qui n'existait pas, elle « tapait » toute votre parenté fortunée. C'est ainsi qu'elle avait pu louer en ville une belle maison où vous pourriez recevoir vos soupirants, en tout bien tout honneur... Vous alliez vous nipper et vous chapeauter jusqu'à Nantes. Quelle dépense et quelle mise de fonds, mais vos toilettes vous allaient bien, quelle grâce ! Vous aviez même de longs gants qui remontaient le long de vos bras. Je vous ai aperçue, à la gare du bourg, revenant d'une de vos expéditions d'achats... je dois le dire, quelle apparition, quel éblouissement mais... passons. Votre sainte mère avait aussi dépensé pour vous faire enseigner les arts d'agrément, le piano évidemment. Vous aviez une certaine instruction, acquise chez les bonnes sœurs, c'est-à-dire que l'on pouvait tout craindre, mais curieusement vous n'étiez pas trop sainte nitouche, ni pieusement bébête... non, non, vous aviez un tour d'esprit original. Et l'aisance de vos paroles était portée par un accent lent, un peu traînant, harmonieux, doré, celui de votre Loire et de ses coteaux... Mais je ne me souviens que trop ! Le but de cette lettre n'est pas de vous débiter des compliments sur une image de vous que vous avez oubliée et qui, dans ma bouche surtout, ne peut être qu'une fadaise. Revenons à la réalité. Si accomplie que vous fussiez, toutes les entreprises de madame votre mère se soldaient toujours par d'énormes fiascos. Vos galants respectueux, attirés par vous comme des papillons par une lampe, avant de se déclarer, se rendaient chez le notaire, pour se renseigner sur le « solide » que vous apporteriez, outre vous-même. Et là, ils ne découvraient que du vent et disparaissaient sans tambour ni trompette. Vous n'en étiez pas désolée du tout, paraît-il. Comme si vous étiez sans illusions.

« Il a fallu que moi... l'imbécile, que vous qualifiez maintenant de pingre et d'avaricieux... moi, venu d'ailleurs, du bout du monde, de La Rochelle et de Chine, je vous demande et je vous accepte pour vous-même, telle que vous étiez, nue, plus que nue, si je peux dire. Excusez-moi... Sans rien. Quand je pense aux conditions absolument inacceptables que l'on m'a fait accepter, ces papiers faux que l'on m'a fait signer, pour vous avoir ! Votre corps était déjà usuraire, votre corps que vous m'avez donné à contrecœur... Comme je vous aimais ! Je vous ai sauvée et maintenant vous me reprochez de vous avoir achetée... d'accord, je vous ai achetée, mais à quel prix et quelle marchandise m'avez-vous livrée ? Celle de votre haine et celle de ma douleur. J'étais l'« occasion » unique, exceptionnelle, irremplaçable, moi Albert Bonnard surgi inopinément, qui consentais à vous épouser sans dot, qui voulais vous emmener vers les tropiques et ses mirages. Un bel homme, avec une belle situation, qui acceptait tout... et pourtant vous, avec une obstination rare, vous ne vouliez pas en profiter de cette occasion. Il a fallu que votre sainte mère et toute votre parentaille vous forcent la main pour qu'enfin, désolée, vous me l'accordiez... Qui êtes-vous Anne Marie ? Avez-vous un cœur ?

« Dans ma fougue et ma candeur, je croyais que votre réticence n'était qu'une pudeur. Aujourd'hui, je vois mieux... Hélas ! dès le début, votre aversion était profonde, aussi innée que mon amour. Comme je vous ai aimée, comme je vous ai voulue...

« A cette époque, moi qui étais parti misérable pour l'Asie et en étais revenu vice-consul et diplomate, je jugeais mon avenir suffisamment établi pour faire un bon mariage, fonder une famille, créer un foyer, avoir des enfants. Je voulais beaucoup d'enfants... Pour prendre femme, je n'avais que l'embarras du choix. Vous le savez maintenant, à Paris, Edmée me destinait Rose, ce qui n'aurait pas été sans avantages... Mais ma vieille mère à La Rochelle, ainsi que tous les Bonnard de là-bas, fiers de moi, avaient travaillé de leur côté. Ils m'avaient mijoté une belle et brave fille pas bête, bien en chair, et surtout pourvue d'un fameux magot. Elle m'aurait traitée comme un coq en pâte. Cela me tentait... Je voulais me ranger, retourner en Chine marié agréablement et raisonnablement. Hélas ! à peine vous ai-je aperçue que j'ai fait fi de ces sages résolutions, je suis devenu fou de vous. Quand j'y pense... Pourtant, par votre visage glacial, vous faisiez tout pour me décourager, j'en étais réduit à vous supplier. Votre mère, l'excellente Berthe, me prenait à part pour me prêcher la patience, me répétant que ce n'était rien, qu'en fait je vous plaisais infiniment. Elle courait après moi pour que je ne renonce pas, et elle me présentait le chœur édenté de votre parenté. A défaut de comptant, elle m'offrait vos « espérances ». Je n'étais pas dupe. Je m'étais renseigné : vous n'aviez à attendre aucun héritage de droit, vos liens avec ces gens-là, braves, sournois, crottés de bondieuseries étaient lointains, soumis à leurs caprices dévots... J'aurais dû fuir. Je me suis laissé empaumer, pas par vous ni même par votre besogneuse mère, mais par moi.

« Votre caractère était déjà bizarre... mais enfin vous aviez de qui tenir. Il paraît que vous ressemblez beaucoup à votre père au physique comme au moral. Vous tenez de lui votre grâce, votre charme, votre saveur fruitée, et aussi cet orgueil qui lui a été fatal. Or, il était dément, au point de se donner volontairement la mort, après avoir tout gâché et détruit autour de lui, vous ne l'ignorez pas.

« Pourquoi dans cette lettre, peut-être décisive pour notre avenir commun — s'il doit y en avoir un —, je vous entretiens de ce malheureux, depuis si longtemps disparu ? C'est qu'il vit toujours en vous. Je ne veux pas dire que vous ayez, en quoi que ce soit, hérité du moindre grain de sa démence, pas du tout, mais je crois que vous tenez de lui un orgueil démesuré. Au contraire de celui de votre père, le vôtre n'est pas suicidaire. Votre père a tout saccagé, à commencer par lui. Vous, vous ne saccagez que moi.

« D'abord vous n'avez pas compris l'usage à faire de moi, vous étiez jeune. A Ancenis, si vous ne m'avez pas trouvé à votre goût — malgré les circonstances qui vous forçaient à m'accepter — c'est à cause de cet orgueil encore inexpérimenté, qui vous faisait juger que j'avais un genre « peuple arrivé », ce que vous détestiez. Mais ensuite votre orgueil a mûri, a perçu que j'étais un instrument providentiel, qu'il fallait m'utiliser jusqu'à la lie. Tout en m'accordant le moins possible, vous vous êtes servie de moi comme d'une échelle, pour grimper les barreaux de la société, et pour vous constituer cette personnalité que vous voulez fascinante, qui l'est du reste. Maintenant que la transformation est accomplie, que vous vous jugez prête pour les plus hauts destins, plus élevé que le mien, qui pourtant n'est pas si mal, loin de là, vous procédez à mon éviction, vous dispensant de moi — sauf financièrement. Eh bien, je vous dis "Attention", Anne Marie... car, malgré ce que je vous ai écrit quelques lignes plus haut, il y a quand même en vous une certaine hérédité, votre orgueil n'est pas tout à fait sain, il peut même être dangereux. Il existe une folie des grandeurs qui n'est pas de la folie, mais...

« Votre père... oui, j'ai besoin de vous en entretenir... Il avait entrepris de vaincre le monde — enfin de l'épater, je devrais dire —

au fond de sa lointaine province. Vous, vous voulez réussir le même coup sur un autre théâtre, à Paris la grande ville ! Capter Paris, votre rêve. Lui, le pauvre, dans sa Bretagne, il n'a pas su. Vous avez décidé d'être sa revanche. Vous l'aimez, je dirai même que c'est le seul homme que vous ayez jamais aimé. Pourtant, qui était-il ? Demandez donc à votre demi-frère, le toubib, ce qu'il en pense, c'est un homme juste, que je respecte, qui ne vous en a jamais parlé, ne vous en parlera pas par délicatesse, pour ne pas vous blesser, puisque vous êtes la fille de cet homme et qu'il n'en est pas le fils... L'épopée de votre père, laissez-moi rire, ce n'est pas un beau drame, pas même un mélo, non plus une décadence, juste une plongée dans la boue. Un épisode comme il y en avait des milliers et des milliers à cette époque heureuse. Histoire fréquente de la déchéance sordide, par pure fatuité, par sotte vanité, par indicible faiblesse, d'un fils de famille. Mais est-il même un fils de famille ? Que je vous rafraîchisse la mémoire, vous qui vous pavanez tant, en prenant votre petit air entendu, à propos de vos ancêtres, pour écraser les miens de leur supériorité. Il est certain que je ne suis pas fils d'archevêque... mais enfin vos aïeux, du côté paternel, n'étaient que des gens de la terre, de gros paysans frustes qui avaient accumulé du bien, avaient rempli leur bas de laine et s'étaient fait construire une sorte de manoir. Votre père, le descendant de tant de manants toujours plus nantis, était vraiment devenu un

« monsieur », un jeune monsieur. Je le reconnais, j'ai vu sa photographie. Il était fin, racé, d'une beauté gaie et mélancolique : votre beauté. Dans cette contrée de haies et de bocages, fort primitive il faut l'avouer, il ne sentait plus le fumier, mais l'eau de lavande, il avait une élégance raffinée, dilettante, oisive, prenante. Il était fils unique. Sa mère lui avait fait donner des précepteurs. Ses parents étaient subitement décédés, à quelques mois l'un de l'autre, et il s'était retrouvé en possession d'une vraie fortune, du moins pour la campagne. Et, aussitôt, il avait fait la noce. Il n'avait jamais songé à travailler, il se bornait à toucher le revenu de ses fermes, une cinquantaine en tout, ce qui lui assurait une belle rente... de quoi faire. Un régisseur se souciait pour lui des détails matériels et lui remettait l'argent. Sans même vérifier les comptes, il empochait... Volé, mais il lui paraissait noble de se faire voler. Il aurait quand même pu vivre joyeusement sans se ruiner. Hélas !... Il ne se risqua pas à aller faire le fêtard à Paris, il se contenta de la jeunesse dorée de Nantes la négociante et aussi de Vannes, alors connue pour ses agréments. Il se glissa parmi les rejetons dissipés des familles bourgeoises, tous bien plus riches que lui ; mais qui le tapaient. Il ne savait pas leur refuser. En somme la grande vie, avec ses séquelles : les vêtements, les cercles et le jeu, les cafés, les chevaux, les loges de théâtre et les théâtreuses (il y en avait en province dans ces temps-là) et, pour recevoir ses conquêtes, un nid d'amour à Nantes avec valet de chambre stylé, aux moustaches en brosse. Que ne faisait-il pas ? Il participait même aux régates de Vannes avec son propre bateau. L'escrime, les affaires d'honneur et le reste... Un duel... Il était grisé, le pauvre homme... Naturellement, à ce train-là, il descendait la pente. Depuis longtemps, ses revenus ne lui suffisaient plus, il s'était mis à manger ses fermes. Il les vendait, joyeusement, sans s'occuper d'en tirer le meilleur prix. Il était entre les pattes d'un notaire ayant pignon sur rue, qui réglait tout pour lui... c'est-à-dire que, rapidement, il eut des dettes... C'est alors qu'il se mit à boire du muscadet, beaucoup, trop... Il avait des crises, il se sentait sombrer.

« Pourquoi je vous raconte tout ça ? Je ne sais pas, mais j'ai en moi un instinct de le faire, comme si je sentais que ces événements dépassés, apparemment si peu liés à notre situation, la commandent... Anne Marie, même si vous semblez autrement plus forte et maligne que votre père, j'ai peur que, comme lui, par une sorte de détermination fatale, vous aussi vous n'alliez au-devant de votre propre destruction. Attention, Anne Marie, je représente vos fermes. Ne me vendez pas pour des illusions, pour un rêve de gloire. Vous vous feriez tellement mal, vous me feriez tellement mal, car je vous aime.

« Je suis persuadé que votre caractère, vos tentations de renommée auxquelles vous résistez si mal, remontent à votre père. Rappelez-vous vos amours, les amours du muscadin fatigué avec sa délicieuse petite Anne Marie... Poésie au sein d'un monde trivial. Cela a débuté prosaïquement... Votre père commençait à avoir peur pour sa raison, pour sa vie, et la parenté en a profité. On l'a marié — pas à une grosse dot ou à une ravissante jouvencelle, c'était bien plus avisé et astucieux que ça. Non, on l'a marié à une maîtresse femme qui avait fait ses preuves, une veuve, nantie d'un fils de quatre ou cinq ans. Une dame de la campagne, en bon état, sans prétention à l'élégance, connaissant la vie et ses difficultés, mais apte à comprendre les raffinements et les sensibilités de son nouveau mari. Elle fut habile à prendre les choses en main, ferme quand il le fallait, sachant céder quand c'était nécessaire, profondément honnête. On pensait qu'elle "tiendrait" votre père, par une combinaison d'autorité et de douceur. En effet elle fut parfaite avec lui, le traitant comme un roi, ne renâclant pas sur sa boisson et ses petites habitudes délicates, fermant les yeux parfois, ne lui demandant pas d'explications. Vous avez reconnu madame votre mère, je l'espère. Pendant deux ou trois ans, elle fit merveille, semblant avoir à peu près fait oublier à son mari les éblouissements de Nantes et de Vannes. Il demeurait dans son manoir, dorloté par elle, une sorte de hobereau, parfois pensif, plutôt heureux, sans faire grand-chose. Elle avait remis de l'ordre dans ce qui demeurait de sa fortune. Elle avait renvoyé le régisseur, fait rendre gorge aux fermiers qui "carottaient" sur leurs redevances, et surtout affronté le dangereux notaire qui en possédait des papiers et des papiers portant le paraphe de son mari : taux d'intérêts exorbitants, hypothèques usuraires, garanties étrangleuses, promesses catastrophiques. Ce que votre mère a pu sauver du naufrage était suffisant pour une honnête aisance. Elle parut donc avoir gagné la partie, surtout quand elle donna le jour à une petite fille qui était le portrait tout craché de son père.

« La rechute de votre père, je ne m'étendrai pas là-dessus. Sans doute s'ennuyait-il, car il s'était remis à boire, comme un désespéré. Il avait recommencé la noce, cette fois crapuleuse. Il s'en allait des semaines dans les bouges de Nantes et de Vannes, il en revenait en loques de corps et d'âme. L'orgie, la prostration, la fureur, le delirium tremens. De nouveau, il allait chez le notaire, seul, pour vendre, vendre... Une agonie tumultueuse et terrible qui dura des années. Vous seule, Anne Marie de sept ou huit ans, apportiez la paix à ce malheureux homme. Il vous adorait. Il vous prenait entre ses bras, il vous câlinait, vous embrassait, vous berçait, vous parlait. Vous étiez sa confidente. Vous n'aviez pas peur de lui du tout, vous sembliez le comprendre, il redevenait doux... Mais il était acculé. Le manoir sur le point d'être vendu, les dernières fermes sacrifiées, la ruine complète. Il jurait : « Je me ferai sauter la cervelle. » Il ne se la brûla pas. Il disparut et huit jours après, dans une cave, on retrouva son cadavre recroquevillé dans une barrique de ce muscadet qu'il avait tant apprécié, tout cuit par lui, intact, conservé, comme un fœtus dans un bocal de pharmacie. Comment avait-il réussi à se fourrer dans ce tonneau, comment a-t-il pu arriver à s'y noyer ? ».

Je ne lis plus — je suis trop étourdi, stupéfait, accablé. Je ne connaissais pas ce grand-père-là, j'avais juste entendu dire de lui qu'il était beau et séduisant — et soudain ce cadavre secret, inconnu, extirpé de son récipient, qui me tombait dessus ! Mais pourquoi Albert le ressuscite-t-il, si ce n'est pour humilier Anne Marie ? Albert vicieux, Albert vieux singe, c'est moi qu'il effraie. La vie est épouvantable, je serai incapable de la vivre. Mon grand-père n'était-il pas fou ? Anne Marie n'est-elle pas folle ? Et moi, Lucien, est-ce que je ne suis pas fou ? Vers quoi Anne Marie, fille de dément, vers quoi m'entraîne-t-elle ?

Une toux depuis le cabinet de toilette. Parfois ma mère toussote, d'une façon sèche, quand elle est irritée. Pourvu qu'elle n'ait pas jeté un coup d'œil dans la chambre, pourvu qu'elle ne m'ait pas surpris. Non. Sa figure l'inquiète. Je sais ce qui l'agace, et même prodigieusement : elle vient de découvrir, en s'inspectant dans la glace, une traînée de tout petits boutons, un peu au-dessus du coin droit de la bouche, là où l'extrémité des lèvres se fond dans la joue. A cet endroit, de temps en temps, ils poussent, malgré tous ses soins. Ce serait, selon les docteurs qu'elle consulte, une sorte d'acné ou d'eczéma rebelle, à moins que cela ne provienne du foie ou des intestins, ou encore d'une colite d'origine coloniale. Ils ne savent pas très bien. Le fléau va et vient, disparaît et resurgit. Récemment, elle croyait s'en être débarrassée. Et, de nouveau, apparaît ce matin une nouvelle poussée de ce haut mal, une sorte de plaque rosâtre, à la vérité si pâle qu'elle est à peine visible, sauf pour ses yeux perçants. Découragement d'Anne Marie : « Ça ne guérira donc jamais tout à fait, cette calamité. » Elle a parlé tout haut. Ses soucis éminents me rassurent, elle va être occupée un bon moment par ses pustules. Je reprends les pages d'Albert, il en reste encore tout un tas !

« Excusez-moi, Anne Marie, d'avoir réveillé en vous ces souvenirs pénibles. Mais ce n'est qu'à travers votre père, j'en suis certain, qu'on peut arriver à vous deviner.

« Revenons à moi, car j'ai bien le droit de m'intéresser à mon épaisse personne. Quel amour insensé, dès le premier coup d'œil, dès la gare d'Ancenis, je vous ai porté ! Comment aurais-je supposé que, loin de vous émouvoir, cela vous aurait dégoûtée ? Je ne veux pas me faire meilleur que je suis, cet amour comportait des alliages impurs, je ne suis pas un saint — juste un homme. Je ne me rendais pas compte que l'homme, c'était une espèce que vous détestiez. J'étais loin de m'attendre à

610

cette répulsion fondamentale, elle m'était inconcevable, je suis normal, moi... De plus, je n'ai pas compris que je vous froissais, que vous aviez l'impression que je profitais de vos embarras financiers pour m'emparer de vous à bon marché. Quel malentendu ! Depuis, j'ai appris que l'existence est dominée par les malentendus, qu'ils en sont le poison essentiel.

« Par exemple notre grand, notre magnifique mariage — je ne vous ennuierai pas à vous le décrire, car c'est pour vous, je le sais, un souvenir affreux, obscène même. Je veux simplement me rappeler comme vous étiez belle dans votre longue robe à traîne de dentelles blanches, dans vos voiles qui tombaient de votre tête parée de fleurs d'oranger. Le branlebas des cloches. Je vous dévorais des yeux, j'étais fier, vous m'apparteniez devant l'univers entier. Hélas ! vous vous sentiez seulement immolée, destinée publiquement à ma lubricité désormais légitime. Vos mains tremblantes lors de l'échange des anneaux à l'église, votre voix faible pour répondre « oui », vos yeux embués, je n'y prêtais pas assez attention. Moi je ne voyais que la joie, l'allégresse !... Quel malentendu, dont nous ne sommes pas encore relevés. Vos chagrins, je ne croyais guère à leur poids, je pensais que facilement, dès les nuits suivantes, je vous amènerais à ma joie... Quelle erreur... Vos pleurs durant la nuit de noces, où pourtant, j'employais ma délicatesse et ma science. Vos pleurs durant notre voyage de noces, où je n'avais pas lésiné pour qu'il fût somptueux. Malgré tous mes efforts, au contraire même, sous leur effet, vous ne cessiez de pleurer. Vous continuiez à me subir comme si vous étiez morte, les fontaines de vos yeux ne cessaient de couler et moi, charmeur vain, bête et nigaud, je me suis à la fin exaspéré de votre désespérance inassouvissable. J'ai nié vos chagrins, j'ai fait le maître, j'ai commandé et vous avez fait semblant de vous soumettre. C'est ainsi que le malentendu entre nous s'est envenimé. Je ne me doutais pas encore, pauvre naïf, jusqu'à quel point vous détestiez en moi presque tout, et surtout le mâle.

« Il y a eu ce que vous ne pouviez éviter, votre grossesse, Lucien, né en Chine, ce fils dont la venue au monde me comblait. Hélas ! le roche Tarpéienne est près du Capitole... Après cet événement heureux, vous vous êtes installée dans les représailles. Combien d'années de représailles où vous m'avez fait sentir de plus en plus votre dégoût de tout contact avec moi ? D'abord, vous avez procédé avec des feintes timides, des prétextes dolents. Je vous ai crue. Puis après des mois et des mois, j'ai eu des soupçons. Alors vous avez repris des "rapports" avec moi. Mais vous agissiez à contrecœur, en vous forçant, et avec un tel art pour raréfier nos rencontres : toujours vos malaises, vos blessures internes, vos périodes, vous voyez ce que je veux dire... Sans cesse, pour calmer mes ardeurs, vous me rappeliez les ménagements ordonnés par les docteurs auxquels vous aviez su arracher des conseils, presque des ordonnances de continence. Et quand cela se produisait, quand j'arrivais à « coucher » avec vous, vous m'imposiez des précautions désagréables — là encore, vous faisiez donner la faculté, selon laquelle il vous serait déconseillé d'avoir un second enfant, pour le moment du moins... Vous m'avez bien eu.

« Enfin, le temps passant, vous êtes entrée dans la peau d'un autre personnage, celui d'Anne Marie la consulesse, supérieure à son consul de mari. Vous vous êtes mise à me rejeter carrément, et même avec brutalité. Brutalité, c'est cela, c'est le mot, faible encore... En général, à mes jérémiades quémandeuses — j'en étais arrivé là —, vous répondiez par des colères brèves et incisives, des refus qui étaient des défis. Les rôles s'étaient renversés, je ne commandais plus, c'était vous... Parfois, vous m'accordiez vos faveurs, pour mettre fin à mes supplications lassantes — avec quelle condescendance ! Vous ne cachiez plus du tout votre répulsion. Fermant les yeux pour ne pas voir, vous bouchant les oreilles pour ne pas entendre, n'étant plus qu'une Anne Marie échappée ailleurs, une enveloppe vide de vous, se voulant un objet, juste cela, un objet abusé. Moi, je vous désirais quand même, dans l'espoir insensé de vaincre votre refus. Quelle défaite chaque fois ! Et quand c'était fini, votre moue pour me signifier : "Vous avez eu ce que vous vouliez. Alors, déguerpissez." Quand je vous faisais l'amour, vous faisiez de ce qui aurait dû être une communion un véritable martyre pour moi — qui me disais ensuite : "C'est fini, je ne recommencerai plus jamais." Un ou deux jours après, j'étais votre chien, votre caniche faisant le beau. Vous en profitiez pour m'imposer, au doigt et à l'œil, tous les tours qu'on fait faire à un animal de cirque. Vous m'aviez réduit à l'état de bête obéissante. Parfois, j'élevais la voix, je simulais la colère — déjà j'étais devenu incapable d'en avoir une vraie —, j'exigeais, je tempêtais, je protestais, je damnais, mais vous saviez me faire mettre à plat ventre, et m'amener à m'excuser piteusement : "Anne Marie, je vous demande pardon, je ne voulais pas vous offenser, je désirais seulement vous dire..." Finalement vous aviez réussi à décourager totalement mes fâcheuses ardeurs, je n'osais plus, ou à peine, en faire étalage. C'est ainsi que les choses ont empiré — ou se sont améliorées, à mes dépens. Tout vous avait été bon. Non seulement m'imposer une chambre à part, mais surtout cette idée diabolique de mettre la chambre de Lucien entre les nôtres, comme une frontière scellée. Lucien, protecteur de votre vertu... Nous étions mariés, vous étiez Mme Albert Bonnard, mais uniquement à votre avantage. Dès lors, vous pouviez vous permettre à mon égard une certaine clémence — celle du terrorisme. Vous me terrorisiez par des riens innombrables, les mille nuances de votre voix, les mille expressions de votre sourire, chacune avec sa signification indiscernable et pourtant absolument impitoyable, que je ne connaissais que trop. Cela étant, je me suis habitué à ces tortures, car hélas ! on s'habitue à tout, même à l'abominable. Face à vous, j'étais arrivé à acquérir un cuir de rhinocéros, une certaine invulnérabilité. Que s'est-il passé alors ? N'éprouviez-vous pas un mécontentement contre moi, du fait de votre trop grande victoire, de ce que j'étais moins soumis à mes désirs et à mes peurs de vous, de ce que j'étais moins esclave ?

« Un certain jour, un jour sans émotion spéciale, sans scène quelconque, soudain, à l'improviste, à partir d'un silence banal, de votre air "matter of fact" — bel anglicisme, n'est-ce pas ? — comme si de rien n'était, vous m'avez annoncé : "Je n'aime pas ça." Je savais que cela signifiait : toute ma passion ramenée à de la crotte, à rien. Tant pis, je n'étais pas bouleversé, ainsi que vous l'espériez. Vous, peut-être insatisfaite du peu d'effet obtenu, vous avez ajouté : "Prenez donc des maîtresses, je fermerai les yeux, je ne vous demande que de la discrétion." Des maîtresses... Quel cautère sur une jambe de bois ! Des maîtresses... vous me les accordiez au bas de la courbe des dérisions, pour vous débarrasser encore plus de moi, pour que vous soyez bien tranquille, pour que je ne bourdonne plus autour de vous comme une mouche à m... à merde. Plutôt que de me subir, vous préfériez que je fornique ailleurs. Vous pourriez m'estimer encore moins. Les gens vous plaindraient : "La pauvre Anne Marie..." Je serais le salaud, le dégueulasse. Quoi, ainsi traiter une si belle, une si bonne, une si charmante épouse.

« J'ai eu quelques "aventures" misérables, avec des Chinoises surtout que me procuraient mes boys. Car les Européennes sont du gibier rare dans ce Tcheng Tu du bout du monde, juste quelques occasions. Ah ! oui, il y a eu l'Anglaise du consulat d'Angleterre, un beau brin, blonde comme vous êtes brune. Au fond, à tout cela, je ne prenais guère de plaisir. Une fois, une seule fois, une femme — vous savez laquelle et dans quelles circonstances, je ne m'étendrai pas là-dessus — m'a plu par elle-même, oh ! très légèrement, du bout des sens, du bout du cœur, du bout des doigts, et je crois que la pauvre a été éprise de moi. Quelques mots de vous ont suffi à cisailler cette liaison, coupée net. Belle exécution... que j'ai laissé faire... content, voyant en elle une preuve de votre intérêt. Figurez-vous qu'en me livrant à cette passade, j'avais mauvaise conscience à votre égard, je me sentais infidèle. Tout de même est-ce que cela n'a pas été pour vous un avertissement ? A la suite de cet incident, parfois, vous vous êtes offerte à moi. Chaque fois, j'ai cru que cela promettait une ère nouvelle, qui aurait été le pain et la vie. Soudain, vous vous empariez de moi avec une autorité irrésistible et vous aviez un sourire en coin que je ne comprenais pas d'abord, telle-

ment inattendu de vous, prometteur et enjôleur, je dirais presque un sourire de fille. Vous
m'avez témoigné que l'amour n'était pas pour
vous forcément immangeable, que vous pouviez aussi, et superbement, faire œuvre de
chair, même avec moi, selon votre décision et
votre convenance. Vous me faisiez connaître
vos charmes, non plus comme une bulle irisée
flottant hors de mon atteinte... mais comme
une réalité tout à fait concrète. Vous me
redonniez l'espoir... dérisoire espoir. Une fois
habituée à votre dégoût de moi, vous pouviez
avoir des complaisances... calculées. Mais je
me méfiais, vous connaissant avec vos retours
de manivelle, sachant votre intransigeance fondamentale, votre façon de faire payer chaque
concession. Tout cela, j'en étais sûr, n'était
qu'une tactique. Vous politiquiez avec moi...
pour mieux m'enchaîner et me laisser languir.
En effet, après chacune de ces nuits de rêve
(excusez la pauvreté de cette image, mais
comme vous me l'avez fait souvent observer à
propos de mes rapports aux Affaires étrangères où je me mêle d'élégance de plume, mes
métaphores sont plates) disons donc, qu'après
ces extases, j'attendais des semaines, des mois,
parfois une année, jusqu'à ce que vous soyez à
nouveau entraînée par un généreux et mystérieux mouvement. Dans les intervalles, si j'es-
sayais une approche, même purement ver-
bale, juste une allusion à ces moments exquis
qui pourraient peut-être se renouveler... eh,
eh... qu'est-ce que je me faisais rabrouer !

Somme toute, vous aviez découvert une nouvelle manière de me tourmenter, m'ayant
témoigné de ce que vous pouviez me donner
et que vous ne me donniez pas. Et forcément
je n'ai pas eu d'autre enfant de vous, ce qui
m'a été une douleur profonde, un regret presque lancinant. Ah ! si un jour vous m'aviez
annoncé un peu pâle, un peu émue, heureuse :
« Je suis enceinte, Albert... », que ma joie aurait
été folle !

« Cependant un certain équilibre s'était établi entre nous. Je m'en contentais. Certes, vous
m'aviez amené à l'état domestiqué où vous me
vouliez, vous jouiez supérieurement votre rôle
de consulesse, sachant me laisser, à moi votre
marionnette de consul, les apparences les plus
honorables. Aux yeux du monde, nous consti-
tuions un couple bien établi, les Bonnard, avec
ce qui tisse la trame des couples, une certaine
réputation, bonne du reste, et puis des préoccupations, des intérêts, des inquiétudes, des
ambitions communes, ce que je dénommerais
le « pain de ménage ». Les Bonnard, une entité,
avec Lucien qui grandissait entre nous. Les
Bonnard, une paire connue et répertoriée, les
Bonnard s'acceptant eux-mêmes comme les
Bonnard, l'un avec l'autre, l'un par l'autre, du
moins face à la société, vous disant à mon
sujet "mon mari", et moi en ayant plein la
bouche de vous appeler "ma femme". Tout
allait bien, nous nous aidions, nous nous com-
plétions, l'avenir semblait prometteur. Anne
Marie, Anne Marie, je n'étais pas pleinement

heureux, mais je n'imaginais plus que j'aurais pu l'être davantage... j'avais votre présence et elle me suffisait. Votre présence, Mimi, j'en vivais. Ce qu'étaient en fait votre cœur et vos pensées, je ne m'en tourmentais pas vraiment, puisque vous étiez là, puisque vous seriez toujours là, avec moi... Mme Albert Bonnard, épouse de M. Albert Bonnard, consul de France. La vie ensemble, devant nous, toute la vie, tellement d'années, un jour, vous ambassadrice, moi ambassadeur... et puis la vieillesse apaisante et honorée, une retraite que je voyais volontiers s'écouler dans un castel à la campagne — pourquoi pas dans votre région d'Ancenis, que j'ai appris à apprécier à cause de vous. Et Lucien, notre fils, bon fils, comblerait nos vœux en faisant une carrière plus brillante que la mienne... tous deux, vous et moi, ensemble jusqu'à la mort !

« Mais désormais, votre présence, vous voulez me la retirer tout à fait. J'avoue, Anne Marie, qu'en comprenant votre but si évident, au vu de vos dernières lettres cousues de fil blanc, j'ai reçu un coup terrible. Mais cette fois, vous êtes allée trop loin, beaucoup trop loin... je préférerais vous perdre. La lucidité m'est revenue et je constate que je n'ai plus de femme — j'aurais juste, si je vous écoutais, un mannequin de femme affublé de mon nom qui se trémousserait à Paris après avoir pris soin de m'expédier au diable. Je ne veux pas de ça, je veux votre présence, vous avec moi à Shanghaï. Sinon... Anne Marie, Anne Marie, vous ne savez pas comme je suis résolu. Vous ne me ferez pas plier, pas céder. Anne Marie, pensez-y, c'est très grave... j'approche de mes conclusions. Je dis non, un non absolu, à votre absence, donc je dis non à votre appartement. Je vous le refuse, entendez-vous ?... Aujourd'hui je vous adresse un avertissement solennel. Réfléchissez et obéissez. »

Je m'arrête... Ces pages me font mal. Même si je les détruisais, je ne pourrais effacer en moi la marque des phrases sales et des mots puants qu'elles ont laissée. Je viens d'avaler un bocal de morve, mon père me répugne ! Ma mère, je l'aime trop et je sais qu'elle m'aime, à sa manière. Lui, avec sa guimauve dégoûtante, il continue :

« Ma chère Anne Marie, n'oubliez jamais que vous me devez tout. Des preuves ? Prenons les Masselot. Ouvrez donc les yeux. Vous êtes ravie, parce qu'André fait joujou avec vous. Edmée, cela l'agace un peu... moi pas, et je saurais la calmer, ne vous inquiétez pas, je tiens les rênes dans cette affaire, dans votre affaire — je vous en bouche un coin, hein ? Sachez bien, mettez-vous bien dans la tête que si je vous quittais, à l'instant même André et Edmée vous laisseraient tomber comme une vieille chaussette. Vous ne me croyez pas ? Vous ne connaissez pas André. Il ne supporte aucun tracas, rien qui cloche et le gêne, rien qui puisse lui demander un effort dans son existence privée. Et vous, sans moi, seriez rapidement un tracas dans sa vie qu'il n'envisage pas de modifier pour vous. Vous ne me croyez toujours pas ? Tenez, je vais vous donner un exemple de son comportement envers le beau sexe.

« Après son mariage avec Edmée — j'étais alors célibataire, en congé à Paris et témoin des événements dont je vous garantis l'authenticité — il a éprouvé une vraie passion pour une autre femme. Autre chose que votre bluette. Il est vrai, permettez-moi de vous le déclarer tout net, qu'elle vous surpassait de beaucoup. Jeune et belle comme vous, aussi intelligente que vous, aussi charmante, mais, en plus, une créatrice reconnue du monde entier, un très grand peintre. Cette fois, ça a été si sérieux qu'Edmée en était arrivée au point de se tenir tapie, des heures durant, dans un taxi arrêté près de la maison de la dame, afin de surveiller les allées et venues d'André. Anne Marie, imaginez-vous ça ? Moi, j'en tombais des nues, la grande Edmée qui se rongeait les sangs ! Il l'avait envoyée dinguer, mais dinguer, par une de ces courtes phrases absolument destructrices : "Vous ne lui arrivez pas à la cheville. Vous n'êtes qu'un modèle, ne l'oubliez pas. Vous êtes tout juste bonne à ce qu'elle vous mette sur une toile, comme un accessoire, si elle le veut bien..."

« Or, il se trouve que cette femme remarquable est tombée malade, très malade. Elle devenait aveugle, sans doute à cause d'une tumeur au cerveau. André, au début, trouvait le temps de se rendre à son chevet, pour la réconforter

et la consoler. Il se présentait quotidiennement à sa clinique, généralement au début de
l'après-midi, se privant de déjeuner pour cela.
Dieu sait pourtant qu'André n'aime pas les
cliniques, les hôpitaux et autres établissements
de ce genre. Edmée, qui le connaissait bien,
n'en revenait pas ; vraiment, il fallait qu'il fût
"pris" par la dame. Jusqu'au jour où André
apprit que la maladie de sa dulcinée était
irréversible et fatale. A partir de là, il n'alla
plus du tout la voir. Sa vie a repris son cours
normal. Il était de nouveau aux petits soins
pour Edmée et les mondanités du concert
international l'accaparaient comme avant. Un
jour que je me trouvais dans son grand bureau
du Quai d'Orsay, le téléphone a sonné et une
secrétaire a répondu. Bouchant de sa main le
récepteur, elle a dit à voix basse : « C'est la
dame artiste. Elle voudrait vous parler absolument... elle est au plus mal. » Avec une sorte de
sérénité dégagée, André a donné ses instructions : « Je ne suis pas là... je ne serai plus
jamais là pour cette personne. » Ce refus était
d'autant plus cruel que la personne en question savait qu'il était là, comme chaque jour, à
sa besogne. Combien de fois l'avait-elle appelé
jadis et l'avait-elle trouvé, empressé, ravi.
Maintenant, fini... Il ne s'est enquis ni de son
agonie ni de son décès ni de ses obsèques, où
pourtant il y avait une foule de célébrités, le
Tout-Paris. C'est Edmée qui l'a représenté
pieusement, apportant une couronne — vous
imaginez avec quelle tristesse triomphante.

« Chère Anne Marie, je vous ai raconté cette histoire pour votre édification. Tirez-en la leçon pour vous. Ne rêvez pas. Dites-vous que l'"affaire" entre André et vous, s'il y en a une, ne me gêne pas du tout, que je l'accepterais très bien si vous la preniez pour ce qu'elle est, un encensement mutuel, si vous en tiriez un plaisir raisonnable. Cela ne me déplaît pas — où ma vanité va-t-elle se nicher ! — que vous soyez respectueusement appréciée par un homme comme lui. Mais ce que je n'admets pas, ce sont vos sornettes... toutes les conséquences effarantes que vous tirez de cette situation innocente. Voilà le hic, le grand hic. Enfin, après ces longues, trop longues considérations — mais vous connaissez ma verbosité, on ne me tient plus quand j'ai une plume à la main — j'en arrive à ma conclusion. Si vous n'émergez pas de vos vapeurs délirantes, si vous ne retombez pas sur vos pieds, si vous voulez persister dans votre folie, ma réaction tiendra en un mot : le divorce ! »

Le divorce ! J'ai peur. Dans mon univers d'enfant, c'est une chose épouvantable, la fin du monde. Ça me glace le cœur et la moelle. J'ai entendu parler de divorces... Les amis et connaissances en font leurs choux gras, s'y vautrent comme des cochons dans le baquet des beaux sentiments, des apitoiements, de l'indignation et de la rigolade. Un divorce entre mes parents, ce serait un drame. Et moi, qu'est-ce que je deviendrais ? Tout ça est stupide, idiot, absurde. Il faut qu'Albert retrouve le bon sens. J'ai peur que notre existence soit détruite, qu'allons-nous devenir, Anne Marie et moi ?... La misère, la pauvreté, la honte, un trou devant nous. Mais pourquoi être si épouvanté puisque ma mère, dans sa salle de bain, n'est guère troublée. Elle se met en beauté comme une armée se range en bataille. Je recommence à lire, je m'aperçois qu'Albert est dément, fou de méchanceté.

« Chère Anne Marie, je n'avance pas ce mot de divorce à la légère. D'abord, j'y ai réfléchi des jours et des nuits, avec tout mon sérieux, toute mon honnêteté... Si vous ne redevenez pas ma femme ainsi que je l'entends, remplissant vos devoirs ainsi que vous auriez dû le faire depuis longtemps, je suis déterminé à entamer la procédure nécessaire, qui sera dûment diligentée, dès mon retour en France. Ce n'est pas sans un examen de conscience approfondi, des insomnies, des migraines, que je me suis décidé. Mais j'y suis résolu, absolument résolu. A moins que... tout dépend encore de vous. Je le sais, ce serait pour moi un déchirement intolérable, un tourment... un tourment indicible, car j'éprouve pour vous toujours les mêmes sentiments passionnés, hélas !... je ne suis pas guéri de vous, qui êtes mon bien et surtout mal. Mais continuer à être plus longtemps bafoué, être toujours rejeté, c'est trop. J'ai trop souffert d'une souffrance qui me détruisait, peut-être n'ai-je pas connu un heure auprès de vous sans être en proie à cette obsession : "Elle ne m'aime pas.

Elle n'est pas à moi. Elle se joue de moi. Elle profite de moi." Figurez-vous que j'en ai assez — plutôt vous perdre, me priver de vous, que de continuer ainsi mon calvaire, excusez ce mot pompeux appliqué à mon humble personne. Je préfère le choc chirurgical, l'amputation, la torture d'une séparation définitive, qu'être toujours gangrené par vous. Plus tard, je pourrai me refaire une existence, me remarier, avoir une épouse qui m'aimera, m'appréciera à ma juste valeur, me soignera, me donnera des enfants... enfin ne plus me sentir méprisé. Ce ne sera pas vous, je le sais... peut-être ne serai-je pas pleinement heureux, de ce bonheur radieux que vous seule auriez pu me procurer. Peut-être ne pourrai-je jamais vous oublier tout à fait, peut-être la cicatrice que vous m'aurez laissée ne se refermera-t-elle pas complètement, mais, le temps aidant, je ne serai plus malheureux. Si nous sommes amenés à nous séparer, ensuite, je ne vous reverrai plus jamais. Quoique je sois résolu à accomplir ma tâche paternelle auprès de Lucien, dont vous garderez la tutelle, mais sur lequel je veillerai de toute ma tendresse. Lucien sera un reflet de vous parvenant jusqu'à moi... Lui, oui, mais vous, non, non, non... Certes, tout n'a pas été laid entre nous, et, au nom de ce que vous avez fait pour moi, la femme de ma vie, je prendrai soin de vous assurer matériellement le nécessaire, même si cela doit constituer une lourde charge pour moi, qui, vous le savez, ne suis pas riche — je vous verserai une pension alimentaire convenable de façon à ce que vous ne déchoyez pas, en tout cas, pas par ma faute. Je crois qu'on ne peut être plus généreux envers vous, vous qui m'accusez toujours de sordidité... Je vous traiterai avec équité, honorablement... Évidemment, vous ne pourrez plus mener le même train extravagant, loin de là, vous devrez le réduire, et même beaucoup, mais qu'y puis-je ? Et puis, ayant tenu envers vous mes engagements, m'étant acquitté de mes devoirs, la vie que vous mènerez ensuite, ma pauvre, ne me concernera plus du tout. Heureusement, car je prévois pour vous des catastrophes dues à votre obstination forcenée, à votre égarement. Je souhaite me tromper, tout en redoutant votre naufrage. Vous vous retrouverez à votre charge, et je vous sais incapable de vous charger de vous-même. Vous êtes malade, les chimères se sont emparées de vous. Vous finirez mal ! J'ai assez parlé de vos antécédents, je ne vais pas recommencer. Ce n'est plus mon affaire, je m'en moque, je m'en moque, je m'en fous... Cette fois, je suis venu à bout de mon épître. Je vous ai tout dit, aussi sincèrement, aussi honnêtement que possible. Désormais, à vous de choisir. Et je signe — Albert. »

Je suis abasourdi, épouvanté. Je ne comprends plus rien, le sens de ce monceau de pages m'échappe, je ne fais que le deviner, ce qui le rend encore plus effrayant. Mon père est fou, il écrit qu'il en a terminé avec sa lettre, il signe même, et il en reste encore des feuilles et des feuilles. Je continue et ce que je lis me rassure : il capitule. Mes yeux se réjouissent, au fur et à mesure qu'ils déchiffrent les termes de sa reddition.

« Mimi, je vous demande pardon à genoux. Anne Marie, je vous aime, je vous aime, je vous aime, je pourrais écrire mille fois, dix mille fois à la suite que je vous aime. Le divorce, Anne Marie, je n'en veux pas, absolument pas, pour rien au monde, j'en crèverais. Si vous imaginiez comme je tiens à vous !... Hier soir, je ne sais à quel esprit malin j'ai été en proie. C'est moi qui ai été emporté par une bouffée démentielle. Comment ai-je pu vous écrire ces immondes insanités ? Je suis désolé. Je sais que les choses ne sont pas si simples. Je suis coupable de la situation actuelle, encore bien plus que vous. Je me frappe la poitrine, je me cogne la tête contre le sol.

« Le sens de mes torts m'est venu pendant que je dormais, est remonté en moi à mon insu.

« Ce matin, j'ai un besoin extraordinaire de vous hurler que je me repens non seulement de ce que j'ai déversé de bile et de rancune injuste sur le papier, mais aussi de tout le mal que j'ai commis contre vous dans le passé, surtout le passé lointain. J'aurais pu — j'y ai pensé — détruire ce que j'avais rédigé, ces pages nauséabondes, mais finalement j'ai préféré laisser ce flot bourbeux d'exagérations et d'imprécations couler jusqu'à vous pour que vous m'y voyiez me débattre à nu, dans mes anxiétés, mes doutes, pour que vous sachiez jusqu'à quel point je vous aime : jusqu'à la folie, jusqu'à la bêtise !

« Mes fautes. Des âneries pour commencer, juste des âneries, et ensuite que de souffrances ! Des riens au début, pourtant graves, à partir desquels par un enchaînement logique et inexorable — c'est le mot — si on laisse faire, et on laisse faire par veulerie, par facilité, par incurie, par manque de clairvoyance et de courage, parce qu'on ne veut pas s'apercevoir que ces riens mènent, en une progression constante, à des conséquences incalculables, à des dégâts terribles. Anne Marie, du fait de mon aveuglement entêté, vous êtes devenue une Anne Marie forte et détachée de moi, une Anne Marie toujours en boule contre moi, ma hérissonne, mon porc-épic. Ma Mimi, si vous le voulez encore, répondez à mon élan, ayez un mouvement, absolvez-moi de mes brutales et fatales maladresses d'antan. Il ne s'agissait même pas de crimes, mais de balourdises, d'imbécillités. A quoi tiennent les existences ? Dire que toute notre vie s'est jouée en quelques semaines, en quelques jours, en une nuit, il y a si longtemps, à Ancenis, quand je vous ai connue et épousée. Que j'ai été obtus... quel animal ! J'ai été vexé de vous voir accueillir avec si peu d'empressement mes avances fulgurantes, pourtant sincères et vertueuses. Quoi ! vous, une demoiselle, mais sans le sou et pour ainsi dire sur le pavé, vous permettre de faire la difficile, la délicate, la mijaurée ! Me repousser, moi l'inattendu, le prince charmant, l'envoyé du ciel, le beau jeune monsieur bien sous toutes les coutures! J'étais vexé comme un pou.

« Anne Marie, notre nuit de noces, vous ne me l'avez jamais pardonnée. Nous nous sommes retrouvés tous les deux dans une grande et belle chambre, avec un lit qui nous attendait, vous dans vos voiles, moi dans ma jaquette. Mais nous ne faisions rien... nous sommes restés face à face, debout, dans l'embarras. Vous vous êtes réfugiée dans un fauteuil, et moi je me disais qu'il fallait agir. J'étais très sûr de moi, de mon savoir-faire éprouvé... Jusque-là, du fait de mon existence hasardeuse, je n'avais connu que des femmes sur la brèche, je ne savais pas, je ne pouvais même pas savoir ce qu'était une vraie jeune fille comme vous... Je me rassurais en pensant qu'une campagnarde attirée par la nature — cela m'avait frappé dans les rares paroles que vous m'aviez adressées durant nos courtes fiançailles — qui n'avait pas les yeux dans la poche pour regarder les champs et les bêtes, n'était forcément pas une ignorante totale. Qu'allions-nous faire, sinon ce que font les animaux? Alors, avec décision, j'ai été me mettre en tenue de campagne dans le cabinet voisin — une superbe robe de chambre chinoise, serrée à la taille par un cordonnet de soie. Je suis revenu dans cette tenue avec mon sourire galant et enjôleur, d'abord pour sabler le champagne avec vous. Le bouchon a sauté, comme allait sauter votre vertu... J'ai bu, je vous ai forcée à boire, vous étiez toujours contrainte et intouchable. Un peu éméché, j'ai commencé à me montrer entreprenant. Je me suis approché de vous et, tout en vous flattant par des paroles persuasives, je vous ai prise dans mes bras. La colère a flambé sur votre figure, et, en vous débattant, vous m'avez jeté à la face : "Maquignon !" J'ai été stupéfait et puis, ressentant l'insulte, je vous ai lancé de la voix la plus froide : "C'est bien ça. Puisque je vous ai achetée telle une vache, je vais me payer sur la bête, j'en aurai pour mon argent." La suite, je n'en parlerai pas dans cette lettre, vous ne vous en souvenez que trop... Certes, quand j'ai accompli mon forfait, à vous voir ensuite comme une morte, un instant j'ai été touché de remords. Si j'avais écouté ce sentiment, si je vous avais dit combien je regrettais, combien j'étais honteux, si je vous avais montré de la bonté, de la tendresse, si j'avais su vous consoler ! Vous pleuriez à gros sanglots et je ne sais pourquoi, à la suite de quel bas instinct, vos pleurs, au lieu de me désarmer, m'ont rendu fou de rancœur, de violence. En fait, je vous en voulais de ne pas savoir m'apprécier, moi dont pourtant le surnom était le "bien-aimé" dans tous les milieux d'Asie. Et ma voracité — car je voulais vous "réveiller" — me rendait odieux, ma voracité a continué jusqu'à votre pénible accouchement. Tout ce temps, en enragé, en forcené, j'ai joué au maître, au souverain de l'épouse soumise, servante destinée à servir, à obéir, à être aux écoutes de moi, de mes humeurs, de mes désirs, de tous mes ordres. Hélas ! hélas !...

« Mimi, mes torts sont immenses, je le proclame maintenant. Et malheureusement, dans ce qui a suivi, je n'ai pas été beaucoup plus brillant... Je me suis révélé bien piètre. Je n'aurais jamais dû laisser votre volonté triompher de la mienne à ce point. J'ai été aussi obtus — en terme populaire "bouché" — dans la soumission où vous me plongiez que je l'avais été quand je me prenais pour un satrape. Je n'aurais jamais dû accepter cette déchéance. J'ai tout dit sur ma lâcheté, je ne reviendrai pas là-dessus sauf pour cette constatation capitale, que je fais trop tard et que je répète : je n'aurais jamais dû accepter cette déchéance qui a achevé de me déconsidérer auprès de vous. Pauvre Albert !... Après vous avoir manqué de respect par ma concupiscence arrogante quand je vous ai épousée, je me suis manqué de respect à moi-même par une faiblesse insigne. J'ai accumulé les mauvais emplois et maintenant vous me méprisez à bon droit. Je vous aime et désormais cet amour me donnera la force de m'améliorer, de n'être plus un pantin, mais, comme dirait Kipling, un homme, un vrai homme enfin digne de votre estime puisque vous ne pouvez aimer que ce que vous estimez. Anne Marie, je serai digne de vous, je vous le promets. Ayez pitié de moi, donnez-moi encore une chance. Revenez, Anne Marie... Je crois que vous avez

quand même pour moi un fond d'attachement.
Continuez de vivre avec moi et, je vous le jure,
je vous rendrai heureuse. Nous ferons un couple, pas seulement pour la montre, la galerie,
mais réconcilié, uni, nous connaissant. Mimi, je
suis fou, je nourris un espoir extraordinaire,
je n'ose pas dire lequel... vous allez croire que
je vous propose un marchandage, non, ma
proposition vient de mon amour le plus pur, le
plus parfait. Je vous aime et qu'est-ce qu'un
homme peut demander de plus exaltant à la
femme qu'il aime ? Un enfant ! Notre second
enfant ! Représentez-vous ce que serait une
nouvelle naissance. Cela vaudrait tellement
mieux que vos aspirations fumeuses ! Ce serait
merveilleux pour vous, ce serait merveilleux
pour moi. Donnez-moi un second enfant, une
fille... cette fille qui me manque tant, votre
fille, ma fille, j'en rêve, j'en rêve, vous le savez.
Si vous m'accordez cela, j'aurai une confiance
complète en vous, une confiance inébranlable.
Si vous m'exprimiez votre accord pour ce...
projet, il me paraîtrait normal que, dès maintenant, le plus tôt possible, vous ayez un
appartement à Paris. Je me hâterais de vous
envoyer les fonds, je m'arrangerais pour cela
— et aussi je vous expédierais de toute
urgence nos collections d'art chinois, sauf
quelques pièces que je réserverais pour notre
résidence de Shanghaï. Je comprendrais que
vous raccourcissiez vos séjours à mes côtés
dans mes postes, pour revenir auprès de
Lucien qui grandira et aura besoin de vous.

Vous emmèneriez avec vous notre bébé, et, dans ces conditions, il est certain que l'hôtel ne conviendrait plus. Je vous l'assure, étant donné l'accroissement prochain de notre foyer, un appartement à Paris me paraît indispensable, pour vous, pour notre progéniture, et aussi, de temps en temps, pour moi. Ce sera l'appartement de la famille. Tenez, j'ai récemment acquis, à bon prix, auprès de soldats qui avaient pillé une ville, un autel des ancêtres en parfait état. On le mettra dans la pièce principale, en hommage à tous les Bonnard passés, présents et à venir ! »

Ouf, c'est fini !

Mon père est vraiment fou et il est bête, il ne connaît pas ma mère. S'il croit arrêter le combat conjugal de cette manière, il se trompe ! Au contraire, il le recommence...

Une nausée m'est venue, elle me tord... J'ai soudain la vision du gros ventre de ma mère... Je hais les ventres engrossés des femmes. J'ai toujours eu honte d'avoir été dans le ventre d'Anne Marie, de l'avoir déformée à ce point. Ma mère, ma déesse, ma Sainte Vierge, ma splendeur. Je ne veux pas qu'Albert la touche comme il l'a fait pour moi !

La nausée. Un nœud qui, en moi, grimpe... c'est délétère, je suis pris de secousses, une fétidité me remplit. La nausée, cette crispation, étouffante, un goût âcre, sucré, l'étouffement, l'écœurement, c'est plus liquide que solide.

Tout me remonte, mes intestins, mes boyaux, mes organes formant magma — je suis en sueur, plein d'amertume, l'âme est aussi atteinte que le corps. Qu'est-ce qui a pris forme en moi et veut sortir, comme un fœtus ? Un chaos assiège ma bouche. Je vais vomir... vomir... Ça vient, c'est irrésistible, ma gorge est un égout qui refoule. Mon émotion est devenue excrémentielle. Mon petit déjeuner, à moitié digéré, tout ce que j'ai mangé agréablement tout à l'heure, avant que la lettre d'Albert ne me donne mal au cœur, ne fasse ce saccage dans mes viscères, veut être rejeté. Ce n'est même pas ma volonté, c'est plus fort que moi, ma nature se révolte malgré moi, contre moi. Il faut que je me dépêche. A moitié asphyxié, je cours vers les w.-c. qui donnent sur le couloir entre les chambres. Il faut que je "dégueule"... mot des Sources évidemment, s'appliquant à certains garçons qui, le dimanche soir, rendent leurs tripes trop bourrées de chocolat. Ils n'en sont pas honteux... Moi j'aurais honte s'il me restait la force d'avoir un sentiment, je suis trop bourré d'Albert l'ignoble... Je dois « rendre » cet Albert, le restituer sous la forme du bol alimentaire fermenté. Je penche ma tête sur la cuvette de faïence, lèvres béantes, face à l'eau, au fond. D'habitude, dans ce lieu secret, je prends garde à ne pas être entendu d'Anne Marie. Mais mes vomissements, je ne peux pas les cacher, les étouffer, ils me dominent, s'élancent hors de moi en un jet tumultueux, dégringolent en bruits caverneux, font un tintamarre énorme... râles, rots se mêlant à la délivrance. Au milieu de cette débâcle me parvient la voix de ma mère :

« Fais attention, Lucien, vise juste... Surtout ne vomis pas à côté. Je serais obligée de nettoyer moi-même, je n'oserais pas demander à la femme de chambre de le faire. »

Je m'applique. Pourtant mon malaise me submerge. Une cacophonie et une tempête, une force incroyable qui enfin s'amenuise, me laissant hoquetant, faisant des efforts, une fois que c'est tari, pour me vider encore plus. Quelques derniers sursauts... puis plus rien. Je me sens hâve, défait, épuisé ; mais j'éprouve une fierté ; je n'ai pas fait de saletés. Tout est là-dedans, dans la cuvette. C'est fini, fini, je suis débarrassé, je vais être propre. Il ne me reste plus qu'à tirer la chaîne de la chasse d'eau. Désiroire branle-bas de combat au fond du trou, tout est parti, tout est enlevé. Un goût immonde me reste dans la bouche. Anne Marie me réconforte par sa façon de prendre la chose, pratiquement, en bonne ménagère, et avec gaieté, comme si c'était comique. Anne Marie est maîtresse de ma situation, de toutes les situations, elle est ma reine.

« Lucien, viens ici, dans la salle de bain, près de moi. Je vais te surveiller pour que tu te laves bien. J'ai horreur de l'odeur des vomissements que répand trop souvent ton père, le pauvre homme, quand il essaie de tenir tête, à force de kampés, à un Seigneur de la guerre. Il n'en est pas capable, et ça finit chaque fois de la même façon... Il rend, il rend... l'âme, si je peux dire. »

Anne Marie a toujours son mépris pour Albert, je ne redoute plus rien, je suis sauvé... elle n'aura pas de gros ventre.

« Lucien, tu as fini ? Ne fais pas d'embarras. Que je ne te le répète pas, dépêche-toi, viens ici... »

Anne Marie a ouvert la porte de la salle de bain. Je me glisse près d'elle, encore jaune et défait, la queue basse, et pourtant si content. D'abord sa splendeur dont je me régale, dont je ne cesserai jamais de me régaler, elle m'apparaît parachevée en cette fin de matinée — elle est prête, liliale dans un déshabillé de linon... Je l'aime... La torsade de ses cheveux... son cou qui se cambre, qui porte sa tête, ses yeux vers moi, pour me jauger et me prendre. A ma vue, elle éclate de rire, d'un rire intime. Elle me renifle d'abord, mais sans recul ni dégoût, pas même sévère, seulement méticuleuse.

« C'est vrai, Lucien, que tu empestes. Enfin... obéis-moi, fais ce que je te dis... Bon... bon, commence par te laver les dents... C'est ça, c'est ça, continue, plus fort, frotte, je te dis, frotte, continue encore, ça va, ça va bien, crache et puis rince-toi à l'eau dentifrice. Gargarise-toi... ne sois pas maladroit, avale, n'avale pas tout à fait... au fond de la gorge... Penche la tête en arrière et vas-y... Mon pauvre garçon, tu ne sauras jamais te gargariser... mieux que ça, mieux que ça... bon, bon, ça va, tu peux recracher... Savonne-toi bien ta figure, fais mousser... le gant de toilette... Bon, bon, je vais te frotter, eh, eh, je frotte fort, ça te fait mal, il faut que ça fasse mal... Essuie-toi avec la serviette, mieux que ça, bien mieux... Mon Dieu, mon pauvre Lucien, tu dois être en meilleur état quand même... Viens ici... »

Anne Marie approche son nez, les narines resserrées pour mieux renifler, elle me hume à petits coups, avec son air méfiant de paysanne.

« Mon pauvre Lucien... on ne peut pas dire... tu ne sens pas encore la rose. Ce serait exagéré de prétendre que tu embaumes. Tiens, je vais te verser de l'eau de Cologne, celle à quatre-vingt-dix degrés. Elle pique, hein... N'aie pas peur, ne ferme pas les paupières. Oh ! là ! là ! tu en fais des manières, comme ton père exactement comme ton père... »

Rire d'Anne Marie. Elle vient de m'insulter, sa grande insulte, c'est de me comparer à Albert. Cette fois, ce n'est pas grave, ce n'est que du persiflage, puisqu'elle rit en me décochant son injure. Mais elle a atteint son but et je ne renâcle plus, je subis sans broncher l'eau de Cologne, je suis un homme, je suis un héros, je ne suis pas Albert.

Anne Marie se tient enfin pour satisfaite, quoique je ne sois pas tout à fait un sou neuf. Enfin, je suis assez présentable pour qu'elle me parle car — j'en suis sûr — elle veut me parler. Pas un discours, mais ce qu'il y a de mieux entre nous : un jeu... un jeu qui peut paraître cruel — mais ma mère n'est vraiment cruelle avec moi que quand elle ne joue pas, quand elle s'enferme dans une certitude dont elle ne démord pas, même si ça me fait mal, à en crever. Lorsqu'on joue ensemble, et qu'elle commence par des griffures et des morsures, ce n'est que pour mieux nous entendre ensuite. On va donc jouer, on joue. Pour cela, elle s'assied dans un fauteuil, je me pose à ses pieds, sur le sol, en tailleur.

« Alors, mon Lucien... tu as lu la lettre d'Albert, la mienne, enfin celle pour moi. Je devrais te punir, mais tu t'es puni toi-même. J'ai vu le résultat : tu as vomi... ça t'apprendra à faire le petit malin, le petit curieux, comme ça arrive souvent... »

Moi, je prends mon air bravache.

« Je ne suis pas malheureux du tout... pas du tout... Je ne sais pas pourquoi j'ai été pris par cette envie de vomir. »

Elle me regarde dans les yeux :

« Alors, tu es content ?

— Oui, je suis content.

— Tu es très content ?

— Je suis très content.

— Tu es content de ce que je vais avoir un autre enfant, t'apporter bientôt un petit frère ou une petite sœur ?

— Oui, maman, je préférerais une petite sœur... Je ne serai plus seul, je jouerai avec elle, je l'admirerai...

— Tu mens, Lucien... tu mens beaucoup, tu mens effrontément. »

Évidemment que je mens ! Et je suis heureux qu'elle le comprenne si bien. Mon malaise s'en va. Il n'y a plus qu'elle, elle et moi, et je suis heureux qu'elle ait lu en moi à cœur ouvert. Je le savais, mais maintenant, j'en suis encore plus sûr, tout à fait sûr, que mes pensées sont les siennes et que ses pensées sont les miennes. C'est merveilleux. Aussi, avec quelle gourmandise j'avoue :

« Oui maman, je mens... beaucoup.

— Qu'est-ce que tu ferais, Lucien, si tu avais un petit frère... ou une petite sœur... ?

— Je me tuerais, maman... ou je tuerais le bébé. »

Anne Marie, son petit rire de gorge... Elle ne me prend pas pour un monstre, au contraire. Il y a en elle, dans ses yeux, un pétillement de plaisir, la joie. Ce que je viens de lui dire, et qui est vrai, profondément vrai, la ravit — rien n'aurait pu la ravir plus. Elle ne prend pas la peine de me gronder pour ces sentiments vilains. Dans son plaisir, une gouttelette vient à ses yeux, une gouttelette de tendresse.

« Lucien, ne dis pas des choses pareilles, ce n'est pas bien. Tu me fais peur. Je te promets que ce que tu crains n'arrivera jamais, tu entends, jamais. Tu peux dormir sur tes deux oreilles. Je n'aurai pas d'autre enfant que toi, tu peux être tranquille. Tu seras toujours mon fils unique, mon fils bien-aimé. »

Ma mère vient à moi, elle me prend dans ses bras avec une sorte d'émotion intense, même un peu frémissante, même un peu palpitante, enfin une véritable étreinte douce, chaude, charnelle. Je suis sa chair. Elle me serre en murmurant de petits mots qui coulent d'elle, qui jaillissent d'elle, doux, comme si elle n'était plus l'Anne Marie qui se contient toujours, mais, enfin, celle qui s'abandonne. Elle me couvre de « Mon Lucien », « Mon petit Lucien chéri ». Anne Marie fond et je profite de la situation, mes doigts s'enfoncent dans ses cheveux et surtout mes lèvres parcourent son visage en une découverte, en une trouvaille sans fin. Ce contact, ces traits lapés qui naissent, renaissent sous ma caresse, jusqu'à ce qu'enfin ma bouche rencontre sa bouche ! Sans brusquerie, sans cette netteté vigoureuse qu'elle met à rompre ses rares laisser-aller, Anne Marie s'écarte de moi, tendrement. Me tenant par la main, elle balbutie cette phrase étrange :

« Tu sais Lucien, tu es plus que mon fils, que mon grand enfant. »

A ces mots, je suis encore plus content. Je le sais depuis longtemps, que je suis son seul homme... Albert, pouah, n'est qu'une grosse carcasse qui réclame. Et André est un rêve, une imagination, une illumination, sans corps. Le seul corps qu'elle possède vraiment, c'est le mien, qui d'ailleurs provient d'elle. Souvent, elle me rejette mais cela n'empêche pas que je sois son homme, qu'elle me traite comme tel. Étrangement, elle me croit capable de tout comprendre et je comprends tout. Elle m'a formé, déformé, façonné... moi si puéril d'une

640

part, si vieux de l'autre, au moins cent ans, avec toute l'expérience du monde. Je suis son bébé jaloux, et c'est pour cela que je ne veux pas qu'elle en ait un autre. Je suis aussi son homme jaloux, je ne lui en permets pas d'autre, ou alors je deviens rusé, dissimulé. Je veux tout savoir d'elle, mais il ne faut pas qu'elle sache tout de moi, tout ce que j'éprouve. Qu'a-t-elle fait de moi, Anne Marie, ce Lucien trafiqué, innocent et par ailleurs pervers... d'une perversité mûre !

Je ne veux pas me laisser entraîner par les pensées. Le moment est trop unique pour que je n'en profite pas à fond. Je dois être capable de goûter le plus possible d'elle, puisque jamais elle ne s'est offerte si entièrement, je pourrais dire pulpeusement. Que je ne sois occupé qu'à me gaver d'elle. Je suis son enfant, son homme, tout est simple, tout est merveilleux. Elle prend sa figure un peu contemplative, elle me regarde longuement, d'un regard qu'elle a rarement, qui, en entier, me reçoit, m'accueille, m'accepte. Son regard est une peau de pêche... il vient du fond de son amour pour moi. En ce moment, elle m'aime comme je voudrais qu'elle m'aime toujours.

« Tu sais, Lucien, tu n'es pas le fils d'Albert... Attention, ne va pas croire à des choses. Il ne s'agit pas de ça. Pour moi, tu es seulement mon fils. Tu n'es que de moi, de mon sang, de ma lignée, de ma race... C'est parce que tu es moi, seulement moi et les miens, que je t'aime. »

Ces mots bizarres, j'ai du mal à en saisir la portée profonde. Mais peu à peu leur sens initiatique m'apparaît. Ma mère m'aime parce que, par sa magie propre, elle m'a purifié, exorcisé d'Albert. Curieuse Anne Marie. Je veux bien ne pas être d'Albert mais être de son père noyé dans son tonneau de muscadet, ça ne me dit pas grand-chose. Elle me fait peur.

Anne Marie est revenue à la raison avec cette soudaineté dont j'ai souvent parlé. Elle n'est plus émue du tout. Elle a un petit sourire clair qui balaie notre sentimentalité. Désormais elle est active, avide d'action — je le sais, car son visage a une inexpression allègre, qui est le signe de l'impatience d'agir. Elle a une armée dans la tête, une tactique pour accomplir un dessein. Probablement l'appartement... et il lui faut aussitôt l'exécution. Vite, vite... Je suis expédié dans ma chambre pour m'habiller.

Quand je reviens chez elle, elle est assise devant un bureau, elle griffonne une phrase ou deux sur du papier. Juste quelques mots qu'elle ne semble pas avoir préparés. En fait ils étaient déjà implantés dans sa cervelle, bons pour le service, et ils sortent en ordre, habillés de pied en cap. J'essaie de lancer sur eux un coup d'œil, afin de les rafler. Mais elle les cache de sa paume et m'ordonne de m'écarter. C'est donc secret, même pour moi. Je n'insiste pas, je me promets de les attraper plus tard. Elle écrit à mon père, j'en suis sûr. Déjà elle a fini, elle fourre la feuille dans son sac, elle est debout, vêtue d'un tailleur anglais, qui lui donne une silhouette mince, d'une nervosité retenue, son corps s'affirme et s'efface dans l'élégance de la simplicité. Cette féminine virilité est supportée par des chaussures à talons plats, à bouts forts. Tenue pour conquérir le monde, pour procéder en lady à de petites machinations. Un chapeau, un manteau, elle est prête. Elle part en expédition de son pas décidé et souple. Je la suis. La porte-tambour. Un taxi. « Au ministère des Affaires étrangères. » J'en étais certain...

Le Quai. Nous n'entrons pas par la grande porte, qui mène aux parties nobles, mais par-derrière, là où sont les écuries, je veux dire les communs de la diplomatie. Des cours, de grandes salles utilitaires pleines d'un amoncellement de sacs, de caisses qu'on emballe ou qu'on déballe, qu'on scelle ou qu'on descelle, qui contiennent les trésors des ambassades. Un jour arriveront ici les collections chinoises d'Albert. Un peuple travaille du marteau et de la plume. Des ouvriers à blouses, des contre-maîtres en complets-veston, ils connaissent Anne Marie, ils la saluent tous. Elle passe au milieu des « Madame Bonnard », même des « Chère madame Bonnard ». Elle ne s'arrête pas, elle répond du menton... Mais dans cet hommage il me semble que c'est Albert qu'on salue, l'excellent Albert, sa familiarité de bon aloi, ses confidences discrètes, ses braves remarques amicales, ses petits cadeaux qu'il distribue à tout le monde dans ce lieu qu'il hante constamment quand il est à Paris. C'est là qu'est la valise, la Valise sacrée... le service de la valise. Albert sait que dans cet endroit aussi, il faut être bien vu... et il l'est. Il est même chouchouté. Anne Marie, elle, n'a droit qu'à du respect froid. Elle poursuit jusqu'à la salle des télégrammes, un lieu encore plus saint où, sous la forme de mots, arrivent et partent les mystères du monde, les plus grands, les plus minuscules, les ultimatums et les papotages, sans compter les messages d'Albert, ses rapports... Anne Marie s'y rend pour sa première opération contre mon père... Une dame secrétaire, incarnation du sort télégraphique, Cassandre obscure, secrète et omnisciente, nous accueille.

« Madame Bonnard...

— Mademoiselle... mon fils Lucien.

— Oh ! M. Bonnard nous en a parlé souvent, de Lucien...

— J'ai un message à envoyer à mon époux.

— Certainement, madame Bonnard. Je l'enregistre et je le fais expédier aussitôt. »

La personne se transforme en sphinx devant le texte dont elle compte le nombre de mots. Je me glisse derrière elle et je lis :

« J'ai bien reçu votre longue lettre. J'y réponds immédiatement. Votre femme, Anne Marie. »

« Votre femme, Anne Marie. » Je sais bien que ma mère est la femme d'Albert mais, depuis qu'elle est à Paris, je pense que jamais elle ne l'a été de cette façon avouée, publique. Car, évidemment, tout le Quai va le savoir et Albert va savoir que tout le Quai le sait. Il va être content ! Je déteste Anne Marie dans sa ruse... Elle lui donne tous les espoirs, et en même temps pas grand-chose. Elle a trouvé la formule succincte, brève, suffisante... plus un pourboire qu'une promesse. Mais elle se vend un peu, pour son appartement, elle fait comprendre qu'elle est prête à payer de sa personne. Combien ? Comment ? Elle combine, elle machine, elle triche... L'intention y est... elle fait semblant de céder. Elle est vilaine ! La dame secrétaire a fini son petit travail, elle est tombée dans le panneau préparé par Anne Marie, elle est ravie :

« Au revoir, madame Bonnard. D'ici une heure, ce sera parti.

— Merci, mademoiselle. »

Merci, merci, zut, flûte, saperlipopette, nom de nom, nom de Dieu — toutes les insultes que je connais, je les profère in petto. Je suis outré, j'en veux à Anne Marie. Je fais la lippe. En même temps, je me sens fier, puisque je suis l'associé, le complice de ma mère qui est en train de tromper mon père un peu, beaucoup, assez, je ne sais pas...

Quoi qu'il en soit, je veux montrer que je suis mécontent. Et surtout je veux changer de monde. Celui-ci est malpropre, allons dans le monde de mon amour pour Anne Marie.

« Maman, cet après-midi, nous achèterons la voiture pour partir tous les deux... avec le chauffeur chinois. Quand arrivera-t-il ? Allons acheter l'auto, tu me l'as promis...

— Pas aujourd'hui, Lucien. Je ne peux pas. Il faut que j'écrive à ton père. Demain ou après-demain.

— Tu as promis, maman...

— D'abord, je dois m'occuper d'Albert. »

Elle appelle ça « s'occuper d'Albert » ! Pourtant sa manière de parler me rassure. On dirait qu'elle va lui régler son compte. Elle a son petit sourire qui en dit long. Elle est le chef de ses armées, elle dirige sa guerre contre mon père. Elle a sa stratégie. Elle est contente d'elle. Cela l'amuse, au point qu'elle ne se sent même pas humiliée d'avoir à se servir de ses charmes. Sale Anne Marie, je l'aime...

L'après-midi, à l'hôtel, elle écrit. Elle écrit facilement, le stylo coule régulièrement sur les feuilles. Déjà trois ou quatre sont remplies... Anne Marie est belle, penchée sur son papier, sérieuse, attentive, sans une trace d'hésitation, la tête juste un peu de côté, pendant que sa main trace les beaux jambages, les arches de ses mots insidieux, où elle vá attraper son mari... Une heure, elle a expédié une dizaine de pages. Elle semble avoir fini, elle relève la tête, et soupire de satisfaction devant la tâche terminée. Soudain, avec décision, avec désinvolture allègre, elle les déchire en mille morceaux qu'elle va jeter aux toilettes. J'entends la chasse d'eau, et Anne Marie revient, me riant à la figure comme si elle m'avait fait une farce. Évidemment, je suis dépité puisque je ne saurai rien. Anne Marie se moque de moi de plus belle, de moi et de mon air pas content.

« Comme ça, je suis sûre que tu n'arriveras pas à satisfaire ta curiosité... petit espion.

— Ça m'est égal... ce que tu peux raconter à papa... Toi et papa, vos histoires, ça m'est bien égal. Mais pourquoi as-tu détruit la lettre ?

— C'est mon secret, c'est mon secret... Tiens-toi tranquille. Tu te mêles beaucoup trop des affaires des grandes personnes... »

Mais c'est elle qui m'y mêle ! Elle m'y mêle même tellement que je sais d'instinct ce qu'elle a raconté dans ses pages... des pages qui étaient des papiers tue-mouches, ces rouleaux dévidés à la poisse desquels se prennent les insectes. Elle avait mis dans ses feuilles ce qu'il fallait pour bien attraper son Albert, sa grosse mouche dont les ailes se figeraient dans sa glu. Sa lettre était une sérénade, de la belle ouvrage sur mesure, charmante, juste les notes nécessaires, un chef-d'œuvre de sagesse sensible : sa raison douce, venant du cœur plus que du cerveau, contre l'incroyable déraison d'Albert. Cet Albert affolé, aux abois, torturé, sa pauvre vie crevant à gros bouillons dans ses interminables tirades, lui-même réduit à la folie des malédictions, des menaces et des supplications. Face à cela, la bonté d'Anne Marie, où la paix et l'harmonie sont des grâces de plus.

J'étais sûr que ce qu'elle avait écrit fleurait la sincérité, l'honnêteté, le retour sur soi, l'examen de conscience, la juste analyse des causes et des effets, les regrets partagés, la sérénité prometteuse. Elle ne s'offrait pas en coupable, elle ne s'offrait pas en victime, elle était au-dessus de ces fracas anciens. Comment se fait-il qu'elle ait anéanti sa lettre, ce monument d'équité ? Vous vous étiez mal compris, il y avait eu des torts de part et d'autre. Au commencement, bien sûr, Albert avait été brutal... Ensuite elle aurait dû comprendre, pardonner, car, c'était vrai, elle le reconnaissait, il l'aimait et elle lui devait tout... Mais un ressentiment, elle l'avouait, l'avait écartée de lui, pas autant qu'il le croyait. Le moment était venu, elle le pensait aussi, de connaître le bonheur tous les deux... A Paris, elle n'était pas en proie aux chimères. Il n'était pas question pour elle, une fois qu'Albert aurait terminé son prochain congé en France, de ne pas retourner avec lui à Shanghaï et dans ses postes. Elle y tenait, pas seulement par devoir, surtout parce qu'elle le désirait vraiment... Oui, elle pensait que leurs rapports pourraient devenir plus intimes. Un enfant... peut-être, mais qu'Albert se souvienne de l'avis des médecins, tous avaient prévu qu'elle mourrait lors d'un second accouchement. En tout cas, elle était prête à se faire examiner par d'autres docteurs, qui peut-être sauraient la soigner. De toute façon, elle consentait, même si cela devait être dangereux, elle lui laisserait prendre la décision... Quant à l'appartement, c'était secondaire. Albert se trompait, elle n'en souhaitait pas un grand, un luxueux. Juste un endroit convenable où ils se sentiraient chez eux, quand ils seraient en France...

Est-ce cela qu'Anne Marie a écrit ? Je le crois, je l'imagine, je l'ignore. Mais si ce n'est pas exactement ça, c'est certainement de la même veine. Là n'est pas l'énigme... Pourquoi a-t-elle anéanti son morceau de bravoure ? Est-ce que soudain lui est revenue sa fierté ? Est-ce un éclat de son orgueil ? Je ne le pense pas... Entre-temps, elle a dû avoir une meilleure idée que cette lettre pour arriver à ses fins. Je reconnais son expression quand ses yeux luisent d'une idée. L'idée va apparaître. L'idée naît, elle perce, elle devient météore, elle est comète. La comète, c'est le téléphone. L'idée, c'est Edmée !

Oh ! sa grosse malice paysanne... Attention, attention, Anne Marie. Elle appelle Edmée au téléphone. D'abord la diaprure de sa voix dans une conversation banale, miel des ruches, bien plus sirupeuse encore. Après ces badinages d'amabilités, elle en vient à son but, innocemment, sans en avoir l'air, comme ça. Elle demande à Edmée si cela ne la dérangerait pas que, le lendemain après-midi, elle lui rende visite. Edmée ne répond pas tout de suite, le temps pour elle de réfléchir à une vitesse vertigineuse, elle est un peu surprise de cette demande inopinée, qui n'a rien d'extraordinaire, qui est même très normale, mais qui cache quelque chose. Quoi ? A peine la portion d'un instant qui pèse cependant. Silence minuscule, déjà couvert par les effluves du ravissement d'Edmée, la jactance de sa joie, le baume de son amabilité.

« Oh ! venez, Anne Marie, venez... cela nous fera un si grand plaisir, à André et à moi. Demain à cinq heures... Il y aura peut-être des gens, mais s'ils nous ennuient, on les mettra dehors. Demain donc, à cinq heures, avec Lucien évidemment... En attendant je vous embrasse, et embrassez pour moi Lucien, embrassez-le bien fort, mon petit chéri... »

Anne Marie la coquine ! Que peut-elle bien mijoter ?

Le lendemain, cinq heures. Chez Edmée. Quand Anne Marie et moi entrons dans le salon, Edmée est, comme de coutume, allongée sur son sofa, bavardant langoureusement avec une dame inconnue assise dans un fauteuil à son chevet. Ses yeux s'éclairent de bienvenue en nous voyant. Edmée est enveloppée, bien plus qu'habillée, de mousseline vaporeuse. Je sais qu'aujourd'hui Anne Marie est là pour jouer une grande partie pouvant conduire à sa défaite. Malgré cela, dès que j'entre dans la pièce, je suis bien, au chaud, comme un chiot bien-aimé dans sa niche. Du reste, tout commence à merveille... Edmée froufroute pour nous, elle s'est extirpée de son divan, elle s'est mise debout pour enlacer Anne Marie et pour m'embrasser... Ah ! ces petits baisers qui me mordent et me chatouil-

650

lent ! Les rites accomplis, elle se remet sur son sofa, charmeuse — quelle grâce dans sa chair un peu boudinée, un peu fatiguée, un peu remuée ! — et, une fois bien posée, elle appuie sa tête sur son bras dans sa pose favorite. Elle est attentive, bienveillante, souveraine, elle remplit ses devoirs qui paraissent être des ris et des jeux.

« André est là, à côté, dans son bureau. Il met la dernière main à un rapport très important. Je suis sûre qu'il vous a entendus, il ne va pas tarder. »

André surgit, le meilleur André, le plus familier, ne se mêlant même pas d'être surprenant. Il coule vers Anne Marie un doux regard, du genre content. Anne Marie appartient à son bien-être. Il lui baise la main, pas formellement, comme une bonne petite habitude. Moi, il me parraine, je fais aussi partie de son confort, il me sourit. Il s'enquiert :

« Vous allez bien, chère amie ? Votre Chinois est-il arrivé pour conduire votre carrosse à votre fantaisie ? Je vous envie. Nous, nous en serons réduits aux corvées des festivités et des mondanités... »

Edmée proteste.

« Ne fais pas le blasé, le dédaigneux, André. Ça ne t'ennuie pas tant que ça, ça te plaît même beaucoup. Tu aimes respirer l'encens qu'on te prodigue...

— Chère Edmée, ça ou autre chose. Mais enfin, ça fait partie du métier de jouer à André

Masselot... Et puis, vous vous amusez pour moi. »

Quelques instants de badinages. André s'enquiert d'Albert auprès d'Anne Marie, il le fait toujours, au début de chacune de leurs rencontres. Chaque fois, ma mère répond qu'Albert va bien, très bien, comme si, pour elle, il était destiné à aller toujours bien. Aujourd'hui, André maugrée à contrecœur.

« Anne Marie, excusez-moi. Ce rapport, il faut que je le refasse en entier. Il ne tient pas debout. C'est dire entre les mains de qui ce pauvre Quai est tombé. »

Edmée surenchérit.

« Des cafards et des imbéciles. »

André balaie Edmée.

« Anne Marie, j'en aurai terminé bientôt. Surtout ne partez pas sans m'attendre. Ce me sera un vif plaisir de passer quelques moments avec vous. »

André disparaît... La dame en visite, qu'André a tout juste remarquée d'un petit coup de menton, jette sur Anne Marie un regard ébahi ; elle se demande comment cette personne ignorée d'elle jouit d'un si grand crédit chez les Masselot. Plus tard, j'apprendrai qu'elle a été un « monstre sacré » de Paris, à la vie fulgurante, aux aventures extraordinaires, et aussi une maîtresse femme qui a régenté les Arts et les Lettres, accoucheuse de nouveautés hardies. Maintenant, elle est tombée de son piédestal, elle est en plein drame, un drame pitoyable. Il est évident que les drames des autres, surtout de ceux qui sont sur leur déclin, n'intéressent guère Edmée, qui prend sa figure de circonstance, une compassion impatiente. La dame est grande, la robustesse fatiguée, la chair ravinée autour de traits saillants, poutres osseuses qui ne soutiennent qu'une fièvre obsédée. Elle en oublie Anne Marie tellement elle a besoin de se déverser sur Edmée.

« Me sacrifier... me sacrifier... ce serait digne de moi, une belle conclusion à mon existence où j'ai tout eu, tout connu. Je ferais ça pour Pierre... mon quatrième mari, avec qui je croyais que je finirais ma vie. Comment cela lui est-il arrivé, un homme si tranquille, si douillet, dont j'ai fait le peintre attitré des rois et des grands de ce monde ? Je n'aurais jamais cru qu'il pourrait s'éprendre éperdument de cette Tania... J'avais passé deux mois à Londres et ils se sont découverts pendant mon absence. C'est une princesse plus ou moins circassienne comme il en traîne tant à Paris maintenant. Je n'y prenais pas garde, toujours le même genre qui commence à s'user : les nuits blanches, les extases à la cocaïne, l'alcool à la russe, les danses au milieu des poignards, et, la nuit, les randonnées en voiture à des vitesses suicidaires. Enfin, toujours pareil, quoi. Je me disais qu'il fallait vite en débarrasser Pierre, qui n'est heureux qu'avec sa palette. Eh bien, imaginez-vous, Edmée, quand j'ai vu Tania pour la première fois, moi aussi j'ai été fascinée. Elle est envoûtante... c'est cela, envoûtante... Cette vitalité, ces yeux verts, cette crinière rousse, cette gaieté peut-être désespérée, en tout cas, cette innocence. Je l'ai aimée. J'ai compris que Pierre l'aimât. Le plus extraordinaire, c'est qu'elle aime Pierre. Entre eux, la passion... Moi, qui n'ai vécu que pour les passions, que pouvais-je faire à part admirer ! J'ai réfléchi des nuits et des nuits. Et j'ai résolu de les laisser à leur emportement, de me retirer... Je suis triste à en mourir, je vais devenir vieille... Me sacrifier. Que pensez-vous de ma résolution, Edmée ? »

Edmée, qui a pris son menton entre ses mains pour faire semblant d'écouter, approuve.

« Vous avez raison, chère amie. C'est grand, c'est beau de votre part. Je vous admire. Vous devez avoir bien de la peine.

— Oui. Beaucoup. Mais je me console en pensant que je ne fais pas une action quelconque... Je me suis toujours moquée du bien et du mal... Je suis contente de votre approbation, elle me donne du courage. Je savais que vous comprendriez, Edmée, vous êtes si généreuse, si capable de grands sentiments. Merci, maintenant, je dois m'en aller... ils m'attendent. »

La dame est partie. Edmée hausse les épaules.

« L'idiote ! Elle ne sait même plus se battre. Elle est finie... Je n'aime pas les gens qui renoncent. Je la verrai désormais le moins possible. La pauvre... »

Soudain, elle change de sujet.

« Anne Marie, je dois choisir les robes que j'emmènerai à Deauville. Nous sommes invités dans la propriété d'un lord, un magnat de la presse. Chez lui, tout est simple, mais c'est d'un luxe... extravagant. Il ne faut pas que je me trompe... Les planches de Deauville, c'est quelque chose... Et puis il y a le casino... sans compter tout le reste... les réceptions, les cocktails... Enfin, vous voyez, j'ai besoin que vous m'aidiez. »

Eugénie apporte des brassées de robes. Edmée et Anne Marie se mettent à les examiner, à en discuter les mérites, à les comparer, à les soupeser, à les peser... toutes deux sérieuses, solennelles, à leur affaire : des papesses. Edmée ne se trémousse même plus, elle est empreinte d'une inquiétude qui, soudain, fuse en éclairs de joie ; elle disparaît et reparaît avec une nouvelle robe. Elle prend des poses de mannequin, étudiant ma mère pour voir l'effet produit, mais elle, le front serein, ne laisse pas deviner son vrai jugement. Elle doit constater qu'Edmée est dodue, d'une grâce blette, et que la moindre faute de goût la rendrait ridicule. Le manège entre elles est-il duel ou complicité? Anne Marie fait honnêtement son travail. Grâce à elle, Edmée sera dans la juste note, paraît-il : pulpeuse, mûre à point, délectable, d'une jeunesse qui se perd dans une maturité non chiffrable.

Les dames sont toujours dans leur besogne quand surgit Hector, guilleret, excité. Une fois le baisemain expédié, il est auprès d'Edmée, plein d'amour pétulant.

« Je passe juste une minute pour vous annoncer la grande nouvelle. Vous devinez ? C'est fait, j'ai rompu avec ma Hongroise, pour de bon. Vous avez toujours raison... J'en suis sûr, c'est une mauvaise-femme. Elle m'en a fait voir de toutes les couleurs. Elle m'aurait fait passer par le trou d'une serrure. Mais tout à l'heure, elle a voulu de moi une chose... que je ne vous dirai pas, je ne vous la dirai jamais. J'ai refusé, vous entendez, j'ai refusé, je n'ai pas cédé, j'ai tenu. Et même je lui ai dit ses quatre vérités. Elle a piqué une de ces colères ! Alors, j'ai pris mes cliques et mes claques, en lui criant que c'était fini. Je n'y retournerai plus. Je suis content, content...

— Mais, mon pauvre Hector, tu m'as raconté cent fois que tu la détestais, que c'était fini. Et quelques heures après, tu étais auprès d'elle à lui demander pardon, à ramper comme un toutou.

— Aujourd'hui, je vous jure, c'est terminé. J'ai pris la décision de me marier avec quelqu'un qui vous plaira à André et à vous. Vous savez à qui je pense ? A la fille du grand poète que vous admirez tant. Elle me plaît, elle est jolie, elle est charmante et je sais que je lui plais.

— As-tu déjà demandé sa main à son père ? Non... j'en étais sûre. D'ailleurs, il ne te l'accorderait pas, car, malgré son génie et ses cathédrales, il a un solide bon sens. Et il n'aurait pas tort... Reconnais, Hector, tu te joues la comédie. Tu sais bien que tu ne veux pas vraiment épouser cette jeune fille. Au moins ne lui fais pas de mal avec tes simagrées, c'est tout ce que je te demande. Mon pauvre garçon... tu te débats en vain, tu es toujours l'esclave de cette garce, elle te mène par le bout du nez, tout à l'heure tu seras à ses pieds.

— Non, c'est fini...

— Allons, tu me mens, et surtout tu te mens... Si ça pouvait être vrai que tu laisses tomber ta harpie avant qu'elle ne te démolisse, eh bien, moi, Edmée, la femme d'André qui ne croit pas à Dieu, j'irais allumer des cierges au Sacré-Cœur. Tu as beau la savoir méchante, avide et cabotine, elle te tient toujours. Et il en passera de l'eau sous les ponts avant que tu t'en dégoûtes. C'est elle qui, un jour, te lâchera... Tout cela, tu le sais. Alors, au moins à moi, ne me raconte pas d'histoires.

— Vous ne me croyez pas ! Eh bien, au revoir, je ne vous embrasse pas, je m'en vais. Vous n'êtes pas gentille avec moi.

— Hector, n'oublie pas que tu nous accompagnes à Deauville. Ne te laisse pas entraîner je ne sais où par ta garce...

— Non, je connais mes devoirs. Je les remplirai. Au revoir. »

Hector déguerpit. Edmée lève les yeux au ciel.

« Le pauvre. Comment faire pour le tirer des

griffes de cette femme ? J'ai tout essayé. Qu'est-ce que je donnerais... »

Mais, déjà, elle se replonge dans ses robes, avec Anne Marie. Je trouve qu'on ne s'est pas beaucoup occupé de moi. A brûle-pourpoint, au moment où ces dames se remettent à leur besogne, j'interpelle Edmée avec impudence :

« Et ma montre, Edmée ? »

Anne Marie, interloquée, me foudroie.

« Lucien ! Mais, Lucien, tu te conduis comme un petit garnement. Excusez-le, Edmée. Je ne comprends pas... »

Edmée s'amuse.

« Ne le grondez pas. Ça prouve qu'il y tient, à sa montre... Alors, il a raison de la réclamer. »

Elle me regarde.

« Nigaud, tu croyais que je t'avais oublié ? Je te faisais attendre parce que je voulais voir si tu en avais vraiment envie, si tu me la réclamerais. Eh bien, tu la veux... la voilà... »

Edmée est enchantée. Je l'embrasse, elle m'embrasse. Elle me tend un paquet, que je défais impatiemment. Je prends la montre, je la mets à mon poignet. Elle est en or, bien ronde, bien plate, luisante. Le tic-tac... Je suis fou de bonheur. Je vais maîtriser le temps.

Ces dames se reposent de leur travail. Eugénie apporte le thé. C'est alors qu'Anne Marie dit à Edmée :

« Albert et moi pensons acheter un petit pied-à-terre à Paris. Ce sera tellement plus agréable et plus commode. Et puis, à cause de Lucien. Oh ! juste un pied-à-terre. Qu'en pensez-vous, Edmée ? »

Anne Marie ment, elle parle d'Albert comme s'il était consentant... et le choix du mot « pied-à-terre » qui a l'air inoffensif, et son expression naïve, l'innocence même ! Oh ! la grosse ruse ! Son idée est simple : d'abord, se faire approuver par Edmée et ensuite, se faire approuver par André. Ces approbations, elle les jettera à la face d'Albert, qui sera bien contraint de se soumettre. Anne Marie reste placide, et pourtant, c'est son appartement, c'est son avenir qu'elle joue. Calmement, après avoir mis un morceau de sucre dans sa tasse, elle remue, avec une petite cuiller, son thé parfumé.

On dirait qu'il ne se passe rien. Edmée, adonnée elle aussi aux opérations du thé, n'est pas dupe, elle a tout compris. Il lui faut réfléchir, et pour cela, ses yeux se noient. Sa main, comme celle d'Anne Marie, tourne une petite cuiller dans la tasse, mais d'une façon moins précise, plus absente. Elle s'interroge. Satisfaire Anne Marie, c'est la garder en France, et, une fois installée ici, Edmée en est certaine, Anne Marie ne rejoindra pas son mari, où qu'il soit nommé. Elle s'incrustera et, tôt ou tard, ce sera sa ruine. Edmée sait que la vie a ses enchaînements, ses trames nécessaires. Un jour arrivera où Albert, seul, délaissé, se montrera avec Anne Marie d'autant plus brutal qu'il aura été plus mou. Il n'est pas encore mûr, loin de là, ses menaces, ses récriminations — Edmée les connaît car il lui raconte tout dans leur correspondance — ne sont pour l'heure que des épouvantails à moineaux. Mais elle est persuadée qu'il arrivera à s'user et qu'il divorcera avec la férocité des hommes faibles, parvenus enfin à la solution déchirante, extrême et libératrice. Cela demandera longtemps, des années peut-être, mais cela arrivera. C'est immanquable. Edmée est bonne appréciatrice d'Albert, bien meilleure qu'Anne Marie, trop sûre d'elle. Et alors, cette sotte d'Anne Marie — car elle est sotte, d'une malice qui ne connaît pas le fond des choses et des êtres —, dans sa surprise et son désarroi, se jettera de tout son poids sur André qui, évidemment, la trouvera trop lourde et la repoussera sans aucun ménagement. Ça, également, c'est sûr. Si Edmée est déjà savante sur Albert, elle l'est encore bien plus sur André. Edmée est certaine qu'avec ce pied-à-terre, qui semble une si petite chose, Anne Marie met en route la machine pour se tuer.

Edmée réfléchit encore... C'est quand même un problème délicat et, avant de se prononcer, il lui faut tout envisager. André... dans certains cas, pour certains plaisirs, il est prudent, nécessaire même, de lui laisser la décision. Certes, il est probable que les conséquences lointaines seront désolantes pour Anne Marie. André, dans son égoïsme au fond mufle, s'en moquera éperdument. Il y a de grandes chances pour que cela se passe comme ça. Le tout est de savoir si, pendant cette période qui risque d'être longue, il ne s'attachera pas profondément à une Anne Marie fondante d'admiration, la prêtresse d'une adulation raffinée, d'autant plus que ce sera une Anne Marie légère, facile à traiter, à contenter, ne demandant aucun effort, offerte sur un plateau... Edmée veillerait au grain, bien sûr, elle surveillerait pour empêcher que les choses aillent trop loin, elle ferait en sorte qu'Anne Marie ne soit qu'une présence, une ombre, une essence agréable à André. Elle pourrait même, si le danger se montre, pousser Albert à répudier rapidement Anne Marie. Il y a quand même un risque. Edmée ne peut s'empêcher de penser à la façon dont Dora s'est emparée d'Amédée, tellement vite ! Anne Marie n'a pas le poids de Dora, André n'est pas Amédée... Justement, les personnages ne sont pas les mêmes, mais la vie joue parfois de drôles de tours. Anne Marie est jeune, Anne Marie est élégante. Anne Marie sait recevoir, elle sait être une ombre ravissante. Tandis qu'elle, Edmée, elle n'est plus jeune, elle se fagote mal parce qu'elle est trop grosse, et puis, c'est plus fort qu'elle, elle a un côté Madame Sans-Gêne qui amuse André quelquefois, mais qui, d'autres fois, ne l'amuse pas du tout. Quels sont ses atouts ? Sa vitalité, sa santé, son équilibre. Quels sont les défauts d'Anne Marie ? L'instinct d'Edmée, uniquement son instinct, lui fait penser que les nerfs d'Anne Marie sont fragiles, qu'un jour André s'en apercevra et ça, il ne le supportera pas. C'est la carte maîtresse d'Edmée, cette fragilité nerveuse d'Anne Marie. La jouera-t-elle, ne la jouera-t-elle pas ?

Ses tortueux calculs durent un long moment. Elle sourit à Anne Marie avec bonté, une bonté chaude comme elle n'en a jamais eu pour elle. La comédie d'Edmée contre la comédie d'Anne Marie...

Cela continue jusqu'à ce qu'Elle ait fait son choix. Alors elle se met à déborder d'enthousiasme, elle est heureuse, enchantée, exaltée, gentille et empoisonnée. Elle engourdit Anne Marie en attendant André, le juge qui rendra le verdict, le seigneur qui prononcera la sentence, le despote qui consultera son bon plaisir. Edmée sait que le ton d'André décidera de son comportement à elle. En attendant. Elle n'est qu'enchantement.

« Chère Anne Marie, que me dites-vous là ! Ce sera merveilleux. Comme cela, nous vous aurons souvent auprès de nous. Mais prenez donc plutôt un véritable appartement. »

André arrive, content, délassé, bonhomme. Il s'assied auprès des dames.

« Oh ! ce rapport... sans moi, le Quai aurait donné tête baissée dans le panneau tendu par les Allemands. Ce bon Guttmann est quand même un finaud. »

André est de plus en plus satisfait de lui-même. Edmée lui verse du thé. Anne Marie a son petit sourire heureux. Qui croirait que c'est la minute du destin ?

Soudain, avec une vivacité calme, Edmée dit à André :

« Vous savez, Albert et Anne Marie vont acheter un appartement à Paris. »

Anne Marie intervient.

« Oh ! quelque chose de très simple. Surtout à cause de Lucien... »

André, qui avait baissé la tête pour boire son thé, la relève. Il regarde Anne Marie, il ouvre la bouche — les phrases décisives vont en sortir. Ce qui compte dans ce qu'il dira, ce n'est pas tellement qu'il donne son approbation — comment pourrait-il faire autrement ? — mais ce sont les mots qu'il emploiera, le ton dont il se servira. Par ses mots et son ton, il fera savoir son désir ou son manque de désir, il fera connaître son choix : avoir auprès de lui Anne Marie ou pas.

Il veut la garder auprès de lui, puisqu'il se met à parler avec une familiarité gentille, ce qui est l'indication de son approbation entière, bien plus que s'il se servait d'emphase, d'éloquence, d'une exagération qui signifierait le refus.

« Comme vous avez raison... c'est une excellente idée. Albert et vous, vous serez ainsi beaucoup mieux à Paris. Ma chère amie, je suis ravi... »

Ravi, André est ravi... Tout, désormais, est fixé. Quelques mots d'André, un caprice d'André, l'oracle est rendu, le destin est tracé. Ce sera la lutte à mort entre les deux femmes.

Anne Marie dissimule sa joie, elle a obtenu ce qu'elle voulait, c'est-à-dire l'approbation d'André. Albert n'aura plus qu'à se soumettre.

Elle ne se doute pas qu'elle vient de déchaîner Edmée contre elle, elle ne s'en méfie même pas.

La visite se termine. Chaleureuses politesses, compliments. Nous partons. Le soir, au Regina Palace, Anne Marie recommence sa lettre à Albert, exactement la même que celle qu'elle avait écrite et déchirée la veille. A quelques phrases près, ajoutées par hasard, comme si elles n'avaient pas d'importance spéciale, mais obligeant mon père à s'incliner... Quelques phrases rapportant les propos d'André. André, au lieu de seulement approuver — ce qui était déjà énorme — aurait conseillé aux Bonnard d'acquérir un appartement... Albert — mais il ne le sait pas — est désormais condamné à donner sa femme à André, à la prêter au moins. Les Masselot jouent avec les Bonnard. André et Edmée vont décider du sort de mes parents, du mien. Mais qui d'entre eux le sait ? Edmée, vaguement...

Le Livre de Poche historique

Histoire ☆ Biographies
Documents ☆ Témoignages

Le roman vrai...

Une **série historique** abondamment illustrée
dirigée par Gilbert Guilleminault

Composition réalisée par C.M.L. Montrouge

IMPRIMÉ EN FRANCE PAR BRODARD ET TAUPIN
7, bd Romain-Rolland - Montrouge - Usine de La Flèche.
LIBRAIRIE GÉNÉRALE FRANÇAISE - 14, rue de l'Ancienne-Comédie - Paris.
ISBN : 2 - 253 - 03060 - 0